Politik & Co.

Sozialkunde

Sachsen-Anhalt

herausgegeben
von Hartwig Riedel

für die Jahrgangsstufen 8 und 9

bearbeitet von
Björn Arendholz
Hartwig Riedel
Frank Werner-Bentke

mit Beiträgen von
Erik Müller
Stephan Podes
Martina Tschirner

C.C. Buchner Bamberg

Politik & Co.

Sozialkunde
für die Jahrgangsstufen 8 und 9

Herausgegeben von
Hartwig Riedel

Bearbeitet von
Björn Arendholz
Hartwig Riedel
Frank Werner-Bentke

mit Beiträgen von
Erik Müller
Stephan Podes
Martina Tschirner

1. Auflage, 3. Druck 2015
Alle Drucke dieser Auflage sind, weil untereinander unverändert, nebeneinander benutzbar.

Dieses Werk folgt der reformierten Rechtschreibung und Zeichensetzung. Ausnahmen bilden Texte, bei denen künstlerische, philologische oder lizenzrechtliche Gründe einer Änderung entgegenstehen.
Die Mediencodes enthalten ausschließlich optionale Unterrichtsmaterialien. Auf verschiedenen Seiten dieses Buches finden sich Verweise (Links) auf Internet-Adressen. Haftungshinweis: Trotz sorgfältiger inhaltlicher Kontrolle wird die Haftung für die Inhalte externer Seiten ausgeschlossen.

Redaktion: Markus Willers
Layout und Satz: Wildner + Designer GmbH, Fürth
Umschlaggestaltung: Wildner + Designer GmbH, Fürth
Druck und Bindung: PHOENIX PRINT GmbH

www.ccbuchner.de

ISBN 978-3-7661-**8843**-4

Zur Arbeit mit dem Buch

Das Schulbuch Politik & Co. wurde eigens für das Fach Sozialkunde in Sachsen-Anhalt entwickelt. Die Konzeption des Unterrichtswerks ermöglicht es Schülerinnen und Schülern, die zentralen Kompetenzen des Faches Sozialkunde zu erwerben. Für Lehrerinnen und Lehrer ist das Buch eine Hilfe, um einen modernen Unterricht zu verwirklichen.

Zum Aufbau des Buches

Die **Auftaktseiten** jedes Kapitels sind als ansprechende Bildcollage gestaltet. Die Aufgabenstellungen dienen der Lernstandserhebung und der Annäherung an das Thema. Zu erwerbende Kompetenzen werden für jedes Kapitel ausformuliert und machen den Schülerinnen und Schülern transparent, über welches Können sie am Ende des Kapitels verfügen sollten.

Durch die Arbeit mit dem **Materialienteil** können die Schülerinnen und Schüler die Sach-, Methoden-, Urteils- und Handlungskompetenzen schrittweise erwerben und sinnvoll miteinander verknüpfen. Die authentischen Quellen (Zeitungsartikel, Bilder, Karikaturen, Grafiken ...) wurden sorgfältig ausgewählt und um verständliche Autorentexte ergänzt.

Die **differenzierten Aufgabenstellungen** ermöglichen ein selbstständiges Erschließen der auf **Doppelseiten** übersichtlich präsentierten Themen. Sie beziehen sich häufig auf konkrete Problemlösungen oder Entscheidungssituationen und fördern so die Nachhaltigkeit des Lernens. **Angebote zur Binnendifferenzierung** ermöglichen es der Lehrkraft, auch heterogenen Lerngruppen gerecht zu werden. Zusatzaufgaben sind mit einem ⊕ gekennzeichnet. Hilfen mit einem ✎.

Da fachspezifische Methodenkompetenzen unabdingbar für die Erschließung des Sachwissens sind, werden sie auf deutlich hervorgehobenen **Methodenseiten** ausführlich erklärt. Sie sind immer auf konkrete Inhalte bezogen.

Die Rubrik „**Was wir wissen – was wir können**“ dient der Sicherung der Kompetenzen. Das grundlegende Sachwissen des Kapitels wird auf der Seite „Was wir wissen“ für Schülerinnen und Schüler übersichtlich und verständlich zusammengefasst. Die Seite „Was wir können“ beinhaltet Angebote zur Überprüfung des Sachwissens. Darüber hinaus sollen Schülerinnen und Schüler zeigen, ob Sach-, Methoden-, Urteils- und Handlungskompetenzen in einer konkreten Entscheidungssituation sinnvoll angewendet werden können.

Ein **Glossar** zum Nachschlagen wichtiger Grundbegriffe und ein **Register** zum Auffinden von Querverweisen sind wichtige Hilfsmittel und erleichtern das selbständige Arbeiten mit dem Buch.

Hinweise

- Aufgrund der besseren Lesbarkeit wird im Folgenden darauf verzichtet, immer beide Geschlechter anzusprechen („Schülerinnen und Schüler“), auch wenn selbstverständlich beide gemeint sind.
- Materialien ohne Quellenangaben sind vom Bearbeiter verfasst.

Inhalt

Methoden

1

Jugend in der modernen Gesellschaft

Wir verbringen unser gesamtes Leben mit anderen Menschen. Unser „Ich" ist ohne ein „Wir" eigentlich nicht vorstellbar.
Teil der Gesellschaft zu werden heißt, den Erwartungen anderer und gleichzeitig auch sich selbst und seinen eigenen Lebensvorstellungen gerecht zu werden.

Kompetenzen

Am Ende dieses Kapitels solltest du Folgendes können:

- unterschiedliche Familienformen vergleichen
- verschiedene Erziehungsstile bewerten
- familienpolitische Leistungen erläutern
- staatliche Unterstützungsmaßnahmen für Familien beurteilen
- eigene Identität und die Bedeutung der peer-group bei ihrer Herausbildung aufzeigen
- mithilfe von Statistiken Cybermobbing als Problem erkennen

Was weißt du schon?
Was bedeutet die Familie für euch? Schreibt die Begriffe, die ihr mit „Familie" verbindet, auf Karteikarten. Unterscheidet nach positiven und negativen Begriffen. Tauscht euch mit dem Tischnachbarn / der Tischgruppe darüber aus, welche Begriffe für euch die wichtigsten sind.

1.1 Familien in Deutschland

1.1.1 Wie Familien heute leben

M 1 Ganz schön bunt und vielfältig

Leoni Hildebrandt (15) lebt mit ihrer Mutter, ihrem Freund und dessen 18-jährigem Sohn zusammen. Neben diesem Stiefbruder hat Leoni noch eine ältere Schwester, die zurzeit in England ist. Leonis Vater hat mit seiner neuen Lebensgefährtin eine kleine Tochter. Sie wohnen in einem Haus gegenüber. Leonis Mutter arbeitet als Bürokraft, ihr Vater fährt Taxi.

Lasse Koth (15) hat zwei ältere Brüder, der älteste ist schon von zu Hause ausgezogen. Lasses Eltern, ein Lehrer und eine Erzieherin, sind bald 18 Jahre verheiratet.

SPIEGEL: Ihr lebt in sehr unterschiedlichen Elternhäusern. Was hält eurer Meinung nach eine Familie zusammen?

Leoni: Liebe auf jeden Fall, bei allen Mitgliedern einer Familie. Das ist wichtig.

Lasse: Gemeinsamkeiten sind wichtig, und dass man sich auch mal streitet, dass man miteinander über alles redet. Vertrauen und so was. Vor allem auch gegenseitiges Interesse.

SPIEGEL: Wie äußert sich das?

Lasse: Mein Vater spielt Fußball, er geht zu den Spielen vom FC St. Pauli. Da hat er mich als Kind immer mitgenommen. Ich spiele Eishockey, da guckt er dann auch meistens zu und fiebert mit. So haben wir Sachen, über die wir reden können.

Thorbjörn: Ich denke, man muss viel reden und auch Zeit miteinander verbringen. Jeder sollte Zeit für sich haben, aber wer alles alleine macht, versteht sich mit anderen nicht wirklich gut. Dann hat es auch nicht mehr so viel mit Familie zu tun.

Leoni: Ja, die Eltern müssen schon nachhaken, was die Kinder machen, mit welchen Leuten sie zu tun haben, die Freunde vielleicht auch kennen lernen, wenn es denn sein muss. Eltern sollten Kinder nicht zu sehr einengen, sie auch mal allein lassen, aber sich doch sehr um sie kümmern und sie nicht vernachlässigen.

SPIEGEL: Aycan, deine Familie stammt aus Kurdistan, du hast viele Geschwister. Hast du das Gefühl, dass die deutschen Familien weniger Zusammenhalt haben als ihr?

Aycan: Nein, ich denke sogar manchmal, die haben mehr.

SPIEGEL: Woran machst du das fest?

Aycan: In deutschen Familien wird sehr viel miteinander geredet. Wir sprechen auch miteinander, aber bei uns setzen sich nicht alle zusammen und diskutieren. Wir reden eher zu zweit.

SPIEGEL: Deine Mutter ist alleinerziehend, du bist das älteste von fünf Kindern. Wann habt ihr Zeit, euch zu unterhalten?

Aycan: Abends, wenn die anderen schlafen. Dann sitzen wir vor dem Fernseher und reden [...]

SPIEGEL: Wie ist das bei euch anderen: Wann und worüber sprecht ihr mit euren Eltern?

Lasse: Wenn es Essen gibt, dann sitzen wir alle zusammen, und dann schnackt man, wie der Tag war. Dann lässt man ein bisschen Frust ab. [...]

SPIEGEL: Würdest du dir wünschen, dass deine Eltern mehr mitreden?

Lasse: Nee, eher ein bisschen weniger.

SPIEGEL: Wo mischen sie sich denn ein?

Lasse: Schule, Freunde, Sport, was auch immer. In wirklich alles.

SPIEGEL: Wie reagierst du darauf, wenn du eigentlich in Ruhe gelassen werden willst?

Lasse: Einfach genervt. [...]

Leoni: Mit meiner Mutter ist das auch immer so. Immer wenn ich esse, kommt sie mit der Schule an. Das stört mich total, vor allem beim Essen. [...]

SPIEGEL: Leoni, [...] wie ist das bei dir in deiner Patchwork-Familie?

Leoni: Für mich ist meine Familie gar nicht ungewöhnlich.

SPIEGEL: Bist du in deinem Freundeskreis keine Ausnahme mit deinen Stief- und Halbgeschwistern?

Leoni: So habe ich das noch gar nicht gesehen. Für mich ist das eine ganz normale Familie. Wir hatten letztes Jahr auch mal ein Jahrestreffen mit der ganzen Verwandtschaft, darunter auch welche, die nur entfernt mit uns verwandt sind. Das waren über 50 Leute, meine Mutter hat das organisiert.

SPIEGEL: Hattest du bei den vielen Menschen das Gefühl, die sind meine Familie?

Leoni: Nein. Es war schon lustig, aber ich kenne die ja gar nicht.

SPIEGEL: Wer gehört für euch zur Familie?

Thorbjörn: Ich finde, es gibt drei verschiedene Familien. Einmal Frau, Mann, Kinder, dann Oma, Opa, Tanten, Cousins und Cousinen und schließlich noch alle, die mit einem verwandt sind.

SPIEGEL: Wie sehr hängt ihr an euren Großeltern?

Leoni: Sie sind mir sehr wichtig. Wenn mein Opa oder meine Oma Geburtstag haben, fahren wir hin und feiern mit denen.

Thorbjörn: Meine Oma und mein Opa wohnen auf dem Land, da bin ich total gerne.

Interview von Jan Friedmann, Merlind Theile, in: Spiegel Spezial Nr. 4/2007, S. 80-83

Thorbjörn Keppler (15) wächst als Einzelkind bei seiner Mutter auf, sie ist beim Kreis Dithmarschen angestellt. Thorbjörns Eltern sind geschieden. Seinen Vater, der in Mecklenburg-Vorpommern als Förster arbeitet, sieht er etwa alle zwei Wochen.

Aycan Atug (16) kam mit ihrer Familie vor zehn Jahren aus Kurdistan nach Deutschland. Sie hat vier jüngere Geschwister. Vor sechs Jahren verließ der Vater die Familie, Aycan hat keinen Kontakt mehr zu ihm. Ihre Mutter ist alleinerziehend, sie arbeitet als Putzfrau in einem Hotel und spricht kaum Deutsch. (...) Aycan möchte in drei Jahren ihr Abitur machen.

M 2 Formen des Zusammenlebens

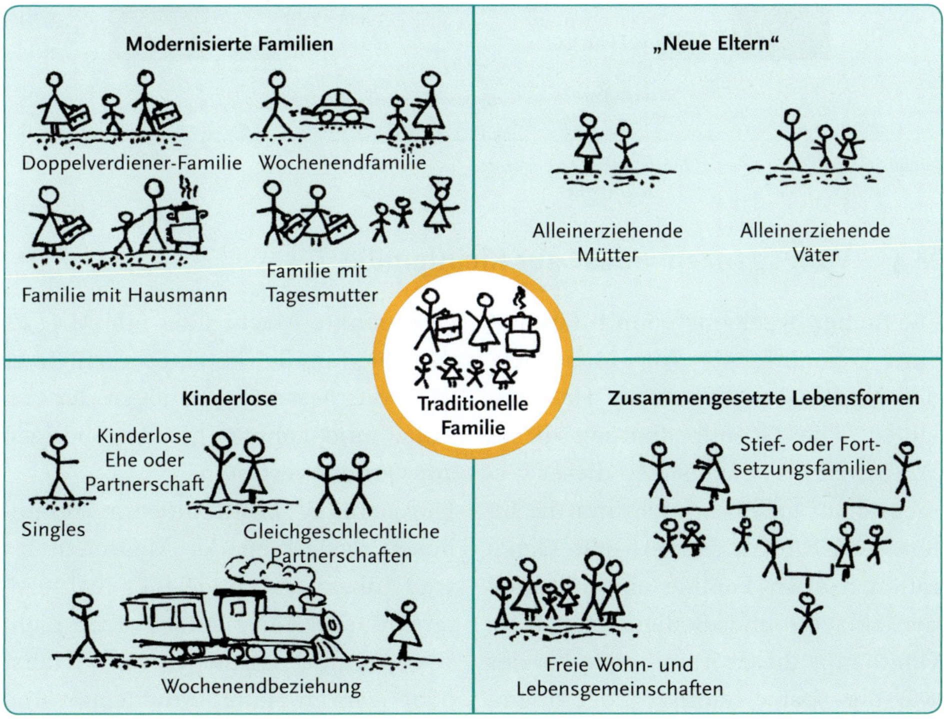

M 3 In welchen Familienformen wachsen Kinder heute auf?

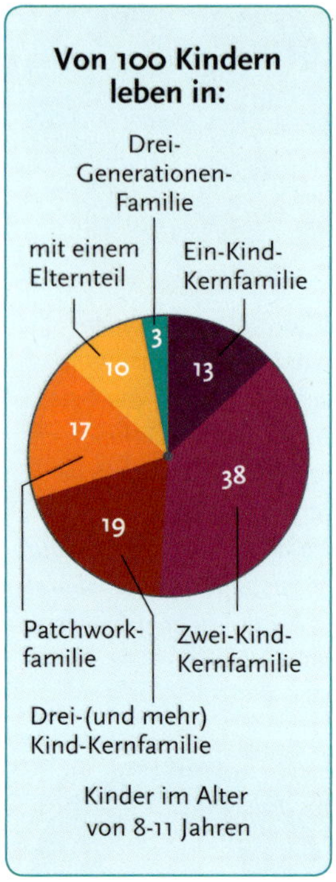

Quelle: TNS Infratest, 2007

Das Wort Familie stammt vom Lateinischen „familia" ab, das bedeutet „Hausgemeinschaft", denn früher lebten auch alle Mitglieder einer Familie (Eltern, Kinder, Großeltern und weitere Verwandtschaft) unter einem Dach. Heute ist das anders. Meistens leben nur noch Vater, Mutter und die Kinder als Klein- oder Kernfamilie zusammen. Daneben haben sich aber viele andere Formen von Familien und Lebensgemeinschaften entwickelt. Die Familie sorgt vor allem dafür, dass die Kinder versorgt werden und auf ihr späteres Leben mit anderen Menschen vorbereitet werden.

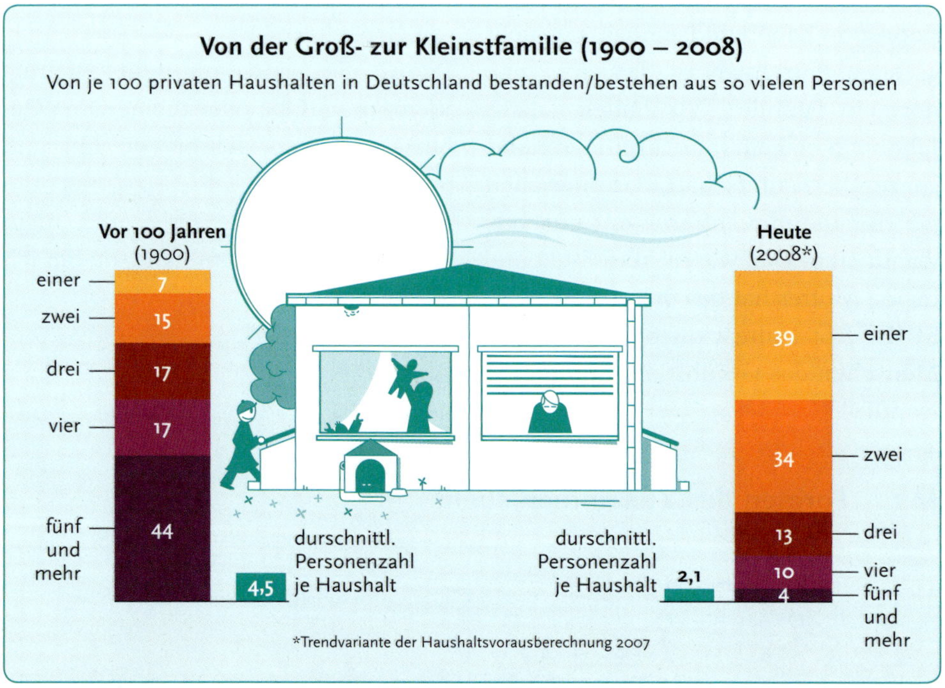

Globus Grafik 2121; Quelle: Statistisches Bundesamt

M 4 Vom „ganzen Haus" zur Kleinfamilie

Die Römer bezeichneten mit „familia" eine Gemeinschaft von Menschen, die gemeinsam in einem Haushalt lebten. Die Grundbedeutung dieses Wortes ist also „Haus". Zu dieser Gemeinschaft gehörten nicht nur die Eltern und Kinder, sondern alle Generationen einer Familie einschließlich der Sklaven und Bediensteten. Das Oberhaupt dieses Familienverbandes war der „pater familias", der uneingeschränkte Macht über alle Mitglieder der „familia" hatte. So verfügte er über das gesamte Vermögen der „familia" und konnte ihre Angehörigen vor Gericht vertreten.

Die „familia" bestimmte im Wesentlichen das Leben der Menschen bis weit über das Ende des Mittelalters hinaus. Man sprach aber nicht von „familia", sondern vom „Haus" oder „ganzen Haus". Arbeitsplatz und

Wohnbereich waren räumlich nicht voneinander getrennt.
Eine gefühlsmäßige Bindung der Menschen im „ganzen Haus" war oft nachrangig. So wurde weniger aus Liebe geheiratet, sondern vielmehr darauf geachtet, was der Ehepartner als „Mitgift" oder Erbe in die Gemeinschaft einbringen konnte. Auch das Verhältnis zwischen Eltern und Kindern war weniger durch Liebe oder Zuneigung geprägt. Kinder wurden mehr als Arbeitskräfte angesehen. Die Kindheit selbst war auf die ersten Lebensjahre beschränkt. Erst im Zuge der Industrialisierung und insbesondere in den großen Städten kam es zur Trennung von Wohnstätte und Arbeitsplatz. Mit dieser Veränderung ging ein Wandel im Zusammenleben der Menschen einher. An die Stelle der Lebens- und Produktionsgemeinschaft des ganzen Hauses trat die Kleinfamilie als Lebens- und Konsumgemeinschaft. Die häusliche Produktion wurde immer überflüssiger, denn man konnte jetzt alles auf den größer werdenden Märkten kaufen. Für die Frauen bedeutete dies, dass sie entweder als Arbeiterinnen in die Fabrik gingen, um zum Lebensunterhalt beizutragen, oder mehr Zeit für die Erziehung der Kinder aufbringen konnten. Zur Kleinfamilie gehörten nur noch die Eltern und ihre Kinder.
Die Kleinfamilie, in der nur noch zwei Generationen zusammenlebten, setzte sich im Laufe des 20. Jahrhunderts in Europa immer mehr durch. Natürlich gibt es neben der modernen Kleinfamilie auch noch andere Familienformen auf der Welt. Das Südseevolk der Ifaluks lebt z. B. in großen Familienverbänden zusammen, die man durchaus mit dem Leben im ganzen Haus vergleichen kann. Bei den Ifaluks bilden die Eltern und die Familie ihrer verheirateten Töchter den Familienverband, wohingegen die Söhne mit Erreichen der Pubertät aus dem Haus der Eltern ausziehen und bis zur Heirat bei Verwandten leben. Nach der Hochzeit leben sie dann in der Familiengemeinschaft der Ehefrauen. Interessant ist auch, dass bei den Ifaluks entgegen der sonst üblichen Erbregeln, Land von der Mutter auf die Tochter vererbt wird.
Großfamilien gibt es heute nur noch in den Teilen der Welt, die noch nicht von der Industrialisierung erfasst wurden. So leben viele Menschen in weiten Teilen Afrikas in familialen Großgemeinschaften.

In vielen Teilen der Welt leben die Menschen noch in Großfamilien, hier eine Berberfamilie in Marokko.

Aufgaben

1. Arbeite aus dem Gespräch der vier Jugendlichen heraus, was ihnen am Familienleben jeweils wichtig ist (M 1).
2. Stelle dar, welche Vorteile und welche Nachteile das Leben in den Familien der Jugendlichen deiner Auffassung nach mit sich bringen könnte (M 1).
3. Führt in der Schule eine anonyme Umfrage nach den Familienformen eurer Mitschüler durch, und vergleicht die Ergebnisse mit M 3.
4. Erläutere, welche Bedeutung die Industrialisierung für den Wandel der Familienstrukturen hatte (M 3, M 4).

1.1.2 „Erziehung“ im Wandel

M 5 Junge, warum hast du nichts gelernt?

Junge, warum hast du nichts gelernt?
Guck dir den Dieter an,
der hat sogar ein Auto.
Warum gehst du nicht
zu Onkel Werner in die Werkstatt?
Der gibt dir ne Festeinstellung,
wenn du ihn darum bittest.

Junge, und wie du wieder aussiehst,
Löcher in der Hose und ständig die-
ser Lärm.
[Was soll'n die Nachbarn sagen?]
Und dann noch deine Haare,
da fehlen dir die Worte,
musst du die denn färben?
[Was soll'n die Nachbarn sagen?]
Nie kommst du nach Hause,
wir wissen nicht mehr weiter.
[...]
Wo soll das alles enden?
Wir machen uns doch Sorgen!

Und du warst so ein süßes Kind!
Und du warst so ein süßes Kind! ...

Und immer deine Freunde,
ihr nehmt doch alle Drogen,
und ständig dieser Lärm,
[Was soll'n die Nachbarn sagen?]
Denk an deine Zukunft,
denk an deine Eltern
willst du, dass wir sterben?

Farin Urlaub, Junge, PMS Musikverlag GmbH, Berlin, 2006

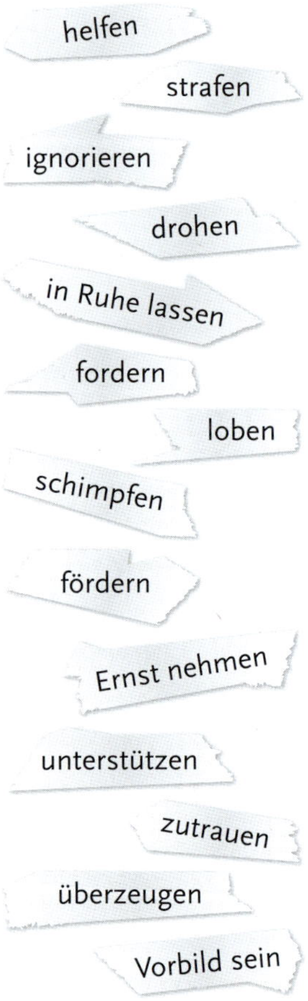

M 6 Wie erziehe ich mein Kind richtig?

Bei der Kindererziehung wenden Eltern bewusst oder unbewusst verschiedene Methoden an. Die Art und Weise, wie sie sich dabei ihrem Kind gegenüber verhalten, wird als Erziehungsstil bezeichnet. Im Folgenden werden die drei gängigsten Erziehungsstile näher beschrieben:

Der autoritäre Erziehungsstil

Autoritäre Eltern fordern von ihrem Kind Gehorsam. Die Eltern entscheiden, was für das Kind das Beste ist. Die Meinung des Kindes wird zwar akzeptiert, letzten Endes bestimmen aber die Eltern. Dabei setzen sie gemäß dem Belohnungs- und Bestrafungsprinzip Lob und Tadel gezielt ein. Dieser Erziehungsstil soll dem Kind ein hohes Maß an Sicherheit vermitteln, da seine Aktivitäten vorbestimmt werden.

Der demokratische Erziehungsstil

Demokratisch erziehende Eltern wollen v. a. die Selbständigkeit, das Selbstvertrauen und die Eigenaktivität ihres Kindes fördern. Bei der Erziehung wird großer Wert darauf gelegt, dass das Kind an Entscheidungen, die es selbst betreffen, direkt teilhaben kann und mitbestimmen darf. Notwendig dafür sind viele Diskussionen, in denen die Eltern Anleitungen und Hilfestellungen geben, das Kind als Gesprächspartner aber ernst nehmen. Wenn dabei ein Konflikt entsteht, weil sich die Meinungen der beiden Parteien konträr gegenüberstehen, ist ein

Konsens notwendig, mit dem beide einverstanden sind.

Der laissez-faire Erziehungsstil

Eltern, die den laissez-faire Erziehungsstil nutzen, lassen ihrem Kind sehr viel Freiraum und machen ihm kaum Vorschriften. Verbindliche Regeln für das Zusammenleben in der Familie werden nicht aufgestellt, Grenzen werden nicht gesetzt. Das Ziel dieses Erziehungsstiles ist es, dass das Kind sehr früh selbständig wird, indem es eigenverantwortlich Entscheidungen trifft.

laissez-faire (frz.) lass es gewähren

M 7 Ist die „Super Nanny" wirklich super?

Die „Super Nanny" ist eine sehr erfolgreiche Sendung im privaten Fernsehen. Dort gibt es vor laufender Kamera viele Tipps und Ratschläge zur „besseren" Erziehung für Familien mit Problemen. Die angewandten Methoden sind jedoch äußerst kritisch zu betrachten:

Das Kind wird zu jeder Zeit mit der Kamera gefilmt: wenn es tobt, brüllt, heult, wenn es sich gegen körperliche Übergriffe der Erwachsenen wehrt, wenn es traurig und verängstigt ist. Die Kamera zeigt sogar das, was die Eltern sonst nicht sehen könnten, da das Kinderzimmer videoüberwacht ist.

Es gibt keine Rückzugsmöglichkeit und keine Privatsphäre für das Kind. Damit werden Kinder vor der versammelten TV-Öffentlichkeit vorgeführt. [...] Die „Super Nanny" kommt mit einer langen Liste von Regeln, diese muss von heute auf morgen befolgt werden. Das Training der „Super Nanny" läuft nach dem Muster ab: Die Eltern ordnen an, die Kinder gehorchen. Wenn der Gehorsam ausbleibt, gibt es das Allheilmittel der „stillen Treppe". Dorthin werden die Kinder durchaus mit körperlichen Übergriffen geschoben, gezerrt, geschleift und getragen. Wenn die Kinder raus wollen, wird die Tür zugehalten. Wenn das Kind angesichts der überlegenen Erwachsenen aufgibt, dann verkündet die „Super Nanny" Erfolg. In welchem Zustand das Kind sich befindet, ist uninteressant, auch dann, wenn Verletztheit oder Verzweiflung unübersehbar sind. Das primäre Erziehungsziel Gehorsam ist durchgesetzt und das zählt.

Helga Theunert, Ist die „Super Nanny" wirklich super? in: http://www.familienhandbuch.de

Aufgaben

1. Verfasse einen Gegentext aus Sicht des Jungen, in dem er seinen Eltern ihr Verhalten vorwirft (M 5).
2. Erstelle eine Tabelle, in der du die Werte, die die Eltern vertreten, denen des Jungen gegenüberstellst (M 5).
3. In M6 werden drei verschiedene Erziehungsstile beschrieben. Ordne die daneben stehenden Erziehungsmittel diesen Erziehungsstilen zu.
4. Begründe, welcher Erziehungsstil deiner Meinung nach am besten ist.
5. Der Deutsche Kinderschutzbund kritisiert Sendungen wie die „Super Nanny". Notiert in Partnerarbeit Argumente für und gegen eine Sendung wie diese (M 7).

Methode

Ein Rollenspiel durchführen

Das Rollenspiel – Definition

Im Rollenspiel wird ein Stück Wirklichkeit nur simuliert, indem sich der einzelne Spieler in seinem Handeln an einer definierten sozialen Rolle orientiert. Soziale Rollen sind Erwartungen an das Verhalten und Handeln von Individuen, die bestimmte soziale Positionen (z. B. Schüler, Lehrer, Eltern, Jugendliche, Politiker, Ärzte...) innehaben.

Chancen und Ziele

Mithilfe des Rollenspiels kannst du

- gesellschaftliche Interessengegensätze erhellen,
- soziale Verhaltensweisen einüben und
- Handlungsstrategien entwickeln und erproben.

Vorbereitung und Ablauf eines Rollenspiels

1. Vorbereitung

- Beschreibung der Situation / des Problems / des Konflikts
- **Rollenverteilung:** Wer spielt welche Rolle?
- **Spieler** bereiten sich auf ihre Rollen vor, **Beobachter** formulieren Erwartungen an das Rollenspiel.

2. Durchführung

- Vorher skizzierte Situation wird ohne Unterbrechung durchgespielt.
- Wichtig: Spieler verhalten sich entsprechend ihrer vorgegebenen Rolle.
- **Beobachtungsaufträge:** Was war gut, was weniger gelungen? Haben die Spieler ihre Rollen glaubwürdig gespielt? Haben sie sich entsprechend ihrer Rollenvorgabe verhalten?

3. Rollendistanzierung

- Spieler äußern sich nacheinander über ihre **Einstellungen** und **Gefühle** im Rollenspiel.
- Austritt aus der Rolle: Spieler analysieren ihr **Verhalten** und die Gründe dafür.

4. Auswertung

- Auswertung der **Beobachtungsaufträge**
- **Generalisierung:** Kann man die dargestellte konkrete Situation verallgemeinern?
- Nutzen des Rollenspiels: Welche im Spiel dargestellten Verhaltensweisen können in vergleichbaren Situationen angewendet werden?
- Auswertung des Rollenspiels: Was könnte das nächste Mal besser gemacht werden?

Nach: Sibylle Reinhardt, Politik-Didaktik. Praxishandbuch für die Sekundarstufe I und II. Berlin 2005. S. 194-196.

Rollenspiel: Eltern-Kind-Konflikt

Im Song „Junge“ von der Band „DIE ÄRZTE“ (M 5) werden verschiedene Konflikte deutlich. Verteilt die folgenden Rollenkarten und spielt den dargestellten Eltern-Kind-Konflikt mithilfe des Ablaufplans nach.

ROLLENKARTE | Junge

Du bist ein 18-jähriger Teenager, der vor wenigen Monaten sein Abitur bestanden hat. Seitdem lebst du in den Tag hinein, triffst dich mit deinen Freunden und überlegst, was du in Zukunft machen möchtest. Du weißt noch nicht, ob du eine Ausbildung oder doch ein Studium beginnen willst. Für deine Entscheidung willst du dir aber noch Zeit lassen. Dies ist einer der Gründe, warum es zu ständigen Konflikten mit deinen Eltern kommt. Außerdem werfen sie dir vor, dass du die falschen Freunde hast. Für dich sind deine Freunde aber enorm wichtig, weil du in den vergangenen Jahren viel Zeit mit ihnen verbracht hast, da deine Eltern wenig Zeit für dich hatten. Auch wegen deines Musikgeschmacks, deiner Kleidung und deiner Frisur gibt es ständig Streit.

ROLLENKARTE | Vater

Du bist ein 45-jähriger Bankkaufmann, der will, dass sein Sohn „etwas aus seinem Leben macht“. Du verlangst von ihm, dass er nach seinem Abitur genauso hart und viel arbeitet wie du es seit Jahren tust. Dabei spielt es keine Rolle, ob er eine Ausbildung macht (z. B. als Automechaniker bei deinem Bruder Werner) oder ob er studiert (z. B. Veterinärmedizin, da dein Sohn früher Tierarzt werden wollte). Seit Jahren kommt es zudem zu ständigen Konflikten zwischen dir und deinem Sohn, da du das Äußere deines Sohnes für unangemessen hältst. Auch die Freunde deines Sohnes sind dir nicht willkommen. Du hältst sie für Versager, die Drogen nehmen, laute Musik hören und ständig feiern. Deinen Geburtstag wirst du deshalb ohne viel Freude feiern.

ROLLENKARTE | Mutter

Du machst dir große Sorgen, hast schlaflose Nächte, weil du denkst, dass dein Sohn ständig Alkohol trinkt und Drogen nimmt. Dafür machst du seine Freunde verantwortlich. Die bevorstehende Geburtstagsfeier deines Mannes würdest du am liebsten nicht ausrichten, da du Angst hast, dass dein Sohn dich blamiert.

ROLLENKARTE | Onkel Werner

Du bist ein 50-jähriger Kfz-Meister mit eigener Werkstatt. Seit Jahren bildest du dort Jugendliche zum Automechaniker aus. Auch deinen 18-jährigen Neffen würdest du sofort anstellen, weil du den Jungen gut leiden kannst. Das hast du ihm auch schon mitgeteilt. Allerdings verlangst du von ihm, wie von all deinen Azubis, Pünktlichkeit, Gewissenhaftigkeit und Zielstrebigkeit. Du musstest in den letzten Jahren zusehen, wie sich dein Neffe stark verändert hat. Deshalb glaubst du nicht, dass er eine Anstellung in deiner Werkstatt annehmen wird. Aber du kannst ihn beim Geburtstag deines Bruders ja mal fragen.

ROLLENKARTE | Dieter

Du bist der 23-jährige Cousin. Nach deinem Abitur hast du ein duales Studium bei einem großen Konzern begonnen, das du vor kurzem abgeschlossen hast. Weil du deine Ausbildung sehr gut absolviert hast, wurdest du übernommen. Da du schon während der Ausbildung relativ viel Geld bekommen hast, konntest du dir ein eigenes Auto kaufen. In deiner Familie giltst du als vorbildlich, weil du noch nie Probleme verursachst hast und schnell selbständig geworden bist. Das Verhältnis zu deinem Cousin ist angespannt, weil du ihn für einen Versager hältst, der nichts aus seinem Leben macht. Auf die Begegnung mit ihm beim anstehenden Familienfest bist du sehr gespannt. Welche Haarfarbe er wohl wieder haben wird?

1.1.3 Familienpolitik – wie hilft der Staat den Familien?

M 8 „Elterngeld“ in der Karikatur

Elterngeld
Das Elterngeld ist ein vom Einkommen abhängige staatliche Unterstützungsleistung für Familien von bis zu 14 Monaten.

Karikatur: Thomas Plaßmann, Baaske Cartoons

M 9 Wie der Staat Familien unterstützt

Familien sind die soziale Mitte unserer Gesellschaft und für die Mehrheit der Menschen der Lebensmittelpunkt. Familien bilden ein verlässliches soziales Netz, bieten Schutz und Nähe. Die Familie sorgt dafür, dass Staatsbürgerinnen und -bürger geboren werden und erfüllt zentrale Aufgaben bei der Erziehung von Kindern sowie bei der Betreuung alter und kranker Menschen. Deshalb steht die Familie unter dem besonderen Schutz des Staates. Unter Familienpolitik versteht man alle politischen Maßnahmen, die dafür sorgen sollen, dass es den Familien im Staat möglichst gut geht. Die Bundesregierung in Berlin, die Bundesländer und die Städte und Gemeinden teilen sich dabei die Aufgaben zum Schutz und zur Unterstützung der Familien. Die Familien erhalten nicht nur finanzielle Unterstützung, es gibt darüber hinaus viele Regelungen, die die Vereinbarkeit von Familie und Berufstätigkeit der Eltern fördern sollen. Auch die Bereitstellung von Kindergarten- und Kinderhortplätzen, der Bau von Kinderspielplätzen, das Bildungswesen sind Teil der Familienpolitik.

Auswahl staatlicher Leistungen zur Förderung von Familien

Kindergeld	Pro Kind bezahlt der Staat für das 1. und 2. Kind 184 €, für das 3. Kind 190 €, für das 4. Kind und weitere 215 €, bei Niedrigeinkommen wird ein Kinderzuschlag von 140 € pro Kind/Monat gewährt.
Steuererleichterungen	Der Staat gewährt pauschale Freibeträge für jedes Kind, die zu einer Reduzierung der Steuerlast führen, außerdem können 2/3 der Kosten, die für die Kinderbetreuung aufgewendet werden müssen, steuerlich abgesetzt werden.
Elternzeit	Eltern, die ihr Kind selbst betreuen, haben Rechtsanspruch auf drei Jahre Elternzeit. Mütter und Väter können auch gleichzeitig Elternzeit nehmen. Wer Elternzeit nimmt, kann bis zu 30 Stunden arbeiten. Bei Betrieben mit mehr als 15 Beschäftigten besteht Anspruch auf Teilzeitarbeit. Während der Elternzeit darf der Arbeitgeber nicht kündigen.
Elterngeld	Das Elterngeld ist eine Familienleistung für alle Eltern, die sich in den ersten 14 Lebensmonaten der Betreuung ihres Kindes widmen und nicht voll erwerbstätig sind. Elterngeld erhält ein Elternteil max.12 Monate, der andere Elternteil 2 Monate, Alleinerziehende 14 Monate. Die Höhe des Elterngeldes beträgt 65 – 67 % des vorherigen Nettoeinkommens aus Erwerbstätigkeit (Jahresdurchschnitt vor Geburt des Kindes.) Das Elterngeld beträgt mindestens 300 € und höchstens 1.800 €.
Sonstige Leistungen	Verbesserung der Betreuungsangebote für unter 3-Jährige (Kinderkrippen), Anspruch auf Kindergartenplatz für 3-6-Jährige, Ausbau von Ganztagsangeboten

M 10 Elterngeld verändert das Verhalten der Väter

Jeder fünfte Vater in Deutschland nimmt das seit rund drei Jahren angebotene Elterngeld in Anspruch. Mit 21 Prozent stößt diese staatliche Leistung auf weit mehr Zuspruch als das bis 2006 gezahlte Bundeserziehungsgeld, das im Schnitt 3,5 Prozent der Väter in Anspruch nahmen. Das Statistische Bundesamt in Wiesbaden berichtete am Dienstag für 2008 geborene Kinder von großen regionalen Unterschieden: Mehr als jeder vierte Vater in Bayern, Berlin und Sachsen bekam die staatliche Leistung – im Saarland war der Anteil mit zwölf Prozent am niedrigsten. Bundesfamilienministerin Kristina Schröder (CDU) sah die Arbeit der Regierung darin bestätigt: „Das Elterngeld ist ein Erfolgsmodell. Jeder fünfte Vater nimmt inzwischen Partnermonate – und gilt damit als gutes Vorbild und nicht mehr als Exot." Ein Sprecher des Statistischen Bundesamts sagte, dass die Väter in der Regel nur zwei Monate lang Elterngeld beziehen, die Mütter hingegen ein Jahr.

dpa, Financial Times Deutschland, 03.08.2010

Aufgaben

1. Familie Weber hat drei Kinder: Larissa ist acht und besucht die Grundschule mit angeschlossenem Kinderhort, Bruder Julian ist fünf Jahre und geht in einen Ganztageskindergarten, Baby Aline ist drei Monate alt. Die Eltern, Kristin und Marc Weber, waren beide berufstätig und hatten ein Nettoeinkommen von jeweils 2.000 €. Sie teilen sich die Erziehung von Aline. Stelle dar, welche familienpolitischen Leistungen des Staates Familie Weber in Anspruch nehmen kann (M 9).
2. Familien werden in Deutschland mit einem erheblichen finanziellen Aufwand durch den Staat unterstützt, obwohl es eine private Entscheidung ist, ob man Kinder bekommen möchte oder nicht. Diskutiert, ob die Unterstützung für Familien gerechtfertigt ist (M 9, M 10).
3. Sammle mithilfe von M 8 – M 10 Pro- und Kontra-Argumente zu der Frage, ob die Kindererziehung und -betreuung v. a. eine Aufgabe der Mütter sein sollte. Begründe anschließend deine eigene Meinung.

Was wir wissen

Vielfalt der Familienformen
M 2 – M 4

In unserer modernen Industrie- und Dienstleistungsgesellschaft ist die Verschiedenheit der Familien- und Lebensformen die Regel. So wird Familie heute ganz unterschiedlich gelebt: Verheiratete und nicht verheiratete Eltern, die ihre Kinder gemeinsam erziehen, Väter und Mütter, die ihre Kinder alleine erziehen, Patchwork- oder Stieffamilien, Adoptionsfamilien, Pflegefamilien. Es gibt aber auch immer mehr Menschen, die sich bewusst gegen eine Familie entscheiden und lieber als Single oder als Paar ohne Kinder durch das Leben gehen.

Erziehung in der Familie
M 5 – M 7

Die Familien bilden die soziale Mitte unserer Gesellschaft. Sie tragen Sorge für die äußeren Lebensbedingungen (Wohnung, Nahrung, Kleidung usw.) und stellen somit die Existenz ihrer Mitglieder sicher. Daneben trägt die Familie auch Sorge dafür, dass die Kinder die Fähigkeiten erwerben, die sie benötigen, um mit anderen Menschen in der Gesellschaft leben zu können. Man spricht davon, dass die Familie eine Sozialisationsfunktion hat. Die Familie sorgt auch dafür, dass die Gesellschaft nicht ausstirbt, denn sie ist der wichtigste Bereich, in dem Kinder geboren werden und aufwachsen. Diese Funktion der Familie nennt man Reproduktionsfunktion. Darüber hinaus hat die Familie einen entscheidenden Einfluss darauf, welche soziale Position ein Mensch in Schule, Arbeitswelt und Gesellschaft einnimmt (Platzierungsfunktion).

Familienpolitik
M 8 – M 10

Der Schutz von Ehe und Familie ist im Grundgesetz rechtlich verankert (Art. 6 GG). Deshalb unterstützt der Staat mit einer gezielten Familienpolitik die Familien bei ihren wichtigen Aufgaben, die sie für die Gesellschaft wahrnehmen. Im Mittelpunkt der staatlichen Familienpolitik steht die finanzielle Unterstützung der Familien durch das Kindergeld und durch steuerliche Entlastungen wie zum Beispiel Freibeträge für Kinder. Außerdem bezahlt der Staat seit 2007 für 12-14 Monate Elterngeld in Höhe von 65-67 % des wegfallenden Nettoeinkommens der Mutter oder des Vaters. Darüber hinaus regelt der Staat auch die Dauer der Elternzeit und schafft so Rahmenbedingungen, damit Eltern Familie und Berufstätigkeit zum Beispiel durch eine Teilzeitbeschäftigung besser vereinbaren können. Zur Familienpolitik zählt auch, dass der Staat für Bildungseinrichtungen sorgt und Betreuungsangebote (Kindertagesstätten, Ganztagsschulen) schafft.

Was wir können

Kinder sind hier unerwünscht

Ein typisches Café in Frankfurt

Es ist ein einfacher Zettel, der für Empörung bei den Eltern [...] sorgt. Ein Zettel, der seit einigen Tagen am Fenster des Cafés Sahnesteif in der Glauburgstraße [in Frankfurt am Main] hängt – auf dem mit vielen Worten aber unmissverständlich steht: Kinder sind hier nicht erwünscht. „Das ist unmöglich", ärgert sich eine Mutter auf einem der Spielplätze im Stadtteil. „Kinder gehören zur Gesellschaft dazu, die kann man doch nicht einfach ausgrenzen." Sie ist nicht die einzige, die sich über den Zettel empört. [...] Gerade hier im Nordend, da ist sich die Elternschaft einig, könne ein Café mit Kinderverbot gar nicht funktionieren. Nicht in dem Stadtteil, durch den Tag für Tag ganze Kinderwagenkolonnen ziehen, der eine der höchsten Geburtenraten in ganz Deutschland aufweist. [...] „Es muss hier auch Räume für Erwachsene geben, in denen sie sich erholen können", sagt Hanne Tesch, Mitbetreiberin des Sahnesteifs. „Viele Gäste wollen bei uns Zeitung lesen, arbeiten, eine Pause einlegen." Herumrennende Kinder störten dabei nun mal. Also hat Tesch den Zettel ans Fenster geklebt. Dass das Café kein Kinderhort und kein heimisches Wohnzimmer sei, sondern ein Rückzugsort für Erwachsene. Ein solches Vorgehen hätte sich Tesch noch vor knapp einem Jahr, als das Sahnesteif eröffnete, nicht vorstellen können. „Wir haben uns auf die jungen Familien im Stadtteil gefreut", sagt sie. „Doch was dann auf uns zukam, hat uns überrascht und auch enttäuscht." Denn mit dem Benehmen der Eltern und Kinder im Café kamen die Besitzer nicht klar. „Möbel wurden als Hüpfburg missbraucht, Scheiben beschmiert und in aller Öffentlichkeit gewickelt", erzählt die Inhaberin. Nicht selten wurden zudem Spieldecken einfach ausgebreitet und Teile des Cafés mit Hockern als Krabbelecke abgetrennt. „Das geht aber nicht, es muss auch Raum für die anderen da sein", sagt Tesch. „Und mal ganz ehrlich gesagt: Das Geschrei möchte ich hier auch nicht wirklich haben." [...] Das alles habe nichts mit Kinderfeindlichkeit zu tun. [...] „Die Kinder können ja nichts dafür, dass sie nicht erzogen werden und keine Grenzen gesetzt bekommen."

Sandra Busch, Frankfurter Rundschau, 03.03.2011

Aufgabe

Führt eine Diskussion zum Thema „Sollten Kinder in Cafés draußen bleiben" in Form eines Rollenspiels durch. Folgende Personen nehmen an dieser Diskussion teil:

- Hanne Tesch, Betreiberin des Cafés Sahnesteif
- Anna Blum, die Leiterin der benachbarten Kindertagesstätte
- Max Rose, der Vorsitzende des örtlichen Kinderschutzbundes
- Wiebke Fromm, eine Mutter, die gern mit ihrem kleinen Sohn in das Café ging
- Sören Heise, ein Anwalt, der seine Mittagspause oft in dem Café verbringt, um in Ruhe zu essen und Zeitung zu lesen
- Enno Ernst, der Stadtteilbürgermeister → er moderiert und leitet die Diskussion
- Natürlich kann sich auch das Publikum an der Diskussion beteiligen.

Hinweis:

Das Café Sahnesteif ist mittlerweile aus unklaren Gründen geschlossen. Bereitet die Diskussion vor diesem Hintergrund in Gruppen vor. Sammelt dazu Argumente, die der jeweilige Diskussionsteilnehmer vortragen könnte. Bereitet euch aber auch auf mögliche Gegenargumente vor.

1.2 Die Bedeutung der Gleichaltrigengruppe

1.2.1 „Ich" in der Gesellschaft

M 1 Ich will ich sein

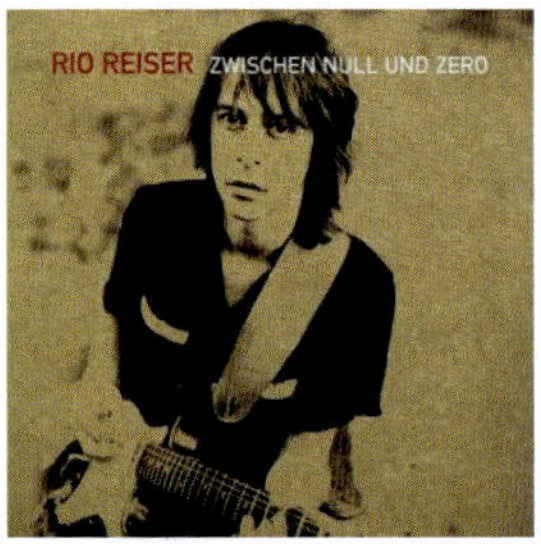

Rio Reiser (1950 – 1996): Berliner Rocksänger, Textdichter und Komponist

Ich will ich sein, anders kann ich nicht sein.
Ich will nicht sein, wie der oder der.
Ich will sagen, was ich denke.
Ich will ich sein, anders kann ich nicht sein.
Ich will nicht nur sehen, was alle sehen.
Ich will nicht nur gehen, wohin alle gehen.
Will nicht nur lachen, wenn alle lachen.
Will nicht nur machen, was alle machen.
Ich will singen, was ich singen will.
Und ich will sagen, was ich sagen will.
Ich will leben, wie ich leben will.
Und will lieben, wen ich lieben will.
Und will nicht getreten werden
und will nicht treten.

Rio Reiser, Ich will ich sein, Volksmund Verlag und Produktion Ralph Steiz KG, Stadum

Tipp
Stellt euch vor, der Song hätte noch keine Melodie. Wie sollte sich eurer Meinung nach die Musik zu diesem Text anhören?

M 2 Ich will ich sein – aber wer bin ich eigentlich?

„Ich will ich sein", das sagt sich sehr einfach, aber: „Wer bin ich eigentlich?" Reicht ein Blick auf den Personalausweis aus, um herauszufinden, wer ich bin? Zumindest stehen dort Name, Anschrift, Geburtstag und -ort, Körpergröße und Augenfarbe und auch ein Passfoto ist dabei. Aber reicht das aus, um zu sagen, wer man ist? Gehört zum Ich nicht noch etwas mehr? Zum Beispiel die Beziehung zu anderen Menschen, zu den Eltern und Geschwistern, Freunden und Freundinnen, zu den Mitschülerinnen und Mitschülern, zu den Mitmenschen ganz allgemein? Gehört zur Persönlichkeit nicht auch das, was mir wichtig ist, oder mein Verhältnis zu den Dingen, wie Natur, Technik, Musik und Kunst oder zur Gesellschaft? Gehört dazu nicht auch die Antwort auf die Frage, wie ich zu mir selbst stehe oder was ich mit meinem Leben will?

Jeder Mensch wünscht sich, als eigenständige Persönlichkeit wahrgenommen zu werden. Die Einzigartigkeit ist uns wichtig, aber auch das Gemeinsame, was uns mit anderen verbindet. Seinen Weg zu finden, ist nicht einfach und benötigt viel Zeit. Die Suche nach der eigenen Identität ist ein lebenslanger Prozess, der von der uns umgebenden Gesellschaft, aber auch von vielen Zufällen beeinflusst werden kann.

Ich-Identität
Darunter versteht man die Gewissheit eines Menschen, er selbst und unverwechselbar zu sein und sich von anderen zu unterscheiden.

Soziale Identität
Soziale Identität bildet der Mensch durch die Zugehörigkeit zu Gruppen aus und meint die Fähigkeit, den Erwartungen anderer entsprechen zu können.

M 3 Pubertät – (k)ein Problem?

Meist wird die Pubertät mit Konflikten, vor allem mit Erwachsenen im Elternhaus und in der Schule verbunden. Dabei zeigen Umfragen, dass lediglich 20% größere Probleme mit ihren Eltern haben.

Problematischer ist in den letzten Jahren eher der Einfluss der Medien geworden. Idealbilder werden den Jugendlichen auf allen Kanälen vorgegaukelt. Es wimmelt von coolen Typen und dürren Top-Models, von Superstars und anderen vermeintlichen Gewinnern, an denen sich normale Jugendliche eher vergebens messen. Bei Problemen weichen die Jungen vor allem ins Internet aus. Dort ziehen sie als unangefochtene Helden durch fremde Welten, oder hinterlassen in den Chatrooms ein paar coole Sprüche. Mädchen dagegen brezeln sich auf, als kämen sie auf eine Bühne. Um zu Gewinnern zu gehören, fühlen sie sich bereits verpflichtet, perfekt zu sein.. So steigt seit Jahren der Anteil normalgewichtiger Mädchen, die sich zu dick finden. Die Probleme scheinen dabei nicht einmal nur hormonbedingt zu sein. Insbesondere die Veränderung des Gehirns, das sozusagen in der Pubertät generalüberholt und deutlich leistungsfähiger wird, drängt dazu, etwas leisten zu wollen und Verantwortung zu übernehmen. Wird dieses Verlangen behindert (Elternhaus, Schule), sind manche Jugendliche darauf angewiesen, eine Spielwiese zu suchen, in der sie das Erwachsensein probieren.

Pubertät
Der Begriff Pubertät entstammt dem lateinischen Wort pubertas, was Geschlechtsreife bedeutet. Mit Pubertät bezeichnet man die Zeit, in der Jugendliche geschlechtsreif werden.

Tipp
Hinweise für den sorgsamen Umgang mit (Profil-)Daten findest du bei: *www.klicksafe.de*

M 4 Identität im Netz

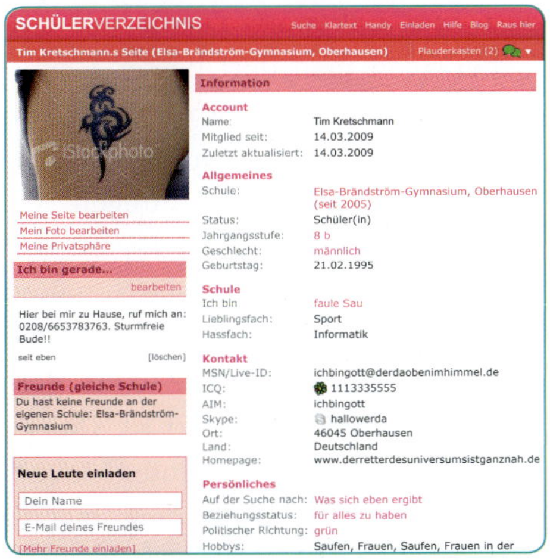

Aus: Marco Fileccia, Social Communities – ein Leben im Verzeichnis, Zusatzmodul zu Knowhow für junge User. Materialien für den Unterricht, klicksafe büro Ludwigshafen, 2009, Arbeitsblatt 4c, S. 40

Aufgaben

1. Beschreibe das Lebensgefühl des Ichs in dem Song von Rio Reiser (M 1). Was hält das Ich davon ab, „ich" zu sein?
2. Wer bin ich? Was macht mich einzigartig? Erstelle mithilfe einer Mindmap eine Landkarte deiner Persönlichkeit (M 2).
3. Arbeite die in M 3 angesprochenen Ursachen für Probleme in der Pubertät heraus und diskutiere mögliche Ursachen.
4. Erläutere, wie sich Tim im schülerVZ darstellt (M 4) und diskutiere Ursachen für diese „Selbstdarstellung".
5. Viele Jugendliche bezeichnen die sozialen Netzwerke als eine Art „virtuelles Jugendzentrum", als einen Ort also, an dem man sich ungestört von Erwachsenen begegnen kann. Zähle die Argumente auf, die für bzw. gegen diese Annahme sprechen.

1.2.2 „Ich" und meine Clique

M 5 Was die Clique bedeutet

Kira, 15 Jahre
Es ist doch ganz einfach, Freunde zu haben. Ich habe aber nur eine beste Freundin. In unserer Clique sind wir acht Mädels, manchmal sind auch noch ein paar Jungs dabei. Stress gibt es bei uns in der Clique eigentlich nur dann, wenn wir lästern. Aber wir vertragen uns auch ziemlich schnell wieder.

Anton, 15 Jahre
Unsere Clique trifft sich meistens nur am Wochenende, weil wir alle weit voneinander entfernt wohnen. Wir sitzen dann zusammen, machen eigentlich nichts Besonderes, reden, hören Musik. Es tut gut, mit den anderen zusammen zu sein. Das Gefühl, dazuzugehören, das ist mir unwahrscheinlich wichtig.

M 6 Wenn es Streit gibt

Clique
Sie wird häufig auch als **Peer-Group** bezeichnet. „Peer" bedeutet im Englischen gleichaltrig.

Gruppendruck / Gruppenzwang
Er bewirkt eine Veränderung des Verhaltens oder der Einstellung von Personen innerhalb einer bestimmten Gruppe. Es kann vorkommen, dass die Personen diese Verhaltensweise nur innerhalb der Gruppe zeigen.

Streitigkeiten gibt es bei uns [in der Clique] leider relativ oft! Meistens geht es um Kleinigkeiten oder es ist eine Eigentümlichkeit einer Einzelnen, die nervt. Nur selten gibt es einen klar definierbaren Grund für Unstimmigkeiten. Doch sobald einen einmal etwas stört, reagiert man auf jede Kleinigkeit immer heftiger und die schlechte Stimmung schaukelt sich hoch. Deshalb ist echter Streit besser als nur sauer zu sein. Da wir uns so gut kennen, weiß man fast immer, zu welcher man gehen kann, die höchstwahrscheinlich die gleiche Meinung hat. [...] Das zieht sich dann über einen längeren Zeitraum und wir versuchen erst, uns gegenseitig aus dem Weg zu gehen und reden kaum mit denjenigen, mit denen wir zerstritten sind. Höchstens mal unter vier Augen mit einer „Gegnerin" – so ist das einfacher, vernünftig zu bleiben. Irgendwann versuchen wir dann doch mit allen Beteiligten darüber zu sprechen. Manchmal geht eine „Partei" genervt weg, oder wir beschließen, es dabei zu belassen. [...] Wir treffen uns im Chat und diskutieren dort, was uns stört. Das ist oft einfacher, weil man dort besser formulieren kann. Das bremst die Wut. [...] Oder wir lassen unseren Ärger ab, damit wir in den „Verhandlungen" gelassener bleiben können. [...] Oft vergehen Wochen, bis sich die Situation beruhigt hat – und eines Tages ist dann alles so wie immer, ohne dass die Sache wirklich geklärt ist. Das ist zwar keine unbedingt gute Lösung, aber oft die bequemste, denn eigentlich wollen wir ja nicht streiten. Ein Verhalten, was einmal schrecklich genervt hat, kann einen fast freuen, wenn man länger nicht in Kontakt war und das wieder erkennt.

Nyke Boniatowsky, Lucie Schooss, Unsere Clique: alle Mädchen aus der Zinnober, in: Szene, Gruppen, Peers, Friedrich Jahresheft Schüler 2010, S. 32 ff.

M 7 In der Clique Entscheidungen treffen

Szenario 1
Die beiden Freundinnen Laura und Lisa feiern gemeinsam ihren 15. Geburtstag. Sie laden ihre gesamte Clique ein. Die Eltern der beiden haben zugestimmt, dass sie zu Hause feiern dürfen. Die Abmachung war aber, dass es auf dem Fest keine alkoholischen Getränke geben darf. Als die Party in vollem Gange ist, kommen unangemeldet ältere Jungs hinzu und bringen [ein paar Flaschen Bier] mit …

Szenario 2
Eure Clique fährt in der Straßenbahn zum Live-Konzert. Die Spannung steigt, die Vorfreude ist groß. Ihr bekommt mit, wie zwei Jugendliche einen etwas sonderbar gekleideten, schmächtigen Jungen angreifen. Der Junge ist sichtlich verängstigt. Er versucht, in den vorderen Teil der Straßenbahn zu gelangen, doch die älteren Jugendlichen versperren ihm sowohl den Weg nach vorn zum Schaffner wie zu den Ausgangstüren …

Szenario 3
Du fühlst dich eigentlich ganz wohl in deiner Clique. Seit einiger Zeit benimmt sich ein Mitglied der Clique, Benjamin, aber wie ein „Platzhirsch". Er protzt mit den teuersten Klamotten, er bekommt am meisten Taschengeld von allen und will neuerdings immer über die Köpfe der anderen hinweg entscheiden, was gemeinsam in der Clique unternommen werden soll …

Szenario 4
Die Clique um Martin und Kevin ist eine eingeschworene Gemeinschaft. Die Jugendlichen tragen die gleichen Markenjeans und hören die gleiche Musikrichtung. Lukas, der erst kürzlich in die Stadt gezogen ist, kommt neu in die Klasse. Er hat andere Vorlieben, legt keinen Wert auf Markenkleidung und hört andere Musik. Mit Michael aus der Clique hat er sich schon angefreundet. Der Rest der Clique lehnt Lukas aber ab …

Landeszentrale für politische Bildung Baden-Württemberg, Demokratie (er-)leben, Politik & Unterricht, Heft 2/3 2006, S. 21

Aufgaben

1. Arbeite die Bedeutung der Clique aus den Aussagen der Jugendlichen heraus und ergänze diese mit eigenen Aussagen (M 5).
2. In M 6 wird beschrieben, wie in einer Clique mit Konflikten umgegangen wird. Nimm in einem Brief an die Erzählerin / den Erzähler Stellung und gib Ratschläge für einen besseren Umgang mit Konflikten (M 6).
3. Bildet Gruppen. Versetzt euch in die vier beschriebenen Situationen. Wie würdet ihr in eurer Clique jeweils entscheiden? Begründet eure Entscheidung ausführlich (M 7).
4. Gruppendruck kann sich positiv, aber auch negativ auf das Verhalten des Einzelnen auswirken. Erläutere dies an selbst gewählten Beispielen.

1.2.3 Mobbing – (k)ein Problem?

M 8 Klassengemeinschaft

Viele Klassen lassen sich am Ende des Schuljahres und nicht nur zum Schulabschluss ein Klassen-T-Shirt anfertigen, um die Zusammengehörigkeit auszudrücken oder eine Erinnerung für später zu haben.

M 9 Eine klasse Gemeinschaft?

Schweigen ist Silber, Lästern ist Gold? Jeder will mal gehässig sein, keine Frage. Was aber auf Seiten wie isharegossip.com anonym abgeladen wird, das ist Diffamierung. Die Gehässigkeit kennt auf dieser Internetseite keine Grenzen. X „ist die größte Schlampe der Schule" [...]. In diesem Ton geht es weiter mit Beleidigungen und persönlichen Angriffen, über 2.000 Kommentare ist die Liste lang. X ist Schülerin an einem Berliner Gymnasium, ihr Vorname und die Klasse, in die sie geht, werden auf der Homepage genannt. X ist Opfer von isharegossip.com geworden – einer Website, die eine neue Dimension des Cybermobbings darstellt. Dass Schüler Schüler im Internet belästigen, beleidigen oder bedrohen, ist kein neues Phänomen. Doch während in sozialen Netzwerken wie SchülerVZ und Facebook sichtbar ist, wer über wen in Chats oder auf den virtuellen Pinnwänden lästert, sind die Kommentare bei isharegossip.com anonym – und umso brutaler. [...]

Direktoren von Berliner Schulen berichten, dass sie sich gegen isharegossip.com machtlos fühlen. Denn auch wenn sie die Seite auf den Servern der Schule längst gesperrt haben, können sie nicht verhindern, dass die Schüler in ihrer Freizeit Kommentare posten. Klassenlehrer führen deshalb mit ihren Schülern Gespräche über das Thema Cybermobbing und versuchen sie zu bewegen, gar nicht erst auf der Seite aktiv zu werden. Ist ein Kind beleidigt worden, sollten die Eltern einen Screenshot als Beweis machen und sich an die Polizei wenden – doch müssen sich die Kinder überhaupt trauen, Lehrern oder Eltern von den Beleidigungen zu berichten.

Pia Frey, Sonja Pohlmann, Tagesspiegel, 24.02.2011

Verbot von isharegossip.com
Nach einer Prügelattacke auf einen Berliner Jugendlichen wegen Beleidigungen auf *isharegossip.de* prüft die Regierung ein Verbot der Seite.

M 10 Mobbing ist eine Form von Gewalt

„Die meisten denken, sie wissen, was Mobbing ist, doch niemand hat auch nur einen Schimmer, wie es sich anfühlt!" Jeder, der schon mal gemobbt wurde, weiß, wie es sich anfühlt, verbal und körperlich fertig gemacht zu werden. Als Laie könnte man denken, dass die ständigen Angriffe auf Geist, Seele und Körper das Schlimmste am Mobbing wären. Doch in Wirklichkeit macht einem Gemobbten die Ohnmacht zu schaffen, aus dem Teufelskreis des Mobbings nicht mehr rauszukommen. Niemand, der einem hilft, nichts, das helfen könnte. Denn Mobber finden immer einen Grund zu mobben.

Mobbing basiert auf Gruppendynamik. Dabei gibt es ein ganz einfaches Prinzip: In einer Gemeinschaft gibt es immer jemanden, der sich mehr behaupten kann als andere. Ohne eine richtige Wahl kommt diese Person automatisch zu einer Führungsposition. Diesem Gruppenleader schließen sich einige andere an. Hat er mit jemandem Streit oder einen Konflikt, so „hetzt" er seine „Anhänger" gegen das Opfer auf. Auch wenn ein Mitglied der Gruppe gut mit dem Anführer befreundet ist und das Mitglied Streit mit jemandem hat, kann es zum Mobbing kommen. Es machen nahezu alle Mitglieder der Mobbergruppe mit, weil sie Angst haben, selber gemobbt zu werden. Aus dem gleichen Grund wird die Gruppe auch immer größer. Um auch ja in ihrer Gruppe anerkannt zu werden, denken sich die Gruppenmitglieder viele Dinge aus, um ihr Opfer fertig zu machen. Sie finden immer eine Schwachstelle oder ein Makel, mit dem sie es aufziehen können. Haupttäter und Mitläufer werden also zu Mobbern.

Alexander Hemker, http://www.schueler-gegen-mobbing.de/portal/, 09.03.2011

Mobbing ist eine Form von Gewalt – die Opfer sind oft hilflos.

Gruppendynamik
Das kaum berechenbare Zusammenwirken und Funktionieren der zwischenmenschlichen Beziehungen von Mitgliedern in einer Gruppe nennt man Gruppendynamik.

M 11 Warum wird „gemobbt"?

Um Cyber-Mobbing besser verstehen zu können, lohnt ein Blick auf den vermeintlichen „Nutzen", den Mobbing für die TäterInnen haben kann:

- Entlastung: Mobbing dient als Ventil für aufgestaute Aggressionen.
- Anerkennung: Mobbing wird dazu verwendet, sich einen bestimmten Ruf zu verschaffen, z. B. besonders „cool" zu sein.
- Stärkung des Gemeinschaftsgefühls: Mobbing geschieht meist in der Gruppe nach dem Motto: „Gemeinsam sind wir stark."
- Demonstration von Macht: Mobbing wird eingesetzt, um Stärke zu zeigen, um klar zu stellen, wer „das Sagen hat".
- Angst: Oft spielen auch Versagensängste oder die Angst, selbst zu einem Mobbing-Opfer zu werden, eine Rolle. Vor allem „MitläuferInnen" wollen ihre Zugehörigkeit zur Gruppe nicht riskieren.

Barbara Buchegger, Aktiv gegen Cybermobbing, Schulmaterialien, Saferinternet.at, Wien 2009, S. 9

Tipp
Die genannten Gesetze und Paragrafen findet ihr unter *www.gesetze-im-internet.de* oder unter *http://dejure.org*.

M 12 (Cyber-)Mobbing ist kein Kavaliersdelikt

Auch wenn es kein Gesetz gegen Mobbing gibt, kann es dennoch eine Straftat sein. Relevante Paragrafen des Strafgesetzbuches (StGB) sind: §§ 185-187, 201, 238. Außerdem greift der Paragraf 22 des Kunsturhebergesetzes (KUG). Folgende Fälle sind typisch:

1. Marcus erhält immer wieder beleidigende E-Mails. Den Absender kennt er nicht.
2. Katharina entdeckt im Internet einen „Katha-Hate-Blog", der von ihrer ehemals besten Freundin Emma verfasst wird. Dort sind neben vielen beleidigenden Einträgen auch Fotos von Katharina sowie ein Gedicht eingestellt, das Katharina eigentlich für ihren Freund verfasst, es aber auch an Emma geschickt hatte.
3. Leon ruft Murat gegen seinen Willen ständig auf dem Handy an.
4. Sarah entdeckt auf einer privaten Homepage ihr Foto.
5. Paul findet auf einer Website eine Fotomontage, die ihn mit seiner Klassenlehrerin zeigt.

M 13 Was kann man als Betroffener tun?

Die Experten raten Folgendes:

- Rede mit einer Vertrauensperson (Freund, Freundin, Lehrer, Eltern) darüber, auch wenn es dir peinlich ist. Du bist dann nicht mehr alleine. Überlegt gemeinsam die nächsten Schritte, die auch bedeuten können, eine Anzeige bei der Polizei zu erstatten.
- Den Cyber-Mobber sperren. Die meisten Anbieter von sozialen Netzwerken (z. B. SchülerVZ) räumen die Möglichkeiten ein, Mobber zu melden oder zu ignorieren. Oder: Handy-Nr. wechseln, den E-Mail-Spam-Filter entsprechend einstellen.
- Antworte nicht auf beleidigende Nachrichten, denn sonst tust du genau das, was die Mobber von dir erwarten.
- Beweise sichern. Fertige Screenshots an, speichere E-Mails, zeichne Anrufe auf. Das hilft, die Mobber zu ermitteln.

Nach: www.klicksafe.de, 24.03.2011

M 14 Statistiken zum Cyber-Mobbing

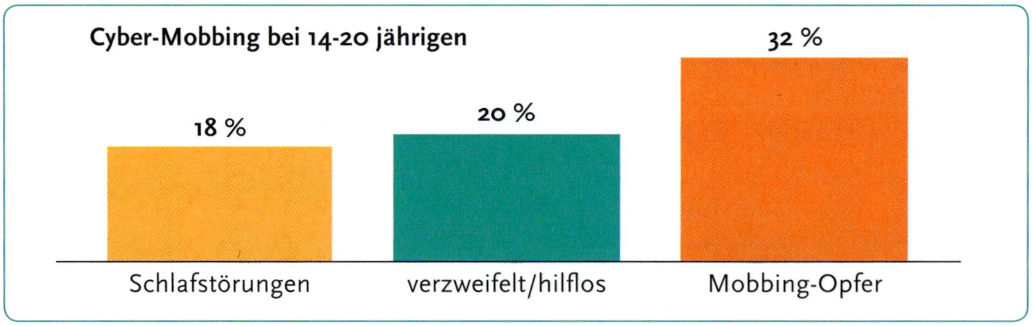

Quelle: Forsa-Studie Juni 2011 (telefonisch befragt wurden in NRW März/April 1.000 deutschsprachige Schüler zwischen 14 – 20 Jahre)

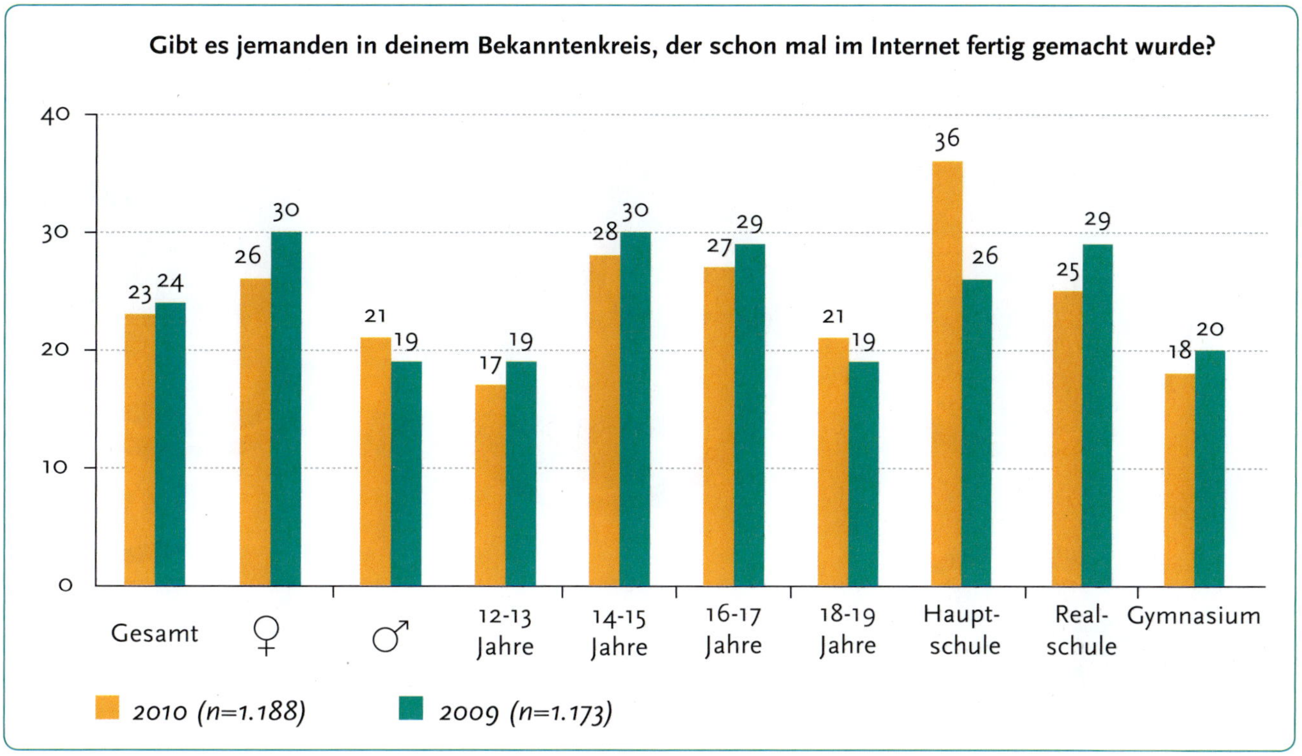

Quelle: JIM 2010, JIM 2009, Angaben in Prozent, Basis: Internet-Nutzer

Aufgaben

1. Nennt Beispiele für Mobbing. Unterscheidet dabei zwischen verbalen und nonverbalen Handlungen und Mobbing durch körperliche Gewalt (M 9, M 10, M 12).
2. Zeigt die Folgen für die Mobbing-Opfer auf: unterscheidet gesundheitliche und soziale Folgen (M 9 – M 12).
3. Mobbing ist leider ein altbekanntes Phänomen in der Schule. Im digitalen Zeitalter hat es durch das Cybermobbing aber eine neue Qualität erfahren. Nennt typische Handlungen des Cybermobbings und zeigt die Unterschiede zum herkömmlichen Mobbing auf (M 9 – M 12).
4. Diskutiert, inwiefern es sinnvoll sein kann, Portale wie isharegossip.com zu verbieten.
5. Überprüfe, welche der in M 12 genannten Paragrafen in den geschilderten Fällen zur Anwendung kommen könnten.
6. Fasset in Gruppen die Aussagen der Statistiken in M 14 zusammen und diskutiert Ursachen für die Ergebnisse.

Methode

Projekt- / Gruppenarbeit auswerten

Gothic

HipHop

Emo

Punk

Skater

?

Zu allen Zeiten haben Jugendliche versucht, sich durch ihren eigenen Lebensstil und ihre eigene Kultur von der Welt der Erwachsenen abzugrenzen. Die Fotos zeigen Jugendkulturen der Gegenwart. Waren die Jugendkulturen in früheren Zeiten noch überschaubar und waren die Szenen noch deutlich voneinander zu unterscheiden, so ist die Vielfalt der aktuellen Entwicklung kaum mehr zu überblicken.

Aufgabe

Heutzutage gibt es eine kaum zu überschauende Anzahl unterschiedlicher Jugendkulturen. Porträtiert in Gruppen (arbeitsteilig) die unterschiedlichen aktuellen Jugendkulturen. Fragt nach den Wertvorstellungen der Jugendlichen, nach ihrem Lebensgefühl, nach ihren Vorlieben bei Musik, Mode usw. Erstellt anschließend eine Dokumentation, z. B. in Form einer Collage, einer Wandtafel, eines Videoclips usw. Erste Informationen findet ihr unter *http://eltern.t-online.de/die-wichtigsten-jugendkulturen-der-gegenwart/id_47500252/index*. Bewertet eure Arbeit mit Hilfe der Zielscheibe.

Auswertung gemeinschaftlich gelöster Aufgaben, Projekte oder Rollenspiele

Erfordern Aufgaben das Zusammenarbeiten in Gruppen, so ist es sinnvoll, die eigene Arbeit anhand von Kriterien zu bewerten. Die folgenden Fragen können helfen, den Erfolg der Gruppenarbeit zu bewerten. Die Note 1 steht dabei für sehr gut / voll erfüllt, die 6 für ungenügend / nicht erfüllt.

Was wir wissen

Ich-Identität
M 1 – M 2

Im Verlauf der individuellen Entwicklung bildet sich mit dem Eintritt in das Jugendalter eine Ich-Identität heraus. Dabei wird die Frage beantwortet, was jeweils zu einem Individuum gehört und worin es sich von anderen unterscheidet. Diese Identitätsbildung ist ein lebenslanger Prozess, der sowohl von Freundesgruppen und der Familie als auch von Zufällen abhängt

Pubertät
M 3 – M 4

Die Pubertät ist eine eigenständige Lebensphase zwischen der Kindheit und dem Erwachsensein. Dabei verläuft die Entwicklung in der Familie und in der Schule manchmal problematisch, weil die Übergabe von Verantwortung und von Rechten aus der Perspektive der Jugendlichen nicht ausreichend erfolgt. Jugendliche folgen in dieser Phase des Erwachsenwerdens insbesondere auch der Scheinwelt der Medien, was ebenfalls problematisch werden kann

Bedeutung der Clique / peer-group
M 5 – M 7

Die Clique bzw. die peer- group spielt eine wesentliche Rolle bei der Ablösung vom Elternhaus und der Entwicklung einer eigenen Identität. Dabei ist insbesondere das gleichrangige Agieren in der Freundesgruppe von großer Bedeutung für das Erlernen von Autonomie und Verantwortung. Außerdem wird die peer- group benötigt, um jugendspezifische Erfahrungen insbesondere im erotischen Bereich zu machen. Im negativen Fall kann die peer- group zu Gruppenzwang und damit zur Verringerung individueller Entwicklungswege führen.

Mobbing
M 8 – M 14

Die schlimmste Form der Ausgrenzung ist das Mobbing. Es zielt ganz bewusst darauf ab, andere zu demütigen und zu schikanieren und kann unterschiedliche Formen von verbaler und nicht-verbaler bis hin zu körperlicher Gewalt annehmen. Eine besonders gemeine Form des Mobbings ist das Cybermobbing, weil es nicht in der direkten Auseinandersetzung, sondern im Internet vor einem nicht überschaubaren Publikum stattfindet. Häufig leiden die Opfer sehr lange unter den seelischen, gesundheitlichen und sozialen Folgen des Mobbings.

Subkulturen
Methode

Bestimmte Jugendliche bilden eine eigene typische Kultur heraus, die sich besonders in einem auffallendem Kleidungsstil, einem besonderen Musikgeschmack oder in abweichenden Werten und Einstellungen zeigt. Damit wollen diese Gruppen sich meist bewusst von mittleren und älteren Generationen abgrenzen.

Der Mobbing-Test

Ob du bereits Mobbing-Opfer bist, kannst du leicht mit diesem Test überprüfen. Beantworte dafür alle Fragen ehrlich mit „ja" oder „nein" und rechne den erzielten Punktestand aus. Schaue anschließend in die Testauswertung:

1.	Deine Möglichkeiten, sich frei zu äußern, sind stark eingeschränkt.	20P
2.	Du gehörst einer anderen Nationalität oder Religion an als die meisten anderen in deiner Klasse.	15P
3.	Du wirst von deinen Mitschülern nie privat eingeladen.	5P
4.	Du wirst mit Telefonterror belästigt.	20P
5.	Die Mitschüler verstummen, wenn du den Raum betrittst.	10P
6.	Man lacht über dich.	10P
7.	Man spricht nicht mehr mit dir.	20P
8.	Du wirst ständig kritisiert.	15P
9.	Man verbreitet Gerüchte über dich.	15P
10.	Man greift deine persönliche Meinung an.	10P
11.	Du bist sexuellen Belästigungen verbal oder tätlich ausgesetzt.	20P
12.	Man zwingt dich Dinge zu tun, die dein Selbstbewusstsein verletzen.	20P
13.	Man stellt deine Entscheidungen in Frage.	10P
14.	Man imitiert dich, deinen Gang, deine Stimme, dein Lachen.	20P
15.	Man gibt dir Aufgaben weit unter deinem Können.	10P
16.	Man gibt dir Aufgaben, die deine Möglichkeiten übersteigen.	10P
17.	Man verdächtigt dich, psychisch krank zu sein.	15P
18.	Du hast keine Freude mehr an deiner Arbeit.	15P
19.	Du warst in letzter Zeit öfter krank.	15P
20.	Du warst in letzter Zeit gereizt.	10P
21.	Du gehst nicht zu Klassenfesten oder sonstigen freiwilligen Veranstaltungen der Schule.	10P
22.	Dir wurde schon einmal körperliche Gewalt angedroht.	15P
23.	Deine persönlichen Dinge werden beschädigt (Schulranzen, Bücher, Mäppchen, Fahrrad, ...).	10P
24.	Du gehst weniger aus als früher.	10P
25.	Mitschüler werden gegen dich aufgestachelt.	20P
26.	Man macht Witze auf deine Kosten.	20P
27.	Mitschüler, zu denen du früher engeren Kontakt hattest, ziehen sich zurück.	15P
28.	Du leidest an Schlafstörungen.	10P

Testauswertung:

Gesamtpunktzahl unter 40 Punkte:
Du brauchst dir keine Sorgen zu machen.

Gesamtpunktzahl 40 - 80 Punkte:
Es kann der Anfang von Mobbing sein, kann aber auch andere Ursachen haben, wie Konflikte zu Hause oder im Freundeskreis.

Gesamtpunktzahl 80 - 165 Punkte:
Du bist Mobbing ausgesetzt, musst aber nicht „das Handtuch werfen". Durch selbstbewusstes Auftreten und mutiges Ansprechen der Situation könntest du das Schiff noch wenden.

Gesamtpunktzahl über 165 Punkte:
Du bist Opfer von Mobbing. Die Situation ist für dich unerträglich und du solltest dich nicht scheuen, Hilfe von außen zu holen.

Nach: Schüler-Mobbing, Mobbingtest, in: http://www.schueler-mobbing.de/mobb/modules/freecontent/index.php?id=6, Abruf am 23.04.2012

Landkreise und kreisfreie Städte in Sachsen-Anhalt

Kreisfreie Städte

1 Dessau-Roßlau
2 Halle (Saale)
3 Magdeburg

2

Jugendliche in der Demokratie

Politik ist langweilig, Politik ist Erwachsenensache? – Schau dich um! Viele Situationen innerhalb und außerhalb der Schule sind beeinflussbar und veränderbar – wenn du es willst. Dazu musst du natürlich deine Interessen formulieren, Farbe bekennen, dich mit anderen zusammentun und auseinandersetzen. So kannst du wünschenswerte Ziele verwirklichen oder wenigstens Veränderungen erreichen. Das Alter ist jedenfalls keine grundsätzliche Hürde für dein Engagement in politischen und gesellschaftlichen Fragen.

Kompetenzen

Am Ende dieses Kapitels solltest du Folgendes können:

- verschiedene Formen der Mitwirkung in der Schule beschreiben
- am Beispiel von Klassensprecherwahlen und SV-Arbeit Möglichkeiten demokratischer Interessenvertretung erklären
- problematische Situationen mithilfe von Rechtstexten untersuchen und klären
- darstellen, wie Politik in der Gemeinde funktioniert
- Chancen und Möglichkeiten politischer Einflussnahme auf Gemeindeebene erläutern und beurteilen

Was weißt du schon?

Vollendet die folgenden Satzanfänge:

- In der Schule mitgestalten kann heißen ...
- In der Gemeinde mitgestalten kann heißen ...

2.1 Demokratie in der Schule

2.1.1 Das Schulgesetz – wie kann ich das Schulleben mitgestalten?

M 1 Fallbeispiel – Schuluniform an eurer Schule

Modenschau für einheitliche Schulkleidung

Im neuen Schuljahr sollen sich die Regeln in eurer Schule ändern. Unter anderem sollen alle Jungen und Mädchen eurer Schule dann eine einheitliche Schuluniform bei allen schulischen Veranstaltungen tragen. Manche eurer Freunde finden das nicht so prickelnd. Sie wollen auf ihre geliebten Klamotten nicht verzichten und würden eine einheitliche Kleidung so richtig langweilig finden. Außerdem haben sie Angst, von Schülern aus anderen Schulen ausgelacht zu werden. Aber es hilft wohl nichts, die Schulleitung hat es beschlossen. Oder kann man vielleicht doch etwas unternehmen? Ein Blick in das Schulgesetz hilft weiter.

M 2 Wer trifft die Entscheidungen in der Schule? – Auszug aus dem Schulgesetz

§ 26 Stellung der Schulleiterin und des Schulleiters

(2) Die Schulleiterin oder der Schulleiter ist Vorsitzende oder Vorsitzender der Gesamtkonferenz. Sie bereiten die Sitzungen dieser Konferenz vor und führen die Beschlüsse der Konferenzen aus.

§ 27 Aufgaben der Konferenzen

(1) Die Konferenzen gestalten und koordinieren die Erziehungs- und Unterrichtsarbeit im Rahmen der gesamten Schule. Sie beraten und beschließen über alle wesentlichen Angelegenheiten der Schule […]. Dazu gehören insbesondere: grundsätzliche Fragen der Erziehungs- und Unterrichtsarbeit der Schule, pädagogische Konzepte und Grundsätze, […] allgemeine Regelungen für das Verhalten in der Schule (Hausordnung), Erziehungs- und Ordnungsmaßnahmen […].

§ 28 Verteilung der Aufgaben der Konferenzen

(1) Die Gesamtkonferenz entscheidet über alle Angelegenheiten nach § 27, soweit nicht ausdrücklich die Zuständigkeit einer Konferenz nach den Absätzen 2 bis 3 gegeben ist.

(2) Für Fächer oder Gruppen von Fächern richtet die Gesamtkonferenz Fachkonferenzen ein. Diese entscheiden […] über die Angelegenheiten, die ausschließlich den jeweiligen fachlichen Bereich betreffen.

(3) Für jede Klasse ist eine Klassenkonferenz zu bilden. Diese entscheidet […] über die Angelegenheiten, die ausschließlich die Klasse oder einzelne ihrer Schülerinnen und Schüler betreffen. […].

§ 29 Zusammensetzung und Verfahren der Konferenzen

(1) Mitglieder der Gesamtkonferenz sind mit Stimmrecht:

1. die Schulleiterin oder der Schulleiter, 2. die an der Schule tätigen Lehrerinnen und Lehrer sowie Vertreterinnen und Vertreter der an der Schule tätigen pädagogischen Mitarbeiterinnen und Mitarbeiter, wobei je zehn Mitarbeiterinnen und Mitarbeiter ein Vertreter gewählt wird, 3. Elternvertreter und Schülervertreter in einer Anzahl von je der Hälfte der Anzahl der in Nummer 2 genannten Konferenzmitglieder. [...] Bei Stimmengleichheit entscheidet die Stimme der Schulleiterin oder des Schulleiters.

Schülervertretung in der Schule

§ 46 Klassenverband

Die Schülerinnen und Schüler jeder Klasse (Klassenverband) ab dem 5. Schuljahrgang wählen die Klassensprecherin oder den Klassensprecher und deren Stellvertreterin oder Stellvertreter sowie die Schülervertreterinnen oder Schülervertreter in der Klassenkonferenz.

§ 47 Schülerrat

Die Klassensprecherinnen und Klassensprecher sowie die Schülersprecherin oder der Schülersprecher bilden den Schülerrat der Schule. Dieser wählt einen oder mehrere Stellvertreterinnen oder Stellvertreter der Schülersprecherin oder des Schülersprechers aus seiner Mitte sowie die Schülervertreterinnen und Schülervertreter in der Gesamtkonferenz.

§ 47 a Die Schülervollversammlung

Die Schülervollversammlung der Schule vereint alle Schülerinnen und Schüler der Schule. [...] Schülervollversammlungen [...] haben das Recht, Beschlüsse zu fassen und Anträge an die Gesamtkonferenzen zu stellen, diese Anträge müssen von den Gesamtkonferenzen behandelt werden.

§ 49 Mitwirkung der Schülerinnen und Schüler in der Schule

(2) Schülerrat und Klassenverbände sind von der Schulleiterin oder vom Schulleiter oder der zuständigen Konferenz vor grundsätzlichen Entscheidungen, vor allem über die Organisation der Schule und die Leistungsbewertung, zu hören. Inhalt, Planung und Gestaltung des Unterrichts sind mit den Klassenverbänden zu erörtern. (3) Der Schülerrat hat das Recht, Beschlüsse zu fassen und Anträge an die Gesamtkonferenz zu stellen. Diese Anträge müssen von der Gesamtkonferenz behandelt werden.

(4) Schulleiterin und Schulleiter sowie Lehrerinnen und Lehrer haben dem Schülerrat und den Klassenverbänden die erforderlichen Auskünfte zu erteilen. (5) Die Schülersprecherin oder der Schülersprecher vertritt die Schülerinnen und Schüler [...] (7) Der Schülerrat kann sich unter den Lehrerinnen und Lehrern der Schule eine oder mehrere Beraterinnen oder Berater wählen.

Schulgesetz von Sachsen-Anhalt (SchulG LSA), Stand: 07.12.2011

Tipp

Das Schulgesetz kannst du auf folgender Seite finden: *http://www.mk-intern.bildung-lsa.de/Bildung/geschulgesetz_2009.pdf*

Elternvertretung in der Schule

§ 59 Mitwirkung der Erziehungsberechtigten in der Schule

(3) Der Schulelternrat hat das Recht, Beschlüsse zu fassen und Anträge an die Gesamtkonferenz zu stellen. Diese Anträge müssen von der Gesamtkonferenz behandelt werden. (4) Schulelternrat und Klassenelternschaften sind von der Schulleitung oder der zuständigen Konferenz vor grundsätzlichen Entscheidungen, vor allem über die Organisation der Schule und die Leistungsbewertung, zu hören. Schulleiterin oder Schulleiter und Lehrerinnen und Lehrer haben ihnen die erforderlichen Auskünfte zu erteilen.

Aufgaben

1. Erstelle ein Schema, das alle Akteure darstellt, die im Schulleben mitentscheiden (M 2).
2. Diskutiert, welcher dieser Akteure den größten Einfluss auf die Gestaltung des Schullebens hat und bewertet, inwieweit ihr das für sinnvoll haltet.
3. Überprüft, inwieweit ihr auf die Entscheidung über die Schuluniform Einfluss nehmen könntet.

2.1.2 Klassensprecher – wie wird er gewählt?

Wahlverfahren zum Klassensprecher
Das Wahlverfahren für die Klassensprecherwahl ist in der Schülerwahlverordnung (SchülerWVO) unter § 1 – 8 geregelt.

M 3 Klassensprecherwahl

Die Wahl erfolgt jährlich zu Beginn des Schuljahres bis spätestens vier Wochen nach Unterrichtsbeginn. Insbesondere in neu zusammengesetzten Klassen müssen die Schüler sich erst kennenlernen. Für die Vorbereitung und Durchführung der Wahl muss ausreichend Unterrichtszeit zur Verfügung gestellt und ein Wahlvorstand, der aus zwei Personen besteht und die Wahl leitet bzw. das Protokoll anfertigt, gewählt werden. Die Kandidaten werden durch Zuruf oder durch geheime schriftliche Vorschläge aufgestellt. Der alte Klassensprecher sollte, wenn möglich, einen kurzen Bericht über seine Arbeit im vergangenen Jahr abgeben. Der Klassensprecher und sein Vertreter müssen in geheimer Wahl und in getrennten Wahlgängen bestimmt werden. Gewählt ist, wer die meisten Stimmen erhalten hat. Bei Stimmengleichheit findet eine Stichwahl statt. Die Stimmen werden öffentlich ausgezählt, und es wird überprüft, ob die Zahl der abgegebenen Stimmen mit der Zahl der Anwesenden übereinstimmt. Die Gewählten erklären, ob sie die Wahl annehmen, und es wird ihnen gratuliert. Über die Wahl muss u. a. ein Protokoll angefertigt werden, das folgende Angaben enthält: Wahlzeitpunkt, Zahl der Stimmberechtigten, Name der Kandidaten, Art der Abstimmung, Wahlergebnis. Das Wahlergebnis ist dem Schulleiter mitzuteilen.

Wahlgrundsätze im Grundgesetz
Art 28 GG: „In den Ländern, Kreisen und Gemeinden muss das Volk eine Vertretung haben, die aus allgemeinen, unmittelbaren, freien, gleichen und geheimen Wahlen hervorgegangen ist."

Art 38 GG: „Die Abgeordneten des Deutschen Bundestages werden in allgemeiner, unmittelbarer, freier, gleicher und geheimer Wahl gewählt."

M 4 Grundsätze einer fairen Wahl

Es ist entscheidend, dass alle Beteiligten eine Wahl als gerecht empfinden. Nur dann können alle die Wahlentscheidung gut akzeptieren. Daher gibt es für Wahlen, wie zum Beispiel auch Gemeinderatswahlen, Grundsätze, die eingehalten werden müssen.

1. Allgemeine Wahl: Alle Mitglieder der Gemeinschaft (Klasse, Schule, Land u. a.) sind wahlberechtigt, wenn sie die Voraussetzungen (Anmeldung, Wohnsitz, Alter) erfüllen. Niemand darf aus sozialen, politischen oder wirtschaftlichen Gründen ausgeschlossen werden.

2. Unmittelbare Wahl: Die Wähler geben ihre Stimme direkt für die Kandidaten oder Parteien ab. Es darf niemand dazwischen eingesetzt werden, z. B. Lehrer, oder „Wahlmänner", die dann deine Stimme für dich weitergeben.

3. Freie Wahl: Niemand darf zu einer bestimmten Wahlentscheidung gezwungen oder gedrängt werden. Nach der Wahl darf niemand wegen seiner Entscheidung benachteiligt werden.

4. Gleiche Wahl: Alle Wahlberechtigten haben gleich viele Stimmen. Jede Stimme zählt gleich viel.

5. Geheime Wahl: Jeder muss seine Stimme so abgeben können, dass niemand anderes feststellen kann, wie er gewählt hat.

M 5 Aufgaben des Klassensprechers

Welche Aufgaben sollte die Klassensprecherin oder der Klassensprecher wahrnehmen? Schüler haben dazu eine Liste verfasst.

Der Klassensprecher

- vertritt die Interessen der Schüler der Klasse;
- gibt Anregungen, Vorschläge und Wünsche einzelner Schüler oder der ganzen Klasse an Lehrer, Schulleiter oder Elternvertreter weiter;
- trägt Beschwerden und Kritik den Lehrern oder dem Schulleiter vor;
- unterstützt einzelne Schüler in der Wahrnehmung ihrer Rechte;
- vermittelt bei Streit unter Schülern;
- vermittelt bei Schwierigkeiten zwischen Klasse und Lehrer;
- leitet die Klassenschülerversammlung und beruft sie ein;
- leitet die Diskussion und sorgt dafür, dass Beschlüsse auch ausgeführt werden;
- nimmt an den Sitzungen des Schülerrates teil und informiert die Klasse darüber;
- wirkt bei Aufgaben mit, die der Schülerrat sich selber stellt;
- ...

Der Klassensprecher sollte nicht

- der verlängerte Arm des Klassenlehrers sein;
- der Aufpasser in der Pause sein;
- derjenige sein, der alles alleine machen soll;
- der Streber der Klasse sein;
- derjenige sein, der alle Probleme lösen kann;
- derjenige sein, der alle Dummheiten der Klasse mitmacht;
- ein „Supergenie" sein, das alle Ideen liefern soll;
- einer sein, den man wählt und dann im Stich lässt;
- einer sein, der nur mit dem Lehrer redet, wenn er Kritik anbringen muss;
- ...

Aufgaben

1. Stelle mit Hilfe von M 3 fest, wann eine Klassensprecherwahl zu erfolgen hat und wie gewählt wird.
2. Fertigt (in Partnerarbeit) eine „Checkliste" für den Ablauf der Wahl an. Die Liste sollte in der richtigen Reihenfolge der einzelnen Handlungsschritte angelegt sein. Berücksichtigt auch, worauf ihr achten müsst, damit die einzelnen Wahlrechtsgrundsätze (M 4) eingehalten sind.
3. Ergänzt, welche Aufgaben der Klassensprecher wahrnehmen sollte, welche nicht. Wählt drei Aufgaben aus, die euch besonders wichtig erscheinen, und begründet eure Entscheidung (M 5).
4. Führt in der Klasse eine komplette Klassensprecherwahl nach dem Verfahren in M 3 durch.

2.1.3 Gesamtkonferenz – die wichtigste Versammlung in der Schule?

M 6 Einheitliche Schulkleidung? Das SV-Team diskutiert

Schülervertreter bereiten sich auf die Gesamtkonferenz vor.

Das SV-Team hat die gewählten Mitglieder der Gesamtkonferenz zu einer Vorbereitungssitzung eingeladen. In der nächsten Gesamtkonferenz stehen viele wichtige Entscheidungen an, u. a. soll über die Einführung einer einheitlichen Schulkleidung beraten und entschieden werden. Einheitliche Schulkleidung ist keine Schuluniform, die für alle Schülerinnen und Schüler vorgeschrieben ist, sondern ihr Tragen beruht auf Freiwilligkeit. Die Schülersprecherin möchte auf jeden Fall zusammen mit den anderen Schülervertretern gut vorbereitet sein. Die Lehrer haben häufig schon eine feste Meinung zu den Fragen, auch wenn sie sich oft nicht einig sind. Die Schülervertreter sind in der Vergangenheit meistens von den Entscheidungsfragen etwas überrollt worden. Nun wollen sie besser vorbereitet sein und vor allem die Meinung der gesamten Schülerschaft in der Gesamtkonferenz repräsentieren. So können sie ihre Position viel wirkungsvoller vertreten und vielleicht auch Elternvertreter und Lehrervertreter überzeugen.

M 7 Die Gesamtkonferenz

Die Gesamtkonferenz ist in der Schule das oberste Gremium. Alle wichtigen Entscheidungen, die die einzelne Schule betreffen, werden dort gefällt. Festgelegt sind die Aufgaben in § 27 des Schulgesetzes. Wenn beispielsweise die Unterrichtszeiten verändert werden sollen, alle Schüler der Jahrgangsstufe 9 eine Skifahrt unternehmen möchten oder eine Schulkleidung eingeführt werden soll, dann berät und entscheidet die Gesamtkonferenz darüber. Vorher haben aber oft schon Gruppen (die Lehrer in der Lehrerkonferenz, die Fachlehrer, Eltern und Schüler in den Fachkonferenzen, der Schülerrat) über die anstehenden Fragen beraten. Der Gesamtkonferenz gehören der Schulleiter oder die Schulleiterin als Vorsitzende an. Weiterhin die an der Schule tätigen Lehrerinnen und Lehrer sowie Elternvertreter und Schülervertreter in einer Anzahl von je der Hälfte der Anzahl der Lehrer. Ist die Gesamtzahl größer als 34, so ist die Gesamtkonferenz auf 34 stimmberechtigte Mitglieder bei Wahrung des Stimmenverhältnisses zu begrenzen. Eltern und Schüler haben also genauso viele Stimmen wie die Lehrer. Bei Stimmengleichheit entscheidet allerdings die Stimme der Schulleiterin oder des Schulleiters. Pro Schulhalbjahr tritt die Gesamtkonferenz schließlich mindestens einmal zusammen.

M 8 Die Gesamtkonferenz entscheidet ...

Heute findet eine Gesamtkonferenz statt. Alle gewählten Vertreter sind anwesend. Es soll nur ein Tagesordnungspunkt beraten und entschieden werden: die einheitliche Schulkleidung. Die Schulleiterin begrüßt zunächst alle Anwesenden. Zunächst wird die Entscheidungsfrage ausführlich diskutiert. Am Ende der Diskussion wird abgestimmt und das Ergebnis im Protokoll vermerkt.

Rollenkarten

Rolle: Schulleiterin

Du leitest die Konferenz. Du hast dir zwar auch eine Meinung zu der Frage gebildet, diese aber in vielen Vorgesprächen verdeutlicht. Heute hältst du dich damit eher zurück. Gehe so vor:

- Begrüße die Anwesenden.
- Lege fest, wer das Protokoll schreibt.
- Stelle die Tagesordnung vor.
- Fordere die Anwesenden auf, zunächst zur Frage Stellung zu nehmen.
- Leite die Diskussion.
- Führe eine Abstimmung durch.

Du bist für die korrekte Einhaltung des Abstimmungsverfahrens verantwortlich. Denke auch an Zettel für die geheime Abstimmung.

Rolle: Schülervertreter

Ihr habt jeweils eine klare persönliche Meinung zur Schulkleidung. Im Schülerrat habt ihr schon darüber diskutiert und festgestellt, dass es sehr unterschiedliche Auffassungen gibt. In der Konferenz versucht jeder von euch, den eigenen Standpunkt möglichst überzeugend zu vertreten.

Rolle: Elternvertreter

Ihr seht alle in der Schulkleidung viele Vorteile. Endlich würde es keine Diskussionen mehr über ordentliche Kleidung zu Hause geben. Darüber, ob sich auch Geld sparen ließe, seid ihr euch nicht ganz einig. Ihr versucht die Anwesenden in der Gesamtkonferenz auf jeden Fall von der Schulkleidung zu überzeugen, wenn auch mit unterschiedlichen Argumenten.

Rolle: Lehrervertreter

Ihr seid euch in der Frage nicht einig. Einige sehen vor allem die Vorteile der Schulkleidung für das Zusammengehörigkeitsgefühl und das ordentliche Erscheinungsbild. Andere halten die Diskussion um die Schulkleidung für eine „Modeerscheinung" und würden lieber wichtigere Fragen diskutieren. Letztlich vertritt jeder eine eigene Position. In der Konferenz versucht ihr aber auch, die Wünsche der Schülerinnen und Schüler zu berücksichtigen.

Aufgaben

1. Versetzt euch in die Rolle der SV-Mitglieder und bildet zwei Gruppen. Sammelt jeweils getrennt Pro- bzw. Kontra-Argumente für die Frage nach einer einheitlichen Schulkleidung. Haltet die Argumente auf einer Folie oder einem Poster fest. Stellt sie der Klasse vor, und notiert evtl. Ergänzungen, die aus dem Klassenverband beigetragen werden.
2. Simuliert die Gesamtkonferenz. Der / die Schulleiter / in leitet die Diskussion und lässt am Ende abstimmen. Abgestimmt wird durch geheime Wahl.
3. Teilt die Rollen der Gesamtkonferenzmitglieder unter euch auf. Bildet für jede Rolle eine Gruppe und bereitet euch mit Hilfe der Rollenkarten auf die Sitzung vor (M 8).

2.1.4 Die Schulpflicht – notwendige Regel oder lästiges Übel?

M 9 Schulpflicht

"Schulpflicht! Er geht da rein oder Sie gehen in den Knast!"

Karikatur: Götz Wiedenroth

M 10 Der Fall Neubronner: die „Muster-Schulgegner"

Morgens um elf in Bremen-Schönebeck: Moritz, 10, übt Posaune; sein Bruder Thomas, 7, klimpert auf dem Klavier. In der nächstgelegenen Grundschule stünde für die beiden jetzt vielleicht auch Musik auf dem Stundenplan, bald wäre große Pause. Doch Moritz und Thomas gehen nicht zur Schule. Die beiden sind pfiffige Jungs, die mit großem Ernst erklären, warum das mit der Schule nichts für sie ist. „Ich hatte oft Probleme mit der Langeweile", sagt Moritz, „die meiste Zeit geht ja für Zettelausteilen und Schimpfen drauf." Und Thomas ergänzt: „Das Schlimmste ist die Pflicht, dass man da hingehen muss." Kaum ein Schulkind, das den Bremer Brüdern da nicht zustimmen würde. Was Moritz und Thomas zu einer kleinen Sensation macht: Dagmar und Tilman Neubronner akzeptieren die Verweigerungshaltung ihrer Söhne – und sie streiten dafür sogar vor Gericht. […]

„Aus unserem wissbegierigen Kind wurde in der Schule ein schlaffer Hänger", erinnert sich die Mutter, „es gab nur noch den fröhlichen Ferien-Moritz und das unglückliche Schulkind." Auch der kleine Bruder hielt es gerade mal ein paar Tage in einer

Bremer Grundschule aus. Die Neubronners beschlossen, ihre Söhne zu Hause zu lassen. Lesen und Schreiben konnten beide ohnehin bereits vor der Einschulung. „Warum sollte Thomas dann in der ersten Klasse stundenlang das A üben?", fragt Dagmar Neubronner, und ihr Mann erklärt: „Unsere Kinder wollen nicht in die Schule; und wir sind nicht überzeugt genug, um sie zu zwingen." Das würde das Land Bremen gern für sie erledigen: „Wir sind fest entschlossen, die Kinder in die Schule zu schicken", sagt Ulrich Kaschner, Justitiar bei der Bildungsbehörde. Die allgemeine Schulpflicht gilt auch für die Neubronners, entschied das Bremer Verwaltungsgericht und wies die Klage der Familie auf Befreiung der Jungs ab. [...] Aus der Sorge um das Wohl der Kinder ist ein Feldzug gegen die Schulpflicht geworden.

[...] Die Biologin Dagmar Neubronner hat ihre Kinder anfangs nach festem Stundenplan unterrichtet. Sie führt mit ihrem Mann einen kleinen Buchverlag, beide arbeiten zu Hause. Heute, nach mehr als einem Jahr Heimunterricht, gibt es keinen Plan mehr. „Lernen ist für uns nicht nur am Tisch sitzen und schreiben", erklärt Dagmar Neubronner. Moritz und Thomas lernen jetzt in „Projekten". Die Jungs lieben Playmobil und Werder Bremen. In tagelanger Arbeit haben sie ein Lehrbuch der Fußballregeln erstellt: Playmo-Kicker in Spielsituationen von Abseits bis Elfmeter, fotografiert mit der Digitalkamera und ausführlich betextet. Solche Arbeitsproben schauen sich nun alle 14 Tage zwei Grundschullehrerinnen an und berichten der Bildungsbehörde über die Fortschritte von Moritz und Thomas. [...] Die Jungs singen im Chor und kicken im Verein; sie haben Freunde in der Nachbarschaft, aber auch in anderen norddeutschen Homeschooling-Familien.

Julia Koch, Der Fall Neubronner: Die „Muster-Schulgegner, in: Der Spiegel, 02.04.2007, S. 152

Homeschooling in anderen Ländern

Viele Homeschooler berufen sich auf die Situation in Nachbarländern wie Dänemark und Österreich, wo es keine Schulpflicht, wohl aber eine Unterrichtspflicht gibt. Wer seine Kinder von der Schule abmeldet, muss nachweisen, dass sie daheim unterrichtet werden; es gibt regelmäßige Leistungsprüfungen.

M 11 Kontrovers diskutiert: Schulpflicht – Sinn oder Unsinn?

a) „Die Schule funktioniert nicht"

Wochenzeitung (WOZ): Was missfällt Ihnen an den Schulen?

Ulrich Oevermann: Die Schülerinnen und Schüler langweilen sich, die Lehrer und Lehrerinnen sind überfordert und kämpfen mit disziplinarischen Schwierigkeiten im Unterricht.

Und daran soll die gesetzliche Schulpflicht schuld sein?

Die Schulpflicht sagt jedem Schüler: Du bist aus Zwang hier. Damit wird ihm seine Neugierde aberkannt. Doch der Schüler will lernen und sich mit der Sache auseinander setzen. Kinder sind sozusagen neugierig von Berufs wegen. [...]

Wenn die gesetzliche Schulpflicht entfällt, werden die Kinder der bildungsarmen Schichten noch mehr benachteiligt.

Das ist der übliche Einwand. Aber er ist nicht stichhaltig, im Gegenteil: Alle wissen heute, dass man ohne Bildung keine Chance hat. Selbst die Kinder wissen, dass man in dieser Gesellschaft die Schule besuchen

Der Bildungssoziologe Ulrich Oevermann fordert die Abschaffung der Schulpflicht. Nur so werde die Neugierde der Schüler geweckt und der Stress der Lehrerinnen gemindert

muss. Der Bildungszwang richtet aber bei Kindern aus wenig bemittelten und bildungsfernen Milieus besonders viel Schaden an, weil sie, anders als die bildungsbürgerlichen Kinder, von ihrer Umgebung kaum motiviert werden. [...]

Wäre es nicht wichtiger, die vielen pädagogischen und schulischen Reformprojekte zu vereinheitlichen.

Das braucht sich ja nicht auszuschließen. Eigentlich liegt die Beweislast bei Ihnen. Erklären Sie mir doch bitte, warum die Bildungsreformen seit bald sechzig Jahren nicht greifen. Die Schule funktioniert nicht. Sie müsste sich die klassische Universität zum Vorbild nehmen. Stattdessen gleicht sich die Universität immer mehr der Schule an. Ich sage meinen Studenten immer wieder: Sie müssen nicht hier sein, Sie sind freiwillig hier.

Interview von Urs Hafner, Die Schule funktioniert nicht, in: Die Wochenzeitung, Nr. 20, 13.05.2004, S. 29.

Klaudia Schultheis ist Professorin der Grundschulpädagogik und -didaktik an der Universität Eichstädt-Ingolstadt. Sie befürwortet die Schulpflicht.

b) Schulpflicht ist sinnvoll

- Sozialkompetenz: „Alles, was das soziale Lernen ausmacht, fällt beim Homeschooling weg: sich in der Gruppe durchsetzen, Kompromisse schließen, Konflikte friedlich lösen."
- Leistungsbereitschaft: „Wir leben nun einmal in einer Leistungsgesellschaft. Deshalb schadet es nicht, Kinder bereits in der Schule darauf vorzubereiten."
- Lebensbezug: „Wenn Eltern sehr alternativ oder religiös eingestellt sind und ihr Kind nur in diesem Umfeld aufwächst, kann ihm die Integration in eine pluralistische Gesellschaft schwerfallen."
- Pädagogik: „Lehrer absolvieren ein hochqualifiziertes Studium – inklusive (zugegeben: zu wenig) pädagogischer und psychologischer Ausbildung. Mit welchem Recht können Eltern sagen, sie könnten das besser als Lehrer?"

Julia Haug, Homeschooling – Mit Mama Matura, in: Focus Schule, in: http://www.focus.de/, 01.05.2011

Aufgaben

1. Interpretiere die Karikatur von M 9, indem du
   a) erläuterst, was der Karikaturist mit den einzelnen Elementen und mit der Karikatur insgesamt aussagen will,
   b) beurteilst, inwieweit du dem Karikaturisten und seiner Kritik Recht gibst.
2. Führt mithilfe der nebenstehenden Methode und von M 9 – M 11 ein Pro-Kontra-Streitgespräch zum Thema: „Soll die gesetzliche Schulpflicht in Deutschland abgeschafft werden?" durch.
3. Diskutiert in der Klasse, warum sich eure Meinungen geändert haben oder gleich geblieben sind.

Methode

Pro-Kontra-Streitgespräch

Im Pro-Kontra-Streitgespräch wird ein konfliktreiches Thema von allen Seiten beleuchtet. Es geht bei diesem Streitgespräch nicht darum, den „Gegner“ durch bessere Argumente zu schlagen, vielmehr soll ein Thema facettenreich erschlossen werden. Unterschiedliche Meinungen und konträre Perspektiven werden mit dem Ziel zusammengetragen, sich mit verschiedenen Sichtweisen auseinander zu setzen.

Die Teilnehmer sammeln in zwei Gruppen zu einer These oder einer Frage (Beispiel: „Soll die gesetzliche Schulpflicht in Deutschland abgeschafft werden?“) Argumente zur Begründung ihres Standpunktes. Es ist durchaus erwünscht, Positionen zu vertreten, die nicht mit der eigenen Meinung identisch sind. So können festgefahrene Positionen verlassen werden, und die Thematik wird neu durchdacht. Nach der Sammlung der Argumente in den Kleingruppen erfolgt eine Diskussion mit Vertretern der zwei Gruppen.

Außer Befürwortern und Gegnern der These gibt es sowohl einen Moderator als auch Beobachter. Der Moderator ist neutraler Leiter des Streitgesprächs, d. h. er darf nicht erkennbar auf einer der beiden Seiten stehen. Als Beobachter agieren die Gruppenmitglieder, die nicht aktiv am Streitgespräch teilnehmen. Sie bekommen konkrete Beobachtungsaufträge.

Vorbereitung

- Aufteilung in zwei Gruppen (Pro- bzw. Kontra-Gruppe)
- Festlegung der jeweiligen Redner (drei pro Gruppe)
- Vorbereitung der Argumentation mithilfe des ausgegebenen Materials

Das Streitgespräch

1. Darstellung der These durch den ersten Redner der Gruppe „Pro“ – max. drei Minuten
2. Widerrede durch den ersten Redner der Gruppe „Kontra“ – max. drei Minuten
3. Striktes Abwechseln der zwei Gruppen: geregelter Austausch der Argumentation
4. Zusammenfassendes Schlusswort durch den jeweiligen Hauptredner beider Gruppen

Auswertung

- Distanzierung: Redner äußern ihre Gefühle und Erfahrungen.
- Bewertung des Streitgesprächs durch Beobachter
- Abstimmung über Streitpunkt im Plenum

Nach: Sibylle Reinhardt, Politik Didaktik. Praxishandbuch für die Sekundarstufe I und II, Berlin 2005, S. 203-205

Was wir wissen

Regeln an der Schule
M 1 – M 8

Das Schulgesetz ist eine Regelsammlung, die für alle Schulen in Sachsen-Anhalt gilt. Durch das Schulgesetz wird festgelegt, welche Rechte und Pflichten Schüler haben, welche Mitbestimmungsmöglichkeiten es für Schüler, Eltern und Lehrer gibt und wie die Schulen organisiert sein sollen. Wer das Schulgesetz kennt, kann die eigenen Rechte besser wahrnehmen.

Klassensprecher
M 3 – M 5

Die Schülervertretung (SV) ist eine Möglichkeit, Einfluss auf wesentliche Bestandteile des Schullebens zu nehmen. Als Klassensprecher oder Klassensprecherin ist man Teil dieser Mitverantwortung. Die zentrale Aufgabe des Klassensprechers besteht darin, die Interessen der ganzen Klasse gegenüber Lehrern, Schulleitung und Eltern zu vertreten. Der Klassensprecher ist verpflichtet, an den SV-Sitzungen teilzunehmen. Er berichtet anschließend in der Klasse über wichtige Ergebnisse aus den Gremien der SV. Damit die Aufgaben des Klassensprechers erfüllt werden können, muss sich die gewählte Person in besonderer Weise eignen.

Wahlverfahren
M 4

Jede Klasse wählt aus ihrer Mitte für die Dauer eines Schuljahres einen Klassensprecher und einen Stellvertreter. Dabei sollen beide Geschlechter vertreten sein. Die Klassensprecherwahl folgt genauen Bestimmungen, die in der Schülerwahlverordnung (Schüler WVO) festgelegt sind. Damit soll gewährleistet werden, dass die Wahlen auch nach demokratischen Grundsätzen durchgeführt werden. So müssen sie allgemein, gleich, unmittelbar und frei sein, auf Wunsch auch nur eines Klassenmitglieds müssen sie zudem geheim durchgeführt werden.

Gesamtkonferenz
M 6 – M 8

Die Gesamtkonferenz ist das oberste Gremium einer Schule. Sie setzt sich zur Hälfte aus gewählten Vertretern der Eltern und der Schüler zusammen. Die Lehrer der Schule haben ebenfalls die Hälfte aller Stimmen. Bei Stimmengleichheit entscheidet der Schulleiter.
In der Gesamtkonferenz werden wichtige Regelungen wie die Bestimmungen der Hausordnung beschlossen.

Pro Kontra Streitgespräch
Methode

Mithilfe des Pro-Kontra-Streitgesprächs können wir eigene Standpunkte zu einem Thema überprüfen und hinterfragen. Durch das Aufeinandertreffen verschiedener Überzeugungen ist es möglich, eigene Sichtweisen distanziert zu betrachten und zu einer begründeten Stellungnahme zum Streitpunkt zu gelangen.

Checkliste „Demokratie in der Schule“

Checkliste

Demokratie setzt Anerkennung und Möglichkeiten der Mitgestaltung voraus. Dies sollte auch für die Schule gelten.
→ Wie sieht es in deiner Schule aus? Was wünscht du dir? Vergleiche deine Einschätzung mit der der anderen.

1	2	3	1. Das stimmt – 2. Das stimmt nicht – 3. Ist mir nicht so wichtig (finde ich nicht so schlimm)
			Bei Entscheidungen, die mich betreffen, kann ich mitreden und mitentscheiden.
			Schüler haben echte Mitbestimmungsmöglichkeiten und Rechte.
			Schüler trauen sich, ihre Meinung zu sagen.
			Wer seine Meinung sagt, muss Nachteile befürchten.
			Lehrer wenden die Notengebung als Machtmittel an.
			Lehrer sitzen halt doch am längeren Hebel.
			Eltern halten ihre Kritik zurück, da sie Nachteile für ihre Kinder befürchten.
			Lehrer führen „gehorsam“ aus, was ihnen vorgeschrieben wird.
			Lehrer arbeiten zusammen und tauschen sich aus.
			Lehrer akzeptieren Wünsche und Kritik von Schülern.
			Lehrer stellen Schüler öffentlich bloß.
			Schüler haben Angst vor der Schule oder bestimmten Lehrern.
			Schüler achten ihre Lehrer.
			Der persönliche Lernfortschritt von Schülern ist Lehrern wichtig und wird besprochen.
			Nicht blinder Gehorsam, sondern Einsicht ist gefragt.
			Lehrer erklären Regeln und halten sich selbst daran.

Mein Demokratieprofil für meine Schule

→ Diese Scheibe kann auch auf Folie kopiert und auf einen großen Bogen Papier projiziert werden, so dass jeder Schüler seine Wahl mithilfe von Klebepunkten trifft. *(1 = trifft voll zu (...) 6 = trifft überhaupt nicht zu)*

In der Klasse ...
- ... werden Konflikte besprochen und gemeinsam gelöst
- ... wird einander zugehört, niemand herabgesetzt oder in Misskredit gebracht

Lernen ...
- ... bedeutet auch, dass Schwächere unterstützt und gefördert werden
- ... richtet sich an der Lebenswirklichkeit der Schüler aus

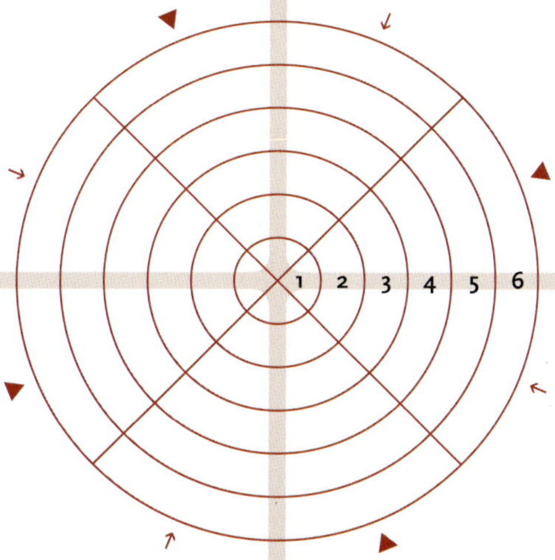

Lehrerinnen und Lehrer ...
- ... bemühen sich um einen guten Unterricht
- ... achten Schülerinnen und Schüler

In der gesamten Schule ...
- ... gibt es für jede Altersstufe Mitwirkungs- und Mitgestaltungsrechte
- ... finden regelmäßig Schulversammlungen statt

Günther Gugel, Uli Jäger, in: Was heißt hier Demokratie, Thema im Unterricht, bpb, 2004, S. 6

2.2 Landes- und Kommunalpolitik

2.2.1 Ein Streitfall in der Gemeinde – wie kann man sich einmischen?

M 1 Streichliste im Haushalt von Halle

Das Rathaus von Halle (Saale)

Millionenschwere Defizite lähmen den Handlungsspielraum der Stadt Halle seit Jahren. Auch 2012 müssen sich die Stadträte mit einem großen Finanzloch herumschlagen. [...]Wo das Rathaus konkret den Rotstift ansetzen beziehungsweise mehr Einnahmen erzielen will, ist noch unklar. Doch Stadträte und Beobachter erwarten unter anderem weitere Kürzungen bei freiwilligen Leistungen im Sozial-, Sport- und Kulturbereich. In welchem Umfang die Vereine Abstriche machen müssen, ist offen. Wenngleich die Einsparmöglichkeiten bei den freiwilligen Leistungen gemessen am Millionenloch im Haushalt überschaubar sind: Schon Kürzungen im sechsstelligen Bereich schlagen bei den Vereinen ins Kontor. So hatte vor Tagen die Ankündigung der Stadt, im laufenden Jahr an die Vereine statt erwarteter 2,3 Millionen Euro rund 450 000 Euro weniger auszuzahlen, für einen Aufschrei gesorgt. [...] Heftige Debatten um den Haushalt im Stadtrat sind unausweichlich. Vor dem Frühjahr ist kaum mit einem Beschluss zu rechnen. Sollte das Sparprogramm tatsächlich beschlossen werden, kann damit das für 2012 erwartete Haushaltsdefizit, das insgesamt rund 29,5 Millionen Euro umfasst, aber nur teilweise ausgeglichen werden. Das verbleibende Loch (9,5 Millionen) soll wohl in den kommenden Jahren nach und nach gestopft werden.

Michael Tempel, Streichliste über 20 Millionen, http://www.mz-web.de, 14.12.2011

M 2 Träger protestieren gegen Kahlschlag

Nur 80 Prozent der Mittel für 100 Prozent erbrachte Leistungen? Ein großer Aufschrei ging wegen dieser Pläne der halleschen Stadtverwaltung durch die Reihe der Freien Träger. Immerhin haben die Proteste etwas bewirkt, die meisten Träger haben nun doch das komplette Geld bekommen. Doch wie es im kommenden Jahr weitergeht, weiß niemand. Völlig unklar ist, mit welchen Zahlungen die Träger rechnen können. Um auf diese unbefriedigende Situation aufmerksam zu machen, haben Mitarbeiter der Jugendhilfe-Einrichtungen am Mittwoch vor dem Stadthaus protestiert und sind mit den Stadträten ins Gespräch gekommen. In der kommenden Woche soll der Jugendhilfeausschuss über die Haushaltsansätze für 2012 beraten. Doch so lange es von der Verwaltung keine verbindlichen Aussagen gibt, wird bei den Trägern gestrichen. „Wir werden ab 1. Januar unsere Streetwork-Arbeit einstellen",

sagte Sylvia Plättner von der Arbeiterwohlfahrt gegenüber HalleForum.de. Die Jugendhilfe-Arbeit im Dornröschen in Halle-Neustadt liegt dann auch auf Eis. [...]
Kündigungen ausgesprochen hat auch schon die Schöpfkelle in der Silberhöhe, sagte Leiterin Christina Seidel im Gespräch mit HalleForum.de. Bis zu 120 Veranstaltungen finden ihren Angaben zufolge monatlich in der Einrichtung statt. Immerhin soll das Gebäude [...] vorerst nicht geschlossen werden. Zwei Bürgerarbeiter werden sich um die notwendigsten Aufgaben kümmern. Vorerst werde es auch den Silberhöher Mittagstisch weiterhin geben, einem Mittagsangebot für bedürftige Menschen. Die Öffnungszeiten drastisch reduziert hat bereits jetzt das Jugend- und Begegnungszentrum am Wasserturm. Bleibe die Stadt bei ihren Kürzungen, würde ein Viertel aller Projekte wegfallen. Zudem drohe zum 1. Februar die komplette Schließung. Optimistisch zeigt sich Beate Gellert vom Kinder- und Jugendhaus e.V. Ihr Träger hatte die Freizeiteinrichtung „Völkchen" in der Südstadt bereits dicht gemacht. Weil die Stadt nun aber plötzlich doch wieder gezahlt habe, könne die Einrichtung zumindest bis zum Jahresende wieder öffnen. [...] In ihrem aktuellen Haushaltsentwurf sieht die Stadtverwaltung eine Halbierung der Mittel für die Jugendhilfe von 2,3 auf 1,1 Millionen Euro vor.

Eseppelt, Träger protestieren gegen Kahlschlag, in: http://www.halleforum.de, Abruf am 06.02.2012

Aufgaben

1. Analysiere den Konflikt um die Kürzungen der öffentlichen Gelder in Halle/S. (M 1, M 2). Beantworte dazu folgende Leitfragen:
   a) Welche Parteien bzw. Positionen stehen sich gegenüber?
   b) Worum wird konkret gestritten?
   c) Wer hat welches Interesse?
   d) Wer hat welche Möglichkeiten, seine Position durchzusetzen?
   e) Wer kann wen bei der Durchsetzung seiner Interessen unterstützen?
   f) Welche Auswirkungen können welche Entscheidungen haben?
2. Blitzlicht: Jeder Schüler der Klasse äußert seine persönliche Meinung zum unter Aufgabe 1 analysierten Konflikt in höchstens zwei Sätzen.
3. Konflikte werden von vielen Menschen als unangenehm betrachtet. Begründe, warum sie dennoch ein zentraler und wichtiger Bestandteil der Demokratie sind (M 1, M 2).

2.2.2 Gemeinde – welche Aufgaben hat sie?

M 3 Die Gemeinde in Sachsen-Anhalt

Jeder lebt in einer Stadt oder Gemeinde („Kommune") und nimmt täglich ihre Leistungen in Anspruch. Ob wir mit dem Bus fahren, zur Schule gehen, das Schwimmbad oder die Bibliothek besuchen – die Gemeinden regeln alle Angelegenheiten der örtlichen Gemeinschaft. So steht es im Art. 28 (2) des Grundgesetzes. [...] Aufgrund der Gemeindegebietsreform, in deren Rahmen sich die Gemeinden zu größeren Einheiten zusammenschlossen, ist die Anzahl der Gemeinden in Sachsen-Anhalt von 1.033 im Jahr 2007 auf 220 (2011) geschrumpft. Dabei gehört jede Gemeinde, die nicht die Stellung einer kreisfreien Stadt hat, einem der insgesamt elf Landkreise an (kreisangehörige Gemeinde). [...] Die Gemeindegrößen reichen dabei von ca. 900 Einwohnern (Bornstedt im Landkreis Mansfeld-Südharz) bis zu ca. 230.000 Personen (Halle und Magdeburg). Der Großteil der Gemeinden hat aber eine Größe von 1.000 bis 5.000 Einwohnern. Durch die Gemeindegebietsreform sind in Sachsen-Anhalt neue gemeindliche Strukturen entstanden: Einheitsgemeinden und Verbandsgemeinden. Einheitsgemeinden sind rechtlich selbständige Gemeinden, die im Regelfall mindestens 10.000 Einwohner haben. Im Gegensatz dazu setzen sich Verbandsgemeinden aus drei bis acht Mitgliedsgemeinden zusammen, bei denen es sich um rechtlich selbständige Gemeinden handelt, deren Aufgaben jedoch von der Verbandsgemeinde wahrgenommen werden.

Kreisfreie Städte in Sachsen-Anhalt
- Dessau
- Halle / Saale
- Magdeburg

Tipp
Die Gemeindeordnung des Landes Sachsen-Anhalt findest du unter *www.landesrecht.sachsen-anhalt.de.*

M 4 Wofür ist die Gemeinde zuständig?

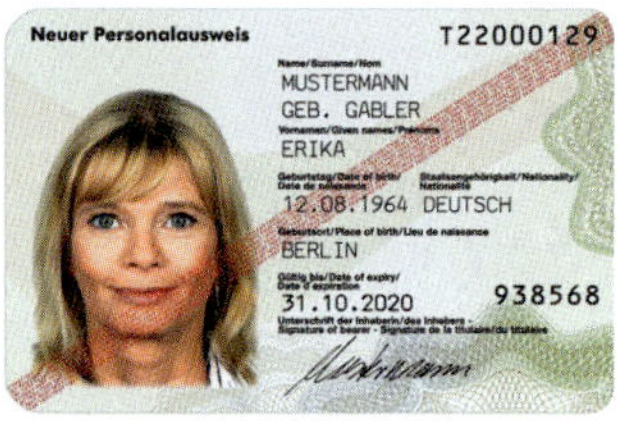

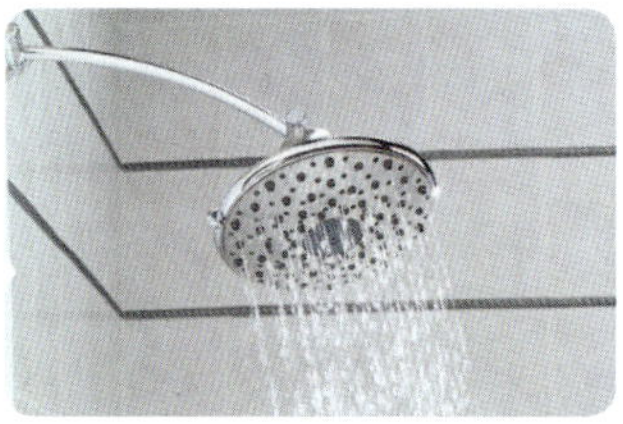

Eigentlich ist die Gemeinde für alles zuständig, was sie selbst für wichtig hält und nicht in die Zuständigkeit der Landes- oder Bundesverwaltung fällt. Neben Pflichtaufgaben wie Abfallbeseitigung und Straßenreinigung gibt es freiwillige Leistungen wie Bau und Unterhalt von Sportanlagen, Theatern oder Bibliotheken. Der Umfang dieser freiwilligen Aufgaben hängt auch von der Größe und Leistungsfähigkeit der Kommune ab. Der Artikel 87 der Verfassung des Landes Sachsen-Anhalt garantiert den Gemeinden das Recht auf kommunale Selbstverwaltung. § 1 der sachsen-anhaltinischen Gemeindeordnung sieht in der Gemeinde die Grundlage des demokratischen Staates. Dort heißt es: „Die Gemeinde ist Grundlage und Glied des demokratischen Staates. Sie verwaltet in eigener Verantwortung ihre Angelegenheiten im Rahmen der Gesetze mit dem Ziel, das Wohl ihrer Einwohner zu fördern." Bei den Aufgaben, die die Gemeinde übernimmt, unterscheidet man im Allgemeinen:

Subsidiaritätsprinzip
Prinzip, das die Eigenleistung und die Selbstbestimmung des Individuums, der Familien und der Gemeinschaften (z. B. der Kommunen) fördern will. Das Subsidiaritätsprinzip fordert, dass staatliche Eingriffe (EU, Bund) und öffentliche Leistungen grundsätzlich nur unterstützend erfolgen sollen, also nur dann, wenn die jeweils tiefere Ebene (Länder, Kommunen, Familien) nicht in der Lage ist, die erforderliche Leistung zu erbringen.

Freiwillige Aufgaben Darunter fallen Aufgaben, die allein in die Zuständigkeit der Gemeinde fallen und deren Erfüllung vollständig in der Verantwortung der Gemeinde liegt. So entscheidet die Gemeinde selbst, ob eine Eissporthalle errichtet werden soll, wo diese stehen soll und welche Architektur das Gebäude haben soll. Stellt sich heraus, dass ein Vorhaben die Finanzkraft einer Gemeinde übersteigt, so kann sie darauf auch verzichten. Beispiele: Sportplätze, Theater, Freibäder, Musikschulen ...	**Pflichtaufgaben ohne Weisung** Diese Aufgaben der Grundversorgung muss eine Gemeinde zwingend übernehmen. Sie verfügt dabei aber über Ermessensspielräume, wie sie diese ausgestaltet. Ein Beispiel: Durch ein Neubaugebiet wächst die Einwohnerzahl einer Gemeinde erheblich. Sie muss nun eine neue Schule errichten. Wie sie diese Schule gestaltet, kann sie aber selbst bestimmen. Beispiele: Trinkwasser- und Energieversorgung, Abfallbeseitigung, Unterhalt von Straßen, Kindergärten ...
Staatliche Aufgaben Hier bedient sich der Bund lediglich der Gemeinden als untere staatliche Verwaltungsbehörde: Beispiele: Durchführung von Landtags- oder Bundestagswahlen.	**Pflichtaufgaben nach Weisung** Diese Aufgaben müssen nicht nur erledigt werden, sondern es gibt auch genaue Anweisungen, wie das zu tun ist. Beispiele: Auszahlung von Sozialhilfe und Wohngeld, Bauaufsicht, Melde- und Passwesen, Rettungswesen ...
Die genaue Aufgabenverteilung und Bezeichnung der Aufgaben ist von Bundesland zu Bundesland teilweise verschieden.	

Aufgaben

1. Erläutere den Aufbau des Landes Sachsen-Anhalt (M 3, Karte Auftaktseite)
2. Informiere dich über die Gemeindegebietsreform in Sachsen-Anhalt. Sammle Pro- und Kontra-Argumente und begründe abschließend, ob du diese Reform für sinnvoll hältst (M 3).
3. Ordne die Bilder den einzelnen Aufgabenbereichen zu (M 4).
4. Erstellt ein Porträt eurer Stadt / Gemeinde, und gestaltet dazu eine Wandzeitung. Die Wandzeitung könnt ihr auch mit selbst gemachten Fotos aus eurer Stadt / Gemeinde versehen.

2.2.3 Bürgermeister und Gemeinderat – wie ist die Gemeinde aufgebaut?

M 5 Der Bürgermeister – die Spitze der Gemeinde

Wahl des Bürgermeisters
Bei Direktwahl des Bürgermeisters erfolgt eine Mehrheitswahl in bis zu zwei Wahlgängen. Im ersten Wahlgang ist gewählt, wer über die Hälfte aller gültigen Stimmen erhalten hat. Haben sich mehrere Bewerber zur Wahl gestellt und ist nach dem ersten Wahlgang keiner gewählt, so findet binnen 28 Tagen eine Stichwahl der beiden Bewerber mit den meisten Stimmen statt.

Die Bürgermeisterin oder der Bürgermeister wird von den Bürgern auf sieben Jahre gewählt. Er oder sie ist Vorsitzender des Rates und verfügt in den Ausschüssen über ein Stimmrecht. Gleichzeitig ist er oder sie auch der Verwaltungschef. Der Bürgermeister ist verpflichtet, den Rat über alle wichtigen Angelegenheiten der Verwaltung zu informieren. Seine Aufgabe als Chef der Verwaltung besteht darin, die Beschlüsse des Rates und der Ausschüsse vorzubereiten und durchzuführen. Der Bürgermeister gibt den Zeitpunkt und den Ort der Ratssitzungen bekannt und legt die Tagesordnungspunkte fest. Er leitet die Sitzungen des Rates. In großen Kreisstädten und kreisfreien Städten führt der Bürgermeister den Titel eines Oberbürgermeisters.

M 6 Der Gemeinderat – das Parlament der Gemeinde

Rechtliche Grundlage
Alle wichtigen Punkte zu den beiden Verwaltungsorganen Gemeinderat und Bürgermeister sind in den § 35 – § 71 der Gemeindeordnung des Landes Sachsen-Anhalt geregelt.

Damit die Gemeinden ihre Angelegenheiten demokratisch regeln können, wählen alle Bürgerinnen und Bürger, die 16 Jahre oder älter sind, die Mitglieder des Gemeinderates oder Stadtrates auf fünf Jahre in freier und geheimer Wahl. Die Zahl der zu wählenden Gemeindevertreter bestimmt sich nach der Bevölkerungszahl und liegt zwischen 10 und 60. Sie arbeiten ehrenamtlich, erhalten aber eine Aufwandsentschädigung. Der „Rat" besteht aus den Vertretern der gewählten Parteien und dem Bürgermeister. Gemeinderatsmitglieder, insbesondere Vertreter derselben Partei, können sich im Rat zu Fraktionen zusammenschließen. Der Rat trifft die Entscheidungen in allen gemeindlichen Angelegenheiten stellvertretend für alle Bürgerinnen und Bürger der Gemeinde. Die Aufgaben des Rates sind sehr umfangreich. Dazu gehören z. B.

- Erteilung von Aufträgen an die Verwaltung,
- Kontrolle der Verwaltung,
- Rechtssetzung (Gemeinden erlassen keine Gesetze, sondern Satzungen und Verordnungen).

Zu wichtigen Themen wird in speziellen „Ausschüssen" gearbeitet. Beispielsweise wird im Schulausschuss geplant, wie viele Schulen in Zukunft gebraucht werden. Nachdem die Entscheidungen getroffen worden sind, werden sie in der Verwaltung umgesetzt.

Aufgaben

1. Erstelle ein Schaubild, auf dem der Aufbau einer Gemeinde in Sachsen-Anhalt deutlich wird (M 5, M 6).
2. Manche Politikwissenschaftler betrachten die Kommunalpolitik als „Schule der Demokratie". Diskutiert, was für und was gegen diese Einschätzung spricht (M 5, M 6).
3. Führt mithilfe der Methode eine Erkundung zu einem der in M 4 dargestellten Aufgaben in eurer Gemeinde durch.

Methode

Eine Erkundung durchführen

Was ist eine Erkundung?

Bei einer Erkundung geht man aus der Schule heraus und versucht, etwas an anderen Orten „auszukundschaften". Zunächst ist es erforderlich, ein klares Thema und eine Fragestellung zu haben. Dann kann überlegt werden, welcher Ort geeignet ist, um den Menschen zu begegnen, die die richtigen Informationen „aus erster Hand" geben können. Eine Erkundung ist nie spontan, sondern immer gut geplant. Während der Erkundung braucht man Medien, zumindest einen Stift und Notizblock, besser noch ein Aufnahmegerät und eine Kamera. Das Ergebnis der Erkundung sollte aufbereitet und präsentiert werden.

1. Schritt: Was wollen wir herausfinden?

Am Anfang stehen die Fragen, die durch die Erkundung beantwortet werden sollen. Stellt zunächst eine übergeordnete Frage und entwickelt dann daraus mehrere Teilfragen.

2. Schritt: Vorbereitung

Eine gute Vorbereitung und eine geeignete Ausstattung sind die Voraussetzung für eine gelungene Erkundung. Klärt vorab folgende Fragen:

1. Welche Erkundungsorte sind geeignet (Rathaus, Schulverwaltungsamt u. a.)?
2. Wann kann der Ort aufgesucht werden?
3. Wie melden wir unseren Besuch an?
4. Welche Fragen sollen wem gestellt werden? (Interviewleitfaden entwickeln)
5. Was lohnt sich zu dokumentieren? (Interviews, Räume, Schilder, Szenen, Baustellen u. a.)
6. Wie soll dokumentiert werden? (Notizen, Digitalbilder, Tonaufnahmen u. a.)

3. Schritt: Der Erkundungsgang

Wenn ihr den Erkundungsort aufsucht, ist es wichtig, sich zunächst selbst vorzustellen und das eigene Vorhaben zu beschreiben. Möglicherweise wird ein Repräsentant (z. B. ein Rathausangestellter oder ein Ratsmitglied) euch zunächst einen Überblick geben. Danach könnt ihr eure Fragen stellen und die ausgewählten Stellen aufsuchen.

4. Schritt: Dokumentation

Dokumentiert die Ergebnisse in Form eines Zeitungsberichts. Wählt eine passende Überschrift, die Interesse weckt. Der Bericht kann auch Teile eines Interviews und Bilder enthalten.

5. Mögliche Erkundungsziele

- Bürgermeisteramt: Der Tagesablauf eines Bürgermeisters
- Rathaus: Wer, was, wo?
- Ausschuss für Schule und Kultur: Was ist für die Schulen geplant?
- Besuch einer Ratssitzung
- Stadtmarketing: Was macht die Stadt attraktiv?

2.2.4 Kommunalwahl – wie wird in Sachsen-Anhalt gewählt?

M 7 Kommunalwahl in Sachsen-Anhalt

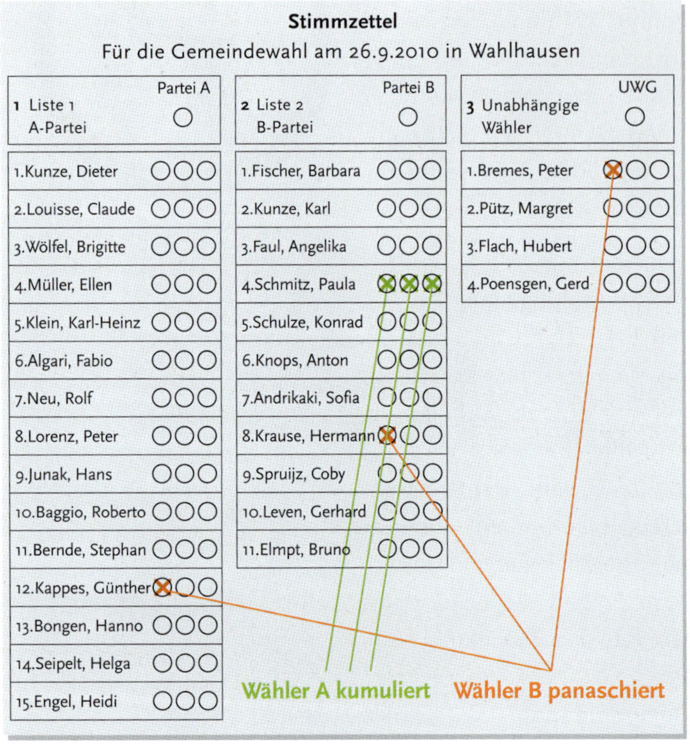

Bei Kommunalwahlen in Sachsen-Anhalt haben die Wähler drei Stimmen, die sie kumulieren (A) oder panaschieren (B) können.

Das Wahlrecht für Kommunalwahlen ist in Sachsen-Anhalt durch die Gemeindeordnung und das Kommunalwahlgesetz geregelt. Es ist u. a. festgelegt, dass der Gemeinderat in allgemeiner, unmittelbarer, freier, gleicher und geheimer Wahl von den wahlberechtigten Bürgern auf die Dauer von fünf Jahren gewählt wird. Die Vertreter für den Gemeinderat werden auf Grund von Wahlvorschlägen unter Berücksichtigung der Grundsätze der Verhältniswahl gewählt, während der Bürgermeister und der Landrat nach den Grundsätzen der Mehrheitswahl gewählt werden. Bei der Gemeinderatswahl hat der Wähler drei Stimmen, während er bei der Wahl des Bürgermeisters und des Landrates je eine Stimme besitzt. Die drei Stimmen bei der Gemeinderatswahl kann er kumulieren (anhäufen), d. h. einem zu wählenden Kandidaten auf einmal geben. Er kann sie aber auch panaschieren (streuen), d. h. auf zwei oder drei Kandidaten aufteilen. Gibt der Wähler weniger als die ihm zustehenden drei Stimmen ab, ist seine Wahl dennoch gültig.

Aufgabe

Stellt in Gruppen Vor- und Nachteile des Panaschierens und Kumulierens auf kommunaler Ebene dar und prüft, ob sich das kommunale Wahlsystem auch für Landtags- bzw. Bundestagswahlen eignen könnte (M 7).

2.2.5 Finanzen der Gemeinden – woher bekommen Gemeinden Geld?

M 8 Woher bekommt die Gemeinde Geld?

Alles das, was in der Gemeinde gestaltet, gebaut und unterhalten werden soll, kostet selbstverständlich Geld. Aber woher nimmt die Gemeinde das Geld für die vielfältigen Aufgaben? Einen Großteil davon erhält sie durch Steuern. Steuern sind allgemeine Abgaben der Bürger und Unternehmen, für die sie keine konkrete Gegenleistung erwarten können. Manche dieser Steuern erhebt die Gemeinde selbst, wie zum Beispiel die Gewerbesteuer für Unternehmen, die Grundsteuer für Hausbesitzer oder die Hundesteuer für Hundehalter. Von anderen Steuern, die das Land oder der Bund erheben, bekommt die Gemeinde einen Anteil. Außerdem bekommt die Gemeinde Zuschüsse von Bund und Land für konkrete Projekte. Wenn du ins Schwimmbad gehst und dort Eintritt bezahlst, zählt das auch zu den Einnahmen einer Gemeinde. Genauso wie die Gebühren für die Abwasserentsorgung und die Müllabfuhr.
Auch das Geld für Strafzettel fließt in die Gemeindekasse.
Wenn die Gemeinde nicht genügend Geld hat, um alle Ausgaben zu finanzieren, kann sie auch einen Kredit aufnehmen, d. h., dass sie sich zusätzlich Geld z. B. von einer Bank leihen muss.

Karikatur: Jörg Schröder

M 9 Übersichtlich soll es sein – der Haushalt der Gemeinde

Um vernünftig planen zu können, erstellt die Gemeinde für jedes Jahr eine Übersicht der geplanten Ausgaben und der erwarteten Einnahmen. Diese Übersicht wird „Haushalt" genannt. Der Haushaltsplan gilt jeweils für den Zeitraum vom 1. Januar bis zum 31. Dezember. Er ist ein Arbeits- und Wirtschaftsplan, der verdeutlicht, welche Vorhaben eine Gemeinde verwirklichen möchte und wo sie ihre Schwerpunkte setzt (z. B. Wirtschaft oder Soziales). Der Gemeinderat muss diesem Plan zustimmen. Der Haushalt ist deshalb auch so wichtig, weil Gemeindevertreter und Bürger schwarz auf weiß sehen können, wofür die Gemeinde das Geld der Bürgerinnen und Bürger ausgibt.

M 10 Ausgaben und Einnahmen

Beispiele für Ausgaben

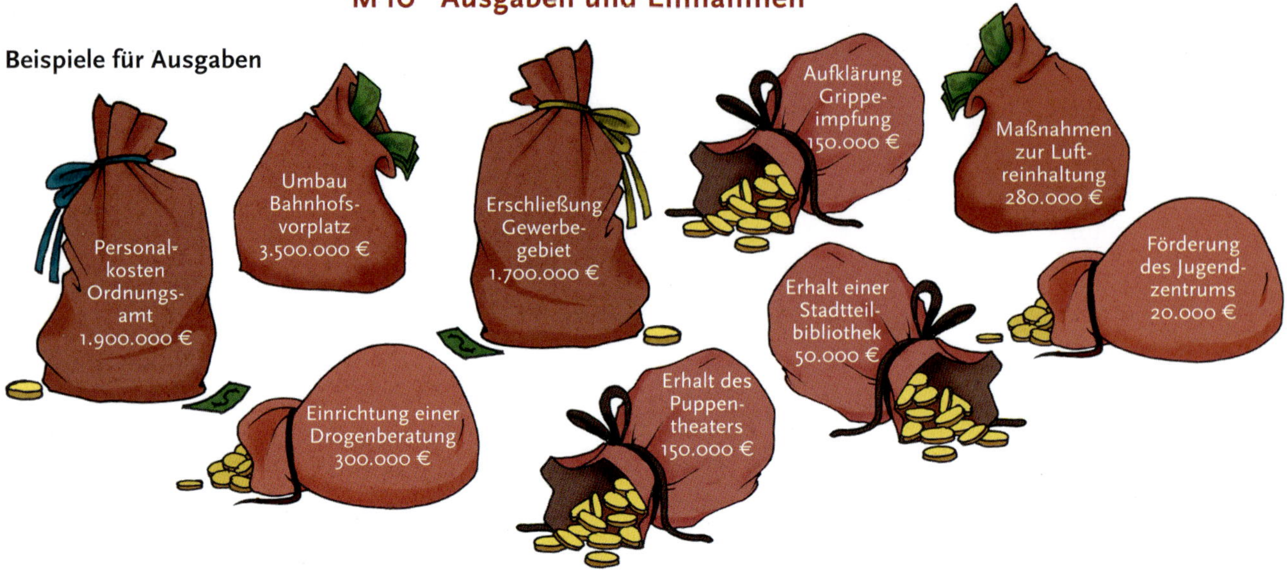

Beispiele für Einnahmen

M 11 Fallbeispiel Halle: Schlafen für die Stadtkasse

In Berlin ist sie beschlossene Sache und sorgt für Diskussionen: die offiziell „City Tax" genannte Bettensteuer für Touristen. Auch in Halle wird heftig über die Einführung einer ähnlichen Abgabe für Besucher debattiert. Wie in der Bundeshauptstadt laufen aber ebenso an der Saale die Hotelbetreiber Sturm gegen den Schlummer-Euro.

Angestoßen worden ist die Diskussion in Halle durch einen Antrag von Tom Wolter von der Stadtratsfraktion Mitbürger / Neues Forum. Ohne konkrete Summen vorzugeben, plädiert der Theater-Regisseur für eine „Kulturförderabgabe", mit der die defizitgeplagte Stadt Einnahmen zur Unterhaltung der Bühnen und Orchester erzielen könnte. „Es geht um die Sicherung der Kulturvielfalt in der Stadt", sagte Wolter. Als Vorbild nennt er gern die Stadt Weimar, in der eine derartige Touristensteuer mit Erfolg erhoben werde. Wolters Vorstoß wird von den Grünen und von der Linken unterstützt. Inés Brock (Grüne) hat mit einem eigenen Antrag sogar vorgeschlagen, einen Euro pro Nacht und gemietetem

Hotelzimmer von den Touristen zu verlangen, bei Hotels mit mehr als 50 Zimmern sogar zwei Euro. CDU, SPD und FDP im Stadtrat lehnen diese Überlegungen aber strikt ab. „Das wäre nicht zielführend. Die Hotels haben es schon schwer genug. Und die meisten Gäste sind Kongressbesucher, die nicht wegen der Kultur nach Halle kommen", sagte beispielsweise Gertrud Ewert (SPD). Wolters Antrag wird in den Stadtratsausschüssen seit Jahresanfang diskutiert. [...]

Laut Stadtmarketinggesellschaft wurden im vergangenen Jahr in Halle 162 268 Gäste („Ankünfte") gezählt, die 300 245 Übernachtungen gebucht haben. Wie viele Zimmer dabei vermietet wurden, dazu lagen keine Zahlen vor. Bei einer Kulturförderabgabe von einem Euro je Tourist und Nacht –dies ist eine häufig diskutierte Variante – könnte die Stadt mit rund 300 000 Euro an Einnahmen rechnen.

Michael Tempel, Schlafen für die Stadtkasse, in: http://www.mz-web.de, 21.11.2011

Aufgaben

1. Ordne die Ausgaben- und Einnahmequellen aus M 10 in den nachfolgenden Haushaltsplan ein.

Einnahmen	€	Ausgaben	€
Steuern (Grund-, Gerwerbe-, Vergnügungs-, Hundesteuer)		Rat, Ausschüsse, Verwaltung, Bürgerberatung etc.	
Anteil an der Einkommens- und Umsatzsteuer		Jugend, Soziales, Gesundheit	
Verwaltungs- und Benutzergebühren		Grundstücke, Gebäude, Abfallwirtschaft, Schulden	
Sonstige Einnahmen z. B. Verkaufserlöse aus Ferienkalendern		Ordnung, Recht, Umwelt	
Finanzhilfen von den Ländern und vom Bund		Kultur, Bildung, Sport	
		Stadtplanung, Wohnen	
Insgesamt	?	**Insgesamt**	?

2. Berechne die Summe der Einnahmen und Ausgaben des Gemeindehaushalts. Welche Problemsituation entsteht und wie könnte sie gelöst werden?
3. Bildet Gruppen und versetzt euch in die Rolle von Ratsmitgliedern. Überlegt, welche Vorhaben ihr streichen / kürzen wollt, damit ihr einen ausgeglichenen Haushalt vorlegen könnt. Berücksichtigt dabei, dass ihr als gewählte Ratsmitglieder für alle Bürgerinnen und Bürger verantwortliche Entscheidungen treffen müsst. Ihr solltet euch daher um einen Ausgleich der unterschiedlichen Interessengruppen bemühen. Präsentiert eure Pläne in der Klasse (M 10).
4. Nenne Argumente für und gegen die von Tom Wolter vorgeschlagene „Kulturförderabgabe" in der Stadt Halle. Begründe anschließend deine eigene Position schriftlich (M 11).

2.2.6 Der Landtag von Sachsen-Anhalt

M 12 Aufgaben des Landtags

Tipp
Weitere Informationen zum Landtag von Sachsen-Anhalt findest du unter *www.landtag.sachsen-anhalt.de*

Das Parlamentsgebäude am Magdeburger Domplatz: seit dem 17. Januar 1991 Sitz des Landtages von Sachsen-Anhalt.

Im Plenarsaal des Landtages von Sachsen-Anhalt finden im Abstand von ca. vier Wochen je zwei ganztägige Plenarsitzungen statt.

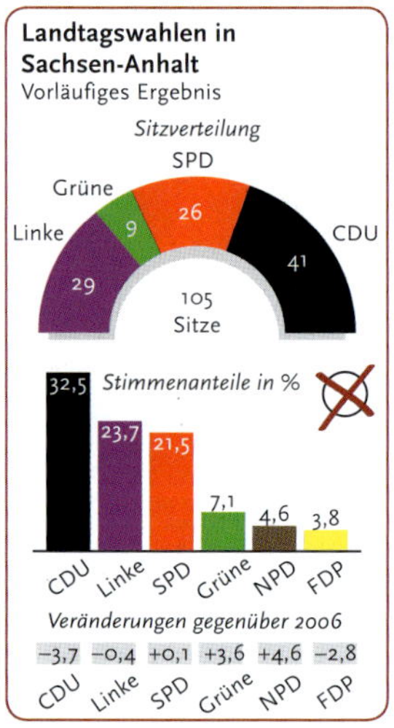

Der Landtag

Der Landtag steht als oberstes Verfassungsorgan des Landes im Zentrum des politischen Alltags in Sachsen-Anhalt. Als einziges Staatsorgan des Landes wird er durch Direktwahl durch das Volk besetzt. Ihm sind deshalb die zentralen staatlichen Aufgaben zugewiesen. Herzstück des modernen Parlamentarismus ist die in einem geregelten Verfahren vermittelte politische Kommunikation. Ihr zentraler Ort ist das Plenum – die öffentliche Versammlung aller Abgeordneten. Hier debattieren die Abgeordneten nochmals öffentlich die Entscheidungsalternativen und entscheiden mit Mehrheit, nachdem sie dies in zumeist nichtöffentlichen Ausschusssitzungen bzw. in Sitzungen der Fraktionen fachlich wie politisch vorbereitet haben. [...] Als Ort der demokratischen Letztzuständigkeit nimmt das Plenum eine einzigartige Mittlerfunktion wahr: Indem es vor der Abstimmung das Für und Wider von Entscheidungen darstellt, bringt es die oftmals widerstreitenden, durch die Parteien verdichteten Interessen im Volk in die Entscheidung ein und wirkt – vermittelt über die Medien – zugleich informierend und klärend auf die Bürgerinnen und Bürger ein. Diese Vermittlung greift allerdings nur dann, wenn im Plenum nicht nur alle zentralen politischen Entscheidungen des Landes fallen, sondern sie in ihm auch rechtzeitig debattiert und begründet werden.

Gesetzgebung

Gesetze regeln das Zusammenleben der Menschen. Da Deutschland ein Bundesstaat ist, sind die Bereiche, in denen Bund oder Länder Gesetze verabschieden dürfen, zwischen ihnen durch das Grundgesetz aufgeteilt worden. Das Land regelt vor allem die Bereiche Schule, Hochschule, öffentliche Sicherheit und Ordnung sowie die Kultur. Das Recht, Gesetzentwürfe in den Landtag einzubringen („Gesetzesinitiativrecht"), weist die Landesverfassung der Regierung, dem Volk durch Volksbegehren sowie dem Parlament selbst (Fraktion oder acht Abgeordnete) zu. Gesetzentwürfe werden zumindest in zwei Lesungen durch das Plenum beraten und mit Mehrheit angenommen bzw. abgelehnt. Zuvor befassen sich Fachausschüsse damit.

Beschluss des Landeshaushalts/ Haushaltskontrolle

Der Haushalt ist von großer Bedeutung, weil durch ihn entschieden wird, für welche politischen Ziele die Einnahmen des Landes verwendet werden oder Kredite aufgenommen werden dürfen. Er wird deshalb als „in Zahlen gegossene Politik" bezeichnet. Der einflussreiche Finanzausschuss steuert die Ausschussberatungen. [...]

Wahl des Ministerpräsidenten

Die Wahl des Ministerpräsidenten ist die politisch wichtigste Personalentscheidung des Landtages. Gewählt ist, wer die Mehrheit der Mitglieder des Landtages, im letzten Wahlgang die Mehrheit der abgegebenen Stimmen auf sich vereinigt. Der Ministerpräsident muss nicht Mitglied des Landtages sein, ist ihm allerdings jederzeit politisch verantwortlich. Durch die Wahl des Ministerpräsidenten, durch die Möglichkeit, ihn mit einem konstruktiven Misstrauensvotum abzuwählen, indem man gleichzeitig einen Nachfolger wählt, und durch sein Recht, sich jederzeit in einer Vertrauensfrage der Mehrheit des Landtages zu versichern, bleibt die ihn wählende Mehrheit über die gesamte Wahlperiode hinweg auf das Engste mit der Arbeit der Landesregierung verbunden („Parlamentarisches Regierungssystem"). Die den Ministerpräsidenten wählenden Fraktionen werden Koalitionsfraktionen genannt. [...]

Kontrolle der Landesregierung

Die Kontrolle der Landesregierung ist Aufgabe des gesamten Landtages. Die öffentliche Regierungskontrolle im Plenum wird vor allem durch die Oppositionsfraktionen wahrgenommen. Als Kontrollinstrumente stehen im Plenum die Aktuelle Debatte, die Fragestunde mit Kleinen Anfragen zur mündlichen Beantwortung, Große Anfragen, Zwischenfragen oder Kurzinterventionen zur Verfügung. Das Plenum entscheidet auch über die Einsetzung Parlamentarischer Untersuchungsausschüsse. Parlamentarische Kontrollrechte sind regelmäßig als Minderheitenrechte ausgestaltet, damit die Mehrheit nicht über das Ob und Wie der Kontrolle entscheiden kann.

Forum des Landes

Dem Plenum des Landtages ist durch die Verfassung die Aufgabe zugewiesen, alle wichtigen Angelegenheiten des Landes und seiner Bürgerinnen und Bürger zu thematisieren. Insoweit nimmt er ein allgemeindemokratisches Mandat wahr und debattiert auch über Gegenstände, die nicht in seiner Zuständigkeit liegen, das Land aber bewegen.

Landtag Sachsen-Anhalt, Das Plenum, in: http://www.landtag.sachsen-anhalt.de, Abruf am 06.02.2012

M 13 Wie wird der Landtag von Sachsen-Anhalt gewählt?

Aktives Wahlrecht
Jeder Staatsbürger, der sein 18. Lebensjahr vollendet hat und seit mindestens drei Monaten mit seinem Hauptwohnsitz in Sachsen-Anhalt gemeldet ist, darf wählen. Er besitzt das aktive Wahlrecht.

Passives Wahlrecht
Das passive Wahlrecht bezieht sich auf die Wählbarkeit. Demnach ist jeder Staatsbürger, der das 18. Lebensjahr vollendet hat und seit mindestens sechs Monaten in Sachsen-Anhalt lebt, in den Landtag wählbar.

Am 20.03.2011 fand die sechste Landtagswahl in Sachsen-Anhalt statt. Dabei haben die Sachsen-Anhaltiner ihre Abgeordneten für fünf Jahre gewählt. Insgesamt waren 91 Sitze zu vergeben. Bei Landtagswahlen in Sachsen-Anhalt ist jeder Staatsbürger stimmberechtigt, der das 18. Lebensjahr vollendet hat und seit mindestens drei Monaten mit seinem Hauptwohnsitz in Sachsen-Anhalt gemeldet ist. Damit das Verfassungsgebot der „gleichen" Wahl eingehalten wird und alle Stimmen gleich viel Gewicht haben, ist das Landesgebiet in 45 Wahlkreise eingeteilt, in denen annähernd gleich viel Wahlberechtigte wohnen. Das sind jeweils rund 55 000. Das Wahlrecht in Sachsen-Anhalt bildet eine Kombination aus Verhältnis- und Persönlichkeitswahlrecht, wobei das Verhältniswahlrecht dominiert.

Ein Abgeordnetenmandat kann in einem Wahlkreis direkt oder über eine Landesliste errungen werden. Vereint ein Kandidat in einem der hinsichtlich der Zahl der Wahlberechtigten annähernd gleich großen 45 Wahlkreise die meisten Personenstimmen („Erststimmen") auf sich, zieht er in den Landtag ein. Ebenso steht jenem Kandidaten ein Mandat zu, der über einen Listenplatz verfügt, der nach dem Parteienstimmenanteil („Zweitstimme") zum Einzug in den Landtag berechtigt. Über die Sitzverteilung im Landtag entscheidet der Anteil der auf die Landesliste der Partei abgegebenen Stimmen an der Gesamtsumme der Parteienstimmen. Listen, die weniger als fünf Prozent aller Parteienstimmen auf sich vereint haben, bleiben bei der Sitzverteilung unberücksichtigt („Fünf-Prozent-Hürde"). Erringt eine Partei mehr Mandate in den Wahlkreisen, als ihr nach ihrem Anteil an den Parteienstimmen zustehen, bleiben ihr diese überzähligen Mandate erhalten („Überhangmandate"). Es werden allerdings Ausgleichsmandate verteilt, um das Verhältnis von Mandaten zum Stimmenanteil wieder herzustellen.

Landtag Sachsen-Anhalt, Wahlen, in: http://www.landtag.sachsen-anhalt.de, Abruf vom 06.02.2012

M 14 Ergebnis der Landtagswahl 2011

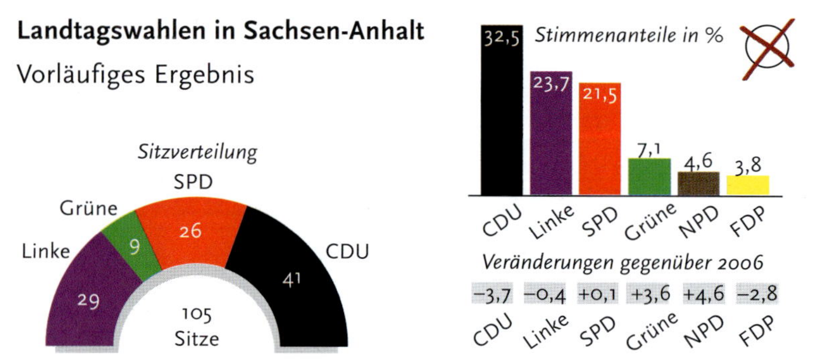

Aufgaben

1. Erläutere die Aufgaben des Landtages von Sachsen-Anhalt (M 12).
2. Erstelle ein Schaubild, auf dem das Wahlsystem zum Landtag von Sachsen-Anhalt deutlich wird (M 13).
3. Erkläre, warum im 6. Landtag 105 statt der vorgesehenen 91 Abgeordneten sitzen (M 13, M 14).
4. Diskutiert in der Klasse die Vor- und Nachteile der gegenüber dem Bundestag um ein Jahr längeren Wahlperiode des Landtages von Sachsen-Anhalt.

2.2.7 Der Föderalismus – Deutschland einig Vaterland?

M 15 Von Bundesland zu Bundesland ...

Karikatur: Thomas Plaßmann / Baaske Cartoons

Der Föderalismus (lat. foedus: Bund) stellt eine politische Ordnung dar, bei der mehr oder weniger souveräne Einzelstaaten sich zu einem Gesamtstaat zusammengeschlossen haben. Die staatlichen Aufgaben sind zwischen Gesamt- und Gliedstaaten aufgeteilt, und zwar so, dass beide politischen Ebenen für bestimmte Aufgaben eigenverantwortlich zuständig sind. Der föderale (= bundesstaatliche) Aufbau des deutschen politischen Systems ist aus der Tradition der deutschen Kleinstaaterei (Partikularismus) historisch erwachsen und ermöglicht den Ländern durch ihre eigene Staatsqualität mehr identitätsstiftende kulturelle Eigenständigkeit, als dies in der Form reiner Verwaltungsuntergliederungen eines Zentralstaates möglich wäre. Das Grundgesetz legt zunächst in Art. 30 GG eine prinzipielle Allzuständigkeit der Länder zugrunde, „soweit dieses Grundgesetz keine andere Regelung trifft oder zulässt." Aus dieser Formulierung folgt, dass der Bund nur diejenigen staatlichen Befugnisse für sich in Anspruch nehmen kann, die im Grundgesetz ausdrücklich genannt werden. Das Grundgesetz regelt daher in Art. 70–75 die Aufteilung der Zuständigkeit bei der Gesetzgebung. Ebenso werden in Art. 83–87 die Verwaltungsaufgaben jeweils zugeordnet.

Bundesrat und EU
Die Befugnisse des Bundesrates reichen aber noch über Gesetzgebung und Verwaltung hinaus. Er kann – soweit Regelungen der Europäischen Union die Bundesländer betreffen – auch Einfluss nehmen auf Angelegenheiten der EU (Art. 23, 50 GG).

M 16 Die Bundesstaatlichkeit im Grundgesetz

GG Artikel	Was dazu im Grundgesetz steht
20	„Die Bundesrepublik Deutschland ist ein demokratischer und sozialer Bundesstaat"
79	Das bundesstaatliche Prinzip darf nicht aufgehoben oder geändert werden
30	Eigenstaatlichkeit der Länder
50 23	Mitwirkung der Länder an der Gesetzgebung des Bundes und in Angelegenheiten der Europäischen Union durch den Bundesrat
70 – 74	Gesetzgebung: Aufteilung der Zuständigkeiten zwischen Bund und Ländern
83 – 87	Zuordnung der staatlichen Verwaltungsaufgaben
104a – 107	Finanzhoheit. Verteilung des Steueraufkommens zwischen Bund und Ländern

Bergmoser + Höller Verlag *60060*

M 17 Wer regelt was? – die Aufteilung der Gesetzgebungszuständigkeiten

Gesetzgebung zwischen Bund und Ländern (Auswahl)		
Ausschließliche Gesetzgebung des Bundes (Art. 71, 73 GG)	**Konkurrierende Gesetzgebung (Art. 72, 74 GG)**	**Ausschließliche Gesetzgebung der Länder (Art. 70 GG)**
Die Gesetzgebungsbefugnis steht nur dem Bund in folgenden Bereichen zu: • Außenpolitik, • Staatsangehörigkeit, • Passwesen, • Währung, • Zoll, Außenhandel, • Eisenbahnen des Bundes und Luftverkehr, • Bundeskriminalamt, • Bundeswehr/Verteidigung • Internationaler Terrorismus • Kernenergie • Waffen- und Sprengstoffrecht	Die Länder haben nur dann ein Entscheidungsrecht, wenn der Bund seine Befugnisse nicht wahrnimmt: • Rechtswesen • Ausländerrecht • Fürsorge • Wirtschaftsrecht • Arbeitsrecht • Ausbildung / Forschung • Erzeugung menschlichen Lebens • Straßenverkehr • Umweltschutz • Lebensmittelrecht	Das Recht der Gesetzgebung liegt nur bei den Ländern. Zum Kernbereich gehören: • Kultur und Bildung (Kulturhoheit) • Polizeiwesen • Länderfinanzpolitik • Gesundheitswesen • Gaststätten und Ladenschluss • Flurbereinigung • Gemeinde- und Kommunalrecht • Vereins- und Versammlungsrecht

M 18 Föderalismus – Pro und Kontra

Die Gliederung des Bundes in Länder garantiert viele wirtschaftliche, politische und kulturelle Mittelpunkte. Die landsmannschaftlichen, geschichtlichen, wirtschaftlichen und kulturellen Eigenheiten können so besser erhalten und weiterentwickelt werden.

Chancen und Wettbewerb der politischen Parteien werden dadurch gefördert, dass sie trotz Minderheitsposition im Gesamtstaat die politische Verantwortung in Gliedstaaten übernehmen und so ihre Leistungs- und Führungsfähigkeit erproben und beweisen können.

Parlamente, Regierungen und Verwaltungen von Bund und Ländern müssen gegenseitig auf Anstöße, Entscheidungen oder Zustimmungen warten und langwierige Verhandlungen miteinander führen, um zu gemeinsamen Lösungen zu kommen. Darüber kann viel kostbare Zeit vergehen.

Wechselseitige Kontrolle, gegenseitige Rücksichtnahme und Kompromisszwang verhindern oder erschweren doch zumindest Extrempositionen. Der Föderalismus wirkt ausgleichend und damit auch stabilisierend.

Die Eigenständigkeit der Länder führt zwangsläufig zu Unterschieden. Vielfalt ist das Gegenteil von Einheitlichkeit. Dadurch können Schwierigkeiten entstehen, zum Beispiel für Schüler beim Wohnungswechsel in ein anderes Bundesland.

Zur klassischen horizontalen Trennung der Staatsgewalten (Legislative – Exekutive – Judikative) kommt im Bundesstaat die vertikale Gewaltenteilung zwischen dem Gesamtstaat und den Gliedstaaten hinzu. Machtverteilung bedeutet Machtkontrolle und Schutz vor Machtmissbrauch.

Die Gliedstaaten stehen zwangsläufig im Wettbewerb zueinander. Konkurrenz belebt.

Die staatlichen Organe sind regionalen Problemen im Bundesstaat näher als im Einheitsstaat. Vergessene „Provinzen" gibt es nicht.

Die Gliederung in kleinere staatliche Einheiten erleichtert die Überschaubarkeit und Verstehbarkeit staatlichen Handelns und fördert damit die aktive Anteilnahme und Mitbestimmung. Der Bürger kann außerdem sein Wahlrecht als das urdemokratische Entscheidungsrecht doppelt einsetzen, denn im Bundesstaat wird zum Parlament des Gesamtstaates und zu den Parlamenten der Gliedstaaten gewählt.

Viele Entscheidungszentren in der Bundesrepublik, die Machtverteilung zwischen Bund und Ländern bedeuten: Zusammenwirken, Rücksichtnahme, gegenseitige Kontrolle und wechselseitige Begrenzung. Die in dieser Weise verflochtene Staatstätigkeit ist kompliziert und schwer zu überschauen.

Nach: Konrad Reuter, Bundesrat und Bundesstaat – Der Bundesrat der Bundesrepublik Deutschland, 13. Auflage, 2006, S. 7 ff.

Aufgaben

1. Ordne die Statements in M 18 tabellarisch nach Pro- und Kontra-Argumenten.
2. Führt innerhalb eurer Klasse zu folgender Aussage eine Abstimmung durch: „Der Föderalismus in Deutschland sollte abgeschafft werden!". Teilt euch anschließend in mehrere Pro- und Kontra-Gruppen und führt zu dieser Aussage ein Pro-Kontra-Streitgespräch (Methode Seite 45) durch. Ihr könnt dabei weitere Pro- bzw. Kontra-Argumente ergänzen.
3. Begründe nach dem Streitgespräch schriftlich deine Meinung zu der Aussage.
4. Nimm Stellung zum (geplanten) länderübergreifenden Zentralabitur in bestimmten Fächern.

Was wir wissen

Gemeinderat
M 3, M 6

Der Gemeinderat ist das Hauptorgan der Gemeinde und entscheidet über wichtige Fragen, welche die Gemeinde betreffen. Sie hat maßgeblichen Einfluss auf die Verteilung der Einnahmen. Gemeindevertreter werden, wie in fast allen Bundesländern, für 5 Jahre gewählt. Es gibt einen Hauptausschuss für besonders wichtige Fragen sowie verschiedene Fachausschüsse (z. B. Bau, Soziales, Umwelt).

Bürgermeister
M 5

Die Bürgermeisterin oder der Bürgermeister leitet die Gemeindeverwaltung. Sie oder er ist dafür verantwortlich, dass gesetzliche Aufgaben erfüllt und die Beschlüsse der Gemeindevertretung realisiert werden.

Aufgaben und Finanzen der Gemeinde
M 4, M 8 – M 11

Die Aufgaben der Gemeinde sind umfassend. Dazu gehören z. B. Schulen, Kultureinrichtungen, Bibliotheken, Abfallentsorgung und Schwimmbäder. Um diese vielfältigen Aufgaben zu erfüllen, benötigt die Gemeinde Einnahmen. Diese setzen sich zu etwa je einem Drittel zusammen aus Steuern (z. B. Grundsteuer, Hundesteuer), Gebühren und Beiträgen (z. B. Schwimmbadeintritt, Entsorgungsgebühren) sowie freie und zweckgebundene Zuweisungen vom Land Sachsen-Anhalt und vom Bund. Reichen die Einnahmen nicht aus, muss über eine Kreditaufnahme entschieden werden.

Kommunalwahlen
M 7

Wahlen sind die wichtigste Form der politischen Einflussnahme, denn damit werden die Mehrheits- und Machtverhältnisse – beispielsweise im Gemeinderat – direkt festgelegt. Eine Besonderheit bei den Kommunalwahlen ist, dass man die Stimmen auf verschiedene Vertreter (auch von unterschiedlichen Parteien) verteilen (panaschieren) oder auch häufeln (kumulieren), d. h. einem Kandidaten z. B. bis zu drei Stimmen geben kann.

Föderalismus
M 1 – M 4

Deutschland ist ein aus 16 Bundesländern bestehender Bundesstaat. Die Länder verfügen über eine eigene Staatsqualität, d. h. sie besitzen eigene Verfassungen, Regierungen und Verwaltungen, Parlamente und Gerichte. Zudem besteht eine finanzielle Selbstständigkeit von Bund und Ländern. Die Länder wirken über den Bundesrat an der Gesetzgebung des Bundes mit.

Landtag von Sachsen-Anhalt
M 5 – M 7

Der Landtag von Sachsen-Anhalt ist das oberste Verfassungsorgan des Landes. Er wird als einziges Verfassungsorgan direkt vom Volk gewählt und beschließt die Landesgesetze, den Landeshaushalt und wählt den Ministerpräsidenten. Weiterhin ist der Landtag für die Kontrolle der Landesregierung zuständig. Wahlen zum Landtag finden alle fünf Jahre statt. Wahlberechtigt sind alle Bürger des Landes, die bereits 18 Jahre alt sind. Insgesamt sind 91 Sitze zu vergeben, welche durch Überhang- und Ausgleichsmandate erweitert werden können. Seit der Landtagswahl 2011 sind vier Parteien im Landtag vertreten (CDU, SPD, LINKE, GRÜNE). Dabei bildeten nach der Wahl die CDU und die SPD eine Regierungskoalition.

Was wir können

Bürgermeister – kann ich das?

Olaf Möller (27) arbeitet seit 11 Jahren in seiner Partei mit und ist seit 7 Jahren ehrenamtlich in der Kommunalpolitik seiner Heimatstadt Landsberg (15.424 Einwohner) aktiv. Dabei hat er schon verschiedene Funktionen ausgefüllt, vom Kassenwart seiner Partei bis zum Vorsitz im Tourismusausschuss. Als gelernter Tourismuskaufmann kennt er sich in diesem Bereich gut aus. Bereits in der Schule war er regelmäßig als Klassensprecher in der SV aktiv, er hat eine Ausbildung zum Streitschlichter gemacht und war in den letzten drei Schuljahren sogar Schulsprecher. Im kommenden Frühjahr sind Bürgermeisterwahlen, und seine Partei hat noch keinen Kandidaten benannt. Mehrere Parteimitglieder haben ihm bereits signalisiert, dass sie seine Kandidatur unterstützen würden, aber ein konkretes Ergebnis gibt es noch nicht. Der zu wählende Bürgermeister wird ein „Hauptamtlicher“ sein. Neben verschiedenen repräsentativen Pflichten bei Eröffnungen oder Festtagen trägt er somit die Verantwortung für die gesamte Stadtverwaltung. Olaf Möller kann sich eine Bewerbung durchaus vorstellen, hat aber Zweifel, ob er der Aufgabe gewachsen ist. An diese Tätigkeit werden folgende Anforderungen gestellt: „Die Bürgermeisterin oder der Bürgermeister leitet die Verwaltung der Gemeinde in eigener Zuständigkeit nach den Zielen und Grundsätzen der Gemeindevertretung und im Rahmen der von ihr bereitgestellten Mittel. Die Aufgabe erfordert eine qualifizierte, entscheidungsfreudige und tatkräftige Persönlichkeit. Erwartet werden gründliche Verwaltungskenntnisse und Fähigkeiten in der Führung einer modernen Verwaltung. Kenntnisse über wirtschaftliche Zusammenhänge, soziale Kompetenz und Kreativität sind erwünscht.“. Als Tourismuskaufmann ist er zwar mit organisatorischen und vertraglichen Dingen vertraut, er hat aber recht wenig Verwaltungserfahrung im Beruf. Das macht ihm einerseits Bauchschmerzen, andererseits denkt er sich, dass 7 Jahre aktive Mitwirkung in der Kommunalpolitik auch keine schlechte Grundlage sind. Ihm stünden aus den Abteilungen der Verwaltung Experten zur Verfügung. Privat liest Möller gerne, z. B. alles über die Geschichte der Wettiner. Außerdem coacht er beim SSV90 Landsberg die B-Jugend-Fußballer. Er ist mit Sandra (26), Polizistin, verheiratet. Ihre Kinder Torge (5, spielt Fußball bei den Minis) und Talia (2) mögen es, wenn er Zeit für sie hat und sie Ausflüge unternehmen. Für die anstehende Wahl ist erst einmal ein langer und anstrengender Wahlkampf zu organisieren und durchzustehen. Es wird darauf ankommen, wie er sich darstellt und „verkauft“. Er braucht ein Konzept und ein zuverlässiges Team, das ihn voll unterstützt. Auf schwierige Fragen muss er klare Antworten haben, um die Bürger zu überzeugen. Auch seine Familie wird ihm helfen müssen. Ob sie dazu bereit ist? Mit diesen Gedanken beschließt Olaf Möller, zunächst mit seiner Frau und dann mit dem Vorstand seiner Partei über sein Vorhaben zu sprechen.

Aufgaben

1. Versetze dich in die Situation von Olaf Möller und sammle alle Aspekte, die für bzw. gegen eine Kandidatur für das Bürgermeisteramt sprechen. Berücksichtige dabei auch die Bedürfnisse seiner Familie.
2. Entscheide dich dann für oder gegen eine Kandidatur und verfasse einen Brief an deine Parteifreunde, in dem du deine Entscheidung ausführlich begründest.

Taxiordnung Halle / Saale

§ 12 Ordnung auf den Taxistandplätzen

(1) Auf dem Taxistandplatz dürfen im Rahmen der dort ausgewiesenen Kapazität nur dienstbereite Taxis stehen.

Denkmalschutzgesetz des Landes Sachsen-Anhalt

§ 9 Pflicht zur Erhaltung

(1) Die Kulturdenkmale unterliegen dem Schutz des Gesetzes. Sie sind so zu nutzen, daß ihre Erhaltung auf Dauer gesichert ist. [...]

Sparkassengesetz des Landes Sachsen-Anhalt (SpkG-LSA)

§ 2 Unternehmenszweck, öffentlicher Auftrag

(1) Die Sparkassen sind Wirtschaftsunternehmen mit der Aufgabe, in ihrem Geschäftsgebiet die Versorgung mit geld- und kreditwirtschaftlichen Leistungen sicher zu stellen. [...]

Straßen-verkehrs-Zulassungs-Ordnung (StVZO)

§ 67 Lichttechnische Einrichtungen an Fahrrädern

(1) Fahrräder müssen für den Betrieb des Scheinwerfers und der Schlussleuchte mit einer Lichtmaschine ausgerüstet sein, deren Nennleistung mindestens 3 W und deren Nennspannung 6 V beträgt (Fahrbeleuchtung). Für den Betrieb von Scheinwerfer und Schlussleuchte darf zusätzlich eine Batterie mit einer Nennspannung von 6 V verwendet werden (Batterie-Dauerbeleuchtung). Die beiden Betriebsarten dürfen sich gegenseitig nicht beeinflussen.

Straßenverkehrs-Ordnung (StVO)
§ 8 Vorfahrt
(1) An Kreuzungen und Einmün-
ıngen hat die Vorfahrt, wer von rechts
mmt. Das gilt nicht, wenn die Vorfahrt
rch Verkehrszeichen besonders geregelt
st (Zeichen 205, 206, 301, 306) oder
für Fahrzeuge, die aus einem Feld-
oder Waldweg auf eine ande-
re Straße kommen.

Grundgesetz Art. 1
(1) Die Würde des Men-
schen ist unantastbar. Sie
zu achten und zu schützen
ist Verpflichtung aller
staatlichen Gewalt.

3

Recht und Rechtsordnung in Deutschland

Überall, wo Menschen zusammen leben, geben sie sich eine Ordnung. In modernen Demokratien ist diese Ordnung überwiegend in Form von Gesetzen niedergelegt. Diese enthalten Vorschriften darüber, wie Menschen sich in bestimmten Situationen verhalten müssen, wie sie ihr Gemeinwesen organisieren oder wirtschaftlich zusammenarbeiten. Jugendliche haben eine besondere Stellung innerhalb der Rechtsordnung, da sie besonders schutzbedürftig sind.

➜ Kompetenzen

Am Ende dieses Kapitels solltest du Folgendes können:

- die Bedeutung von Rechtsvorschriften für den Alltag Jugendlicher untersuchen
- konkrete Fälle mithilfe von Gesetzestexten analysieren
- den Sinn und Zweck von Strafen für die Gesellschaft und den Einzelnen beurteilen
- Gerichtsverfahren kennen und reflektieren

Was weißt du schon?

- Überlegt, welchen Zweck die einzelnen Regelungen erfüllen sollen.
- Diskutiert anschließend, ob ihr die Gesetze für notwendig erachtet.

3.1 Jugendliche in der Rechtsordnung

3.1.1 Welche Rechte habe ich eigentlich?

M 1 Was ist erlaubt?

1. Der Aufenthalt von Kindern in Gaststätten ist grundsätzlich verboten.	stimmt	stimmt nicht
2. Videoshops dürfen im Schaufenster Kassetten/DVDs ausstellen, die ab 18 freigegeben sind.	stimmt	stimmt nicht
3. Kinder und Jugendliche dürfen sich in Begleitung ihrer Erziehungsberechtigten in öffentlichen Spielhallen aufhalten.	stimmt	stimmt nicht
4. Jugendlicher ist, wer 14, aber noch nicht 18 Jahre alt ist.	stimmt	stimmt nicht
5. Jugendlichen ist das Rauchen in der Öffentlichkeit erlaubt.	stimmt	stimmt nicht
6. Werbefilme oder Werbeprogramme für Tabakwaren dürfen nur nach 18 Uhr vorgeführt werden.	stimmt	stimmt nicht

Ins Heft

M 2 Rechtsvorschriften für Jugendliche

Auszüge aus dem Jugendschutzgesetz (JuSchG) (vom 23. Juli 2002, zuletzt geändert am 20. Juli 2007)

§ 1 Begriffsbestimmungen
(1) Im Sinne dieses Gesetzes
1. sind Kinder Personen, die noch nicht 14 Jahre alt sind,
2. sind Jugendliche Personen, die 14, aber noch nicht 18 Jahre alt sind […].

§ 6 Spielhallen, Glücksspiele
(1) Die Anwesenheit in öffentlichen Spielhallen […] darf Kindern und Jugendlichen nicht gestattet werden. […]

§ 4 Gaststätten
(1) Der Aufenthalt in Gaststätten darf Kindern und Jugendlichen unter 16 Jahren nur gestattet werden, wenn eine personensorgeberechtigte oder erziehungsbeauftragte Person sie begleitet oder wenn sie in der Zeit zwischen 5 Uhr und 23 Uhr eine Mahlzeit oder ein Getränk einnehmen. Jugendlichen ab 16 Jahren darf der Aufenthalt in Gaststätten ohne Begleitung einer personensorgeberechtigten oder erziehungsbeauftragten Person in der Zeit von 24 Uhr und 5 Uhr morgens nicht gestattet werden. […]

§ 12 Bildträger mit Filmen oder Spielen
[…] (3) Bildträger, die nicht oder mit „Keine Jugendfreigabe" […] gekennzeichnet sind, dürfen
1. einem Kind oder einer jugendlichen Person nicht angeboten, überlassen oder sonst zugänglich gemacht werden […].

§ 11 Filmveranstaltungen
[…] (5) Werbefilme oder Werbeprogramme, die für Tabakwaren oder alkoholische Getränke werben, dürfen […] nur nach 18 Uhr vorgeführt werden.

M 3 Rauchen erst ab 18 Jahren?

Ab dem 1. Januar 2009 muss man 18 Jahre alt sein, um Zigaretten kaufen zu dürfen. Das ist jetzt beschlossene Sache. [...] „Rauchen pfui" heißt es schon ab 1. September 2007 auch in deutschen Bussen, Bahnen, Taxis und öffentlichen Gebäuden. Wer trotzdem nicht auf seinen Qualmstängel verzichten kann, muss das in Zukunft in extra Raucherhäuschen tun. Wer dagegen verstößt, muss bis zu 1.000 Euro Strafe zahlen. Damit ist ein weiterer wichtiger Schritt für den Jugend- und Nichtraucherschutz getan. Ob und inwiefern man in Zukunft in Kneipen und Restaurants noch qualmen darf, ist indessen noch unsicher. Denn die Zuständigkeit dafür liegt bei den einzelnen Bundesländern.

http://www.geo.de/GEOlino, 25.05.2007

M 4 Killerspiele im Kinderzimmer verbieten?

Nach dem Amoklauf von Erfurt 2002 und dem von Emsdetten im Jahre 2006 wurde von Pädagogen, Eltern und anderen Fachleuten immer wieder gefordert, das Jugendschutzgesetz zu verschärfen. Sogenannte „Killerspiele", wie zum Beispiel „Counter Strike" oder „Doom 3", sollten für Kinder und Jugendliche verboten werden.

Seit 2003 werden die Spiele daher von der „Unterhaltungssoftware Selbstkontrolle" begutachtet und eingestuft (von der „Freigabe ohne Altersbeschränkung" bis zur Verwehrung der Freigabe für Jugendliche). Zudem wurde das Jugendschutzgesetz im Hinblick auf Computerspiele verschärft. Die Änderung trat am 1. Juli 2008 in Kraft und verbessert den Schutz von Kindern und Jugendlichen insbesondere vor gewaltbeherrschten Computerspielen.

Für den Kriminologen Christian Pfeiffer steht der Zusammenhang zwischen gewaltverherrlichenden Computerspielen und den Schulamokläufen fest. Selbst wenn nicht jeder, der diese Spiele spielt, selber zum Amokläufer wird: Der Konsum dieser Art von Computerspielen geht nicht spurlos an Kindern und Jugendlichen vorüber. Der jüngste Amoklauf von Winnenden (2009) hat die Diskussion erneut entfacht. Der Attentäter hatte regelmäßig Killerspiele gespielt. Die strengeren Gesetze sind dabei längst in Kraft.

Aktualisiert nach: Britta Scholtys, http://www.tagesschau.de, 22.11.06

Bildschirmansicht aus einem Ego-Shooter-Spiel

Aufgaben

1. a) Übertrage M1 in dein Heft.
   b) Kreuze an, welche Antwort deiner Meinung nach stimmt bzw. nicht stimmt.
   c) Wo bist du unsicher? Vergleiche deine Ergebnisse mit denen deines Partners.
2. Überprüfe deine Antworten mithilfe von M 2.
3. a) Sammle Argumente für bzw. gegen die Aussage „Das Jugendschutzgesetz ist lebensfremd und altmodisch – Kinder rauchen heutzutage schon ab 12".
   b) Vergleiche deine Argumente mit denen eines Partners. Diskutiert dann eure Ergebnisse in der Klasse (M 3).
4. Sollten Killerspiele für Jugendliche verboten werden? Führt in der Klasse hierüber ein Streitgespräch (M 4, Methode S. 281).

3.1.2 Jugendliche und Rechtsgeschäfte

Rechtsfähigkeit
§1 Bürgerliches Gesetzbuch
Die Rechtsfähigkeit des Menschen beginnt mit der Vollendung der Geburt.

Unter Rechtsfähigkeit versteht man die Fähigkeit, Träger von Rechten und Pflichten zu sein.

Natürliche Personen
alle lebenden Menschen

Juristische Personen
z.B. Unternehmen, eingetragenen Vereine

M 5 Endlich ist das coole Handy meins …

Seit gestern ist Tim 13. Das war eine Party! Eltern und Verwandte haben ihm Geld geschenkt – für einen Herzenswunsch, wie sie ihm versichert haben. Tim ist glücklich. Was keiner weiß: Seit vielen Monaten spart er schon auf ein cooles Handy, so eines, wie auch sein Freund Andrej hat. Nun endlich hat er die 150 Euro zusammen. Am Nachmittag geht er in das Handy-Geschäft und kauft sich das lang ersehnte Handy. Voller Stolz zeigt er es seinen Eltern. Aber statt sich mit ihm zu freuen, ist sein Vater entsetzt und fordert ihn auf, das Handy zum Händler zurückzubringen. Tim versteht die Welt nicht mehr. Gestern noch haben sie ihm doch Geld „für einen Herzenswunsch" geschenkt …

M 6 Beschränkte Geschäftsfähigkeit im BGB

Tim hört von einem Freund, dass er im Bürgerlichen Gesetzbuch (BGB) Antworten auf seine Frage findet. Hier sind ein paar Auszüge:

§106 Beschränkte Geschäftsfähigkeit Minderjähriger
Ein Minderjähriger, der das siebente Lebensjahr vollendet hat, ist nach Maßgabe der §§107-113 in der Geschäftsfähigkeit beschränkt.

§ 110 „Taschengeldparagraf"
Ein von Minderjährigen ohne Zustimmung des gesetzlichen Vertreters abgeschlossener Vertrag gilt von Anfang an als wirksam, wenn der Minderjährige die vertragsmäßige Leistung mit Mitteln bewirkt, die ihm zu diesem Zwecke zur freien Verfügung von dem Vertreter oder mit dessen Zustimmung von einem Dritten überlassen worden sind.

§107 Einwilligung des gesetzlichen Vertreters
Der Minderjährige bedarf zu einer Willenserklärung, durch die er nicht lediglich einen rechtlichen Vorteil erlangt, der Einwilligung seines gesetzlichen Vertreters.

§1 Rechtsfähigkeit des Menschen
Die Rechtsfähigkeit des Menschen beginnt mit der Vollendung der Geburt, d. h. jeder Mensch ist Träger von Rechten und Pflichten.

§108 Vertragsschluss ohne Einwilligung
(1) Schließt der Minderjährige einen Vertrag ohne die erforderliche Einwilligung des gesetzlichen Vertreters, so hängt die Wirksamkeit des Vertrags von der Genehmigung des Vertreters ab.

Aufgaben

1. a) Überlege, wie du dich anstelle von Tim verhalten würdest (M 5).
   b) Muss Tim sein Handy zurückbringen? Was sagt das Gesetz (BGB)?
   c) Schreibe einen Brief an Tim: Rate ihm, wie er sich verhalten muss, um das Gesetz einzuhalten.
2. Jetzt bist du Experte! Prüfe folgende Fälle mithilfe des BGB (M 6).
   a) Die 5-jährige Petra kauft sich vom Restgeld beim Bäcker eine Jumbo-Packung Gummibärchen für 3,50 €. Ist das Rechtsgeschäft wirksam?
   b) Der 13-jährige Paul bekommt von seinen Eltern für Schulsachen 15 €. Kann er sich davon eine CD kaufen?
   c) Kann sich die 18-jährige Lara von ihrem Taschengeld einen neuen Motorroller kaufen?
   d) Der 17-jährige Roland hat sich die neueste CD von Tokio Hotel gekauft. Er findet die Musik scheußlich. Kann er die CD umtauschen?

Methode

Eine Fallstudie zum Familienrecht durchführen

Phase 1

Konfrontation mit dem Fall Hanna Müller

Die Jugendliche Hanna Müller, 16 Jahre alt, wohnhaft in Halle in der Blücherstraße, besucht die 10. Klasse einer Sekundarschule mit gutem Erfolg. Um die Mitte des Schuljahres bespricht sie mit ihren Eltern ihre Zukunft. Die Eltern sagen: Entweder weiterhin Schulbesuch auf dem Gymnasium im Stadtteil oder eine Kauffrau-Lehre. Das Mädchen hat andere Pläne: Sie ist eine vorzügliche Schlagzeugerin und möchte im kommenden Jahr mit der Band „Firetime" auf Tournee gehen. Überhaupt will sie weg von zu Hause, u. a. weil sie nicht gerne im Haushalt hilft (z. B. fühlt sie sich durch Kartoffelschälen erniedrigt). Um all diese Fragen gibt es monatelang Krach. Der Vater sagt, das Mädchen müsse gefälligst die Entscheidungen der Eltern befolgen; die Spinnerei von der Musik könne er nicht mehr hören. Die Mutter ist im Laufe der Zeit nachdenklich geworden, aber sie hält um des lieben Friedens willen den Mund. Schließlich haut Hanna ab.

Im Oktober – Hanna ist inzwischen bei „Firetime" engagiert – erhalten die Eltern einen Brief von Hanna:

Die Einkünfte seien enttäuschend, von dem Geld könne sie kaum leben; sie bittet die Eltern, dass sie zu ihrem Unterhalt beitrügen.

Im Dezember steht Hanna vor der Tür der elterlichen Wohnung. Die Band ist pleite gegangen; Hanna hat keine Bleibe. Sie will erst einmal wieder bei ihren Eltern leben. Die Eltern sagen, sie hätten jetzt die Nase voll; sie solle sehen, wo sie unterkomme. Mit ihren Eltern könne sie nicht mehr rechnen.

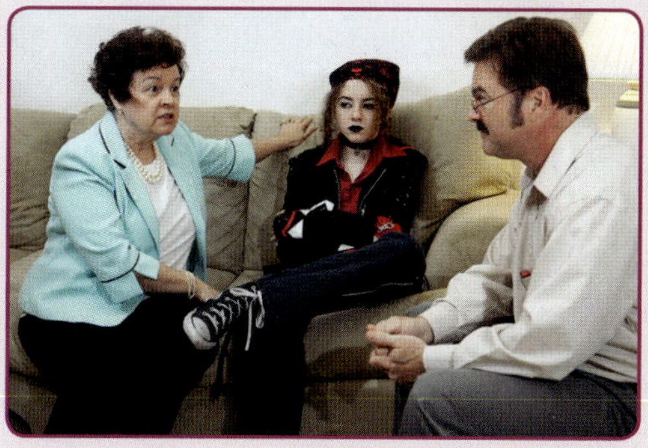

Hanna hat Streit mit ihren Eltern.

Aufgaben

1. Äußere spontan deine Meinung zum Fall. (K)
2. a) Beurteile das Verhalten von Hanna bzw. das Verhalten ihrer Eltern. (K)
   b) Entwickle Alternativen, wie alles besser hätte ablaufen können. (K)
   c) Begründe, wen du besser verstehen kannst: Hanna oder ihre Eltern – oder beide gleich. (K)
3. Im Bürgerlichen Gesetzbuch (BGB) ist festgelegt, welche Rechte und Pflichten die Eltern und die Kinder haben. Notiere rechtliche Fragen, die dir zum Fall Hanna einfallen. (K)
4. Teilt euch nun in arbeitsgleiche Gruppen ein und beantwortet mithilfe der folgenden Auszüge aus dem BGB und anderen Rechtstexten die von euch in Aufgabe 3 notierten Fragen zum Fall Hanna. (A)

Hinweis:
Die in den Klammern stehenden Großbuchstaben kennzeichnen die einzelnen Schritte der Fallstudie (siehe nächste Seite). Du findest sie hinter jeder einzelnen Aufgabe wieder, damit du weißt, in welcher Phase du dich befindest.

Chancen und Ziele einer Fallstudie

Mithilfe der Fallstudie könnt ihr

- euch in die Situation anderer Menschen hineinversetzen und euch mit ihren Problemen auseinandersetzen (soziale Perspektivenübernahme),
- gesellschaftliche, juristische oder politische Probleme, die gelöst werden müssen, verdeutlichen und
- durch die selbständige Fallbearbeitung Wissen eigenverantwortlich aneignen.

Ablauf einer Fallstudie

1. Konfrontation mit dem Fall (K)

- Fall wird gemeinsam gelesen, Fragen werden gestellt, Meinungen geäußert.
- Fragen zum Fall werden formuliert und gesammelt.
- Im Fall enthaltene Probleme und Entscheidungsnotwendigkeiten werden geklärt.

2. Auswertung von Informationen (A)

- Formulierte Fragen werden mithilfe von Materialien (z. B. Rechtstexte, Positionen und Meinungen verschiedener Personen) in kleinen Gruppen bearbeitet.
- Ergebnisse der Gruppenarbeit werden im Plenum vorgetragen, verglichen und bei Diskrepanzen diskutiert.

3. Beschluss zum Handeln (B)

- In kleinen Gruppen werden Handlungsalternativen entworfen und diskutiert.
- Kleingruppe entscheidet sich für einen ihrer Vorschläge und begründet ihn ausdrücklich.

4. Diskussion der Alternativen (D)

- Kleingruppen stellen im Plenum ihre Ideen für das Handeln vor und begründen ihre Entscheidung.
- Anschließend findet eine Diskussion der Vorschläge statt.

5. Vergleich mit der Realität (V)

- Die vorgeschlagenen Lösungen werden mit der in Wirklichkeit getroffenen Entscheidung verglichen.
- Reale Lösung wird bewertet, eigene Entscheidung beurteilt.

Phase 2

Auswertung von Informationen – Rechtstexte analysieren

Auszüge aus dem Bürgerlichen Gesetzbuch (BGB)

§ 1601 Unterhaltsverpflichtete

Verwandte in gerader Linie sind verpflichtet, einander Unterhalt zu gewähren.

§ 1602 Bedürftigkeit

(1) Unterhaltsberechtigt ist nur, wer außerstande ist, sich selbst zu unterhalten.

(2) Ein minderjähriges unverheiratetes Kind kann von seinen Eltern, auch wenn es Vermögen hat, die Gewährung des Unterhalts insoweit verlangen, als die Einkünfte seines Vermögens und der Ertrag seiner Arbeit zum Unterhalt nicht ausreichen.

§ 1603 Leistungsfähigkeit

(1) Unterhaltspflichtig ist nicht, wer bei Berücksichtigung seiner sonstigen Verpflichtungen außerstande ist, ohne Gefährdung seines angemessenen Unterhalts den Unterhalt zu gewähren. (2) Befinden sich Eltern in dieser Lage, so sind sie ihren minderjährigen unverheirateten Kindern gegenüber verpflichtet, alle verfügbaren Mittel zu ihrem und der Kinder Unterhalt gleichmäßig zu verwenden. [...]

§ 1610 Maß des Unterhalts

(1) Das Maß des zu gewährenden Unterhalts bestimmt sich nach der Lebensstellung des Bedürftigen (angemessener Unterhalt). (2) Der Unterhalt umfasst den gesamten Lebensbedarf einschließlich der Kosten einer angemessenen Vorbildung zu einem Beruf, bei einer der Erziehung bedürftigen Person auch die Kosten der Erziehung.

§ 1612 Art der Unterhaltsgewährung

(2) Haben Eltern einem unverheirateten Kind Unterhalt zu gewähren, können sie bestimmen, in welcher Art und für welche Zeit im Voraus der Unterhalt gewährt werden soll, sofern auf die Belange des Kindes die gebotene Rücksicht genommen wird. [...]

§ 1618a Pflicht zu Beistand und Rücksicht

Eltern und Kinder sind einander Beistand und Rücksicht schuldig.

§ 1619 Dienstleistungen in Haus und Geschäft

Das Kind ist, solange es dem elterlichen Hausstand angehört und von den Eltern erzogen oder unterhalten wird, verpflichtet, in einer seinen Kräften und seiner Lebensstellung entsprechenden Weise den Eltern in ihrem Hauswesen und Geschäft Dienste zu leisten.

§ 1626 Elterliche Sorge, Grundsätze

(1) Die Eltern haben die Pflicht und das Recht, für das minderjährige Kind zu sorgen (elterliche Sorge). Die elterliche Sorge umfasst die Sorge für die Person des Kindes (Personensorge) und das Vermögen des Kindes (Vermögenssorge). (2) Bei der Pflege und Erziehung berücksichtigen die Eltern die wachsende Fähigkeit und das wachsende Bedürfnis des Kindes zu selbständigem verantwortungsbewusstem Handeln. Sie besprechen mit dem Kind, soweit es nach dessen Entwicklungsstand angezeigt ist, Fragen der elterlichen Sorge und streben Einvernehmen an.

§ 1628 Gerichtliche Entscheidung bei Meinungsverschiedenheiten der Eltern

Können sich die Eltern in einer einzelnen Angelegenheit oder in einer bestimmten Art von Angelegenheiten der elterlichen Sorge, deren Regelung für das Kind von erheblicher Bedeutung ist, nicht einigen, so kann das Familiengericht auf Antrag eines Elternteils die Entscheidung einem Elternteil übertragen. Die Übertragung kann mit Beschränkungen oder mit Auflagen verbunden werden.

§ 1631 Inhalt und Grenzen der Personensorge

(1) Die Personensorge umfasst insbesondere die Pflicht und das Recht, das Kind zu pflegen, zu erziehen, zu beaufsichtigen und seinen Aufenthalt zu bestimmen. (2) Kinder haben ein Recht auf gewaltfreie Erziehung. Körperliche Bestrafungen, seelische Verletzungen und andere entwürdigende Maßnahmen sind unzulässig. (3) Das Familiengericht hat die Eltern auf Antrag bei der Ausübung der Personensorge in geeigneten Fällen zu unterstützen.

§ 1631a Ausbildung und Beruf

In Angelegenheiten der Ausbildung und des Berufes nehmen die Eltern insbesondere auf Eignung und Neigung des Kindes Rücksicht. Bestehen Zweifel, so soll der Rat eines Lehrers oder einer anderen geeigneten Person eingeholt werden.

Auszüge aus dem Jugendschutzgesetz (JuSchG)
§ 5 Tanzveranstaltungen
(1) Die Anwesenheit bei öffentlichen Tanzveranstaltungen ohne Begleitung einer personensorgeberechtigten oder erziehungsbeauftragten Person darf Kindern und Jugendlichen unter 16 Jahren nicht und Jugendlichen ab 16 Jahren längstens bis 24 Uhr gestattet werden.
(2) Abweichend von Absatz 1 darf die Anwesenheit Kindern bis 22 Uhr und Jugendlichen unter 16 Jahren bis 24 Uhr gestattet werden, wenn die Tanzveranstaltung von einem anerkannten Träger der Jugendhilfe durchgeführt wird oder der künstlerischen Betätigung oder der Brauchtumspflege dient.
(3) Die zuständige Behörde [hier: Jugendamt] kann Ausnahmen genehmigen.

Auszug aus dem Jugendarbeitsschutzgesetz (JArbSchG)
§ 14 Nachtruhe
(1) Jugendliche dürfen nur in der Zeit von 6 bis 20 Uhr beschäftigt werden. [...]
(7) Jugendliche dürfen bei Musikaufführungen, Theatervorstellungen und anderen Aufführungen, bei Aufnahmen im Rundfunk (Hörfunk und Fernsehen), auf Ton- und Bildträger sowie bei Film- und Fotoaufnahmen bis 23 Uhr gestaltend mitwirken. Eine Mitwirkung ist nicht zulässig bei Veranstaltungen, Schaustellungen oder Darbietungen, bei denen die Anwesenheit Jugendlicher nach den Vorschriften des Jugendschutzgesetzes verboten ist. Nach Beendigung der Tätigkeit dürfen Jugendliche nicht vor Ablauf einer ununterbrochenen Freizeit von mindestens 14 Stunden beschäftigt werden.

Auszug aus dem Schulgesetz des Landes Sachsen-Anhalt (SchulG LSA)
§ 40 Dauer und Ende der Schulpflicht
(1) Die Schulpflicht endet zwölf Jahre nach ihrem Beginn.
(2) Alle Schulpflichtigen besuchen zunächst mindestens neun Jahre Schulen der Primarstufe und der Sekundarstufe I (Vollzeitschulpflicht).
(3) Sofern sie nicht anschließend allgemeinbildende Schulen besuchen, erfüllen sie ihre Schulpflicht durch den Besuch einer berufsbildenden Schule.

Phase 3 – 5

Beschluss zum Handeln: ein Rollenspiel gestalten

Im Fall Hanna wird ein Konflikt zwischen den Eltern und ihrer Tochter deutlich. Mithilfe eines Rollenspiels könnt ihr diesen Konflikt spielerisch darstellen und mögliche Lösungen aufzeigen. Ihr könnt auch Requisiten benutzen und zusätzliche Rollen (z. B. die Bandmitglieder oder die Großeltern des Mädchens) einführen.

Hanna Müller
Du bist eine 16-jährigere Teenagerin, die von zu Hause abgehauen ist, weil du Stress mit deinen Eltern hattest. Du hast als Schlagzeugerin bei der Band „Firetime“ gearbeitet und warst mit ihr auf Tour, doch der Erfolg blieb aus. Jetzt ist die Band pleite und du willst wieder bei deinen Eltern wohnen, doch die lassen dich nicht, denn sie haben die Nase voll von dir. Was wirst du jetzt tun?

Hannas Vater

Deine 16-jährigere Tochter Hanna ist vor einigen Monaten von zu Hause abgehauen, weil es Stress wegen ihrer beruflichen Zukunft gab und deine Tochter häufig nicht die von dir und deiner Frau getroffenen Entscheidungen akzeptiert hat. Ihren Wunsch, Musikerin zu werden, hieltest du für Spinnerei. Jetzt will deine Tochter wieder bei euch wohnen, denn ihre Band ist pleite. Doch ihr habt ihr die Tür vor der Nase zugeschlagen. Ist das wirklich eure endgültige Entscheidung?

Hannas Mutter

Deine 16-jährigere Tochter Hanna ist vor einigen Monaten von zu Hause abgehauen, weil es Stress wegen ihrer beruflichen Zukunft gab und deine Tochter häufig nicht die von dir und deinem Mann getroffenen Entscheidungen akzeptiert hat. Ihren Wunsch, Musikerin zu werden, konntest du zwar mit der Zeit nachvollziehen, doch du hast deinen Mann unterstützt. Jetzt will deine Tochter wieder bei euch wohnen, denn ihre Band ist pleite. Doch ihr habt ihr die Tür vor der Nase zugeschlagen. Ist das wirklich eure endgültige Entscheidung?

Aufgaben

1. Entwerft und diskutiert in eurer Gruppe verschiedene Alternativen für Hannas Handeln und für das Handeln ihrer Eltern. (B)
2. Entscheidet euch für einen eurer Vorschläge und stellt diesen mithilfe eines Rollenspiels dar. Begründet anschließend, warum ihr euch für diese Variante entschieden habt. (B + D)
3. Diskutiert nach jedem Rollenspiel innerhalb der Klasse, ob die dargestellte Alternative
   a) eine realistische Lösung ist und
   b) eine Hilfe für Hanna und ihre Eltern ist. (D)
4. Entwickelt nun gemeinsam verschiedene Vorschläge für Hannas Handeln: Was sollte sie tun? (D)
5. Entscheidung im Blitzlicht: Versetzte dich in Hannas Situation und vervollständige folgenden Satz: „Wenn ich Hanna wäre, würde ich …“. (D)
6. Stellt einem Experten den Fall und die von euch formulierten Lösungsvorschläge vor und besprecht mit ihm den Ablauf in einem vergleichbaren wirklichen Fall. (V)

Nach: Sibylle Reinhardt, Stundenblätter; der Fall Christian, Fallstudie zum Familienrecht für die Klassen 8-10, Stuttgart, Klett 1986

Was wir wissen

Jugendschutzgesetz
M 2

Durch spezielle Regelungen sollen negative Einwirkungen auf die Entwicklung von Jugendlichen vermieden werden. Das Jugendschutzgesetz (JuSchG) schützt Jugendliche in der Öffentlichkeit und im Bereich der Medien. So dürfen sich Jugendliche nicht an Orten aufhalten, an denen ihnen Gefahren für ihr körperliches, geistiges oder seelisches Wohl drohen. Der Besuch von Gaststätten und Spielhallen, das öffentliche Rauchen, der Genuss alkoholischer Getränke und die Teilnahme an öffentlichen Tanzveranstaltungen sind beschränkt und zum Teil verboten. Darüber hinaus enthält das Jugendschutzgesetz Bestimmungen über die Alterskennzeichnung von Filmen sowie Computerspielen.

Rechtsfähigkeit

Jeder Mensch ist von Geburt an rechtsfähig, d.h., er kann Träger von Rechten und Pflichten sein. Ein Recht ist ein Anspruch, den man gegen jemand anderen hat. Eine Pflicht ist ein Anspruch, den jemand anderes gegen einen selbst hat.

Geschäftsfähigkeit
M 6

Voraussetzung, um einen Vertrag schließen zu können, ist die Geschäftsfähigkeit der Vertragspartner. Geschäftsfähigkeit ist die Fähigkeit, ein Rechtsgeschäft selbstständig vollwirksam vornehmen zu können. Geschäftsunfähig ist, wer das siebente Lebensjahr nicht vollendet hat. Beschränkt geschäftsfähig sind Minderjährige zwischen dem siebenten und 18. Lebensjahr. Das bedeutet, dass ein solcher Minderjähriger wirksam nur dann Verträge schließen kann, wenn er lediglich einen rechtlichen Vorteil (z.B. Schenkung) daraus hat, oder wenn die Einwilligung beziehungsweise Genehmigung des Rechtsgeschäfts durch den gesetzlichen Vertreter, das sind in der Regel die Eltern, gegeben ist.

Taschengeldparagraf
M 5 – M 6

Eine Besonderheit hat der Gesetzgeber für Geschäfte des Minderjährigen geschaffen, die er mit seinem Taschengeld abschließt („Taschengeldparagraph"). Danach gilt ein von einem Minderjährigen geschlossener Vertrag als von Anfang an wirksam, wenn der Minderjährige mit Geld bezahlt, das ihm dafür von seinem gesetzlichen Vertreter zur freien Verfügung überlassen worden ist. Hierfür bedarf es also keiner nachträglichen Zustimmung in Form der Genehmigung durch den gesetzlichen Vertreter zur Wirksamkeit des Geschäfts.

Das Recht auf eine gewaltfreie Erziehung

Der Autor Karl Späth, Diplom-Pädagoge, ist Referent für Erziehungshilfen im Diakonischen Werk der Evangelischen Kirche in Deutschland (EKD) in Stuttgart.

„Die Würde des Menschen ist unantastbar", so lautet Artikel 1 unserer Verfassung, und dieser gilt für Erwachsene wie für Kinder gleichermaßen. Untersuchungen und Alltagserfahrungen belegen jedoch, dass mehr als die Hälfte aller Kinder gelegentlich oder regelmäßig geschlagen werden, und zwar von ihren Eltern, Großeltern, älteren Geschwistern oder dem Freund oder der Freundin ihrer Mutter oder ihres Vaters. Dabei sind Ohrfeigen und Schläge nur eine Form der Gewaltanwendung in der Erziehung. Denn neben körperlichen Bestrafungen müssen viele Kinder seelische Verletzungen in Form von beleidigenden Beschimpfungen, Demütigungen, Missachtung und Vernachlässigung erdulden. All dies ist mit dem Grundrecht jedes Kindes auf Respektierung seiner Persönlichkeit nicht vereinbar. [...] „Kinder haben ein Recht auf gewaltfreie Erziehung. Körperliche Bestrafungen, seelische Verletzungen und andere entwürdigende Maßnahmen sind unzulässig." So lautet jetzt der Paragraph 1631 Absatz 2 des Bürgerlichen Gesetzbuches. Damit werden sowohl die Kinder selbst als auch die Erwachsenen direkt angesprochen. Allen Kindern wird ein Recht auf die Erfahrung eingeräumt, dass ein Zusammenleben in der Familie auch in Konfliktsituationen ohne Gewaltanwendung möglich ist. Alle Erwachsenen werden verpflichtet, ihre erzieherische Verantwortung, also ihre Erziehungspflicht und ihr Erziehungsrecht, ohne den Einsatz von Gewalt wahrzunehmen und zu erfüllen. Was im Kindergarten, in der Schule und der Berufsausbildung schon lange gilt sowie sich bewährt und weitgehend durchgesetzt hat, gilt nun ohne Einschränkung überall dort, wo Kinder erzogen werden – also auch in der Familie. [...]

Wie aber können Kinder ihr Recht auf eine Erziehung ohne Gewalt durchsetzen und wie können die Eltern dazu gebracht werden, das Verbot des Einsatzes von Gewalt in der Erziehung zu respektieren und einzuhalten? Der Gesetzgeber hat ganz bewusst darauf verzichtet, einen Strafkatalog zu erstellen, der bei Verstößen gegen die Verpflichtung zur gewaltfreien Erziehung zum Einsatz kommt und damit Richter und Staatsanwälte zu Wächtern über die Erziehung in der Familie machen würde. [...] Nicht durch Strafandrohungen, sondern durch Aufklärung und Beratung, Unterstützung und Entlastung von Kindern und Eltern sollen körperliche Bestrafungen, seelische Verletzungen und andere entwürdigende Maßnahmen aus der Erziehung verbannt werden. Eltern sollen durch das Gesetz zur Ächtung der Gewalt in der Erziehung nicht eingeschüchtert oder verunsichert und damit handlungsunfähig gemacht werden. Ganz im Gegenteil, die Erziehungskompetenz und Handlungsfähigkeit der Eltern sollen und müssen gestärkt werden, damit sie auch dann, wenn sich ihre Kinder wieder einmal nervig, aggressiv und unkontrolliert verhalten, ohne Prügel und Demütigungen reagieren können.

Karl Späth, Das Recht auf gewaltfreie Erziehung, in: http://www.familienhandbuch.de, 09.03.2010

Aufgaben

1. Begründe ausgehend vom Fall Hanna, warum es notwendig ist, das Recht auf eine gewaltfreie Erziehung gesetzlich zu verankern.
2. Nenne Vor- und Nachteile der Tatsache, dass der Gesetzgeber ganz bewusst darauf verzichtet hat, einen Strafkatalog zu erstellen, der bei Verstößen gegen die Verpflichtung zur gewaltfreien Erziehung zum Einsatz kommt. Bewerte anschließend diesen Fakt.

3.2 Rechtsprechung in Deutschland

3.2.1 Zivil- und strafrechtliche Verantwortlichkeit

M 1 Aus dem Ermittlungsbericht der Staatsanwaltschaft Halle/ Saale

Am Abend des 17.11.2010 überfielen Maik M. (17), Rico B. (21), und Mandy O. (18) die Sportgaststätte zum Kicker in der Leipziger Straße 185 in Halle/Saale. Maik M. führte einen Baseballschläger, Rico B. eine Schreckschuss-Pistole mit sich. Um 20:15 Uhr drangen die maskierten jungen Männer in die Gaststätte ein, während Mandy O. vor der Gaststätte Schmiere stand. Mit den Worten „Überfall, alles Geld her" verlangten sie die Herausgabe von Bargeld. M. und B. entnahmen der Kasse des Gaststättenbetreibers Uwe E. 240 Euro. Der anwesende Gast, der Berufsschüler Philip R., weigerte sich, Wertgegenstände herauszugeben. Rico B. griff in die Jackentasche von Philip R. und wollte ihm ein i-Phone im Wert von 400 EUR entwenden. Als sich Philip R. wehrte, zerriss ihm B. die Jacke. Der hinzueilende Maik M. schlug ihm zwei Mal mit dem Baseballschläger auf den Kopf, so dass Philip R. aus dem rechten Ohr und aus der Nase blutend zu Boden fiel. Danach flüchteten alle drei Angeschuldigten zu einem nahegelegenen Hinterhof, versteckten sich dort, teilten das Geld untereinander auf und warfen das unbrauchbar gewordene Handy in die Saale. Nach der Aussage von Uwe E. wurde Maik M. um 23:30 Uhr in der Wohnung seiner Freundin festgenommen. Es wurde eine Blutprobe entnommen. Bei der Vernehmung gestand er die Tat.

Wer ist Maik M.?

Aus dem Bericht der Jugendgerichtshilfe.

Die Ermittlungen der Staatsanwaltschaft zur Person Maik M. ergaben: Maik. M. ist 17 Jahre alt, wohnt nach der Trennung seiner Eltern bei seinem leiblichen Vater, während die Mutter mit Maiks drei Halbgeschwistern bei einem neuen Lebensabschnittspartner lebt. Maik M. besuchte die Sekundarschule in Dessau und machte seinen Hauptschulabschluss. Anschließend begann er eine Lehre als Gerüstbauer. Nach 10 Monaten wurde ihm gekündigt. Er ist nun unregelmäßig als Gelegenheitsarbeiter bei einer Reinigungsfirma beschäftigt. Seit etwa einem Jahr entwickelte Maik M. eine feste Beziehung zu seiner Freundin Kati G. Es bestand wohl die Absicht zusammenzuziehen. Zur Tatzeit war Maik M. bereits seit 2 Jahren alkoholabhängig. Im Bundeszentralregister befindet sich eine Eintragung wegen Körperverletzung und Beleidigung. Hierfür erhielt er eine Strafe von 150 Arbeitsstunden.

Was sagt das Gesetz?

Aus der Anklageschrift

Am Abend des 17.11.2010 hat Maik M. während eines gemeinschaftlich verübten Raubüberfalls vorsätzlich mit seinem Baseballschläger mehrfach auf Philip R. eingeschlagen. Deshalb wird Maik M. nach § 224 StGB der gefährlichen Körperverletzung und nach § 250 StGB des schweren Raubs angeklagt.

M 2 Die rechtlichen Folgen eines Raubes mit Körperverletzung – Straf- und Zivilrecht

Wenn man vorsätzlich eine andere Person beraubt und dabei körperlich verletzt, so hat dies juristisch zwei Folgen: Erstens hat man eine Straftat begangen (Körperverletzung/Raub) die vom Staat (Gerichte, Staatsanwaltschaft, Polizei) bei Anzeige verfolgt wird. Das **Strafrecht** dient nämlich dem Interesse der staatlichen Gemeinschaft an der Erhaltung ihrer elementaren Grundwerte (Leben, Gesundheit, Vermögen, ...) und an der Bewahrung des Rechtsfriedens innerhalb der Gesellschaft. Es verbietet bestimmte sozialschädliche Verhaltensweisen bei Strafe und ahndet Rechtsverstöße entsprechend. Sein wichtigstes Gesetz ist das Strafgesetzbuch (StGB). Zweitens muss man dem Geschädigten gegenüber den Schaden wiedergutmachen (den zerstörten Gegenstand ersetzen, ihn reparieren lassen, usw.). Aber auch sogenannte immaterielle Schäden (Schmerzensgeld), die z.B. durch Körperverletzung verursacht werden und daraus resultierende Folgen wie medizinische Behandlung, Kosten für Behandlung und Folgemaßnahmen müssen dem Opfer ersetzt werden. Juristen nennen dies Schadensersatz. Schadensersatz wird nur zwischen dem Schädiger und dem Geschädigten geleistet, der Staat hat hiermit nichts zu tun (er hilft allerhöchstens dem Geschädigten, mithilfe der Gerichte zu seinem „Recht" zu kommen). Das wird im **Zivilrecht** geregelt. Dieses ordnet also die Rechtsbeziehungen zwischen Menschen oder Personengemeinschaften in den unterschiedlichen Lebensbereichen. Die wichtigsten Regeln sind im Bürgerlichen Gesetzbuch (BGB) niedergelegt. Außerdem spielt das Alter des Tatverdächtigen eine Rolle. So entscheiden Jugendgerichte über die Verfehlungen Jugendlicher nach dem Jugendstrafrecht.

M 3 Strafgesetzbuch (StGB)

§ 223 Körperverletzung
(1) Wer eine andere Person körperlich misshandelt oder an der Gesundheit schädigt, wird mit Freiheitsstrafe bis zu fünf Jahren oder mit Geldstrafe bestraft.

§ 224 Gefährliche Körperverletzung
(1) Wer die Körperverletzung (...)
2. mittels einer Waffe oder eines anderen gefährlichen Werkzeugs, (...) begeht, wird mit Freiheitsstrafe von sechs Monaten bis zu zehn Jahren, in minder schweren Fällen mit Freiheitsstrafe von drei Monaten bis zu fünf Jahren bestraft.

§ 249 Raub
(1) Wer mit Gewalt gegen eine Person oder unter Anwendung von Drohungen mit gegenwärtiger Gefahr für Leib oder Leben eine fremde bewegliche Sache einem anderen in der Absicht wegnimmt, die Sache sich oder einem Dritten rechtswidrig zuzueignen, wird mit Freiheitsstrafe nicht unter einem Jahr bestraft.
(2) In minder schweren Fällen ist die Strafe Freiheitsstrafe von sechs Monaten bis zu fünf Jahren.

§ 250 Schwerer Raub
(1) Auf Freiheitsstrafe nicht unter drei Jahren ist zu erkennen, wenn
1. der Täter oder ein anderer Beteiligter am Raub
a) eine Waffe oder ein anderes gefährliches Werkzeug bei sich führt,
b) sonst ein Werkzeug oder Mittel bei sich führt, um den Widerstand einer anderen Person durch Gewalt oder Drohung mit Gewalt zu verhindern oder zu überwinden,
c) eine andere Person durch die Tat in die Gefahr einer schweren Gesundheitsschädigung bringt (...)
(3) In minder schweren Fällen der Absätze 1 und 2 ist die Strafe Freiheitsstrafe von einem Jahr bis zu zehn Jahren.

M 4 Bürgerliches Gesetzbuch (BGB) und Jugendgerichtsgesetz (JGG)

Bürgerliches Gesetzbuch (BGB)

§ 823 Schadensersatzpflicht

(1) Wer vorsätzlich oder fahrlässig ... das Eigentum ... eines anderen widerrechtlich verletzt, ist dem anderen zum Ersatze des daraus entstehenden Schadens verpflichtet. (...)

§ 828 Verantwortlichkeit von Minderjährigen (...)

(1) Wer nicht das siebente Lebensjahr vollendet hat, ist für einen Schaden, den er einem anderen zufügt, nicht verantwortlich. (...)

(3) Wer das achtzehnte Lebensjahr noch nicht vollendet hat, ist, sofern seine Verantwortlichkeit nicht nach Absatz 1 oder 2 ausgeschlossen ist, für den Schaden, den er einem anderen zufügt, nicht verantwortlich, wenn er bei der Begehung der schädigenden Handlung nicht die zur Erkenntnis der Verantwortlichkeit erforderliche Einsicht hat.

§ 832 Haftung des Aufsichtspflichtigen

(1) Wer kraft Gesetzes zur Führung der Aufsicht über eine Person verpflichtet ist, die wegen Minderjährigkeit (...) der Beaufsichtigung bedarf, ist zum Ersatze des Schadens verpflichtet, den diese Person einem Dritten widerrechtlich zufügt. Die Ersatzpflicht tritt nicht ein, wenn er seiner Aufsichtspflicht genügt oder wenn der Schaden auch bei gehöriger Aufsichtsführung entstanden sein würde.

Jugendgerichtsgesetz (JGG)

§ 1 Persönlicher und sachlicher Anwendungsbereich

(1) Dieses Gesetz gilt, wenn ein Jugendlicher oder ein Heranwachsender eine Verfehlung begeht, die nach den allgemeinen Vorschriften mit Strafe bedroht ist.

(2) Jugendlicher ist, wer zur Zeit der Tat vierzehn, aber noch nicht achtzehn, Heranwachsender, wer zur Zeit der Tat achtzehn, aber noch nicht einundzwanzig Jahre alt ist.

§ 3 Verantwortlichkeit

Ein Jugendlicher ist strafrechtlich verantwortlich, wenn er zur Zeit der Tat nach seiner sittlichen und geistigen Entwicklung reif genug ist, das Unrecht der Tat einzusehen und nach dieser Einsicht zu handeln (...).

§ 249 Art und Umfang des Schadensersatzes

(1) Wer zum Schadensersatz verpflichtet ist, hat den Zustand herzustellen, der bestehen würde, wenn der zum Ersatz verpflichtende Umstand nicht eingetreten wäre.

(2) Ist wegen Verletzung einer Person oder wegen Beschädigung einer Sache Schadensersatz zu leisten, so kann der Gläubiger statt der Herstellung den dazu erforderlichen Geldbetrag verlangen.

§ 253 Immaterieller Schaden

(2) Ist wegen einer Verletzung des Körpers, der Gesundheit, der Freiheit oder der sexuellen Selbstbestimmung Schadensersatz zu leisten, kann auch wegen des Schadens, der nicht Vermögensschaden ist, eine billige Entschädigung in Geld gefordert werden.

M 5 Zivil- und Strafprozess – ein Vergleich

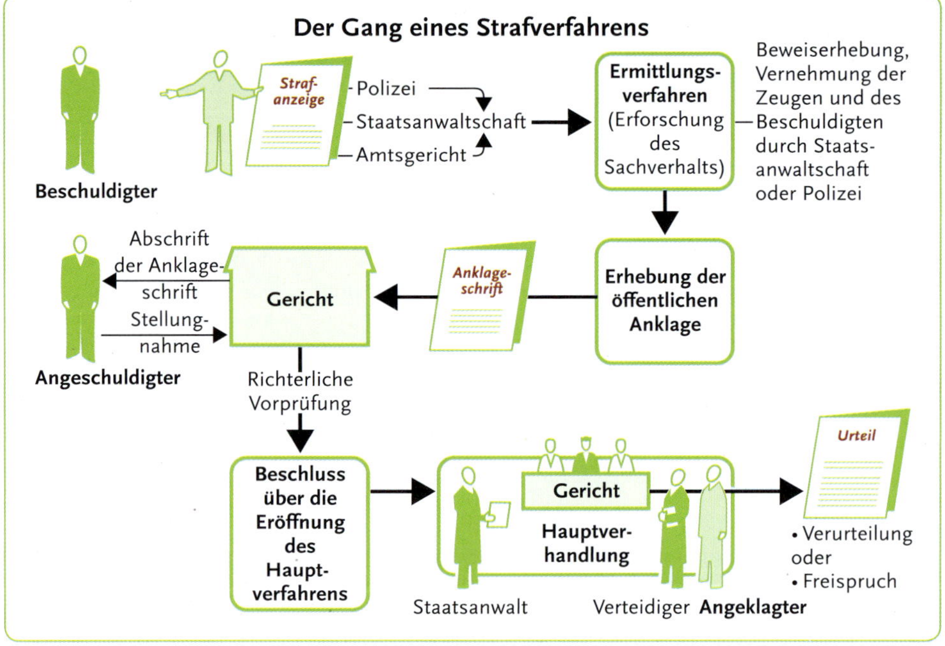

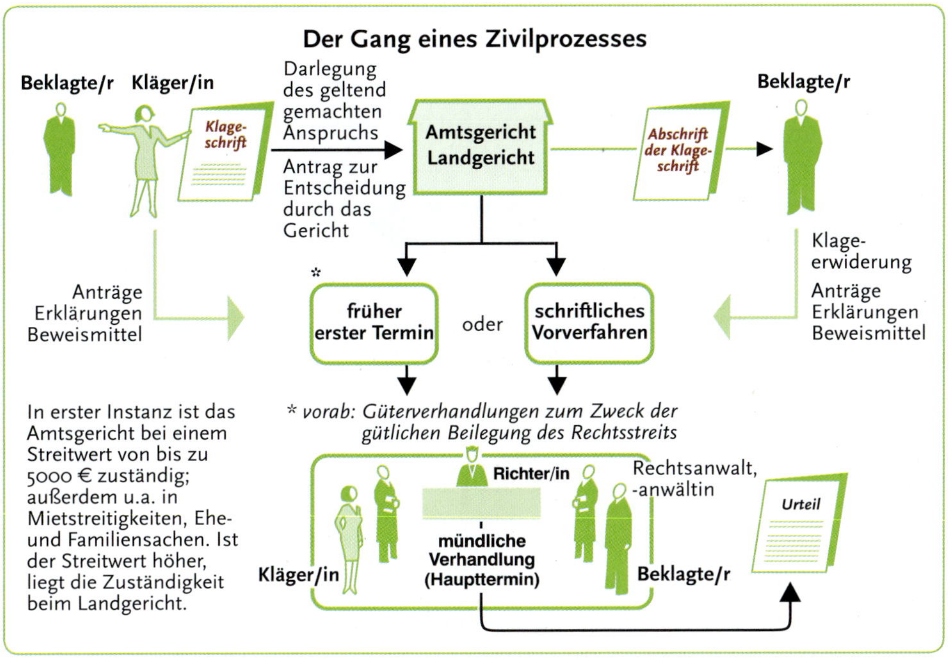

Bergmoser + Höller Verlag 129810

Aufgaben

1. Beantworte die folgenden Fragen mithilfe von M 3 und M 4:
   a) Welche strafrechtlichen Folgen ergeben sich aus dem Strafgesetzbuch (StGB) für Maik M., Rico B. und Mandy O.?
   b) Welche zivilrechtlichen Folgen (BGB) ergeben sich für Rico B. und Maik M.?
   c) Welche Entschädigung steht dem Opfer laut BGB zu?
   d) Ist es eine doppelte Bestrafung? Bedenke dabei den Zweck der Vorschriften des Straf- und des Bürgerlichen Gesetzbuches.
   e) Inwiefern ist nach §1 und § 3 JGG und § 828 BGB das Alter von Maik M., Rico B. und Mandy O. von Bedeutung?
   f) Müssen auch Eltern Schadensersatz leisten? Siehe § 832 BGB.
   g) Im Strafrecht und im Zivilrecht gelten unterschiedliche Altersgrenzen. Nenne mögliche Gründe dafür.
2. Vergleiche die beiden Verfahren aus M 5 auf Gemeinsamkeiten und Unterschiede. Wie kannst du dir die Unterschiede erklären?
3. Versetze dich in die Lage von Maik M. aus M 1. Nenne mögliche Schritte, um bei einer späteren Gerichtsverhandlung das zu erwartende Urteil abzumildern.
4. Bildet Gruppen bis zu drei Personen und formuliert ein mögliches Urteil für Maik M. aus M 1. Haltet euer Ergebnis schriftlich fest und stellt es der Klasse vor. Vergleicht abschließend alle Urteile in der Klasse.

3.2.2 Jugendliche vor Gericht

M 6 Instanzen eines Jugendstrafprozesses

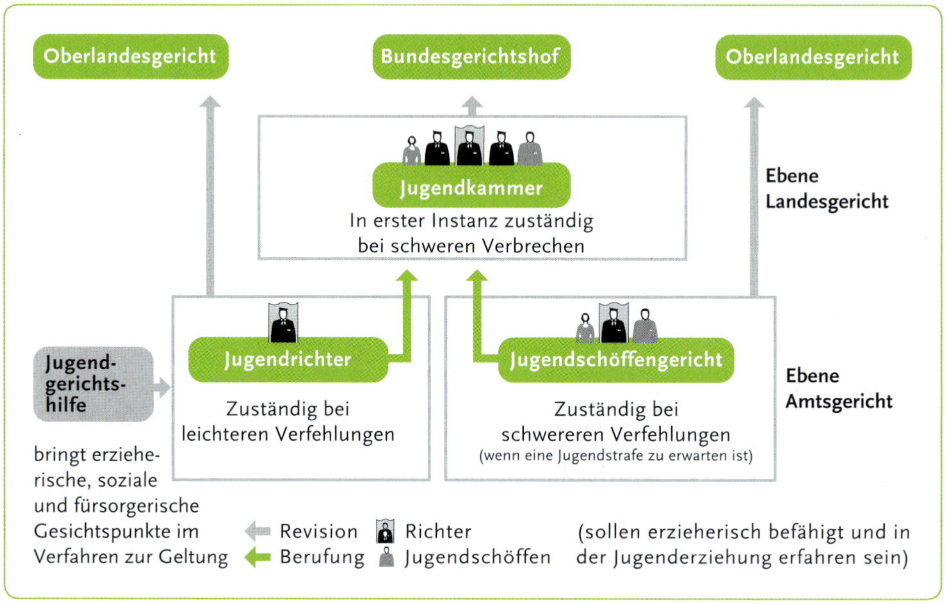

Bergmoser + Höller Verlag *129520*

M 7 Das Gerichtsverfahren: der Weg bis zur Verurteilung

Der Angeklagte durchlief in den ersten beiden Lebensjahren mehrere „Pflegestellen" und wurde dann adoptiert. Seit Beginn der Pubertät zeigte er ein problematisches Sozialverhalten, das zu einem Dauerclinch mit den Eltern führte, aber auch mit seinen Lehrern und Rektoren der von ihm bisher besuchten Schulen. Eine Unterbringung in einer Wohngruppe konnte nicht realisiert werden, da er weder zur Schule ging, noch eine Arbeit hatte. Strafrechtlich war der Angeklagte bereits viermal in teilweise nicht unerheblicher Art und Weise in Erscheinung getreten. An einem Sommertag gegen 12:16 Uhr wurden der Angeklagte sowie sein Freund im Zug 32082 von Chemnitz Hbf nach Stollberg von dem Prüfbeamten kontrolliert. Da der Freund keinen gültigen Fahrausweis bei sich hatte, steckte ihm der Angeklagte, nachdem er selbst kontrolliert worden war, seine Schülermonatskarte zu, damit sein Freund gegenüber dem Beamten den Eindruck erwecken konnte, er sei ebenfalls im Besitz eines Fahrausweises. Die Täuschungshandlung wurde jedoch bemerkt. Hierauf beleidigte der Angeklagte den Beamten mit den Worten: „Leck mich am Arsch". Wenig später rief er ihm das Wort „Hurensohn" zu. Am Bahnhof in Stollberg wurde er der ❶ übergeben. Die Staatsanwältin beantragte beim ❷ keine Untersuchungshaft – es bestand keine Fluchtgefahr. Außerdem war die

Verhältnismäßigkeit nicht gegeben. Sie erhob beim zuständigen Gericht (3). Nun musste sich auch der hinzugezogene (4) mit dieser Angelegenheit befassen. Er konnte wegen der früheren Verurteilungen des Angeklagten, da der Angeklagte 16 Jahre und 10 Monate alt war und da an seiner strafrechtlichen Verantwortlichkeit keinerlei Zweifel bestanden, keine (5) bewirken, wie es der Angeklagte gerne gehabt hätte. Das Gericht prüfte die Anklageschrift und eröffnete das Hauptverfahren. In der (6) wurde der Bahnbeamte als Zeuge vernommen. In den Plädoyers forderte die Staatsanwältin eine (7). Sein Rechtsanwalt forderte eine (8). Der Angeklagte verzichtete auf sein Schlusswort. Die (9) verkündete dann das (10). Für das Gericht lag es nahe, gegen den Angeklagten einen Dauerarrest von 1 oder 2 Wochen zu verhängen, da die in der Vergangenheit überlegten und verhängten Sanktionen den Angeklagten nicht beeindruckt hätten, dass er sich von der Begehung weiterer Straftaten hätte abhalten lassen. Andererseits sah das Gericht die schwierige persönliche Situation des Angeklagten. Da die Problembereiche nach Auffassung des Gerichts durch das Herausgehen aus der Familie und die Hilfestellung durch andere im Rahmen des „betreuten Jugendwohnens" aufgefangen und begleitet werden könnten, hat das Gericht dem Angeklagten eine entsprechende Weisung erteilt. Der Verteidiger verzichtete darauf, (11) einzulegen.

Nach einer Idee aus: RAAbits Sozialkunde/Politik November 1996

M 8 Wichtige Begriffe aus dem Gerichtsverfahren

Polizei
die Polizei nimmt den Straftäter fest

Staatsanwalt
Der Staatsanwalt erhebt beim zuständigen Gericht Anklage gegen einen Beschuldigten. In der Gerichtsverhandlung vertritt der Staatsanwalt die Anklageseite.

Ermittlungsrichter
Der Ermittlungsrichter kann z.B. bei Fluchtgefahr oder Wiederholungsgefahr Untersuchungshaft anordnen.

Jugendstrafe
Die Jugendstrafe ist ein Freiheitsentzug in einer Jugendstrafanstalt mit einer Dauer von mindestens sechs Monaten und höchstens fünf Jahren. Bei außergewöhnlich schweren Straftaten sind zehn Jahre möglich.

Anklage
Die Anklage beim zuständigen Gericht leitet das Gerichtsverfahren ein.

Verteidiger
In einem Gerichtsverfahren hat jeder Angeklagte das Recht, sich durch einen Rechtsanwalt verteidigen zu lassen. Der Verteidiger hat eine Schweigepflicht und ist außerdem verpflichtet, die Interessen des Angeklagten zu vertreten.

Beweisaufnahme
In der Beweisaufnahme werden Zeugen vernommen und die Indizien geprüft.

Rechtsmittel
Nachdem ein Urteil gesprochen wurde, können bei der nächst höheren Instanz eingelegt werden:
- *Berufung* (inhaltliche Überprüfung eines Urteils), wenn der Angeklagte oder der Staatsanwalt das Urteil als nicht angemessen betrachten;
- *Revision* (formale Überprüfung eines Urteils), wenn eine Verletzung von Rechtsvorschriften vorliegt.

Bewährungsstrafe
Bei Bewährung wird der Verurteilte von der Vollstreckung der Strafe verschont. In der Bewährungszeit steht er unter der Aufsicht eines Bewährungshelfers, der die Aufgabe hat, Beratung und Hilfe anzubieten.

Richter/Urteil
Der Richter spricht das Urteil. Er entscheidet damit, ob eine Strafe verhängt wird (und über die Höhe des Strafmaßes) oder ob ein Freispruch erfolgen kann.

Verfahrenseinstellung
Eine Einstellung des Verfahrens muss erfolgen, wenn dem Angeklagten keine Schuld nachgewiesen werden kann.

Aufgaben

1. Ordne die Begriffe aus M 8 den entsprechenden Leerstellen in M 7 zu.
2. Entwirf ein kurzes Plädoyer aus der Sicht der Staatsanwältin (M 7).
3. Hältst du das Urteil in M 7 für gerecht? Diskutiert den Fall in der Klasse.

M 9 Besonderheiten eines Jugendstrafprozesses

Wie ein Strafprozess abzulaufen hat, ist in der sogenannten Strafprozessordnung festgeschrieben. Der Jugendstrafprozess unterscheidet sich von dem Strafverfahren gegen Erwachsene in mehrfacher Hinsicht.

Besonderheiten	Hintergrund/Begründung
Jugendrichter sind Richter mit besonderer Ausbildung.	
Die Öffentlichkeit ist von dem Verfahren ausgeschlossen; die Eltern können teilnehmen.	
Der jugendliche Angeklagte selbst kann vorübergehend sogar aus der Verhandlung entfernt werden.	
Verhandlungen gegen Heranwachsende sind öffentlich, können aber auf Antrag unter Ausschluss der Öffentlichkeit statfinden.	

Ins Heft

M 10 Das Jugendgerichtsgesetz – abgestempelt?

Im Jugendgerichtsgesetz – häufig auch Jugendstrafrecht genannt – steht, wie Jugendliche und Heranwachsende bestraft werden sollen, wenn sie gegen Gesetze verstoßen. Unter das Jugendstrafrecht fallen Jugendliche von 14 bis einschließlich 17 Jahren sowie teilweise die sogenannten Heranwachsenden von 18 bis einschließlich 20 Jahren. Kinder unter 14 Jahren können aufgrund ihres Alters nicht strafrechtlich verfolgt werden; sie sind strafunmündig. Heranwachsende können sowohl unter das Jugend- als auch unter das Erwachsenenstrafrecht fallen. Unter das Jugendstrafrecht fallen Täter, die keine „kriminelle Energie" gezeigt haben und/oder in ihrer psychischen Entwicklung noch nicht erwachsen oder ausgereift erscheinen. Jugendliche und Heranwachsende sollen aber grundsätzlich nicht so hart bestraft werden wie Erwachsene. Häufig verpassen ihnen die Richter nur einen Denkzettel. Die jugendlichen Täter müssen sich zum Beispiel bei dem Opfer entschuldigen oder etwas für andere Menschen leisten. Sie sollen einsehen, dass sie etwas Verbotenes getan haben und es nicht wieder tun. Wenn Jugendliche jedoch immer wieder Straftaten begehen oder ihre Tat besonders schlimm ist, können sie für mehrere Jahre ins Gefängnis kommen. 18- bis 20-jährige Straftäter können die Richter sogar nach den Regeln für Erwachsene bestrafen. Sie schauen, ob der Heranwachsende wusste, was er tat, und ob er die Folgen seiner Tat bereits abschätzen konnte. Wenn das der Fall ist, könnte er nach dem Erwachsenenstrafrecht bestraft werden und sogar lebenslang ins Gefängnis kommen.

Nach: ZDF, HR Kinder und Jugend, Redaktion Information/logo!

M 11 Auszug aus dem Jugendgerichtsgesetz

(JGG, zuletzt geändert am 13.12.2007)

Sanktionen	Durchführung	Gründe
A. Erziehungsmaßregelungen (§9) 1. Weisungen 2. Erziehungsbeistand 3. Fürsorgeerziehung	Gebote und Verbote zur Regelung der Lebensführung, z. B. Arbeitsstelle annehmen, in einem Heim/einer fremden Familie wohnen oder Regelung der Lebensführung durch gerichtlich bestellten Erziehungsbeistand → kein Eintrag ins Strafregister	Einmalige Straftaten, die durch Umstände der Lebensführung wesentlich mit verursacht wurden. Die Tat ist als Folge von Erziehungsmängeln anzusehen.
B. Zuchtmittel (§13) 1. Verwarnungen 2. Auflagen 3. Jugendarrest	Förmliche Zurechtweisung eines Jugendlichen aufgrund eines Jugendstrafprozesses; Verpflichtungen, die dem Jugendlichen das Unrecht eindringlich ins Gedächtnis rufen (z. B. Dienst in gemeinnützigen Einrichtungen); Jugendarrest: z. B. Kurzarrest bis 6 Tage, Dauerarrest bis max. 4 Wochen → kein Eintrag ins Strafregister	Einmalige Straftaten, für die der Jugendliche selbst verantwortlich ist. Schäden aus Übermut, Delikte aus mangelnder Selbstkontrolle bei besonderer Gelegenheit, z. B. leichter Diebstahl, Körperverletzung ...
C. Jugendstrafe (§17) Freiheitsentzug	Freiheitsentzug von mind. 6 Monaten, höchstens 10 Jahren → gilt als Strafe, d. h. Eintrag ins Strafregister; der Jugendliche ist vorbestraft.	Schwere Straftaten mit hohem Schuldgehalt, insbesondere bei Heranwachsenden. Bei „schädlicher Neigung", d. h. wenn Erziehungsmaßregeln und Zuchtmittel nicht ausreichen, z. B. bei Wiederholungstätern

Nach: Petra Reiter-Mayer, Der jugendliche Straftäter, in: Politik betrifft uns 4/2008

Aufgaben

1. Tauscht die Gründe für die Besonderheiten des Jugendstrafprozesses in der Klasse aus und diskutiert, ob ihr diese gerechtfertigt findet (M 9).
2. Arbeite aus M10 die Absicht des Jugendgerichtsgesetzes heraus.
3. Beschreibt der Stempel die Absicht des Jugendgerichtsgesetzes? Begründe deine Meinung.
4. Als Richter sollt ihr Maßnahmen nach dem Jugendstrafrecht (M 11) in folgenden Fällen verhängen. Begründet unter Zuhilfenahme von M 9, warum ihr euch für eine bestimmte Maßnahme entschieden habt.
   a) Anna, 16 Jahre, zerkratzt in leicht alkoholisiertem Zustand nach einer Party die Tür einer S-Klasse (Mercedes), weil sie die „Bonzen" nicht leiden kann. Schaden: 2.500 €.
   b) Bert, 17 Jahre, schlägt zusammen mit Freunden einen Jungen zusammen, das Opfer wird dabei schwer verletzt.
   c) Chris, 14 Jahre, lässt in einem Kaufhaus eine CD mitgehen.
   d) Ellis und Felix, 15 Jahre, werfen zum „Spaß" Steine von einer Autobahnbrücke auf die Fahrbahn, eine Mutter von drei Kindern stirbt.

3.2.3 Der Zweck von Strafe

M 12 Welchen Zweck soll Strafe erfüllen?

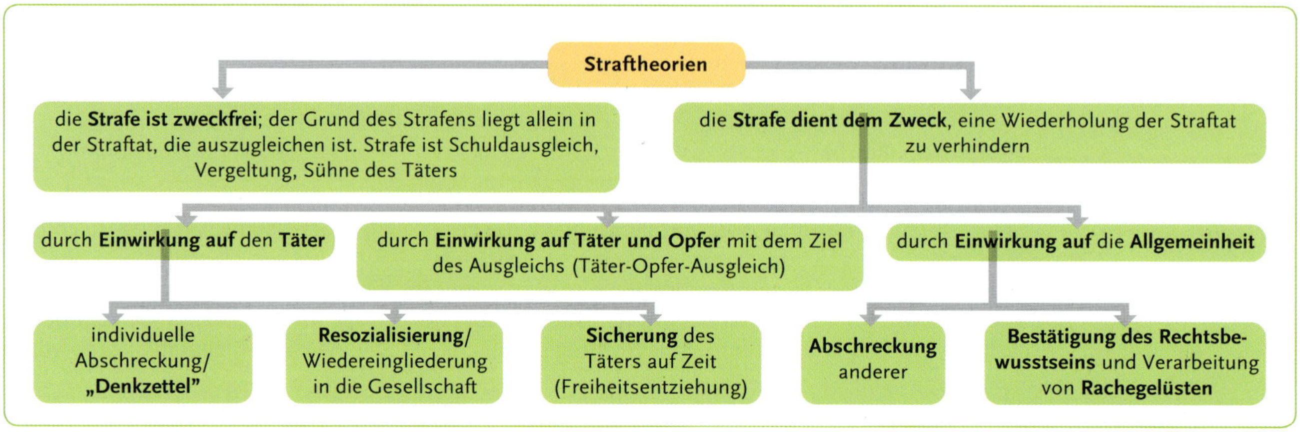

Jeder kennt Situationen, in denen er bestraft wird, weil er sein Zimmer nicht aufgeräumt, im Bus keine Fahrkarte gelöst oder die Schulordnung nicht befolgt hat. Ziel der Strafe ist wohl in diesen Fällen die Abschreckung und die Hoffnung, dass in Zukunft nicht mehr gegen die Regeln verstoßen wird. Wenn Jugendliche zu einer Gefängnisstrafe verurteilt werden, soll das dazu dienen, dass sie wieder lernen, in der Gesellschaft außerhalb des Gefängnisses zu leben. Das nennt man „Resozialisierung", den Täter wieder „gesellschaftsfähig" machen.

M 13 Leben im Knast

Etwa 5000 Jugendliche im Alter von 14 und 20 Jahren verbringen einen Teil ihrer Jugendzeit als Strafgefangene im Knast. Die Rückfallquote, wieder straffällig zu werden, liegt für inhaftierte Jugendliche bei 78 Prozent.

Sie nimmt nicht am Schüleraustausch teil und streitet nicht mit den Eltern, wie lange man abends wegbleiben darf. „Such", so nennt sich die junge Frau, englisch ausgesprochen, kam mit 16 in den Knast. Dort hat sie ihren 17. und 18. Geburtstag gefeiert und dort wird sie auch ihren 19. Geburtstag feiern. (...) „Ich bin in der Werkgruppe und muss sägen, sägen, sägen. Die ganze Zeit sägen. Heute zum Beispiel hab ich so ein Stück zu Ende gesägt, so ein zeitloses Motiv mit Blümchen und Schmetterlingen. Damit bin ich heute endlich fertig gewesen und habe dann gefragt: Kann ich vielleicht zur Überbrückung, um ein bisschen runterzukommen, was anderes machen? Ja, war die Antwort, sägen Sie was Kleineres!" [...] In der Theorie soll die Zeit im Gefängnis die Jugendlichen dazu befähigen, wieder ein Teil der „normalen", sprich nicht straffälligen Gesellschaft zu werden. Das Paradoxon (Widersprüchliche): Lernen sollen das die Jugendlichen abgeschieden von eben dieser „normalen" Gesellschaft, umgeben von anderen Kriminellen und Drogenabhängigen.

Nach: Ursula Csejtei, Leben im Knast, in fluter, 07/2006

M 14 Jugendstrafrecht für unter 14-Jährige?

Der (ehemalige) hessische Ministerpräsident Roland Koch (CDU) ist der Ansicht, das Jugendstrafrecht sei zu lasch. Er fordert u.a. die Anwendung des Jugendstrafrechts für unter 14-Jährige. Er sagte der Zeitung „Bild am Sonntag", dass er zwar keine vorschnellen Entscheidungen möchte, wohl weist er aber darauf hin, dass es eine sehr aggressive Kriminalität einer sehr kleinen Gruppe von Menschen unter 14 Jahren gibt. Oft würden sie auch von Erwachsenen benutzt, die die Strafunmündigkeit der Täter ausnutzen wollten. Koch sagte, in Ausnahmefällen könnten Elemente des Jugendstrafrechts für diese Zielgruppe eingesetzt werden. Eine weitere Antwort sei die striktere Entziehung des Sorgerechts durch die Jugendbehörden. Zugleich zeigte sich Koch verwundert über einige Jugendrichter, die seiner Meinung nach auch bei 20-jährigen Jugendlichen, die ansonsten als Erwachsene behandelt werden wollen, das Jugendstrafrecht anwenden, um mildere Strafen verhängen zu können.

Nach: nb/ddp, Koch will Kinder bestrafen, in: http://www.focus.de, 13.01.08

M 15 Schülerrichter urteilen

Beim Klauen erwischt? Dumm gelaufen. Die Strafe dafür verhängt aber im Bundesland Sachsen nicht mehr der Richter im Gerichtssaal, sondern eine Schülergruppe in eurem Alter. Begehen Jugendliche zwischen 14 und 20 Jahren leichte Straftaten, sollen sie von Gleichaltrigen bestraft werden, weil die sich besser in ihre Altersgenossen hineinversetzen können. Klaut zum Beispiel ein 15-Jähriger und wird angezeigt, kommt sein Fall zur Staatsanwaltschaft. Diese leitet den Fall an den Jugendhilfe- Verein der jeweiligen Region weiter. Die Jugendhilfe vereinbart dann einen Termin mit dem Schülergericht. Zusammen wird dann über erzieherische Maßnahmen diskutiert. Das könnte zum Beispiel gemeinnützige Arbeit sein. Außerdem soll sich der Täter bei seinem Opfer entschuldigen und den Schaden wiedergutmachen. Damit die Schülerrichter keine falschen Urteile fällen, werden sie vorher geschult und dürfen nur leichte Straftaten verhandeln. Dazu gehören beispielsweise Schwarzfahren, Ladendiebstahl, Sachbeschädigung oder leichte Körperverletzung. Mit dem Projekt will die Politik die steigende Jugendkriminalität bekämpfen.

Der ehemalige sächsische Justizminister Geert Mackenroth und neu ernannte „Schülerrichter"

Aufgaben

1. Sammelt in Gruppen Strafen, die ihr selber schon erlebt habt und überlegt, zu welchem Zweck ihr bestraft wurdet. Haben die Strafen ihre Funktion erfüllt? Vergleicht eure Ergebnisse mit den verschiedenen Funktionen / Zwecken von Strafe aus M 12.
2. Nenne Gründe, weshalb der (ehemalige) Ministerpräsident Koch das Strafmündigkeitsalter herabsetzen möchte (M 14) und suche mithilfe von M 13 Gegenargumente.
3. Überlege, worin die Vorteile eines Schülergerichts bestehen könnten (M 15).
4. Recherchiere nach alternativen Strafmethoden im Internet.

Methode

Gerichtsbesuch

Vorbereitung eines Gerichtsbesuchs

Gerichtsverhandlungen sind in der Regel öffentlich, so dass sie auch von Schulklassen besucht werden können. Bei einem solchen Besuch kann man einen guten Eindruck davon gewinnen, wie ein Strafprozess abläuft und wie sich die einzelnen Beteiligten vor Gericht verhalten. Bei der Auswahl der Gerichtsverhandlung solltet ihr allerdings darauf achten, dass die Verhandlung auch für einen Besuch geeignet ist. Sucht euch am besten eine Verhandlung vor dem Jugendgericht aus. Bei einer günstigen Terminwahl ist der Jugendrichter sicher bereit, nach der Verhandlung auf eure Fragen zu antworten. Termin deshalb frühzeitig absprechen! Fragt auch beim Jugendrichter, wie lange die Verhandlung voraussichtlich dauern wird und ob mit einem Urteilsspruch zu rechnen ist. Überlegt, welche Punkte euch bei dem Besuch besonders interessieren. Der folgende Beobachtungsbogen kann euch dabei helfen.

Beobachtungsbogen für einen Gerichtsbesuch

1. Aufruf der Sache durch den Vorsitzenden, dem die Verfahrensleitung obliegt
Worum geht es bei der Verhandlung?

↓

2. Befragung des Angeklagten zu seinen Personalien
Ergebnisse der Befragung notieren

↓

3. Verlesung des Anklagesatzes durch den Staatsanwalt
Was wird dem Angeklagten zur Last gelegt?
Auf welche Vorschriften beruft sich der Staatsanwalt?

↓

4. Vernehmung des Angeklagten zur Person und zur Sache
Worüber wird der Angeklagte vom Vorsitzenden belehrt?

↓

5. Die Beweisaufnahme
Mit welchen Hinweisen eröffnet der Vorsitzende die Beweisaufnahme?
Wie läuft die Vernehmung der Zeugen ab?
Welche Fragen stellen andere Verfahrensbeteiligte?
Was sagen die Zeugen und Sachverständigen zur Sache aus?

6. Plädoyer des Staatsanwalts oder Klägers (und ggf. des Nebenklägers)
Wie argumentiert dieser?

↓

7. Plädoyer des Verteidigers
Wie argumentiert der Verteidiger?
Was spricht seines Erachtens zugunsten des Angeklagten?

↓

8. Letztes Wort hat der Angeklagte
Was sagt der Angeklagte?

↓

9. Urteilsberatung
Wie lange dauert diese?

↓

10. Verkündung des Urteils
Wie fällt das Urteil aus?
Wie wird es begründet?

↓

11. Abschließende persönliche Stellungnahme des Beobachters
Dauer der gesamten Verhandlung
Wie führt der Vorsitzende die Verhandlung?
Eindrücke und offene Fragen

Was wir wissen

Gerichtsverfahren / Gerichtswesen

Wird eine Straftat angezeigt, kommt es zu einem Strafverfahren und gegebenenfalls zur Verurteilung durch ein Gericht. Dabei gelten bestimmte Verfahrensregeln, die von den Gerichten beachtet werden müssen.

Straf- und Zivilprozess
M 1 – M 5

Entsprechend unterschiedlich sehen die Verfahren aus: Straftaten zu verfolgen und die Täter zur Rechenschaft zu ziehen ist im Strafprozess Aufgabe des Staates. Dessen Strafgewalt ist allerdings zum Schutz aller Betroffenen vor Willkür und Missbrauch an enge rechtliche Voraussetzungen gebunden. In der Strafprozessordnung ist der Ablauf des Strafverfahrens, in dem der staatliche Strafanspruch festgestellt wird, streng geregelt. Im Zivilprozess ist es die Aufgabe des Gerichts, im Streit um privatrechtliche Ansprüche die streitenden Parteien zu einer gütlichen Einigung zu veranlassen oder, wenn diese nicht möglich ist, den Rechtsstreit schnell und nachvollziehbar zu entscheiden.

Jugendstrafrecht
M 6 – M 11

Jugendlichen (14 – 18 Jahre) begegnet der Staat bei einer Bestrafung mit größerer Nachsicht. Für sie muss, für Heranwachsende (18 – 21 Jahre) kann das Jugendstrafrecht (Jugendgerichtsgesetz, JGG) angewendet werden, das die Situation des Jugendlichen stärker berücksichtigt. Das Jugendstrafrecht misst der Erziehung zentrale Bedeutung bei und weist daher ein breiteres Spektrum an Strafmöglichkeiten auf als das Erwachsenenstrafrecht. Hauptzweck ist, den jugendlichen Straftäter wieder in die Gesellschaft einzugliedern (Resozialisierung). Bei besonders schweren Straftaten, die von Jugendlichen unter 14 Jahren begangen werden, wird gelegentlich die Frage nach einer Senkung des Strafmündigkeitsalters aufgeworfen.

Sinn und Zweck von Strafe
M 12 – M 14

Die verhängte Strafe richtet sich gemäß den Bestimmungen des Strafgesetzbuches (StGB) vor allem nach der Schwere der Tat und deren Folgen und soll dabei neben der bloßen Vergeltung auch einen Zweck erfüllen. Sie soll den Täter zur Reue bewegen und darüber hinaus abschreckend wirken. Der Täter selbst soll durch die Bestrafung davon abgehalten werden, erneut eine Straftat zu begehen. Und auch die Gesellschaft soll sehen, dass eine Straftat nicht ohne massive Folgen für den Täter bleibt.

Alternative Strafmethoden
M 15

Im Zusammenhang mit der Diskussion über die Wirkung einer Strafe auf den Straftäter werden immer wieder alternative Möglichkeiten des Strafens gesucht und auch schon praktiziert. Entsprechend breit ist die Palette an Lösungsvorschlägen. Sie reichen von extremer Kasernierung zwecks Umerziehung über die Einrichtung besonderer Schülergerichte bis hin zu Formen der Wiedergutmachung zwischen Täter und Opfer (Täter-Opfer-Ausgleich).

Was wir können

Rollenspiel Jugendstrafverfahren

Ablauf einer Hauptverhandlung:

Die Hauptverhandlung von Maik M. (M 1) beginnt mit dem Aufruf der Sache. Dabei stellt der Richter fest, ob der Angeklagte und der Verteidiger anwesend, die Beweismittel vorhanden und die geladenen Zeugen und Sachverständigen erschienen sind. Dann müssen die Zeugen den Sitzungssaal verlassen. Der Richter befragt den Angeklagten zu seinen Personalien. Darauf verliest der Staatsanwalt als Vertreter der Anklage den Anklagesatz, eine Schrift, in der genau aufgeführt ist, was dem Angeklagten vorgeworfen wird. Der Angeklagte wird darüber belehrt, dass er das Recht hat, die Aussage zu verweigern. Nun darf sich der Angeklagte äußern oder von seinem Recht, zu schweigen, Gebrauch machen. Nach der Vernehmung des Angeklagten folgt die Beweisaufnahme, d. h. Zeugen werden befragt und Beweismittel herbeigeschafft. Nach Abschluss der Beweisaufnahme äußert sich die Jugendgerichtshilfe. Dann erhalten der Staatsanwalt und anschließend der Angeklagte das Wort. Der Angeklagte wird, auch wenn ein Verteidiger das sogenannte Plädoyer für ihn gesprochen hat, gefragt, ob er selbst noch etwas zu seiner Verteidigung sagen möchte. Der Angeklagte hat immer das letzte Wort. Nach einer Beratung schließt die Hauptverhandlung mit der Verkündung des Urteils „Im Namen des Volkes" durch den Richter.

ROLLENKARTE | **Angeklagter Maik M.**

Deine Vergangenheit kannst du nicht abschütteln und die Tat bestreitest du auch nicht. Du versuchst das Gericht davon zu überzeugen, ein möglichst geringes Strafmaß zu verhängen, im besten Falle auf Bewährung freizusprechen. Deine Anwälte haben dir geraten, Reue zu zeigen und Bemühen erkennen zu lassen, dass du in deinem weiteren Leben nicht mehr mit dem Gesetz in Konflikt geraten willst. Du hast das Recht auf das letzte Wort vor der Urteilsverkündung. (Bereite dich darauf vor)

ROLLENKARTE | **Jugendstaatsanwalt/-anwältin**

Der Staatsanwalt vertritt die Interessen der Allgemeinheit und soll die Rechtsordnung bei Verstößen verteidigen. Seine Aufgabe ist es, Anzeigen nachzugehen und strafbare Handlungen in Zusammenarbeit mit der Polizei aufzuklären. Wegen der Schwere der Tat und den Folgen für das Opfer habt ihr keine Möglichkeit gesehen, das Verfahren vorzeitig einzustellen. In diesem Falle müsst ihr Anklage wegen schweren Raubes und gefährlicher Körperverletzung erheben. (Siehe StGB) Ihr habt die Möglichkeit Zeugen zu vernehmen und den Angeklagten zu befragen. Am Schluss der Verhandlung haltet ihr ein Plädoyer, in dem ihr den Fall aus der Sicht der Anklage zusammenfasst und stellt einen Antrag, wie die Strafe aussehen soll. Orientiert euch dabei an den Möglichkeiten des Jugendgerichtsgesetzes (JGG).

ROLLENKARTE | **Verteidiger/-in**

Ihr seid als Rechtsanwälte vom Vater und dem Angeklagten selbst mit der Verteidigung beauftragt worden. Eure Aufgabe ist es, die Interessen des Angeklagten wirksam zu vertreten und ein möglichst niedriges Strafmaß zu erzielen, da die Anklage auf schweren Raub und gefährliche Körperverletzung eindeutig erscheint (siehe Ermittlungsbericht in M 1). Von der Staatsanwaltschaft seid ihr über die Anklage, von der Jugendgerichtshilfe über die Sozialprognose zu Maik M. informiert worden. Ihr seid bestrebt, Maik M. in einem möglichst guten Licht darzustellen Auch ihr habt die Möglichkeit Fragen an Zeugen und den Angeklagten zu stellen. Am Ende der Verhandlung haltet ihr ebenfalls ein Plädoyer, in dem ihr die Argumente für ein möglichst geringes Strafmaß zusammenfasst. Macht aber bei eurem Antrag keine unrealistischen Vorschläge.

ROLLENKARTE | Jugendrichter/-in

Der Jugendrichter ist für ein ordnungsgemäßes Verfahren verantwortlich („Einsprüche" sind z. B. unzulässig) und soll als „Erzieher und Richter" wirken, da sein Urteil das Leben eines Menschen stark beeinflusst. Als Richter müsst ihr für einen fairen Prozess sorgen und ein Urteil fällen, das aber innerhalb der gesetzlichen Bestimmungen liegen muss. Dabei stehen dir zwei Schöffen zur Seite, die ebenfalls Fragen stellen dürfen und bei der Urteilsfindung gleichberechtigt gegenüber dem Berufsrichter sind. Du eröffnest das Verfahren, stellst alle Beteiligten vor und gibst den Zeitplan bekannt. Du erinnerst daran, dass jeder verpflichtet ist vor Gericht die Wahrheit zu sagen, der Angeklagte, aber auch Zeugen das Recht der Aussageverweigerung besitzen, wenn sie sich damit selbst belasten würden. Nach den Plädoyers und dem Schlusswort des Angeklagten fällt ihr nach einer Beratung das Urteil. Dies beinhaltet das Strafmaß und eine Begründung, welche die Persönlichkeit des Täters besonders berücksichtigt und nicht nur auf die Straftat selbst achtet. Zum Schluss der Verhandlung belehrst du darüber, dass Staatsanwalt, Angeklagter wie Verteidiger Widerspruch gegen das Urteil einlegen können.

ROLLENKARTE | Jugendgerichtshilfe

Das Gericht muss sich in einem Jugendstrafverfahren ein Bild über die Persönlichkeit des Angeklagten machen. Daher werden Sachverständige von der Jugendgerichtshilfe (JGH) herangezogen, welche „... die erzieherischen, sozialen und fürsorgerischen Gesichtspunkte ... zur Geltung" bringen sollen. Eure Aufgabe ist es nicht über Schuld oder Unschuld des Angeklagten zu entscheiden, bzw. ihn zu verteidigen. Ihr habt vielmehr eine beratende, informierende und betreuende Funktion, die sich auf psychologische Beobachtungen und pädagogische Prognosen beziehen. Ihr erstellt ein Persönlichkeitsbild von Maik M. in Form eines Gutachtens. Dieses Gutachten und eure Expertenmeinung vor Gericht haben entscheidenden Einfluss auf das Urteil.

ROLLENKARTE | Zeugen

Die Aufgabe von Zeugen ist es, dem Richter Informationen zu geben, die er für seine Entscheidung benötigt. Vom Gericht benannte Zeugen müssen zur Verhandlung erscheinen und sind verpflichtet die Wahrheit zu sagen.

Zeuge 1 (Uwe E.):

Deine Aussage liegt im Ermittlungsbericht (M 1) schriftlich vor. Du hast ausgesagt, dass du in der Gaststätte ausgeraubt wurdest. Wenn du aufgerufen wirst, musst du auf die Fragen antworten, was genau geschehen ist.

Zeuge 2 (Philip R):

Auch deine Aussage liegt vor. Du bist nicht nur ausgeraubt, sondern auch körperlich schwer verletzt worden. Die Folgen sind in einem Zivilrechtsprozess zu klären. Auch du schilderst auf Fragen von Richter, Staatsanwalt und Verteidiger noch einmal das Geschehen während des Tatzeitpunktes.

Zeuge 3 (Ein oder zwei Polizeibeamte):

Für euch ist dies Routine. Auch ihr wiederholt mündlich, was ihr schriftlich im Ermittlungsbericht vom telefonischen Notruf, über das Erscheinen am Tatort, bis hin zur Festnahme von Maik M. festgehalten habt. Denkt dabei an die Sicherstellung von Beweismitteln.

Aufgabe

Gestaltet das Klassenzimmer zu einem Gerichtssaal, besorgt euch das StGB, BGB und JGG, besetzt die Rollen und spielt das Jugendstrafverfahren nach.

Helmut Pöhl (35), Bankierssohn

Famile Maier (v.l.): Bastian (9), Bärbel, Studentin (31), Tim (2), Julia (12)

(Presse-)Beobachter

Spielanleitung:

Ein Betrag von 5.000 (fiktiven) Euro soll unter zwei Parteien aufgeteilt werden. Beide Parteien argumentieren miteinander öffentlich vor der Klasse um die Aufteilung des Betrags. Dieser Aushandlungsprozess ist zeitlich begrenzt: maximal 10 Minuten. Kommt es in dieser Zeit nicht zu einer einvernehmlichen Aufteilung des Betrags, verfällt der Betrag. Gelingt die einvernehmliche Aufteilung, wird zur Besiegelung darüber ein Vertrag geschlossen. Schülerinnen und Schüler, die nicht einer der beiden Parteien angehören, nehmen die Rolle von (Presse-)Beobachtern ein, die die ausgetauschten Argumente protokollieren.

Vertragliche Regelung, Magdeburg, den ...

Herr Helmut Pöhl (Sohn des Bankiers Th. Pöhl) und die Familie Maier, die für die Verhandlung durch die alleinerziehende Mutter Bärbel Maier (Studentin) mit Vollmacht vertreten wird, kommen überein, den Betrag von 5.000 Euro wie folgt aufzuteilen:

Herr Helmut Pöhl erhält .... €,

Familie Maier, vertreten durch Frau B. Maier, erhält .... €.

(Achten Sie darauf, dass die Summe der von Ihnen eingetragenen Beträge die angebotenen 5.000 € nicht übersteigt, da sonst der Vertrag seine Gültigkeit verliert.)

Durch die Unterschrift bestätigen die Vertragspartner die Richtigkeit der aus freien Stücken getroffenen Vereinbarung.

(Herr H. Pöhl)

(Frau B. Maier, Vertreterin der Familie Maier)

(durch den Pressebeobachter bestätigt)

4

Herausforderungen in der modernen Gesellschaft

Unsere moderne Gesellschaft befindet sich in einem steten Wandel. Die Verteilung von Chancen und Einkommen, Aufbau und Altersdurchschnitt der Bevölkerung, Herkunft und Bildung der Menschen verändern sich. Wie kann der Wandel positiv gestaltet werden?

Kompetenzen

Am Ende dieses Kapitels solltest du Folgendes können:

- Dimensionen sozialer Ungleichheit in unserer Gesellschaft analysieren
- Mithilfe von Statistiken das Auftreten sozialer Ungleichheit untersuchen
- Erklärungsversuche für soziale Ungleichheit beurteilen
- Ursachen von Suchtverhalten und den Umgang mit süchtigen Jugendlichen diskutieren

Was weißt du schon?
Spielt das Rollenspiel wie in der Spielanleitung vorgegeben möglichst mit unterschiedlichen Gruppen. Vergleicht die Ergebnisse. Definiert für euch den Begriff Gerechtigkeit.

4.1 Gesellschaftstruktur und soziale Ungleichheit

4.1.1 Ungleich gleich ungerecht?

M 1 Gerechte Aufgabenverteilung?

Karikatur: Hans Traxler

M 2 Ist Ungleichheit ungerecht?

Ungleichheiten im Steuersystem, ungleiche Bildungschancen, Ungleichheiten in der medizinischen Versorgung etc. Handelt es sich in all diesen Fällen tatsächlich um Beispiele sozialer Ungerechtigkeit?

Nicht notwendigerweise! Denn es gibt zum einen unterschiedliche Vorstellungen darüber, was als gerecht oder ungerecht zu bezeichnen ist. So sind hohe Einkommensungleichheiten nur dann ungerecht, wenn man soziale Gerechtigkeit als Ergebnisgleichheit versteht, also jeder das Gleiche bekommen sollte. Einkommensungleichheiten können aber auch sozial gerecht sein, wenn man der Ansicht ist, dass die Einkommensverteilung in einer Gesellschaft die individuelle Leistungsfähigkeit widerspiegeln sollte. In beiden Fällen beruft man sich auf Gerechtigkeit, kommt aber jeweils zu einem anderen Urteil. [...] Ungleichheiten sind somit nicht per se ungerecht und auch nicht immer im Namen der sozialen Gerechtigkeit zu korrigieren.

Stefan Liebig, Meike May, Dimensionen sozialer Gerechtigkeit, in: Aus Politik und Zeitgeschichte, 16.11.2009, S. 3

M 3 Prinzipien der Gerechtigkeit

In der politischen Debatte gibt es Übereinstimmung darin, dass das politische System und seine Gesetze „gerecht" gestaltet werden sollten. Dabei ist man sich allerdings nicht einig darüber, was unter „gerecht" zu verstehen ist. Verschiedene Gerechtigkeitbegriffe haben sich herausgebildet:

(1) Die Auffassung einer **Chancengerechtigkeit**, die allen die gleichen Start- und Entwicklungschancen garantiert, indem finanzielle Notlagen weitgehend ausgeglichen werden. Die wirtschaftlich Starken zeigen sich solidarisch, indem sie höhere Steuern an den Staat abführen.

(2) Die Vorstellung einer **Leistungsgerechtigkeit**, welche zwar jedem das Überleben sichert, die „Leistungserbringer" und Steuerzahler zur Unterstützung arbeitsloser und nicht arbeitsfähiger Personen aber nicht belastet. Wer am Markt erfolgreich ist, der wird auch belohnt.

(3) Die **Bedarfsgerechtigkeit** verfolgt das Ziel, dass der anerkannte Bedarf (nach Essen, Kleidung, kultureller Teilhabe etc.) eines jeden Gesellschaftsmitglieds gedeckt werden kann. Dazu werden die Einkommensstarken stärker belastet, um finanzielle Notlagen auszugleichen.

M 4 Interview mit einem Nobelpreisträger

Frage: Umverteilung, national wie international, ist Ausfluss der heute nahezu allgemein akzeptierten Idee sozialer Gerechtigkeit. Halten Sie davon denn gar nichts?

Hayek: Nein, nicht das Geringste. Was heißt denn hier Gerechtigkeit? Wer ist denn da gerecht oder ungerecht? Die Natur? Oder Gott? Jedenfalls nicht Menschen, da die Verteilung, die aus dem Marktprozess hervorgeht, nicht das beabsichtigte Ergebnis menschlichen Handelns ist. Daher ist der Begriff der sozialen Gerechtigkeit in einer marktwirtschaftlichen Ordnung mit freier Berufswahl völlig sinnlos. Soziale Gerechtigkeit kann es nur in Befehlswirtschaften geben, wo der Staat über die relativen Einkommen der einzelnen Bürger bestimmt. [...] Diese unglückselige Idee sogenannter sozialer Gerechtigkeit behauptet, dass die Entlohnung des Einzelnen nicht davon abhängen soll, was er tatsächlich zum Sozialprodukt beiträgt, sondern davon, was er verdient.

Frage: Was heißt dann für Sie Gerechtigkeit?

Hayek: Es gibt für mich nur eine Gerechtigkeit, das ist die Gleichheit vor dem Gesetz. Jede Abweichung davon, selbst mit besten Absichten, öffnet der Willkür Tür und Tor, zerstört die Freiheit und damit den höchsten Wert, weil Voraussetzung für alle anderen Werte.

Friedrich August von Hayek (1899-1992), Nobelpreisträger für Wirtschaftswissenschaften

Aufgabe

Interpretiere die Karikatur M 1 indem du a) zunächst das Bild beschreibst, dann b) erläuterst, was der Karikaturist mit der Karikatur insgesamt aussagen will, und schließlich c) mithilfe von M 2 – M 4 beurteilst, inwieweit du dem Karikaturisten und seiner Kritik Recht gibst.

4.1.2 Bildungsgleichheit – nur ein Mythos?

M 5 Wie bist du da rübergekommen?

Karikatur: Karl-Heinz Schoenfeld

M 6 Schlägt soziale Herkunft Leistung?

Die Klassenlehrerin von Jost Blümel (Name geändert) ist sich sicher: „Mit seinen Fähigkeiten hätte der Junge es auch auf dem Gymnasium geschafft." Doch der 16-Jährige geht in die 9. Klasse einer Hauptschule. Er hat wache Augen, liest gern Stephen King, schaffte einen Notendurchschnitt von 2,4. „Die Leistungen reichen aber nicht für eine Lehrstelle", ahnt Jost jetzt schon.

Er möchte Tischler werden, aber zu viele bewerben sich um einen Ausbildungsplatz. Obwohl Jost in der Grundschule den Lernstoff schnell aufgefasst hat, war seine Mutter nicht der Meinung, dass er unbedingt aufs Gymnasium soll. Die gelernte Speditionskauffrau hat Jost allein aufgezogen, bezieht Sozialhilfe. Als Jost klein war, hat sie gearbeitet und konnte ihm nicht viel helfen.

So hätte Alexander von Witzlebens Ausbildung nicht verlaufen können. Der 40-jährige Vorstandsvorsitzende des Jenoptik-Konzerns kommt aus einer stolzen Familie, die ihrem Nachwuchs von Anfang an klar macht, dass er hoch hinaus soll. Von Witzleben hätte auch dann studiert, wenn er weniger clever gewesen wäre. Doch mit seinen Fähigkeiten legte er eine Bilderbuchkarriere in der Industrie hin. Ihn und keinen anderen wünschte sich Lothar Späth als Nachfolger an der Spitze des ostdeutschen High-Tech-Unternehmens Jenoptik. [...]

Die Bildungspolitiker rätseln: Warum nutzen nicht mehr junge Leute aus den unteren Schichten die Möglichkeit, kostenlos zu studieren und später einen gut bezahlten Job zu ergattern? Weil Eltern, Lehrer und Manager zusammenarbeiten, um sie draußen zu halten. Die Gesellschaft selektiert gnadenlos, und das beginnt schon in der Grundschule. „Selbst bei guten Noten gehen nur 38 Prozent der Unterschichtkinder auf ein Gymnasium", sagt der Sozialwissenschaftler Rainer Geißler. Damit die Lehrer sie fürs Gymnasium empfehlen, müssen Grundschüler aus benachteiligten Verhältnissen 50 Prozent mehr Leistung bringen, so Geißler. Und selbst wenn sie die Empfehlung bekommen, heißt das noch nicht, dass sie künftig ein Gymnasium besuchen – 52 Prozent der Ungelernten schicken ihre Kinder trotzdem auf eine Haupt- oder Realschule.

Die Sozialerhebung des Deutschen Studentenwerks von 2004 vergleicht, was aus hundert Kindern weniger gebildeter Eltern wird: 64 gehen gar nicht erst auf weiterführende Schulen und fallen damit für eine Karriere in Berufen mit hohem Einkommen und Sozialprestige weitgehend aus. Von den verbleibenden 36 machen 25 trotz Abi einen Bogen um die Unis – da waren's nur noch elf.

Immerhin: Auf Anraten seiner Lehrer erwägt Hauptschüler Jost, auf die höhere Berufsfachschule zu gehen – setzt er sich dort durch, kann er danach noch an einer Fachhochschule studieren. Gute Lehrer könnten Fähigkeiten und Ehrgeiz in einem Jugendlichen auch wecken, sagt Politikwissenschaftler Hennis. Und letztlich gelte doch: „Mit Fleiß und Begabung hatte man immer schon Chancen."

Finn Mayer-Kuckuk, Spiegel Online, 30.06.2004

Bildungsbeteiligung von Kindern
nach akademischem Abschluss des Vaters

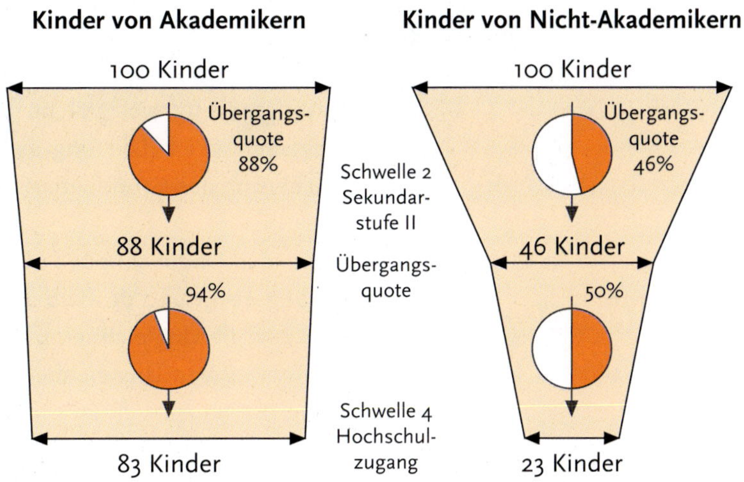

Quelle: Statistisches Bundesamt, Sonderauswertungen Mikrozensus 2001 und 2005; HIS-Studienanfängerbefragung 2005; Eigene Berechnung DSW/HIS.

Lebenslagen in Deutschland. Der 3. Armuts- und Reichtumsbericht der Bundesregierung, 2008, S. 69

Aufgaben

1. Interpretiere die Karikatur (M 5).
2. Erläutere die Grafik in M 6.
3. „Mit Fleiß und Begabung hatte man schon immer Chancen." Stelle gegenüber, was für bzw. gegen diese Sichtweise spricht, und nimm persönlich dazu Stellung (M 6).

Was wir wissen

Prinzipien der Gerechtigkeit
M 3

Die Gerechtigkeit ist das oberste Ziel jedes demokratisch definierten politischen Systems. Jedoch gibt es mehrere Aspekte der Gerechtigkeit. Die Frage, ob ein Gesetz gerecht ist, kann von verschiedenen Standpunkten unterschiedlich ausgelegt werden. In der Politikwissenschaft unterscheidet man die Chancengerechtigkeit (gleiche Start- und Entwicklungschancen), die Leistungsgerechtigkeit (Leistung soll sich lohnen) und die Bedarfsgerechtigkeit (Sicherung des Grundbedarfs zum Überleben).

Ungleich gleich ungerecht?
M 1 – M 4

Die bestehenden Ungleichheiten in einer Gesellschaft werden oft „automatisch" als ungerecht und deshalb als beseitigenswert empfunden. Deshalb sollten die Begriffe Ungleichheit und Ungerechtigkeit getrennt werden. Bei der Beschreibung von Ungleichheit handelt es sich zunächst nur um eine Feststellung (Sachaussage). Empfindet man die Ungleichheit als ungerecht, so ist dies ein Werturteil. Gerechtigkeit ist dabei keine objektive, messbare Größe. Was gerecht ist und was nicht, hängt von den Maßstäben ab, die der Betrachter anlegt. So unterscheidet man Chancen-, Leistungs- und Bedarfsgerechtigkeit.

Bildungsungleichheit
M 5, M 6

Ein formaler Bildungsabschluss ist heutzutage nicht nur die Voraussetzung zur Aufnahme einer qualifizierten Berufstätigkeit, sondern auch die Grundlage für gesellschaftliche und politische Teilhabe. Bildung ist die wichtigste Grundlage für den materiellen, aber auch den kulturellen und ideellen Reichtum einer Gesellschaft. Umgekehrt ermöglicht aber erst der materielle Reichtum einer Gesellschaft den jahrelangen Besuch von teuren Bildungseinrichtungen.
Die Entwicklung Deutschlands zur modernen Industrie- und Dienstleistungsgesellschaft bzw. zur Wissens- und Informationsgesellschaft und die damit verbundenen Anforderungen an die Individuen haben seit den 1960er Jahren zu einer enormen **Bildungsexpansion** geführt. Gewinnerinnen dieser Bildungsexpansion sind eindeutig Mädchen und junge Frauen. Im allgemein bildenden Schulwesen bis einschließlich zum Abitur haben sie die Jungen mittlerweile überholt.
Im berufsbildenden Bereich und an den Hochschulen sind aber die Männer nach wie vor erfolgreicher als die Frauen. Frauen holen aber auch dort immer stärker auf. Die Anhebung des Gesamtbildungsniveaus führte jedoch nicht zu einer Umverteilung der Bildungschancen. Insbesondere die Kinder der ungelernten Arbeiter sind vom Bildungsboom kaum erfasst worden; die Beamtenkinder konnten ihren Vorsprung an Gymnasien und Universitäten hingegen deutlich ausbauen.
In kaum einem anderen Land der Erde ist der Schulerfolg eines Kindes so stark abhängig von der sozialen Herkunft wie in Deutschland.

Prinzipien der Gerechtigkeit – ein Gedankenexperiment

Entwirf mit deinen Mitschülern die Verfassung für eine gerechte Gesellschaft. Schreibe in Artikeln die Grundsätze nieder, die du für eine gerechte Gesellschaft für wichtig und notwendig hältst.
Es gelten dabei folgende Bedingungen:

1. Du weißt, wie eine Gesellschaft im allgemeinen funktioniert und dass es bestimmte Grundgüter gibt. „Die wichtigsten gesellschaftlichen Grundgüter sind Rechte, Freiheiten und Chancen sowie Einkommen und Vermögen." (Rawls)

Es kommt also darauf an, nach welchen Grundsätzen diese Grundgüter verteilt werden sollen.

2. Der „Schleier der Unwissenheit":
   Alle individuellen Dinge über dich selbst weißt du nicht – nicht dein Alter, nicht dein Geschlecht, auch nicht deine Begabungen, vor allem aber nicht die politische, soziale und wirtschaftliche Lage, die du künftig einnehmen wirst.

Es kommt also darauf an, dass du in deinem eigenen Interesse bei der Festlegung der Grundsätze eine unparteiische Haltung einnimmst.

Entwurf einer Verfassung für eine gerechte Gesellschaft

Artikel 1: ...

Artikel 2: ...

Artikel 3: ...

4.2 Süchte als gesellschaftliches Phänomen

4.2.1 Suchtverhalten von Jugendlichen – (k)ein Problem?

M 1 Sucht oder Genuss?

M 2 Der Weg in die Sucht

Wer kennt das nicht. Etwas genießen, weil es Spaß macht. Einkaufen gehen, obwohl man eigentlich doch gar nichts braucht, mal eine ganze Tafel Schokolade essen, obwohl man gar keinen Hunger hat oder ewig im Internet rumchatten. Genießen, weil es ein gutes Gefühl gibt. Und wann ist dieses Tun noch Genuss und ab wann beginnt Sucht?

Die Grenze zwischen Genuss und Sucht scheint fließend. Dabei spielt es weniger eine Rolle, ob es um Substanzen wie Alkohol und Nikotin oder um Tätigkeiten, wie Computerspielen oder Shoppen geht. Entscheidend ist, dass derartiges Verhalten über den Missbrauch und die Gewöhnung nicht zur Sucht wird. Missbrauch ist daran erkennbar, dass mit der Handlung Konflikten aus dem Weg gegangen und Frust abgebaut wird. Dies manchmal zu tun ist nicht weiter schlimm. Wenn aber eine Gewöhnung eintritt, regelmäßig also Konflikten scheinbar mit Hilfe dieser Mittel ausgewichen wird, wird es gefährlich. Von Sucht ist dann zu sprechen, wenn mit Hilfe der angewöhnten Methode allein keine Glücksgefühle oder keine Entspannung mehr erreicht werden. Dann muss die Dosis erhöht, also mehr geraucht oder gekauft werden, weil es sonst zu physischen oder psychischen Entzugserscheinungen kommt. Der Süchtige kann nicht mehr frei entscheiden, ob er z. B. rauchen oder Computer spielen möchte. Er ist zu seinem Suchtverhalten gezwungen. Er ist abhängig.

M 3 Tabakkonsum von Jugendlichen

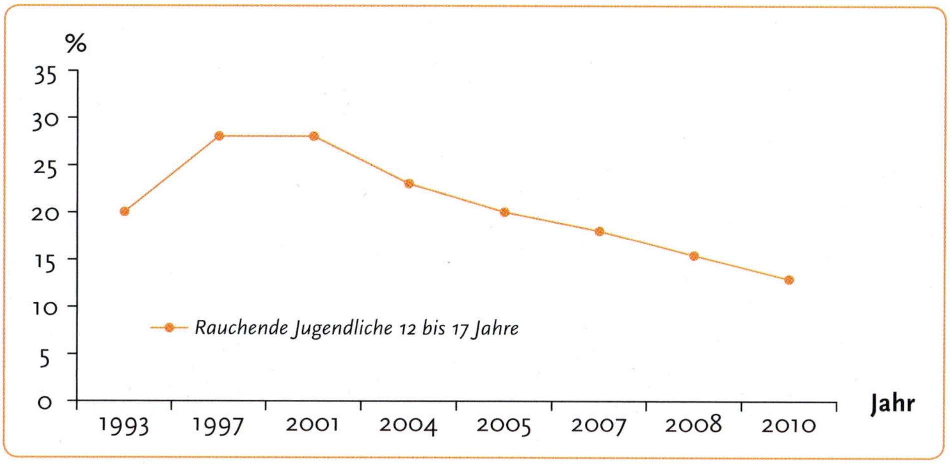

Quelle: Bundeszentrale für gesundheitliche Aufklärung (BZgA), Der Tabakkonsum Jugendlicher und junger Erwachsener in Deutschland 2010

M 4 Alkoholkonsum von Jugendlichen

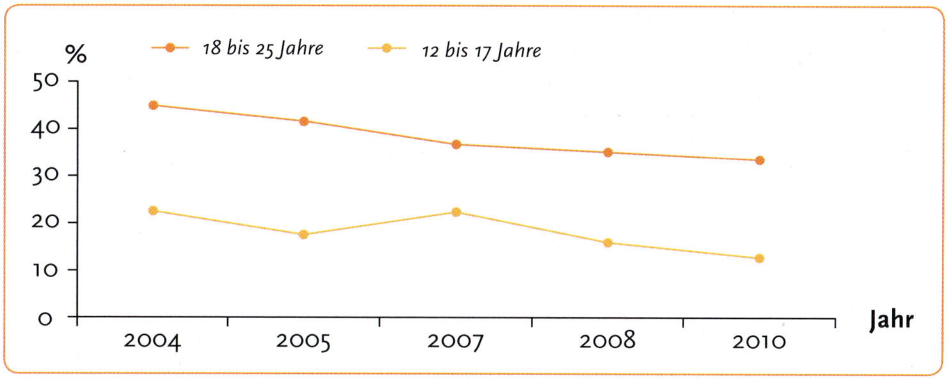

Quelle: Bundeszentrale für gesundheitliche Aufklärung, 2011

M 5 Sucht nach dem Vollrausch – Jugendliche und Alkohol

Der regelmäßige Griff von Kindern und Jugendlichen zum Alkohol geht in Deutschland zurück, ebenso wie der Anteil der jungen „Komasäufer". Allerdings ist das Rauschtrinken bei Jugendlichen immer noch populär. Das geht aus einer Studie der Bundeszentrale für gesundheitliche Aufklärung (BZgA) hervor. „Alkohol ist nach wie vor das Suchtmittel Nummer eins bei jungen Menschen", sagt BZgA-Direktorin Elisabeth Pott. „Beim harten Kern der Risikotrinker gab es im Vergleich zu vorherigen Untersuchungen keine Veränderungen." 2010 tranken deutlich weniger der 12- bis 17-Jährigen regelmäßig alkoholische Getränke als in den Vorjahren. Während 2004 noch etwa jeder Fünfte (21,2 Prozent) in dieser Altersgruppe angegeben hatte, mindestens einmal in der Woche Alkohol

Elisabeth Pott, Direktorin der Bundeszentrale für gesundheitliche Aufklärung (BZgA), informiert über die Studie „Der Alkoholkonsum Jugendlicher und junger Erwachsener in Deutschland 2010", für die 7.000 Jugendliche und junge Erwachsene befragt wurden.

zu trinken, lag dieser Anteil im vergangenen Jahr bei 12,9 Prozent. Auch bei den 18- bis 25-Jährigen sank der Anteil der regelmäßigen Alkoholkonsumenten von 43,6 Prozent in 2004 auf 34,5 Prozent im vergangenen Jahr. Auch die Zahl der sogenannten Binge-Trinker („ Komasäufer") ging in allen untersuchten Altersgruppen leicht zurück...Die BZgA-Studie versteht unter Binge-Trinken den Konsum von mindestens fünf alkoholischen Getränken bei einer Gelegenheit. Bei dieser Definition gaben 16,7 Prozent der minderjährigen Jugendlichen an, Binge-Trinker zu sein. 2004 waren es 22,6 Prozent. Besonders häufig und viel trinken junge Männer. Bei den 18- bis 25-Jährigen lag der Anteil der Rauschtrinker bei 49,5 Prozent, bei den Frauen waren es 25,9 Prozent.

Auch bei Minderjährigen gab es deutliche Geschlechterunterschiede: 20,4 Prozent der Jungen, aber nur 12,8 Prozent der Mädchen in der Gruppe von 12 bis 17 Jahren gaben an, einmal im Monat zum Binge-Trinker zu werden. Auch bei den häufigen „Komasäufern", die viermal pro Monat oder öfter viel Alkohol trinken, sind Männer deutlich häufiger vertreten: Mit 7,6 Prozent der Minderjährigen und 18,5 Prozent derjenigen zwischen 18 und 25 Jahren liegt die Quote in beiden Altersgruppen etwa dreimal so hoch wie bei den Frauen. Die größte Menge reinen Alkohol nehmen Männer zwischen 18 und 21 Jahren zu sich – pro Woche 111 Gramm. Das entspricht etwa 2,75 Litern Bier. Frauen in dieser Altersgruppe kommen auf umgerechnet einen Liter. [...] Die Studie befragte die Jugendlichen auch nach den Gründen für Alkoholkonsum. Mehr Spaß und weniger Hemmungen wurden am häufigsten genannt. So stimmte mehr als die Hälfte der Befragten den Aussagen zu, mit Alkohol „bin ich lockerer" (57,6 Prozent), „finde ich alles lustiger" (57,6), „bin ich ausgelassener Stimmung" (56,1), „fällt es mir leichter, auf andere zuzugehen" (52,9) und „bin ich nicht mehr schüchtern" (50,7). Bei den häufigen Binge-Trinkern lag die Zustimmung zu den Aussagen bis zu 25 Prozentpunkte höher.

Ulz, Sucht nach dem Vollrausch, in: http://www.spiegel.de/, 04.02.2011

Aufgaben

1. Diskutiert, welche Art von Sucht mit den Bildern in M 1 verbunden werden könnte und wo für diese Bereiche die Sucht beginnt. Skizziert auf der Grundlage von M 2 einen möglichen Weg in die Sucht.
2. Interpretiere die Statistiken M 3 und M 4.
3. Stellt Unterschiede im Alkoholkonsum von männlichen und weiblichen Jugendlichen auf der Grundlage der Angaben in M 5 grafisch dar und diskutiert mögliche Ursachen für die Unterschiede.
4. Ladet euch zum Thema „Süchte" einen Experten ein und führt mithilfe der nebenstehenden Methode ein Interview durch.

Ein Experteninterview führen

In vielen Kommunen gibt es sogenannte Selbsthilfegruppen von betroffenen Süchtigen: *Anonyme Alkoholiker, Blaues Kreuz, Kreuzbund, Overeaters Anonymous, etc.* Vereinbart ein Expertengespräch mit einem Vertreter der Selbsthilfegruppe. Schwerpunkte der Befragung können sein:

- Statistische Daten
- Hilfsangebote öffentlicher und privater Stellen
- Bewertung verschiedener Hilfsmaßnahmen
- eventuell persönliche Erfahrungsberichte

So bereitet ihr ein Expertengespräch vor:

1. Kontaktaufnahme

Namen und Kontaktdaten erfahrt ihr über die Homepage eurer Gemeinde oder die Homepage des Landes Sachsen-Anhalt. Vereinbart mit dem Experten / der Expertin einen Termin und den Ort des Gesprächs. Vielleicht kommt er oder sie auch in die Schule? Teilt vorab schon einmal kurz mit, worüber ihr sprechen wollt.

2. Vorbereitung in der Klasse

Jeder Schüler formuliert im Vorfeld eine oder mehrere Fragen an den Experten. Diese werden zusammengetragen und sortiert. Macht vorher aus, wer die Fragen an den Experten stellt.

Bereitet den Ablauf der Befragung vor: Wo und in welcher Sitzordnung wird die Befragung durchgeführt? Wie wird sie aufgezeichnet (per Video, Tonband oder Mitschrift)? ...

3. Durchführung / Gesprächsverlauf

Begrüßt zunächst euren Gesprächspartner, erläutert Ziele und Ablauf des Gesprächs und stellt die Gesprächsteilnehmer kurz vor. Nach den eröffnenden Fragen („Wir interessieren uns für ...“, „Können Sie uns sagen ...?“) ist es wichtig, auch welche zum Überblick über das Thema (wer, wo, was, wann, wie, wie viel ...) und zu genaueren Informationen („Können Sie das noch weiter ausführen?“) zu stellen.

Weitere Frageformen sind sogenannte offene Fragen („Warum / wie / wozu haben Sie das gemacht?“), Einschätzungen betreffende („Was halten Sie von ...“, „Welche Erfahrungen haben Sie damit gemacht?“) und Bewertungen („Wie beurteilen Sie ...?“).

Denkt am Ende der Befragung daran, euch beim jeweiligen Gast für sein Kommen zu bedanken. Wenn es euch sehr gut gefallen hat, könnt ihr ein kleines Präsent überreichen oder einen Dankesbrief zukommen lassen.

4. Auswertung

Die Ergebnisse müssen zusammengefasst und bewertet werden. Hierbei helfen u. a. folgende Fragen:

Welche Informationen wurden gegeben?

Gibt es neue Erkenntnisse?

Worüber wurde aus welchen Gründen nicht gesprochen?

Bleiben Informationslücken und können diese geschlossen werden?

Wie war der Aussagewert des Gesprächs, welche Interessen vertrat der Experte? Sind auch noch andere Interessen anzuhören?

4.2.2 Magersucht, Bulimie und Ritzen – typisch für Mädchen?

M 6 Magersucht und Bulimie – wenn Schlankheit zur Sucht wird

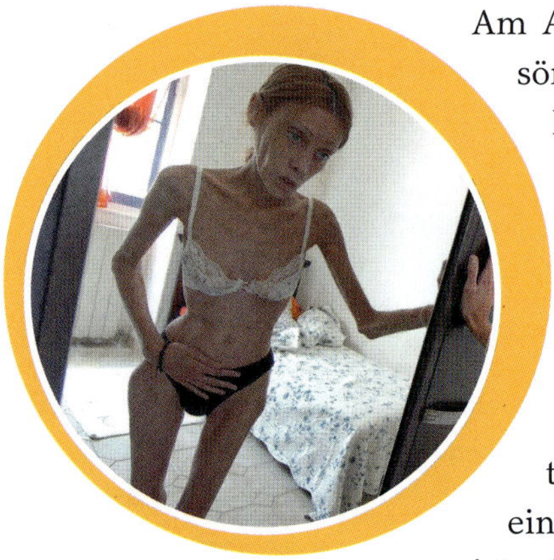

Das magersüchtige Model Isabelle Caro posierte für Anzeigen, die vor Magersucht warnen. Jetzt ist Caro tot.

Am Anfang steht wie bei vielen Persönlichkeitsstörungen eine Erziehung, die einem Kind nur dann Anerkennung zukommen lässt, wenn es bestimmte Leistungsideale erfüllt. In den letzten Jahren betreffen diese Ideale immer mehr das Aussehen. Rund die Hälfte aller Mädchen träumt schon im Kindesalter von einer Modelkarriere. Schlankheit ist eines der wichtigsten Auswahlkriterien. [...] Um schlank zu sein, scheint nichts weiter erforderlich zu sein als Disziplin. Wenn nun disziplinierter Verzicht das erwartete Ergebnis bringt - Gewichtsverlust - loben wir uns im Stillen selbst. Dieses Selbstlob verstärkt das Verhalten, das die Ursache des Erfolges wurde - in diesem Fall der Nahrungsverzicht.

Dadurch wird der biologische Mechanismus umgekehrt. Im Normalfall wirkt Nahrung belohnend. [...] Bei einem Mädchen mit einer starken Motivation für Schlankheit kann das Gegenteil eintreten. Insbesondere dann, wenn sie wegen ihrer Schlankheit gelobt und zum ersten Mal deutliche Anerkennung erfährt. Wenn sich das nächste Mal das Hungergefühl meldet, denkt sie nicht mehr: „Ich muss was essen". Sondern: „Ich schaffe es, ich kann der Versuchung widerstehen!"

Dieser Erfolg wird mit innerer Begeisterung registriert. Und dieses Gefühl der Begeisterung an sich selbst ist so toll, dass keine Entbehrung zu groß ist, um es noch einmal zu erleben. Um es zu steigern. Nach dem fünften, sechsten Mal reicht allein das Hungergefühl aus, um die Begeisterung, den Erfolg wieder zu empfinden. Nach einiger Zeit meldet sich eventuell die Vernunft und sagt: „Ich habe schon Untergewicht. Jetzt ist es genug." Doch der Versuch, wieder normal zu essen, scheitert. Die Nahrung löst Abneigung, ja sogar Ekel aus. Die Selbstbestätigung durch das gelungene Abnehmen ist längst im Unterbewusstsein verankert. Glückshormone erzeugt der Körper nur noch beim Nichtessen. [...] Nur bei etwa einem Drittel verschwindet die Magersucht während der Pubertät von allein. Zehn Prozent der Magersüchtigen hungern sich zu Tode. Die übrigen haben ihr Leben lang Essprobleme.

EGONET.de, Ausgabe 05/1999, http://egonet.de/ego/0599/art4.htm, Abruf am 08.02.2012

Bulimie

Bei der Bulimie wechseln Hungerperioden mit plötzlichen Fressanfällen ab. Nach einer längeren Zeit der Magersucht und „erfolgreichem" Schlankhungern stopfen Betroffene plötzlich Unmengen von Nahrung in sich hinein – und zwar bis zum Erbrechen. Die Essorgien und das anschließende Erbrechen werden geheim gehalten. Während Magersüchtige dürr sind, aber leugnen, krank zu sein, wissen Bulimiekranke um ihre Störung, obwohl sie meistens kein Untergewicht haben.

M 7 „Manchmal möchte ich zurück in die Klinik"

Als ich 13 Jahre alt war, hatte ich einen heftigen Streit mit meiner damals besten Freundin. Ich war so enttäuscht und wütend, dass ich irgendwann abends ein Messer nahm, das auf meinem Schreibtisch lag. Dann habe ich mir in den Arm geschnitten. Das Gefühl, das mich in dem Moment überkam, war unbeschreiblich. Eine Erleichterung, die ich nie zuvor gespürt hatte. Von da an habe ich mich immer öfter und immer tiefer geschnitten, wegen jeder Kleinigkeit und wenn es nur eine schlechte Note in der Schule war. Je mehr ich geritzt habe, desto mehr Körperstellen wurden es auch. Ich hatte einfach keinen Platz mehr an meinen Armen.

Im Oktober 2006 hat meine Mama es [...] mitbekommen. Ich musste ihr versprechen, mich nicht mehr zu ritzen. [...] Einige Wochen hab ich das durchgehalten. Aber dann wurde der Druck immer größer – und irgendwann ging es halt nicht mehr und ich habe wieder zum Messer, zur Schere, zur Klinge und zu anderen scharfen Gegenständen gegriffen. Ende November kam wieder alles raus, und meine Mama hat mich zum Arzt geschleppt. Ich weiß noch genau, dass es der 20. November 2006 war, ein Montag. Ich habe anderthalb Stunden bei diesem Kerl gesessen und geheult, einfach nur geheult.

Der Arzt hat sich das nur angesehen. Er meinte, ich sei suizidgefährdet und hat mir eine Überweisung in die Klapse gegeben. Ich musste um 21 Uhr in Marsberg sein. Nur kurz nach Hause fahren und meine Tasche packen durfte ich. Die ganze Fahrt sind Tränen geflossen. Auf der Notstation in Marsberg habe ich hoch und heilig versprochen, mich nicht umzubringen. [...] Die ersten vier Wochen auf Station habe ich nur gejammert und genervt, dass ich wieder nach Hause will. Aber dann fand ich es so toll da, dass ich gar nicht mehr gehen wollte. Ich hatte einen kleinen Nebenjob: Thekendienst. In der Therapie waren Psychotherapie, Kunsttherapie, Mototherapie für mich vorgesehen. Außerdem bekam ich Tipps, wie ich verhindern kann, dass ich mich selbst verletze.

Auch wenn ich Psychotherapie echt nicht mochte – das alles hat mir sehr geholfen. Nach neun Wochen wurde ich, mit einer Art Erste-Hilfe-Koffer im Gepäck, entlassen. Nun musste ich zu Hause klar kommen. Ich hatte zwar noch zwei Monate ambulante Therapie, aber die habe ich wirklich gehasst und hab dann dafür gesorgt, dass ich nicht mehr dahin muss.

In der Schule haben die Lehrer mir immer wieder auf die Sprünge geholfen, wenn ich nicht weiter wusste. Besonders mein Englischlehrer war super. Jetzt bin ich in der zehnten Klasse und verletze mich so gut wie gar nicht mehr. Zurzeit bin ich relativ zufrieden mit meinem Leben.

Ja, es ist immer noch nicht leicht, die Finger von der Klinge zu lassen, und ich wünsche mir ab und zu, wieder zurück in die Klinik gehen zu können, aber naja. Ich habe in Marsberg gemerkt, dass Selbstverletzen nichts bringt – außer noch mehr Probleme."

SPIEGEL ONLINE, Anna- Manchmal möchte ich zurück in die Klinik, in: http://www.spiegel.de, 21.12.2007

„Ritzen" – die Sucht, sich selbst zu verletzen

Jugendliche, die sich „ritzen", haben oft Probleme, mit ihren Gefühlen umzugehen und leiden unter starken psychischen Spannungszuständen. Die Verletzungen wirken für sie spannungslösend, sie geben ihnen wieder das Gefühl lebendig zu sein.

Aufgaben

1. Erarbeitet Ursachen für die in M 6 und M 7 genannten psychischen Probleme.
2. Diskutiert in der Klasse, wie ihr als Jugendliche Betroffenen helfen könntet.

4.2.3 Computerspiele – die schönste Freizeitbeschäftigung der Jungen?

M 8 „Das zieht einen irgendwie immer an“

„Das zieht einen irgendwie immer an. Das ist das Spiel! [...] Wir haben seit drei Monaten einen Computer. Wir hatten davor Nintendo, das war noch schlimmer. Jedes Mal, wenn ich nach der Schule nach Hause kam, hab' ich direkt gespielt." (Schülerin, 16 Jahre).

„Wie ich mich fühle, kommt darauf an, was für ein Spiel es ist. Wenn es eins ist, was ich gut kann und was mir Spaß macht, dann ist es schön, es gespielt zu haben." (Schüler, 15 Jahre).

„Mir gefällt, dass ich, wenn ich ein Spiel spiele, immer nur an das Spiel denken muss und nur mit dem Spiel verbunden bin und gar nichts anderes. Ich konzentriere mich nur auf das Spiel." (Schüler, 13 Jahre).

Nach: Jürgen Fritz/Wolfgang Fehr (Hg.): Computerspiele. Virtuelle Spiel- und Lernwelten, Bonn 2003, S. 125

M 9 Welche Computerspiele machen besonders abhängig?

Im Bann der virtuellen Welt

Diese zehn Spiele führen der Studie zufolge besonders häufig zur Abhängigkeit (in Prozent)

	Gefährdete Jungen	Abhängige Jungen
World of Warcraft	11,6	8,5
Guild Wars	5,8	3,8
Warcraft	8,7	3,8
Counterstrike	8,2	4,9
Call of Duty	6,2	4,0
Battlefield	6,5	4,1
Grand Theft Auto	4,5	2,7
Pro Evolution S.	3,5	1,9
FIFA (Fußball)	2,9	1,2
Need for Speed	2,8	1,8

Jungen nutzen der Befragung zufolge Computerspiele deutlich mehr als Mädchen (in Prozent)

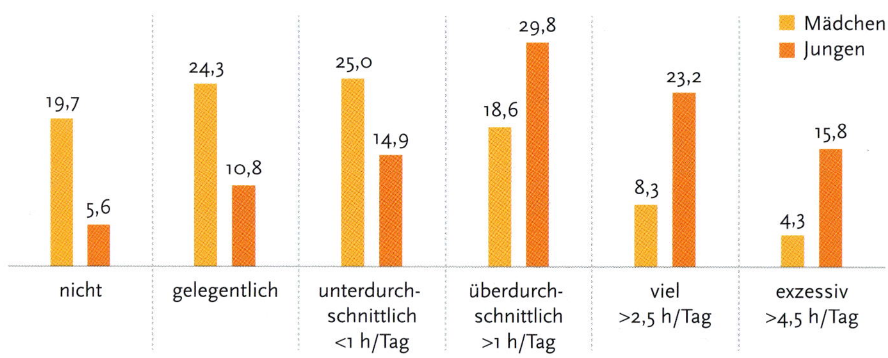

SZ-Graphik: Michael Mainka; Quelle: Kriminologisches Forschungsinstitut Niedersachsen, 2009

M 10 Suchtpotential von Computerspielen

Die Jugendlichen in Deutschland verbringen immer mehr Zeit mit Computerspielen und werden teilweise von diesen abhängig. (...) Fast ein Drittel der 15-Jährigen bringt es pro Tag im Durchschnitt auf eine Spielzeit von mehr als drei Stunden, jeder dreizehnte Junge wird vom (Kriminologischen Forschungsinstitut Niedersachsen) KfN entweder als abhängig (drei Prozent) oder als gefährdet (4,7 Prozent) eingestuft. Viele Jugendliche verbrächten übers Jahr gesehen mehr Zeit mit Online-Computerspielen als im Schulunterricht. Dies sei „völlig unakzeptabel", schreiben die Autoren der Studie und fordern, die Altersfreigabe für besonders suchtgefährdende Spiele auf 18 Jahre anzuheben. (...)

Eine hohe Suchtgefahr geht laut KfN vor allem von sogenannten Online-Rollenspielen aus, bei denen Tausende Spieler, die durch das Internet verbunden sind, in einer virtuellen Welt gegeneinander antreten. Unter den zehn Spielen mit der größten Suchtgefahr rangieren aber auch drei sogenannte Shooter-Spiele, bei denen der Nutzer möglichst viele Spielfiguren erschießen muss und die nach dem Amoklauf in Winnenden erneut in die Kritik geraten sind. Auf Platz vier befindet sich das Shooter-Spiel Counterstrike, das auch im Zimmer des Täters gefunden worden ist.

Als besonders problematisch heben die Forscher das Online-Rollenspiel „World of Warcraft" (Welt der Kriegskunst) hervor, das weltweit meistverkaufte Spiel seiner Art. In dem Spiel schließen sich mehrere Akteure zusammen, um in einer Fantasy-Welt Aufgaben zu übernehmen und gegen computergesteuerte Monster zu kämpfen. Der Spieler kann mit seinen Mitspielern online sprechen, seine Spielfigur im Laufe der Zeit aufsteigen. Weil „World of Warcraft" (WoW) im Vergleich zu Shooter-Spielen als weniger brutal gilt, wurde es mit einer Altersfreigabe von zwölf Jahren versehen.

Jeder dritte männliche WoW-Nutzer gab in der Umfrage an, das Spiel täglich im Schnitt mehr als viereinhalb Stunden zu spielen. Männliche Schüler, die WoW spielen, fallen im Vergleich zu anderen Jugendlichen häufiger durch deutlich schlechtere Schulnoten und mehrfaches Schwänzen auf. Dieser Effekt sei in allen Schulformen und unabhängig vom Bildungsniveau im Elternhaus festzustellen, Gymnasiasten zeigten sich ähnlich anfällig für das Dauerdaddeln wie Hauptschüler. Ob ein Jugendlicher süchtig werde, hänge durchaus von der Art des Spieles ab, nicht nur von Charakter oder Lebensumständen des Spielers.

Roland Preuß, in: Süddeutsche Zeitung, 16.03.2009, S. 6

KfN-Schülerbefragung
Für die Untersuchung hatten die Wissenschaftler des hannoveraner Instituts zwischen April 2007 und Oktober 2008 gut 15 000 Schülerinnen und Schüler in ganz Deutschland befragt. Die Neuntklässler, die im Schnitt 15,6 Jahre alt waren, füllten hierzu einen sechs Seiten langen Fragebogen aus. Finanziert wurde die groß angelegte Studie vom Bundesinnenministerium.

M 11 Hallo, ich heiße Sebastian – und bin spielsüchtig

Spielsucht
Zwanghaftes Spielen oder Spielabhängigkeit bedeutet die Unfähigkeit eines Betroffenen, dem Wunsch, zu spielen, zu widerstehen, auch wenn dies schwerwiegende Folgen im persönlichen, familiären oder beruflichen Umfeld nach sich zu ziehen droht oder diese schon nach sich gezogen hat.

Ich bin 12 Jahre alt und besuche ein Gymnasium, zumindest körperlich bin ich da, meine Gedanken aber schweifen meistens bei meinem Computerspiel World Of Warcraft. Ich langweile mich in der Schule fast zu Tode, aber alleine der Gedanke an dieses Spiel erreicht in gewisser Weise eine Befriedigung. Am liebsten spiele ich PvP (player versus player). Das ist eine Möglichkeit, auf Schlachtfeldern gegen andere Spieler anzutreten und sie zu besiegen. Deswegen bin ich wahrscheinlich so vernarrt in dieses Spiel. Man hat keine Computergegner, die Gegner sind richtige Menschen, die denken, die voraussehen können, was ich als Nächstes vorhabe. Man muss sich Taktiken überlegen, Vorgehensweisen, die Spielweisen der Gegner analysieren, ihre Schwächen rausfinden und dann besiegen. Dafür wird man durch ein Ehrensystem belohnt. Und natürlich mit der Anerkennung anderer Spieler. Anerkennung, die ich sonst nicht kriege.

In der Schule ist mir bisher immer alles zugeflogen, nie musste ich etwas für die Schule tun. Die Lehrer sagen, dass ich in jedem Fach mindestens auf „gut" stehen könnte, aber ich bin zu faul, ich war es schon immer. Spielen ist viel einfacher, es macht Spaß, es befriedigt, es gibt sogar Energie. Man vergisst alles um sich herum. Vergessen ist oft ein Segen. Alle Probleme, denen man sich vorher stellen musste, sind scheinbar nicht mehr da. Man muss keine Hindernisse wie Faulheit überwinden, wofür ich mich quälen müsste, was ich nicht kann.

Meine Eltern erkannten meine Sucht und bemerkten meinen starken Leistungsabfall. Sie haben mir zuerst Fristen gesetzt, dass ich zum Beispiel nur drei Stunden spielen darf. Ich war nicht im Stande, mich daran zu halten. Meine Eltern haben mir kurz darauf das Spiel abnehmen wollen. Ich habe ihnen nur die CDs gegeben und sie sind in dem Glauben, ich könnte es nicht mehr spielen. Es ist wie eine Seuche, die einen von innen auffrisst. Man weiß es, man weiß, dass es einen zerstört, aber man kann nicht mehr davon weg. Ich trinke Cola, um mich wach zu halten, um im Spiel nicht einzuschlafen (was mir einmal passiert ist). Ich habe ganz verfärbte Zähne bekommen. Meine Familie leidet unter mir, sie kritisieren mich den ganzen Tag, wollen mich kontrollieren. Besonders nach diesen Auseinandersetzungen habe ich erhöhtes Verlangen, zu spielen. Ich denke nicht, dass mir jemand helfen kann, auch wenn dies behauptet wird, das muss ich selber tun. Aber es wäre wie eine tiefe Wunde, die ich mir selbst zufügen müsste und das kann ich nicht. Die Qualen wären zu groß.

Gabriele Farke, in: http://www.onlinesucht.de/, 12.03.2009

M 12 Bin ich süchtig? Ein Selbsttest

Kreuze an, ob die folgenden Aussagen auf dich zutreffen.

Nr.	Aussage	Ja	Nein
1	Ich habe schon mal die Schule versäumt, um zu spielen	○	○
2	Das Spielen hat mir zuhause schon Ärger eingebracht	○	○
3	Ich habe nach dem Spielen Gewissensbisse	○	○
4	Meine Schulleistung hat durch das Spielen gelitten	○	○
5	Ich bin gleichgültiger gegenüber dem Wohl meiner Familie/Freunde geworden	○	○
6	Ich habe schon häufig länger gespielt als ich wollte	○	○
7	Ich habe durch das Spiel schon einmal Sorgen und Ärger vergessen wollen	○	○
8	Ich schlafe schlecht, seitdem ich spiele	○	○
9	Ich habe schon einmal gespielt, um mich mal richtig glücklich zu fühlen	○	○
10	Mir ist eigentlich schon klar, dass ich mir durch das Spielen selbst schade	○	○
11	Ich spiele auch heimlich	○	○
12	Ich habe andere Freizeittätigkeiten wegen des Spielens aufgegeben	○	○

Süchtig oder nicht süchtig
Wenn du mehr als dreimal „Ja“ angekreuzt hast, bist du zumindest suchtgefährdet. Hast du mehr als siebenmal „Ja“ angekreuzt, bist du mit ziemlicher Sicherheit süchtig. Gegen Sucht kann man etwas tun. Voraussetzung ist, dass die Sucht als Problem erkannt worden ist.

M 13 Wenn aus fesselndem Spaß Ernst wird

Aufgaben

1. Führt in eurer Klasse eine Befragung zur Nutzung von Computerspielen durch. Vergleicht dann eure Ergebnisse mit den Aussagen aus M 9.
2. Beschreibe, welche negativen Folgen Sebastians Spielverhalten hat, und nenne mögliche Gründe für Sebastians Verhalten (M 11).
3. Ist Sebastian spielsüchtig? Begründe deine Meinung (M 11, M 12).
4. Erkläre die Aussage des Plakats in M 13.

Was wir wissen

Sucht
M 2, M 5

Sucht ist das krankhafte Verlangen nach einem bestimmten Erlebniszustand. Diesem Verlangen wird das vernünftige Verhalten untergeordnet. Um einen angestrebten „Glücks- oder Entspannungszustand" zu erreichen, muss der Drogenkonsum zunächst ständig gesteigert werden. Sucht existiert sowohl in stoffgebundenen (z. B. Alkohol-, Nikotin-, Heroinsucht) als auch in vielen anderen Bereichen (Kaufsucht, Spielsucht, Computersucht, Magersucht, ...).
Grundsätzlich kann jeder Mensch süchtig werden. Da Sucht nicht auf den Umgang mit bestimmten Stoffen beschränkt ist, kann jede Form menschlichen Verhaltens zur Sucht werden (z. B. Magersucht, Arbeitssucht, Spielsucht, unkontrolliertes Verlangen nach sexueller Befriedigung).
Sucht entsteht meist schleichend über einen längeren Zeitraum. Zunächst wird kurzfristig durch bestimmtes Verhalten (Alkohol, Ritzen, ...) ein angestrebter Zustand erreicht. Über Gewohnheit und Missbrauch entsteht schließlich ein Zustand physischer und psychischer Abhängigkeit. Sucht ist eine Krankheit und bedarf ebenso einer Behandlung wie jede andere Erkrankung auch.

Tabak und Alkohol
M 3, M 4

Alkohol und Nikotin waren über lange Jahrzehnte die von Jugendlichen am meisten genutzten stoffgebundenen Drogen. Seit einigen Jahren geht allerdings der Anteil der Jugendlichen, die diese Drogen intensiv nutzen, zurück. Männliche Jugendliche nutzen Alkohol deutlich stärker als weibliche Jugendliche.

Magersucht, Bulimie und Ritzen
M 6, M 7

Magersucht, Bulimie und Ritzen sind eher weibliche Suchtzustände. Ursachen sind vor allem psychische Spannungszustände (Ritzen) sowie die Suche nach Anerkennung (Magersucht, Bulimie).

Computer und Sucht
M 8 – M 13

Das Spielen oder Kommunizieren mit dem Computer kann zur Sucht werden. Suchtverhalten liegt vor, wenn jemand die Erlebnisse am Computer braucht, um sich gute Gefühle, wie Freude, Stolz oder Spannung, zu verschaffen. Um diese Glücksgefühle zu erreichen, muss er immer länger am Computer sein. Die gesamte Freizeitgestaltung konzentriert sich auf den Computer. Trotz negativer Folgen (schlechte Schulleistungen, schlechte Ernährung, mangelnde Bewegung, fehlende Freundschaften, Strafen) können Betroffene ihr Verhalten nicht ändern.

Die Geschichte von MAX

Der Schüler MAX hat Schwierigkeiten in Mathematik. Er mag den Lehrer nicht und hat zu Beginn des Schuljahres etwas nicht sofort verstanden. Seitdem ist er im Unterricht wie auch bei den Hausaufgaben sehr demotiviert und lustlos. Er lässt sich hängen. An einem Nachmittag sitzt MAX an seinem Schreibtisch. Vor ihm liegt sein Matheheft. Er probiert sich an den Hausaufgaben, doch er kann sie nicht bewältigen und ist genervt. MAX schlägt wütend das Heft zu und stopft es in seine Schultasche. Er steht auf und geht zum Fernseher. [...] Am nächsten Tag schlägt er sein Heft wieder auf. Nur ein kurzer Blick ins Heft und MAX weiß sofort, dass er die Aufgabe nicht lösen kann. Wieder schlägt er das Heft zu und wirft es in seine Tasche. Der Computer lockt. Drei Tage später greift MAX nur kurz nach dem Heft, er macht es aber gar nicht erst auf. Er schüttelt den Kopf. „Scheiß Mathe", denkt er sich und wirft das Heft in die Zimmerecke.

[...] Je öfter er dieser unangenehmen Situation ausweicht, desto selbstverständlicher und einfacher wird für ihn sein Verhalten. Er sucht nach Ersatzbefriedigung (Fernsehen, Computer spielen, Rauchen). Für einen Moment wird dadurch seine Unzufriedenheit beseitigt, seine Situation verbessert sich aber nicht. Seine Stimmung ist zwar kurzfristig aufgehellt, das eigentliche Problem aber nicht bewältigt und die Suchtspirale dreht sich ein Stück weiter.

Mit der Zeit versucht sich MAX mit fadenscheinigen Argumenten zu beruhigen: „Ich brauche Mathe sowieso nicht. Andere haben auch Probleme in Mathe. Ich will sowieso keinen technischen Beruf erlernen."

MAX gerät immer mehr in eine heikle Situation und muss Leistung vortäuschen. [...] Der Lehrer wundert sich und spricht ihn auf die Unterschiede zu seinen bisherigen Leistungen an. MAX lügt und sagt, dass er bei der Arbeit Kopfschmerzen hatte. Der Lehrer weist ihn darauf hin, dass es in den anderen Fächern auch nicht gut aussehen würde und die Versetzung gefährdet sei! Der Ärger mit seinen Eltern ist vorprogrammiert.

MAX ändert sein Verhalten jedoch nicht und schlägt die Warnungen von Eltern, Freunden und Lehrern in den Wind. Seine alten Freundschaften zerbrechen und seine sozialen Kontakte ändern sich. Die neuen Freunde sind Ja-Sager. Sie unterstützen den Standpunkt von MAX und gehen gerne mal ein Bier trinken, um den Frust in der Schule und den Stress mit den Eltern zu vergessen. Seitdem MAX die Schmerzgrenze überschritten hat, wird alles zum Selbstläufer. Eine Ausrede bzw. Lüge folgt der nächsten. [...] MAX begreift, wie langsam aber sicher seine Ziele verloren gehen und seine Träume zerrinnen. Aufgrund seiner miserablen Leistungen muss er kurz vor dem Schulabschluss die Schule verlassen. Er beginnt eine Lehre. Schon im ersten Lehrjahr bekommt er Schwierigkeiten mit seinem Chef und den Kollegen, weil er nie pünktlich ist und die Arbeit nicht ordentlich erledigt. Die Situation eskaliert. MAX wird gefeuert!

Axel Seifert, Die Geschichte von MAX, in: http://www.kmdd.de/infool-suchtspirale.htm, Abruf am 08.02.1012

Aufgaben

1. Arbeite aus der Geschichte von Max die unterschiedlichen Stadien einer Sucht heraus.
2. Schematisiere diese Stadien in geeigneter Form.

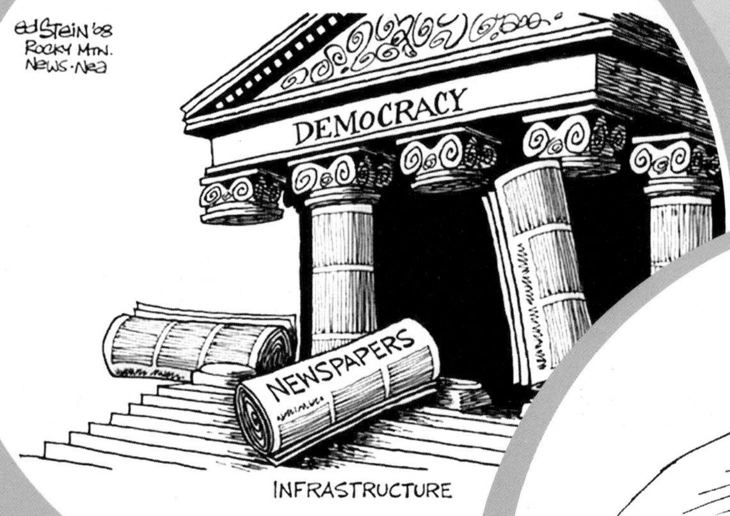

Karikatur: Ed Stein

Karikatur: Hogli

Karikatur: Götz Wiedenroth

5

Einfluss von Medien auf Jugendliche und Politik

Medien sind aus unserem Leben nicht mehr wegzudenken. Es gibt wohl kaum einen Tag, an dem wir auf die Tageszeitung, das Fernsehen, das Internet, das Handy oder andere Kommunikationsmittel verzichten, um uns zu informieren, miteinander auszutauschen oder unterhalten zu lassen. Medien beeinflussen uns aber auch und prägen als Mittler zwischen uns und der Außenwelt entscheidend unser Bild von der Wirklichkeit. Mit Medien sinnvoll umzugehen, aber auch die Grenzen und möglichen Gefahren ihrer Nutzung einschätzen zu können, setzt eine eingehende Beschäftigung mit den vielfältigen Erscheinungen unserer Mediengesellschaft voraus.

Kompetenzen

Am Ende dieses Kapitels solltest du Folgendes können:

- Medien als prägende Sozialisationsinstanz untersuchen
- Medien als politikerklärende Instanz analysieren
- Mediensparten und Medienbeiträge untersuchen
- Wechselwirkungen zwischen Medien, Wirtschaft und Politik beurteilen

Was weißt du schon?

- Mal humorvoll, mal ernsthaft – jede der drei Karikaturen setzt sich auf ihre Art mit dem Medium Zeitung auseinander. Fasst ihre Aussagen in eigene Worte.

5.1 Medien in der Welt von Jugendlichen

5.1.1 Medien im Alltag – wie wirken sie auf Jugendliche?

JIM
JIM steht für „Jugend, Information, (Multi-) Media" und bezeichnet die bedeutendste regelmäßig durchgeführte Studie zum Medienverhalten Jugendlicher in Deutschland.

M 1 Medienbeschäftigung von Jugendlichen in der Freizeit

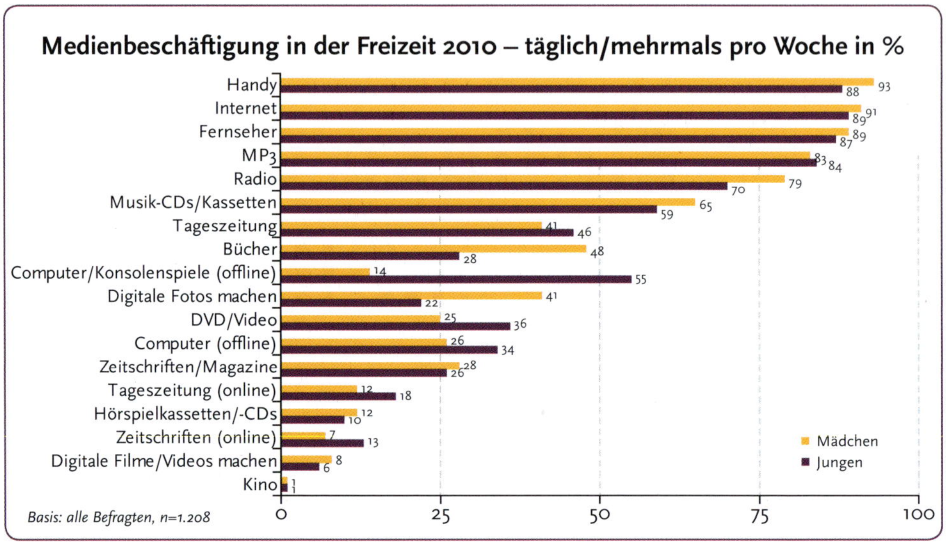

Medienpädagogischer Forschungsverbund Südwest, JIM 2010. Jugend, Information, (Multi-)Media, Stuttgart, 2010, S. 12, www.mpfs.de

M 2 Medienbeschäftigung nach Alter und Schulbildung

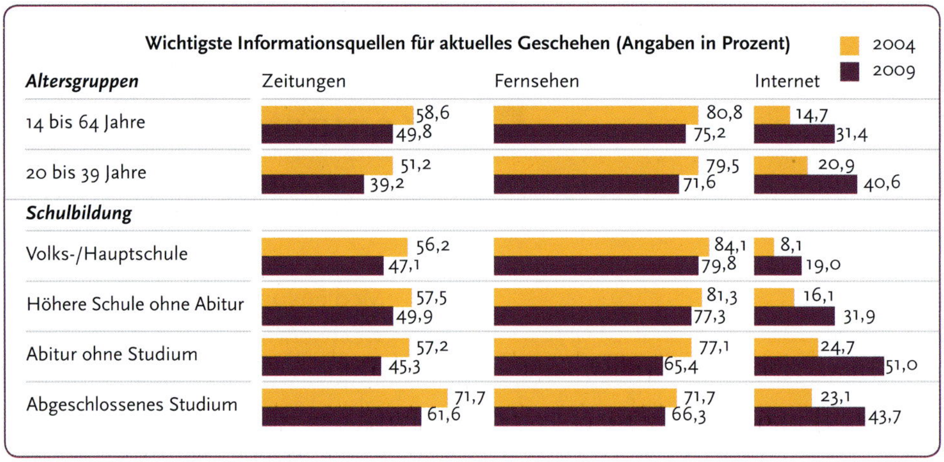

Nach: Allensbacher Computer- und Technikanalyse (Acta 2009)

Aufgaben

1. Erschließe aus M 1 die Ergebnisse der JIM-Studie 2010.
2. Zeige, wie sich das Medienverhalten der Bürger verändert hat (M 2).
3. Beschreibe, wie die Daten im Jahr 2020 sein könnten.

Ein Medienprotokoll erstellen

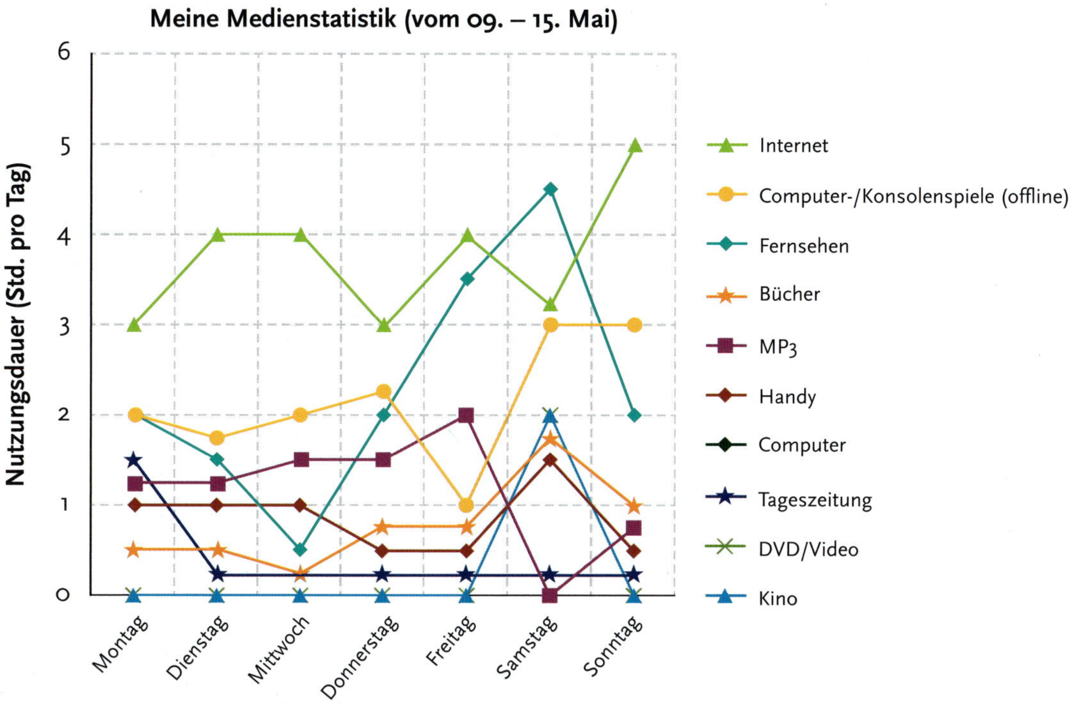

[1] *Die Verbindung einzelner Datenpunkte mit Linien ist statistisch ungenau, weil sie den Anschein erweckt, dass es zwischen zwei gültigen Werten (Datenpunkten) noch Zwischenwerte gebe. Sie dienen deshalb hier nur der besseren Lesbarkeit.*

Autorengrafik und -text

Aufgaben

1. Beobachte über eine Woche hinweg dein Medienverhalten. Notiere hierzu, welche Medien du täglich wie lange konsumierst. Trage die ermittelten Werte wie im Beispiel oben in ein zweiachsiges Koordinatensystem ein. Überlege dir, welche Medien du erfassen möchtest. Achte darauf, dass sich die einzelnen Datenpunkte durch die Wahl geeigneter Farben oder Symbole klar voneinander unterscheiden. Am Ende deiner Beobachtung kannst du die einzelnen Punkte mit Hilfslinien[1] verbinden.
   Die fertige Grafik gibt dir einen guten Überblick über deine Nutzungsgewohnheiten. Vielleicht bist du erstaunt, wie viel Zeit du pro Tag mit den verschiedensten Medien verbringst. Bedenke aber: Es kann sein, dass du zu bestimmten Zeiten des Tages mehrere Medien gleichzeitig konsumiert hast. Die Summenangaben sind also Brutto-Werte.
2. Tauscht eure Ergebnisse untereinander aus und diskutiert sie in der Klasse. Welche Gemeinsamkeiten oder Unterschiede fallen euch auf? Welche Gründe könnt ihr hierfür nennen?
3. Vergleicht schließlich eure eigenen mit den Ergebnissen der aktuellen JIM-Studie. Beschreibt auch hier Gemeinsamkeiten und Unterschiede und versucht, sie zu erklären.

M 3 Unbegrenzte Möglichkeiten

Nach: Andreas Dietz

M 4 Was sind Massenmedien?

Sammelbezeichnung für alle Kommunikationsprozesse, die sich öffentlich und allgemein zugänglich über technische Übertragungsmittel meist einseitig an ein weit verstreutes anonymes Publikum richten.

Zu den Massenmedien zählen neben Printmedien (z. B. Zeitung, Zeitschrift, Buch), auditiven Medien (z. B. Radio, CD) und audiovisuellen Medien (z. B. Fernsehen, Videokassette, DVD) auch die multimedialen und interaktiven Medien (vor allem Internet). In modernen Gesellschaften gehören Massenmedien zum Alltagsleben, sie sind Hauptquelle für politische und gesellschaftliche Informationen und haben neben Bildungs- vor allem Unterhaltungsfunktion. Massenmedien können zur Manipulation und Propaganda missbraucht werden. Der technische Fortschritt im Bereich der Massenmedien veränderte ab Mitte des 20. Jahrhunderts das Freizeitverhalten der Menschen, das bis heute besonders durch das Fernsehen bestimmt wird. Daneben haben aber Hörfunk, Zeitung und Buch immer noch einen hohen Stellenwert.

http://www.spiegel.de/lexikon, Abruf am 30.09.2010

M 5 Unser sechster Sinn

Früher reichte es aus, die Unterweisungen von Lehrern und Eltern zu beachten und mit offenen Augen durch die Welt zu gehen. Es war eine kleine Welt, in der sich die Dinge kaum änderten. Zwar gab es Nachrichten aus der großen Welt jenseits von Berg und Tal; die waren interessant, aber letztlich nicht wichtig. Manchmal brauch auch die große Welt ins alltägliche Leben ein, meist in Form von Seuchen und Krieg. […]

In der modernen Welt scheint nichts mehr von Dauer zu sein. Was gestern gesichert schien, ist heute hinfällig. Was heute als unumstößliche Wahrheit erscheint, kann morgen überholt sein. Politik, Alltagsleben, Technik, Kultur, Mode, wissenschaftliche Erkenntnisse – die Zeitläufe ändern sich so rasch, dass die Menschen Mühe haben, den Wandel zu verkraften. Die Lebenswelt der 70er Jahre scheint schon unendlich weit entfernt zu sein; die der 50er oder 60er Jahre mit den heutigen Verhältnissen kaum noch zu vergleichen.

Unser Bild der Wirklichkeit entstammt zu vielleicht zehn Prozent der eigenen Anschauung und Erfahrung. Den Rest wissen wir, oder glauben wir zu wissen, aus Büchern, Zeitungen, Illustrierten, Radio, Fernsehen. Mediennutzung ist zu einer Schlüsselkompetenz geworden, ohne die wir nicht mehr leben können. Das in Schule und Berufsausbildung erworbene Wissen ist nach einigen Jahren veraltet. Wir müssen ständig dazulernen, sonst finden wir uns nicht mehr in der Welt zurecht, sonst begreifen wir die nachwachsende Generation nicht mehr, verpassen beruflich den Anschluss, verstehen nicht mehr, was um uns und mit uns geschieht. […]

Ein entscheidendes Qualifikationsmerkmal ist heute der Umgang mit Informationen. Das beginnt schon in der Schule. Wie viel ein Schüler aus dem im Elternhaus gelernten eigenständigen Umgang mit Medien in den Unterricht einbringt, das hat Einfluss auf den Schulerfolg.

Vereinfacht könnte man sagen: Je besser jemand Medien im weitesten Sinne für sich nutzbar macht, desto höher wird voraussichtlich der gesellschaftliche Status sein, desto größer der berufliche Erfolg.

Fatalerweise führt die hohe Verfügbarkeit von Informationen über eine immer größere Medienvielfalt nicht dazu, dass mehr Menschen Zugang dazu bekommen. Was Wissenschaftler seit Jahrzehnten vorhergesagt haben, zeichnet sich heute als gesellschaftliche Realität ab. Die Kluft zwischen trainierten Mediennutzern und der Masse der Bevölkerung wird immer größer. Es setzt nämlich Wissen und langjähriges Training voraus, aus der Informationsfülle das herauszufiltern, was wichtig ist. Wer das nicht gelernt hat, fühlt sich schnell überfordert, schaltet ab und zieht sich auf Medien zurück, die vorwiegend der populären Unterhaltung dienen.

Gegen diese Informationskluft gäbe es nur ein Mittel: Der Umgang mit den Medien der verschiedenen Art, bewusste und kritische Mediennutzung überhaupt müsste als die entscheidende Kulturtechnik unserer Zeit im Zentrum jeder Bildung und Ausbildung stehen.

Michael Bechtel, in: PZ, Nr. 75, Medien, hrsg. von der Bundeszentrale für politische Bildung, Bonn, 8/1993, S. 6 f. (Rechtschreibung angepasst)

Mediatisierung
Die Tatsache, dass wir unsere Erfahrungen der Wirklichkeit immer mehr über die Medien beziehen, wird auch als „Mediatisierung" bezeichnet.

Aufgaben

1. Ergänze den Text in der leeren Sprechblase des Cartoons (M 4).
2. Diskutiert über eure Vorschläge sowie den Originaltext des Cartoonisten.
   Der Originaltext lautet: „Man braucht es nur nicht"
3. Erschließe aus M 5 die Bedeutung der (Massen-)Medien für den modernen Menschen. Welche Aufgabe hat in diesem Zusammenhang die Medienerziehung?
4. Der Text erscheint, obwohl er bereits 1993 veröffentlicht wurde, erstaunlich aktuell. Was müsste man ändern, um ihn auf den allerneuesten Stand zu bringen?

5.1.2 Medien – Chance oder Gefahr?

M 6 Deutschland online

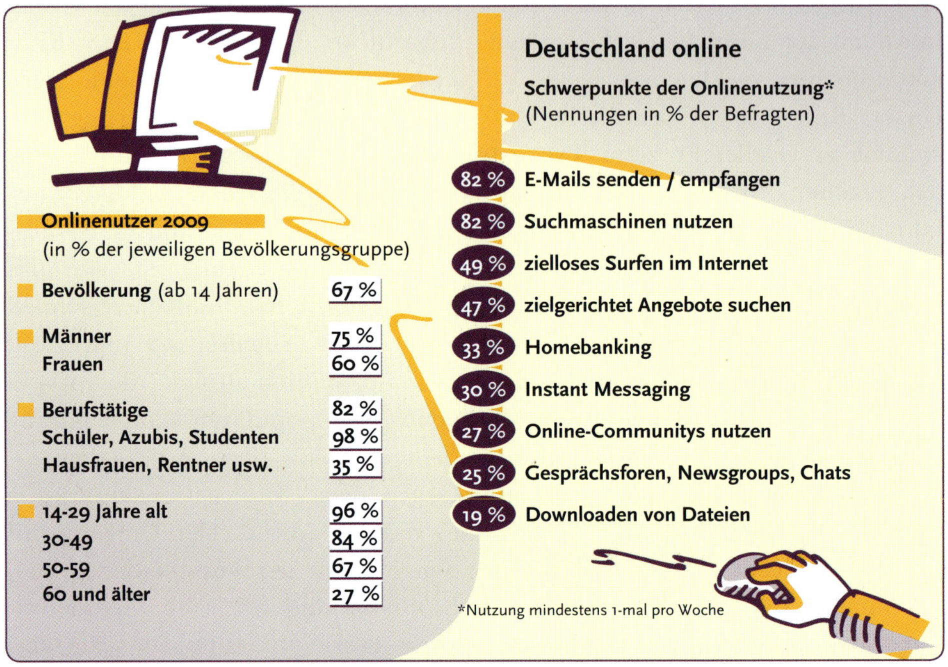

Bergmoser + Höller Verlag 538161; Quelle: ARD/ZDF-Online-Studie

M 7 Womit wir unsere Zeit im Netz verbringen

Web 2.0
(auch Social Media)
Bezeichnung für eine neue Generation interaktiver Netzdienste, die es ihren Nutzern ermöglichen, sich miteinander zu vernetzen und – prinzipiell gleichberechtigt – Web-Inhalte gemeinsam zu erstellen und in vielen Bereichen online zusammenzuarbeiten. Der typische Nutzer konsumiert und produziert gleichzeitig, er ist Prosumer.

Was machen die Menschen, wenn sie sich im Netz rumtreiben? Das Marktforschungsinstitut Nielsen hat das in den USA untersucht und kommt zu dem Schluss: Vor allem schauen sie sich Facebookseiten an.

Der durchschnittliche Amerikaner verbringt laut Nielsen mehr als 60 Stunden im Monat online. Den größten Teil davon bei sozialen Netzwerken, insgesamt 22,7 Prozent. Erst mit großem Abstand folgen andere Angebote wie Onlinespiele (10,2 Prozent) und E-Mails (8,3 Prozent). (...)

Das heißt noch nicht, dass soziale Netzwerke inzwischen zu der wichtigsten Anwendung im Netz geworden sind. Aber es heißt, wer sie nutzt, verbringt damit viel Zeit. Und das mit steigender Tendenz. Im Jahr zuvor lag die Zahl noch bei knapp über zehn Prozent. Im Gegensatz dazu steht das Schreiben von E-Mails nicht mehr an Platz zwei, sondern an Platz drei der Lieblingsbeschäftigungen im Netz.

In der Mitteilung zur Studie sagt Dave Martin, Analyst bei Nielsen: „Obwohl das Internet unendlich viele Möglichkeiten bietet, verbringen die Surfer doch gut 40 Prozent ihrer Online-Zeit mit nur drei Aktivitäten: sozialen Netzwerken, Spiele spielen und mailen."

Es gibt noch mehr Ergebnisse, die nahelegen, dass Vernetzung das eigentliche Interesse der Menschen ist oder sie das zumindest annehmen. Das Pew Research Center fragte vor Kurzem, ob das Internet wohl eher positive oder eher negative Auswirkungen auf unser Sozialleben haben wird. 85 Prozent der Befragten sagten, wenn sie an die Zukunft denken, werde das Netz vor allem positiven Einfluss auf soziale Beziehungen haben. Nur 14 Prozent waren der Meinung, es zerstöre sie eher, statt sie zu fördern.

Kai Biermann, Womit wir im Netz unsere Zeit verbringen, in: http://www.zeit.de, 04.08.2010

M 8 Nazis raus 2.0 – soziale Netzwerke gegen rechts

Bundesverbraucherschutzministerin Ilse Aigner hat gemeinsam mit den Initiatoren von der Amadeu Antonio Stiftung und der Wochenzeitung „Die Zeit" die Aktion „Soziale Netzwerke gegen Nazis" vorgestellt. Ziel der Kampagne soll es sein, in den 20 teilnehmenden sozialen Netzwerken gegen Nazis zu mobilisieren.

„KWICK!" ist eine dieser Seiten, die mit Bannern und Buttons auf ihr Engagement hinweisen wollen. Die Teilnahme ist für die Verantwortlichen der Plattform selbstverständlich: „Sozial bedeutet im ursprünglichen Wortsinn ‚gemeinsam', ‚verbündet'. Ein soziales Netzwerk, das extremistisches Gedankengut duldet oder unterstützt und damit Ausgrenzung und Anfeindung fördert, darf sich eigentlich nicht sozial nennen."

Die User der 20 teilnehmenden Plattformen sollen durch die Aktion ermutigt werden, rechte Inhalte zu melden. Fast jede Seite verfügt über Buttons, mit denen entsprechende Profile, Botschaften oder Bilder beanstandet werden können.

Die Seitenbetreiber selbst überprüfen in der Regel bereits bei der Anmeldung, ob ein rechtsextrem geprägter Benutzername verwendet wird und löschen das neue Mitglied, nach eigener Auskunft, schnellstmöglich.

http://www.tagesschau.de, 11.10.2010

Offizielles Banner der Aktion „Soziale Netzwerke gegen Nazis"

Aufgaben

1. Erschließe aus M 6 und M 7 das Nutzungsverhalten von Onlinenutzern. Welche Aktivitäten stehen im Trend? Welche Bevölkerungsgruppen nutzen sie vorrangig? Welche Entwicklungen zeichnen sich ab?
2. Erstelle dein eigenes User-Profil. Welche Aktivitäten stehen für dich im Vordergrund, wenn du online gehst?
3. Der 28-jährige Angolaner Amadeu Antonio wurde im November 1990 in Eberswalde (Brandenburg) von etwa 50 Rechtsradikalen angegriffen und tödlich verletzt. Er war eines der ersten Opfer rassistischer Gewalt nach der deutschen Wiedervereinigung. Beschreibe vor diesem Hintergrund die Zielsetzung der Initiative „Soziale Netzwerke gegen Nazis" (M 8). Erkläre, worin die Vorteile einer Online-Kampagne gegenüber anderen Aktionsformen bestehen.
4. Diskutiert, ausgehend von diesem Beispiel, inwieweit das Web 2.0 geeignet ist, die Bereitschaft zu gesellschaftlichem Engagement und politischer Beteiligung zu fördern.
5. Recherchiert im Internet nach weiteren gesellschaftspolitischen Initiativen und Plattformen der aktiven Bürgerbeteiligung und stellt sie euch gegenseitig vor.

5.1.3 Soziale Netzwerke – wie sicher sind sie?

M 9 Die Sicht des Karikaturisten

Karikatur: Hoi Polloi

M 10 Sind soziale Netzwerke sicher?

Soziale Netzwerke
(Nutzerzahl / Verbreitung; Stand 2009)

Facebook:
ca. 400 Mio. / weltweit

MySpace:
ca. 180 Mio. / weltweit

VZ-Seiten:
ca. 14,6 Mio. / Deutschland

Stayfriends:
ca. 9,9 Mio. / Deutschland

Wer-kennt-wen:
ca. 7,9 Mio. / Deutschland

Lokalisten:
ca. 3,5 Mio. / Deutschland

Jappy:
ca. 1,7 Mio. / Deutschland

Durch soziale Netzwerke sind die Menschen, insbesondere Jugendliche, der ganzen Welt miteinander in Verbindung. So ist es einfach, Kontakt zu halten und alte Freunde wieder zu finden. Aber nicht zu vergessen, es verstecken sich in den vermeintlich „guten und sicheren" Netzwerken auch viele Nachteile und Gefahren. Zu bedauern ist, dass es ziemlich viele Fake-Profile in Sozialen Netzwerken gibt, welche zu Stalking- und Hackerzwecken genutzt werden. Es ist auf die persönliche und sensitive Datenpreisgabe zu achten. Da im Prinzip jeder Mitglied einer solchen Plattform werden kann, haben also auch (zukünftige) Arbeitgeber, Lehrer, Dozenten und Journalisten Zugang zu diesen personenbezogenen Daten. Vermeintlich lustige Fotos der letzten Party, unbedachte Äußerungen in den einzelnen Foren und scherzhaft gemeinte Angaben zur eigenen Person können so zu Karrierekillern werden, bevor die berufliche Ausbildung überhaupt begonnen hat, denn auch Jahre später können eingegebene Daten noch abgerufen werden. Außerdem ist es mithilfe sozialer Netzwerke leichter, private Personen zu identifizieren und so Opfer von Stalking oder Cybermobbing zu werden, wobei. Häufig werden auch private Angaben zu Hobbys und persönlichen Interessen an Werbepartner weitergegeben, um Werbung personenspezifischer zu verschicken.

M 11 Sechs Tipps für den Umgang mit sozialen Netzwerken

1. Verwende einen Spitznamen (Pseudonym)!

Einige soziale Netzwerke bieten ihren Nutzern ausdrücklich an, öffentlich unter einem Spitznamen aufzutreten. Nutze diese datenschutzfreundliche Möglichkeit, um deine Identität nicht preisgeben zu müssen. Aber auch wenn es der Netzwerk-Anbieter nicht vorsieht: Bestimmungen in den „Allgemeinen Geschäftsbedingungen" (AGBs), die eine Verwendung von Spitznamen verbieten, sind unwirksam, da die Betreiber nach § 13 Absatz 6 des Telemediengesetzes (TMG) verpflichtet sind, eine Nutzung ihrer Dienste unter Pseudonym zu ermöglichen.

2. Stelle keine Fotos ins Netz, auf denen du oder andere Personen erkennbar sind!

Überlege dir genau, ob die Fotos wirklich für die Öffentlichkeit oder ob sie z. B. nur für deine Freunde bestimmt sein sollen.

3. Gib deine Kontaktdaten nicht an!

Die Angabe von Kontaktdaten (z. B. Telefonnummer, Postadresse) ist nicht notwendig, da jedes Netzwerk interne Kontaktmöglichkeiten bereitstellt. […]

4. Lege fest, wer dein Profil sehen kann: Beschränke den Datenzugriff!

Bei den meisten Netzwerken kannst du festlegen, welche Daten öffentlich, d. h. für alle Nutzer des Netzwerks oder sogar für alle Internetnutzer oder nur für Freunde zugänglich sein sollen. Diese Einstellmöglichkeit findest du meist unter „Privacy / Privatsphäre" oder „Mein Profil". Du solltest immer die eingeschränktesten Einstellungen wählen. Besonders wichtig ist, dass deine „Freundesliste" nicht öffentlich ist. […]

5. Schließe den Datenzugriff für Suchmaschinen aus!

In einigen Netzwerken können Profildaten grundsätzlich nur von anderen Mitgliedern gelesen werden, andere bieten den Ausschluss von Suchmaschinen oder die Beschränkung des Zugriffs auf Mitglieder zumindest als Option. […]

6. Beachte die Rechte Dritter!

Ein leichtfertig veröffentlichtes Foto oder ein Kommentar in einem Gästebuch können dich und andere schnell in eine unangenehme Situation bringen. Du solltest daher stets um Erlaubnis bitten, bevor du ein Foto, Video oder auch Text von oder über jemand anderen veröffentlichst.

Nach: Berliner Beauftragter für Datenschutz und Informationsfreiheit (Hrsg.), Ich suche Dich. Wer bist Du? Soziale Netzwerke & Datenschutz. Tipps für Jugendliche, in: http://jugendnetz-berlin.de, 2009, S. 5-7

Aufgaben

1. Beschreibe das Bild in M 9 und deute die Aussage des Karikaturisten im Hinblick auf deine Daten im Internet.
2. Sammelt in Gruppen eure Erfahrung mit sozialen Netzwerken. Werden die Regeln in M 11 von euch bereits befolgt oder haltet ihr die Regeln für übertrieben? Vergleicht eure Ergebnisse in der Klasse.

Was wir wissen

Medienkonsum von Jugendlichen
M 1 – M 3

Erhebungen wie die „JIM-Studie“ oder die „Shell Jugendstudie“ liefern ein differenzierteres Bild des Medienverhaltens junger Leute. Wichtige Einflussfaktoren sind Alter, Geschlecht, Bildungsgrad und soziale Stellung:

- Neben dem Fernsehen zählen Handy und Internet zu den drei wichtigsten Freizeitmedien Jugendlicher (vgl. JIM-Studie 2009).
- Das Zeitbudget für die Mediennutzung hat sich seit 1970 nahezu verdreifacht.
- Junge Leute („Digital Natives“) nutzen digitale Medien weitaus häufiger und intensiver als ihre Eltern- oder Großelterngeneration.
- In allen Altersgruppen, vorrangig jedoch unter jungen Leuten, wächst der Einfluss des Internets als Informationsquelle.
- Abiturienten sind öfter online als Jugendliche mit Hauptschulabschluss.
- Das Bedürfnis nach sozialer Vernetzung wächst, weshalb mit einem weiteren Boom von Angeboten des Web 2.0 zu rechnen ist.

Definition von Massenmedien
M 4 – M 5

Massenmedien sind Kommunikationsmittel, mit deren Hilfe sich Bild- und Textbotschaften von Sendeanstalten, Verlagen oder den Anbietern von Websites öffentlich über weite Strecken meist unidirektional (in einer Richtung) an ein anonymes Publikum übermitteln lassen. Je nach Übertragungsform unterscheidet man:

- Printmedien (z. B. Zeitung, Zeitschrift, Buch),
- auditive Medien (z. B. Hörfunk, CD, mp3),
- audiovisuelle Medien (z. B. Fernsehen, Video, DVD, Blue-ray) und
- interaktive Medien / Multimedia (z. B. CD-ROM, Internet).

Web 2.0
M 6, M 7

Soziale Netzwerke (z. B. „Facebook“ oder „Twitter“) und andere Plattformen des Web 2.0 beruhen dagegen auf dem Prinzip der Wechselseitigkeit. Sie liefern kein vorgefertigtes Angebot, wie etwa das Fernsehen, auf das die Zuschauer keinen Einfluss haben, sondern regen ihre Nutzer zu Gedankenaustausch und aktiver Teilnahme innerhalb der User-Gemeinde an. Die Kommunikation verläuft nicht mehr uni-, sondern bidirektional (in beide Richtungen). In Web-Projekten wie der Online-Enzyklopädie Wikipedia bearbeiten nicht nur ausgewählte Experten, sondern eine kaum zu überschaubare Masse anonymer User die veröffentlichten Inhalte.

Chancen und Gefahren sozialer Netzwerke
M 9 – M 11

Mit dem Medium Internet hat sich ein neues Kommunikationsmittel entwickelt, das die Menschen immer öfter zur Pflege und Bildung ihrer sozialen Kontakte nutzen. Mit sozialen Netzwerken lassen sich im Vergleich zu herkömmlichen Kommunikationsmöglichkeiten wie – z. B. dem Brief – sehr viele Kontakte pflegen und gewinnen – und das mit geringem Aufwand. Häufig gehen Jugendliche sehr sorglos mit der Veröffentlichung privater Daten um. Diese können leicht für wirtschaftliche Zwecke oder für Beleidigungen und Belästigungen (Mobbing) missbraucht werden. Deshalb sollte man bei der Veröffentlichung persönlicher Daten und persönlicher Informationen im Netz sehr vorsichtig sein.

Technikfeinde oder Trendsetter?

Es gibt Menschen, die kein Internet haben, keines wollen oder keines brauchen. Die auch ohne Handy auskommen. Sind sie technikfeindlich oder Trendsetter?

Der Popmusiker Prince hat vor kurzem erklärt: „Das Internet ist total out. Es stopft deinen Kopf nur mit Daten voll." Seinen neuen Roman „Freiheit" hat Jonathan Franzen auf einem Laptop geschrieben, mit dem er sich nicht ins Internet einloggen konnte. Und Bill Kaulitz von Tokio Hotel war sich vor kurzem im Gespräch mit Wolfgang Joop einig: „Ich bin ja eigentlich mit dem Internet aufgewachsen, aber ich finde das Internet auch so schlimm. Wenn ich auf einen Knopf drücken könnte, und ich könnte damit das Internet abschaffen, für alle, ich würde ihn sofort drücken."

An der Frankfurter Waldorfschule sollten die Schüler vor einiger Zeit ein Referat über Slowenien schreiben, unter einer Bedingung: ohne zu googeln. Der 14 Jahre alte Sami war ratlos. Ein Referat schreiben ohne Internet. Wie soll das gehen? Also rief er seine 66 Jahre alte Großmutter an, Beate Mainusch. Und die hat ihm folgenden Tipp gegeben: „Für Referate stöbert man in Büchern." Und man kann auch Menschen fragen statt Suchmaschinen. Eine Bekannte aus dem Fitnessstudio gab noch den Tipp, beim slowenischen Fremdenverkehrsamt in Köln anzurufen. Und so schnippelte der Schüler Sami ein paar Tage später Bilder aus den Prospekten und Katalogen und klebte sie mit ins Referat. Die Lehrerein war begeistert von seinem Vortrag. (...)

Wenn man bei Google nach Menschen ohne Internet sucht, stößt man irgendwann auf Miguel Riveros' Blog. Dort philosophiert er über seine Welt, die es nicht (mehr) gibt: „Ich habe überlegt, was passieren würde, wenn man das Internet abschaltet. Eine Welt ohne Internet ... Ich habe gemerkt, es würde den Menschen guttun. Die Menschen müssten wieder normale Briefe schreiben und zur Post gehen. Die Menschen müssten ihre Kleidung und Bücher wieder in Geschäften kaufen, denn es würde kein Amazon mehr geben. Nicht nur die Buchhändler, auch die Verlage würden sich freuen. Zeitungen würden nicht untergehen, illegale Downloads würde es nicht mehr geben, man müsste wieder in die Bank gehen, um Überweisungen zu machen. Wie viele Arbeitsplätze sind wegen des Internets abgeschafft worden? Kinder und Jugendliche würden mehr echten Kontakt zu Mitmenschen haben, statt sich hinter ihren PCs zu verstecken ..."

Süddeutsche Zeitung, 28.12.2010, S. 3

Aufgaben

1. Sind Internet-Verweigerer bloß altmodische Technikfeinde oder die Vorreiter eines neuen Trends? Verfasst einen Leserbrief, worin ihr kritisch Stellung bezieht.
2. Erklärt, was Miguel Rivero an seiner Vision einer Welt ohne Internet erstrebenswert finden könnte.
3. Spinnt Riveros Vision weiter. Was alles würde sich noch ändern?

5.2 Medien als politischer Faktor

5.2.1 Massenmedien – welche Aufgaben erfüllen sie?

M 1 Pressetexte haben viele Funktionen

Das Wetter am Montag:

Die Sparpolitik der Regierung ist unsozial
Die Zeche zahlen die Schwachen

Am Wochenende ist Tag der offenen Tür

Schleimige Debatte
Die Boni mancher Banker sind unmoralisch

Spendenskandal bei UNICEF aufgedeckt
FR-Redakteure Thieme und Schindler mit dem Wächterpreis ausgezeichnet – Vorbilder für guten Journalismus

Kuschel-Nachwuchs im Nürnberger Tiergarten

Fronten sind verhärtet
Noch keine Annäherung beim Streit um „Stuttgart 21"

Bankraub in der Frankfurter Straße
Täter erbeuten 250.000 Euro

M 2 Merkmale der Mediendemokratie

Der Begriff Mediendemokratie bezeichnet eine Form der Demokratie, in der sich die politische Meinungs- und Willensbildung im Wesentlichen über Massenmedien vollzieht. (…) Meinungsbildung über Medien beinhaltet, dass die Medien durch die Auswahl und Ausgestaltung von Inhalten darüber bestimmen, was auf welche Weise zum öffentlichen Thema wird. Indem z. B. Zeitschriften oder Fernsehsendungen bestimmte Themen in der Berichterstattung durch häufige Erwähnung und gute Platzierung betonen, haben sie Einfluss darauf, welche Probleme von der Bevölkerung als besonders wichtig angesehen werden. Schon mit der Auswahl der Themen wie auch mit ihrer Darstellung und Bewertung kann Berichterstattung zur Manipulation werden. Politikvermittlung durch Medien bedeutet darüber hinaus, dass sich die Politik bzw. die Politiker mediengerecht präsentieren, um Erfolg zu haben. Denn die Bevölkerung tendiert dazu, nur ihre Medienexistenz mit den dazugehörenden Images wahrzunehmen. Die Medien sind demnach nicht nur Beobachter, Kritiker und Kontrolleure politischer Ereignisse und staatlicher Macht („vierte Gewalt"). Sie stellen vielmehr einen Faktor dar, der politische Einstellungen und Stimmungen beeinflusst und ein bestimmtes Meinungsklima zugunsten oder zuungunsten einer Partei, einer Person oder einer politischen Forderung vermittelt. Medien bestimmen dadurch die Politik mit.

Schülerduden Politik und Gesellschaft, 5. Aufl., Mannheim, 2005, S. 260

M 3 Die Aufgaben der Medien in der Demokratie

Informationsfunktion

Die Massenmedien sollen so vollständig, sachlich und verständlich wie möglich informieren, damit ihre Nutzerinnen und Nutzer in der Lage sind, das öffentliche Geschehen zu verfolgen. Da unsere Gesellschaft viel zu großräumig geworden ist, kommen wir mit dem direkten Gespräch, der unmittelbaren Kommunikation, nicht mehr aus. Wir als Einzelne und die vielfältigen Gruppen, die in dieser Gesellschaft bestehen, sind darauf angewiesen, miteinander ins Gespräch gebracht zu werden – dafür sollen die Massenmedien sorgen. (...)

Meinungsbildungsfunktion

Bei der Meinungsbildung fällt den Massenmedien ebenfalls eine bedeutsame Rolle zu. Dies ergibt sich aus der Überzeugung, in der Demokratie sei allen am meisten damit gedient, wenn Fragen von öffentlichem Interesse in freier und offener Diskussion erörtert werden. Es besteht dann die Hoffnung, dass im Kampf der Meinungen das Vernünftige die Chance hat, sich durchzusetzen. (...)

Kritik- und Kontrollfunktion

Im parlamentarischen Regierungssystem obliegt in erster Linie der Opposition die Aufgabe der Kritik und Kontrolle. Diese wird unterstützt und ergänzt durch die Kritik- und Kontrollfunktion der Medien. Ohne Presse, Hörfunk und Fernsehen, die Missstände aufspüren und durch ihre Berichte unter anderem parlamentarische Anfragen und Untersuchungsausschüsse anregen, liefe die Demokratie Gefahr, der Korruption oder der bürokratischen Willkür zu erliegen. (...)

Thematisierungsfunktion

Diese „agenda setting function", wie sie in den USA heißt, bedeutet, dass diejenigen, die die unterschiedlichen Medien lesen, hören und sehen, genau die Themen für wichtig halten, die darin behandelt werden. Die Medien sind jedoch nicht nur verantwortlich, welche Themen auf der Tagesordnung stehen, sondern auch, in welcher Rangfolge der Dringlichkeit sie behandelt werden.

Nach: Informationen zur politischen Bildung Nr. 260, Massenmedien, hg. von der Bundeszentrale für politische Bildung, Bonn, 3/1998

Pluralismus
Gleichberechtigte Geltung einer Vielzahl konkurrierender Standpunkte und Interessen in einer Gesellschaft. Ziel ist die Herstellung eines Interessenausgleichs durch Kompromiss, der möglichst alle Beteiligten zufrieden stellt.

Aufgaben

1. Erschließe aus den Schlagzeilen, welche Aufgaben die Tagespresse und andere Informationsmedien für ihre Nutzer erfüllen (M 1).
2. Fasse die Merkmale einer Mediendemokratie zusammen. Erläutere insbesondere die Rolle der Massenmedien als sogenannte „vierte Gewalt" (M 2).
3. Veranschauliche die politischen Funktionen der Massenmedien mit Beispielen aus dem aktuellen politischen Geschehen (M 3).
4. Untersucht in Gruppenarbeit den Aufbau verschiedener Tageszeitungen. Auf welchen Seiten steht die Information des Lesers im Vordergrund, wo die Meinungsbildung oder eine der anderen Funktionen? Welche Layout-Merkmale dienen den Lesern als Orientierungshilfe? Begründet auch, warum eine eindeutige Trennung nicht immer möglich ist.

5.2.2 Massenmedien – wie sind sie strukturiert?

Einige öffentlich-rechtliche Rundfunkanstalten

ARD: Arbeitsgemeinschaft der Rundfunkanstalten Deutschlands

ZDF: Zweites Deutsches Fernsehen

KI.KA: Fernsehkanal für Kinder und Jugendliche von ARD und ZDF

ARTE: Association Relative à la Télévision Européenne, Fernsehkanal in deutsch-französischer Kooperation

3sat: Gemeinschaftseinrichtung von ARD, ZDF, ORF (Österreich) und SRG (Schweiz)

M 4 Programmangebote im Fernsehen

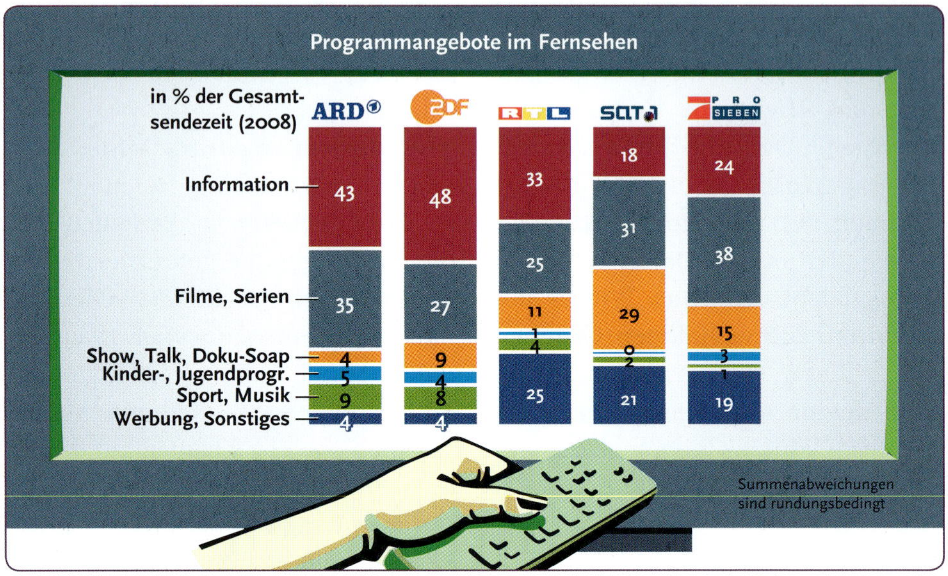

Bergmoser + Höller Verlag 538 102, Quelle: Media Perspektiven

M 5 Der deutsche Fernsehmarkt – Marktanteile im Tagesdurchschnitt 2007

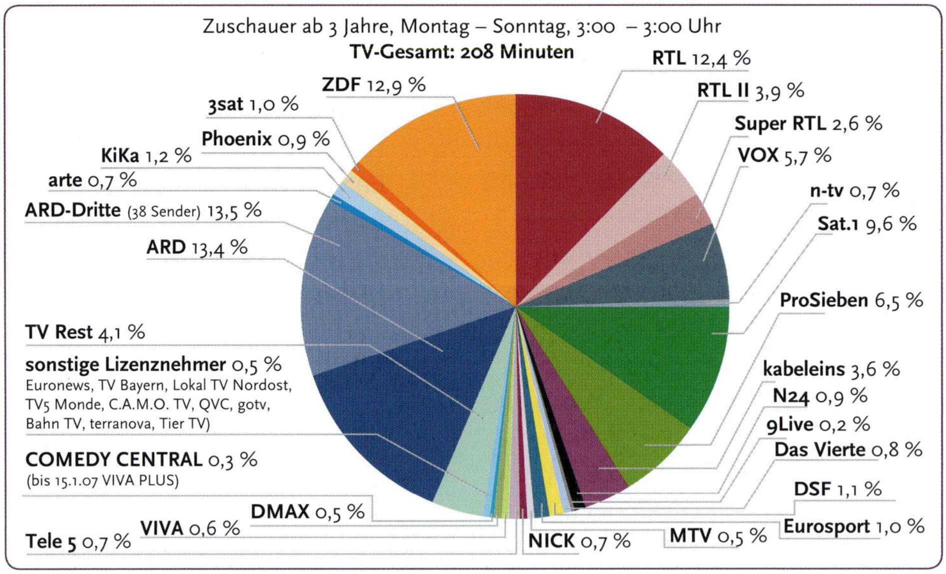

Nach: http://www.vprt.de, Abruf am 11.11.2010

M 6 Die duale Rundfunkordnung in Deutschland

1. Der öffentlich-rechtliche Rundfunk, zu dem die elf zur ARD zusammengeschlossenen Landesrundfunkanstalten, das Zweite Deutsche Fernsehen (ZDF), das Deutschland Radio, die Kulturprogramme 3sat und Arte sowie der Auslandssender Deutsche Welle gehören, ist der Kontrolle der Rundfunkräte der einzelnen Länder unterworfen. Ein Rundfunkrat setzt sich aus Mitgliedern des Landtages und gewählten Vertretern verschiedener gesellschaftlicher Gruppen zusammen. Kirchen, Gewerkschaften, Arbeitgeberverbände sind genauso vertreten wie der Jugendring oder der Deutsche Sportbund. Öffentlich-rechtliche Anstalten haben den Auftrag für Information, Kultur und Bildung, aber auch für Unterhaltung. Die Sicherung dieser Grundversorgung geschieht durch die Gebühren – etwa 2,5 Mrd. Euro pro Jahr –, die der Zuhörer bzw. Zuschauer zahlt. Die Werbung als weitere Geldquelle verliert für diese Sender aufgrund zeitlicher Beschränkungen immer mehr an Bedeutung.

2. Private Sender befinden sich im Gegensatz zu den öffentlich-rechtlichen Anstalten im privaten Besitz, d. h. sie gehören verschiedenen Personen, Personengruppen oder Gesellschaften. Der Privatsender Radio Luxemburg (RTL) begann am 1.1.1984 täglich vier Stunden Fernsehprogramm für die Deutschen zwischen Saarland und Mainz auszustrahlen. Ein neu errichteter Sendeturm mit einer größeren Reichweite hatte das ermöglicht. Heute sind die privaten Sender ein nicht mehr wegzudenkender Bestandteil der deutschen Medienlandschaft mit einem gewaltigen wirtschaftlichen Potenzial. In Anbetracht der großen Bedeutung des Massenmediums Fernsehen für Information und Meinungsbildung der Bürgerinnen und Bürger, muss darauf geachtet werden, dass nicht wenige kommerziell arbeitende Medienkonzerne zu viel Markt- und damit auch Meinungsmacht auf sich vereinigen, was die demokratische Meinungsvielfalt beeinträchtigen würde. (...)

Zwei Gruppierungen beherrschen gegenwärtig den privaten Fernsehmarkt in Deutschland: die RTL-Senderfamilie mit den Sendern RTL, VOX, RTL II, Super RTL und n-tv und die ProSieben/Sat.1-Gruppe mit den Sendern ProSieben, Sat. 1, kabel eins und N24.

Dualer Rundfunk in Deutschland

Der duale Rundfunk wurde in der Bundesrepublik Deutschland bis Mitte der 80er-Jahre ausschließlich von den öffentlich-rechtlichen Veranstaltern ARD und ZDF angeboten. Neue Entwicklungen in der Kabel- und Satellitentechnologie eröffneten privaten Anbietern Möglichkeiten eigener Übertragungen. Das Gesetz lässt seit 1986 ein Nebeneinander von öffentlich-rechtlichen und privaten Anbietern zu.

Aufgaben

1. Erschließe aus M 4, wie die Fernsehsender ihr Programmangebot gestalten. Auf welche Zuschauer zielt das jeweilige Programm ab?
2. Arbeite aus dem Tortendiagramm (M 5) heraus, welche Stellung öffentlich-rechtliche und private Rundfunkanbieter im Kampf um Marktanteile einnehmen. Wie könnte sich dies auf die künftige Programmgestaltung der öffentlich-rechtlichen Sender auswirken?
3. Erläutere den Aufbau der dualen Rundfunkordnung Deutschlands (M 6).

GEZ-Reform

Ab 2013 werden Rundfunkgebühren nicht mehr je Gerät sondern je Haushalt erhoben. Informiere deine Klasse in einem Kurzreferat über die GEZ und die geplanten Rundfunkgebühren.

M 7 Konzentration im Bereich der Tagespresse

Coburger Tageblatt
DNS-Test führt nicht zum Mörder
Erstes Stück Umgehung für Neuses
Straßenschlachten in Athen
Grenzstreit entschärft
Nachschulung im Gespräch
Grafenrheinfeld fährt hoch

Fränkischer Tag
DNS-Test führt nicht zum Mörder
Aktionskunst in Bamberg
Straßenschlachten in Athen
Grenzstreit entschärft
Nachschulung im Gespräch
Grafenrheinfeld fährt hoch

Bayerische Rundschau
DNS-Test führt nicht zum Mörder
Es fehlt ein Konzept
Straßenschlachten in Athen
Grenzstreit entschärft
Nachschulung im Gespräch
Grafenrheinfeld fährt hoch

Medienkonzentration
Zusammenschluss von Zeitungen, Zeitschriften oder Rundfunkanbietern zu wenigen großen Unternehmen mit dem Ziel, sich im ökonomischen Wettbewerb Marktvorteile zu verschaffen.

Früher gab es nahezu ausschließlich Vollredaktionen, die alle Beiträge für ihre Publikation selbst geschrieben und erstellt haben. Viele Regional- und Lokalzeitungen haben heute nur noch eine eigene Lokalredaktion, jedoch keine Vollredaktion mehr. Das heißt, sie bedienen für die weiteren Ressorts außerhalb des Lokalressorts aus Kosten- und Rationalisierungsgründen so genannte Mantelredaktionen. Der Mantel ist der überregionale Teil einer Tageszeitung. Er besteht in der Regel aus der Titelseite, Politik, Wirtschaftsnachrichten, überregionalem Feuilleton und Sport sowie gelegentlich Meinungsseiten. Regional- oder Lokalzeitungen lassen sich die Mantelseiten häufig zuliefern. Gerade kleine Lokalblätter sind häufig finanziell und personell nicht in der Lage, eine so genannte Vollzeitung zu produzieren. Ebenso ist es üblich, dass verschiedene kleinere Blätter aus demselben Verlagshaus mit den gleichen Mantelseiten erscheinen. Durch die Praxis, solche Mantelseiten einzukaufen, kommt es vor, dass selbst konkurrierende Lokalzeitungen zu einem Großteil inhaltlich identisch sind. Ein Gutteil des Mantels besteht meist aus Meldungen der großen Nachrichtenagenturen oder Korrespondentenberichten. Der Einkauf eines Mantels geht nicht selten mit einer Anzeigenkooperation zwischen einer Lokalzeitung und einer überregionalen Zeitung einher und ist damit auch ein Mittel, die Reichweite und Marktmacht zu steigern. Das ist oft mit einem Verlust an Meinungsvielfalt verbunden.

Überregionale Zeitungen betreiben noch ihre eigenen Vollredaktionen, diese Zeitungen mit eigenem Mantel bezeichnet man als publizistische Einheiten. Alle Titel, die den gleichen Zeitungsmantel haben, gelten zusammen als eine einzige publizistische Einheit, diese haben sich in dem Zeitraum von 1954 bis 2004 von 225 auf 138 verringert.

Nach: http://de.wikipedia.org/wiki/Mantelredaktion, und http://de.wikipedia.org/wiki/Mantel-Journalismus, Abruf am 14.11.2010

M 8 Medienkonzentration am Beispiel des Bertelsmann-Konzerns

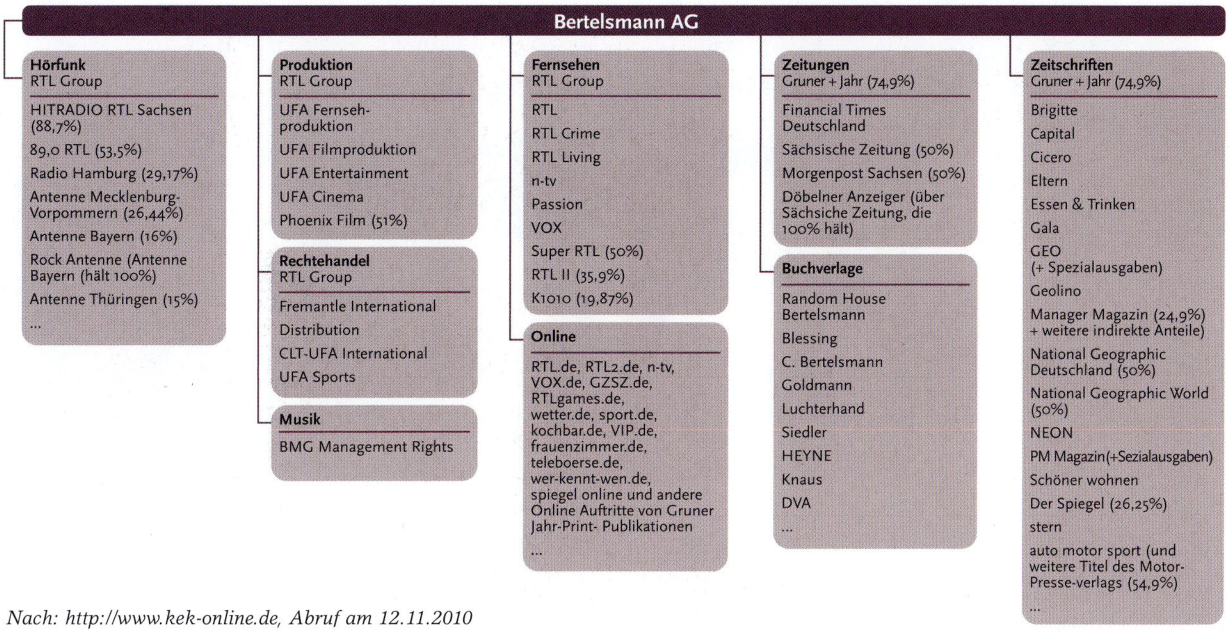

Nach: http://www.kek-online.de, Abruf am 12.11.2010

M 9 Verbot einer Elefantenhochzeit

Anfang 2006 untersagte das Bundeskartellamt der Axel Springer AG, die Stammaktien an ProSieben/Sat1 zu erwerben. Die beherrschende Stellung des größten deutschen Zeitungsverlages und eines der beiden größten privaten deutschen Rundfunkveranstalter wäre – so das Kartellamt – durch den Zusammenschluss auf drei Märkten verstärkt worden, nämlich auf dem bundesweiten Fernsehmarkt, auf dem Lesermarkt für Straßenverkaufszeitungen und auf dem bundesweiten Zeitungsanzeigenmarkt. (...)

Der Konzern hätte u.a. über fast ein Viertel der TV-Zuschauer-Marktanteile verfügt, ca. 90 Prozent der Boulevardzeitungs-Auflagen besessen, mit seinen Zeitschriften fast die Hälfte aller Leser erreicht, etwa ein Viertel aller verkauften deutschen Zeitungen herausgegeben. (...) Medien sind ein entscheidender Faktor bei der Meinungsbildung. Die Meinungsvielfalt ist ein wesentlicher Pfeiler des demokratischen Systems. Meinungen müssen frei und ungestört nebeneinander entstehen, bestehen und verbreitet werden können.

Nach: Rolf Schwartman, in: http://www.lto.de, Abruf am 15.11.2010

BGH-Urteil vom 08.06.2010
Der Bundesgerichtshof (BGH) hat am 08.06.2010 in letzter Instanz entschieden, dass die Entscheidung des Bundeskartellamts, die geplante Übernahme zu untersagen, rechtens war.

Aufgaben

1. Erkläre die Probleme der Medienkonzentration am Beispiel der Tagespresse (M 7) sowie an der Struktur des Bertelsmann-Konzerns (M 8).
2. Erschließt die Begründung, mit der der Zusammenschluss von Springer und Sat1 verboten wurde (M 9) und diskutiert, inwieweit dieses Verbot mit den Prinzipien der freien Marktwirtschaft vereinbar ist.

5.2.3 Medien und Politik – ein Bündnis zum Nutzen der Gesellschaft?

M 10 Die Medien und die Mächtigen

Barack Obama setzt im Präsidentschaftswahlkampf auf Twitter, Facebook und youtube – und damit auf das Web 2.0.

Wladimir Putin lässt sich beim Angeln mit nacktem Oberkörper fotografieren.

Angela Merkel besucht medienwirksam Grönland.

M 11 Mediendemokratie oder Mediendiktatur?

Der Anspruch des Bundestages, das zentrale Forum der politischen Diskussion zu sein, wackelt. Prominente Politiker drängeln regelrecht in die Talkshows, um von einem Millionenpublikum gesehen und angehört zu werden. Verkommen die Medien hier gar zu einer „Werbeagentur" für Politiker? Wer wen in der Hand hat, die Medien die Politik, oder anders herum, ist nicht immer klar zu entscheiden. Jeder wichtige Politiker, jede Partei sowieso, hat einen PR-Profi an seiner Seite – für eine öffentlichkeitswirksame Medieninszenierung. Sie sorgen für TV-Bilder und Fotos in Siegerposen, sie schicken Spitzenpolitiker in Katastrophengebiete, um sie als engagierte, nicht müde werdende Helfer ablichten zu lassen, sie sorgen dafür, dass Angela Merkel bei Fußballweltmeisterschaften jubelnd Sympathiepunkte sammelt. [...] In Bezug auf die Politik erfüllen die Medien jedoch noch eine viel grundlegendere Funktion: Sie sind das entscheidende Bindeglied zur Bevölkerung. Die mediale Politberichterstattung präsentiert dem Volk das Pro und Contra in einer politischen Debatte. Politische Ziele und Programme werden erst über und durch die Medien öffentlich zugänglich gemacht. Sie stellen die Öffentlichkeit her, die die politischen Parteien und Entscheidungsträger benötigen, um demokratisch legitimierte Mehrheiten in der Bevölkerung zu bilden.

Kerstin Stoll, Hintergrund Medien und Politik, in: http://www.planet-schule.de, Abruf am 08.02.2012

Politiker und die Bilder von ihnen

„Bilder haben Macht. Politiker setzten das ein. Sie setzen Bilder auch ein als Instrumente im Kampf. Sie erleben wenig Politiker, die eine Rolltreppe runter fahren, weil die genau wissen: ‚Dieses Filmchen wird gezeigt werden, wenn ich in Not bin. Dieses Filmchen zeigt, mit Dir geht's abwärts.' Und deshalb achten die drauf, wenn sie kluge Leute haben ganz besonders, nie auf eine Rolltreppe wenn sie runter fährt, immer nur hoch."

Hans Leyendecker, profilierter deutscher Journalist, in einer Sendung des SWR 2009

M 12 Medien und Politik – ein Geheimbund?

Das Vertrauensverhältnis zwischen Politikern und Journalisten ist begrenzt: Der Politiker kämpft um Mehrheiten, der Journalist für die Wahrheit. Journalisten decken politische Sauereien auf, Politiker vertuschen diese. Berlins Senatssprecher Richard Meng, der beide Lager aus eigener Anschauung kennt, möchte aber nicht von einem vergifteten Vertrauensverhältnis sprechen, sondern lieber von einer „Atmosphäre der Halboffenheit", die den professionellen Umgang zwischen Medien und Politik präge: Vor allem im persönlichen Hintergrundgespräch gibt jeder das preis, das ihm nützt – und am wenigsten schadet. Meng war während seiner Karriere bei der Frankfurter Rundschau in Bonn und Berlin selbst zehn Jahre lang Mitglied in zwei der legendenschwersten Hintergrundkreise: der „Gelben Karte" und dem „Wohnzimmerkreis".

Auch heute sind beide Kreise Inbegriff für Vertraulichkeit und Exklusivität. Aufgenommen wird nur, wer sich einem strengen Verschwiegenheitsritual unterwirft, das schon damit beginnt, dass Anwärter nur von Mitgliedern empfohlen werden können. [...] Die Mitgliederzahl der „Gelben Karte" ist streng auf 30 Journalisten begrenzt. Umso wichtiger ist allen Beteiligten das kompromisslose Vertrauensverhältnis. [...] Noch stärker mystifiziert ist der „Wohnzimmerkreis", in dem zehn leitende Redakteure der größten Hauptstadtmedien vertreten sind. [...] Geleitet von FAZ-Büroleiter Günter Bannas, treffen sich dessen Mitglieder im monatlichen Reihum zum Abendessen im Wohnzimmer eines der Kollegen – und die Granden der Politik stehen Schlange. Ob Merkel, Steinmeier, Müntefering, Steinbrück, Schäuble: Sie alle wurden schon mehrmals in den Wohnstuben der Journalisten bewirtet und lernten deren Familien kennen. Was in der Politik Rang und Namen hat, kommt jedoch nicht, um Hummercremesuppe zu löffeln oder teuren Bordeaux zu verkosten, sondern weil sich die Spitzenpolitiker von der versammelten Journalistenrunde mehr Sympathien für ihr politisches Handeln erhoffen. Je exklusiver die Runde, desto besser. Nur dann scheint halbwegs sicher, dass das Gesagte im Raume bleibt – und die Schere im Kopf, so die Hoffnung.

Leif Kramp, Stephan Weichert, Gefährliche Nähe zwischen Politik und Medien, in: http://www.zeit.de, Abruf am 08.02.1012

Cafe Einstein in Berlin – ein beliebter Treff von Politikern und Journalisten.

Hintergrundkreis „Gelbe Karte"
Der Name „Gelbe Karte" entstammt dem Gründungskongress der SPD-Arbeitsgemeinschaft. Hier erhielten Journalisten gelbe Akkreditierungskarten.

Aufgaben

1. Beschreibe die Bilder in M 10 und überlege, welche Wirkungsabsicht die Bilder haben sollen.
2. Diskutiere, welches Verhältnis zwischen den Medien, die diese Bilder präsentieren, und den Politikern vermutlich besteht.
3. Erkläre den Zusammenhang von Medien und Politik (M 12).

Was wir wissen

Aufgaben der Medien
M 1 – M 3

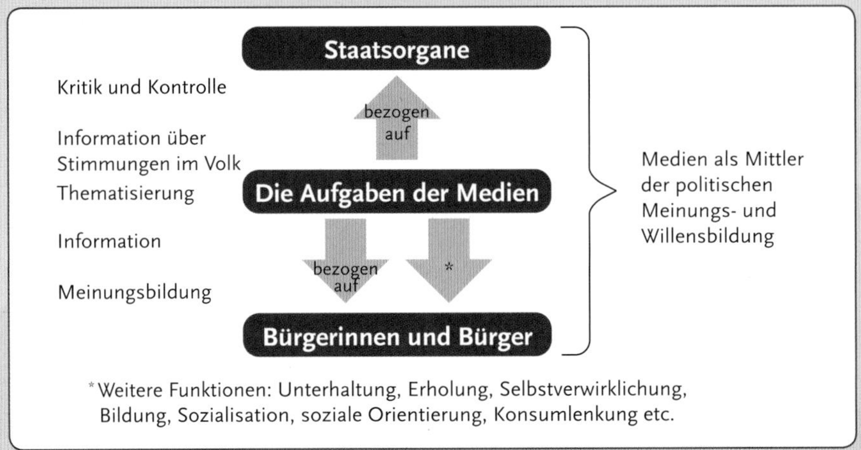

Struktur der Medien
M 4 – M 9

Mit der Einführung des privaten Rundfunks Mitte der 1980er Jahre wurde die rechtliche Grundlage für eine duale Rundfunkordnung und eine bis dahin ungeahnte Vielfalt an Rundfunk- und Fernsehkanälen geschaffen. Seither konkurrieren ARD, ZDF und andere öffentlich-rechtliche Sender mit den privaten Anbietern (vor allem die RTL-Senderfamilie und Sat.1 / Pro7).

	Öffentlich-rechtlicher Rundfunk	Privater/kommerzieller Rundfunk
Eigentumsverhältnisse	Öffentlich-rechtlich – Eigentümerin ist die Gesellschaft (nicht der Staat!)	Privatrechtlich – Eigentümer sind einzelne Medienunternehmen
Kontrolle	Durch einen gewählten Rundfunkrat aus Vertretern gesellschaftlicher Gruppen	Außenkontrolle durch die jeweilige Landesmedienanstalt
Finanzierung	Finanzierung hauptsächlich über Rundfunkgebühren	Finanzierung über Werbung und Pay-TV
Auftrag und Programmangebot	Öffentlicher Auftrag, ein breites Angebot an Information, Bildung, Kultur und Unterhaltung zu gewährleisten	Schwergewicht liegt auf Unterhaltung (Comedy, Soap, Spielfilm, Show, Reality-TV) und bestimmten Sparten (Musik, Sport)
Programmvielfalt und Ausgewogenheit	Binnenpluralismus: Jeder Sender ist für sich verpflichtet, ein vielfältiges und ausgewogenes Programm zu gestalten	Außenpluralismus: Die Vielzahl an Sendern sorgt insgesamt für ein vielfältiges und ausgewogenes Angebot

Medien und Politik
M 10 – M 12

Praktisch alle Informationen zum politischen Geschehen werden aus den Medien bezogen. Diesen Einfluss nutzen Politiker für ihre Repräsentation. Andererseits sind Medien aber auch auf die schnelle Information durch führende Politiker angewiesen. Daraus ergibt sich ein sehr fragiles Bündnis zwischen Journalisten und Politikern.

Netz besiegt Minister

Karl Theodor zu Guttenberg am 01.03.2011 kurz nach seinem Rücktritt als Verteidigungsminister in Berlin

Guttenberg hat die Konsequenzen gezogen. [...] Schuld daran ist das Internet. Besonders deutlich wird die Wirkung dieses neuen Machtfaktors im Spiel um Posten, Politik, Wahrheit und Betrug angesichts der Tatsache, dass zu Guttenberg einen Verbündeten an seiner Seite hatte, der im politischen Berlin manchem als übermächtig gilt: die „Bild"-Zeitung. Monatelang hatte das Blatt mit einer Pro-Guttenberg-Geschichte nach der anderen für den Minister Werbung gemacht, hatte sich bis zuletzt im Streit um die Plagiatsaffäre hinter ihn gestellt. Vergeblich. Am heutigen Dienstag ist endgültig klar geworden: Gerhard Schröders altes Bonmot, zum Regieren brauche er nur „Bild, Bams und Glotze" stimmt nicht mehr. Zumindest dann nicht, wenn sich jemand tatsächlich etwas hat zuschulden kommen lassen. Es gibt eine neue Öffentlichkeit da draußen [...] Deutschlands geistige Elite lebt mit dem Netz. Von dem Bild von den paar Irren da draußen im Reich des Digitalen, die man getrost ignorieren kann, muss sich die deutsche Politik schleunigst verabschieden. Die Debatte um Guttenberg wäre anders verlaufen, hätte diese neue Macht nicht das getan, was sie am besten kann: Transparenz herstellen, Informationen verfügbar machen, Kommunikation optimieren.

Christian Stöcker, Netz besiegt Minister, in: http://www.spiegel.de, 01.03.2011

Aufgaben

1. Erläutere die „Guttenberg-Affäre" und den Einfluss unterschiedlicher Medien auf die Vorgänge.
2. Erkläre, wie sich in der Affäre die Beziehung von Medien und Politik widerspiegelt.
3. Diskutiere, inwieweit das Internet in dieser Beziehung möglicherweise ein besonderes Medium ist.

Stellt euch folgende Situation vor: Ihr seid Siedler einer neu gegründeten Kolonie. Die Schiffe, die euch in das neue Land gebracht haben, sind wieder zurückgefahren und ihr seid auf euch alleine gestellt. Die Unterkünfte sind errichtet und auch für das tägliche Leben ist vorerst gesorgt. Jetzt stellt sich die Frage, wie ihr eure Kolonie politisch organisieren wollt.

Welche sozialen und politischen Probleme könnten sich in eurer Kolonie ergeben?

Wie sollen diese Probleme gelöst werden?

Wie werden politische Entscheidungen getroffen?

Welche politischen Rechte sollten die Bewohner eurer Kolonie haben?

6

Politische Gestaltungsmöglichkeiten in Deutschland

„Demokratie heißt, sich in seine eigenen Angelegenheiten einzumischen“, so umschrieb es der Schriftsteller Max Frisch einst knapp und treffend. Doch wie soll die Demokratie organisiert sein und welche Möglichkeiten der Mitbestimmung bieten sich?

Kompetenzen

Am Ende dieses Kapitels solltest du Folgendes können:

- die Möglichkeiten und Grenzen demokratischer Mitbestimmung untersuchen
- Vor- und Nachteile direkter Demokratien analysieren
- die Bedeutung von Wahlen für die Demokratie beurteilen
- die Funktionen von Parteien in unserem Staat diskutieren

Was weißt du schon?

Setzt euch in Gruppen zusammen und diskutiert die angegebenen Fragen.

Entwerft dazu eine Verfassung und präsentiert sie auf einem Plakat.

6.1 Politik betrifft uns

6.1.1 Wie kann politische Herrschaft begründet werden?

M 1 Formen politischer Herrschaft

Abstimmung im Deutschen Bundestag

Saddam Hussein (1979-2003), früherer Diktator im Irak

Der Begriff **Demokratie** kommt aus dem Griechischen und setzt sich aus den Wörtern Demos (Volk) und Kratein (Herrschaft) zusammen. Demokratie bedeutet also Herrschaft des Volkes bzw. Volksherrschaft. In der Demokratie haben alle Bürger die gleichen Rechte, sie bestimmen in freien Wahlen, von wem sie regiert werden wollen. Auch der Staat muss sich an die geltenden Regeln und Gesetze halten.

Der **Diktator** ist in der Regel nicht frei gewählt, sondern hat sich selbst mit Gewalt an die Macht gebracht. Dies geschieht häufig mithilfe des Militärs. Man spricht dann von einer Militärdiktatur. In Diktaturen wird das Volk von der politischen Mitbestimmung ausgegrenzt und mit Gewalt unterdrückt.

Herrschaftsform versus Staatsform
In der Politikwissenschaft unterscheidet man Staatsformen von Herrschaftsformen. Staatsformen beschreiben die äußere politische Organisationsform eines Staates.
Ist das Unterscheidungskriterium das Staatsoberhaupt, gibt es zwei unterschiedliche Typen von Staatsformen: Republik und Monarchie. Während eine Monarchie über ein gekröntes oder fürstliches Staatsoberhaupt verfügt, sind alle Staaten ohne Kaiser, Könige oder Fürsten Republiken.
Bei den Herrschaftsformen wird danach unterschieden, von wem die Staatsgewalt ausgeht. Die bekanntesten Herrschaftsformen sind Demokratie und Diktatur.

M 2 Was leistet die Demokratie in Deutschland?

Die Demokratie ist teuer, umständlich, kompliziert, langweilig, nicht effektiv, nicht attraktiv. Es ist nicht schwer, weitere negative Eigenschaften über unsere Demokratie zusammenzutragen. Die Demokratie macht es den Kritikern recht leicht.
Und an der Kritik ist ja auch etwas dran. Demokratie ist tatsächlich eine recht teure Angelegenheit: So gibt es in Deutschland zum Beispiel den Bundestag und dazu noch 16 Parlamente in den Bundesländern. In diesen Parlamenten sitzen insgesamt etwa 2.500 Abgeordnete, die alle Diäten erhalten. Damit diese Parlamente arbeiten können, braucht man etliche Gebäude und Verwaltungen mit vielen Beschäftigten.
Dazu kommen dann noch die kostspieligen Regierungen im Bund und in den Ländern mit ihren Ministerien

Diäten
Aufwandsentschädigung (Gehalt) eines Politikers in einem Parlament

und riesigen Verwaltungsapparaten. So könnte man noch lange fortfahren, um den Beweis zu führen, dass Demokratie eine teure Sache ist.

Auch andere Mängel sind nicht leicht von der Hand zu weisen. Wenn die Regierung etwa eine gute Idee hat, um das Gesundheitswesen zu reformieren, kann sie nicht einfach Beschlüsse fassen, die dann in ganz Deutschland sofort umgesetzt werden. Sie muss vielmehr den schwierigen und langwierigen Weg durchs Parlament gehen, wo das Gesetzesvorhaben dreimal beraten und verabschiedet werden muss, und ... und ... und. Überall Vorschriften und Hindernisse, die sich einem beherzten Eingreifen in den Weg stellen.

[...] Wie soll Demokratie attraktiv sein, wenn sie soviel Geld kostet, wenn sie umständlich arbeitet und wenn die Ergebnisse zuweilen recht mager und oft auch unverständlich sind?

Werfen wir doch einen Blick auf eine Alternative: Eine Diktatur kann auf den ersten Blick viel einfacher und kostengünstiger sein. Ein Diktator braucht keine Parlamente, er kann sehr rasch entscheiden, in kurzer Zeit können viele Reformen umgesetzt werden. Ist das nicht attraktiver [...]? Diese positive Betrachtungsweise kann sich schnell ändern, wenn Entscheidungen getroffen werden, die einem nicht passen, und man aus Angst vor dem Machthaber noch nicht einmal schimpfen darf. Oder wenn man zusammenzählt, was die Überwachungsgremien kosten, die sicherstellen sollen, dass keine abweichenden, unerwünschten Meinungen vertreten werden. Von der Misshandlung von Minderheiten und drohender Kriegsgefahr gar nicht zu reden. Haben nicht gerade die Deutschen schlimme Erfahrungen in ihrer Geschichte machen müssen? [...] Die Demokratie erfüllt trotz der genannten negativen Eigenschaften einen großen Zweck: Sie sichert die Freiheit der Bürgerinnen und Bürger. Abgeordnete aus unterschiedlichen Parteien in den verschiedenen Parlamenten sorgen dafür, dass neue Gesetze gründlich unter die Lupe genommen werden, ehe sie verabschiedet werden können. In einer Demokratie gibt es eine Opposition, damit alle Vorgänge im Land ausreichend geprüft, kritisiert und kontrolliert werden. [...] Selbst wenn die Demokratie in unseren Augen manche Schwäche hat, so gibt es nach aller Erfahrung nichts [...], was die Freiheit der Menschen ähnlich wirkungsvoll garantiert und den Missbrauch von Macht verhindert.

Siegfried Schiele/Gotthard Breit, Vorsicht Politik, Schwalbach/Ts. 2008, S. 78 ff.

Aufgaben

1. Vergleicht die Formen der politischen Herrschaft (M 1) mit der Verfassung, die ihr eurer Kolonie gegeben habt.
2. Jahrzehntelang haben die Menschen für die Einführung der Demokratie gekämpft. Erläutere, was die Demokratie als Herrschaftsform für die Menschen leistet (M 2).

6.1.2 Welche Formen der Demokratie gibt es?

M 3 Zwei Formen der Demokratie

Direkte Demokratie unter freiem Himmel: Volksabstimmung im Schweizer Kanton Appenzell-Innerrhoden

Es gibt unterschiedliche Formen der Demokratie. Eine Form ist die **direkte Demokratie**, bei der das Volk (z.B. in Gestalt einer Volksversammlung) die Staatsgewalt unmittelbar (das heißt direkt) ausübt. Es entscheidet mit Volksabstimmungen („Plebiszit") über alle politisch wichtigen Anliegen, einschließlich der Wahl und Abwahl wichtiger Amtsträger in Staat und Gesellschaft. Im Gegensatz zur direkten Demokratie wird die Herrschaft in der **repräsentativen Demokratie** mittelbar (das heißt indirekt) über vom Volk gewählte „Abgeordnete" ausgeübt. Diese sind „Repräsentanten" des Volkes und sollen für dieses in eigener Verantwortung zeitlich befristet handeln, wobei ihr Auftrag sich in regelmäßig stattfindenden Wahlen bewähren muss und erneuert werden kann.

M 4 Volksentscheid! – mehr davon?

Im Deutschen Bundestag stimmen die Abgeordneten über ein Gesetz ab.

Danke Hamburg! Danke Bayern! Eure Volksentscheide hauchen unserer in Trägheit verfallenen Demokratie wieder Leben ein. Ob Rauchverbot oder Schulreform – Plebiszite in Deutschland funktionieren. Die Zahl der Volks- oder Bürgerentscheide in Kommunen und Ländern wächst. Es ist Zeit, endlich das Grundgesetz zu ändern und sie auch im Bund möglich zu machen.

Als die Autoren des Grundgesetzes die Mitsprache des Volkes auf ein Minimum reduzierten, hatten sie ein Volk vor Augen, das sich von Demagogen verführen ließ und sich treu Adolf Hitler unterwarf. Dass man so einem Volk nicht viel zutraute, ist verständlich. 60 Jahre später feierte die Republik den Geburtstag seiner Verfassung mit der stolzen Feststellung, dass die deutsche Demokratie erwachsen geworden sei. Das ist wahr – und ein guter Grund, dem Volk wieder etwas zuzutrauen.

Gerne wird ins Feld geführt, komplizierte Sachfragen eigneten sich nicht, sie den Bürgern zu überlassen. Das stimmt, aber darum geht es ja auch gar nicht, denn komplizierte Sachfragen stehen in Volksabstimmungen nicht zur Debatte. Aber warum sollten Berufspolitiker qualifizierter über ein Rauchverbot oder die Zukunft der Schule urteilen als die, die sie vertreten? [...]

Es rüttelt nicht an den Pfeilern der parlamentarischen Demokratie, wenn in Einzelfragen das Volk direkt entscheidet. Im Gegenteil: Die wachsende Entfremdung zwischen politischer Klasse und Volk könnte durchbrochen werden. Mag auch nicht jede Abstimmung die Massen mobilisieren, die letzten Volksentscheide sind dennoch hoffnungsvoller Beleg für eine Politisierung, die unserem Land [...] guttut.

Stefan Leifert [zdf], Kennzeichen Digital, Das Blog, 18.07.2010, 14:07

Demagoge
Ein Demagoge versucht durch falsche Behauptungen, Versprechungen und Täuschungen andere Menschen für seine politischen Ziele zu gewinnen.

M 5 Direkte Demokratie in Sachsen-Anhalt

In Sachsen-Anhalt kann das Volk ein Gesetz oder andere Fragen der politischen Willensbildung auf Landesebene mittels dreier Schritte beschließen:

1. Volksinitiative
Mittels einer Volksinitiative können die Bürger erreichen, dass sich der Landtag mit bestimmten Fragen der politischen Willensbildung befasst. Zudem können sie eine Zulassung zum Volksbegehren erreichen. Eine Volksinitiative kann auch einen Gesetzentwurf zum Inhalt haben. Der Landtag muss aber weder über das Thema abstimmen noch eine Entscheidung treffen. Die Volksinitiative muss von mindestens 30.000 beteiligungsberechtigten Personen (Personen, die in dem örtlichen Zuständigkeitsbereich der angegebenen Meldebehörde ihre Hauptwohnung haben) unterzeichnet werden. Angenommene Volksinitiativen, die keinen Gesetzentwurf zum Inhalt haben, sind vom Landtag innerhalb von vier Monaten nach der Bekanntmachung zu behandeln. Sie werden an den Petitionsausschuss überwiesen. Im Anschluss findet eine Aussprache im Landtag statt, bei der eine Vertrauensperson der Volksinitiative das Recht auf Anhörung hat. Angenommene Volksinitiativen, die einen Gesetzentwurf zum Inhalt haben, sind vom Landtag innerhalb von sechs Monaten zu behandeln.

2. Volksbegehren
Ein Volksbegehren kann darauf gerichtet werden, ein Landesgesetz zu erlassen, zu ändern oder aufzuheben. Der „Antrag auf Durchführung eines Volksbegehrens" ist an das Ministerium des Innern zu richten. Er muss mit einem ausgearbeiteten, begründeten Gesetzentwurf eingereicht, und wenn er nicht bereits auf einer Volksinitiative basiert, von mindestens 8.000 beteiligungsberechtigten Personen unterzeichnet werden. Wird das Begehren genehmigt, so müssen innerhalb von sechs Monaten mindestens elf Prozent der Wahlberechtigten das Volksbegehren mit ihrer Unterschrift unterstützen. Der Gesetzentwurf des Volksbegehrens wird durch den Landtag in zwei Beratungen behandelt. Er kann unverändert angenommen werden und führt zu einem neuen Gesetz. Übernimmt der Landtag den Gesetzentwurf des Volksbegehrens nicht oder nicht vollständig, kommt es zu einem Volksentscheid.

3. Volksentscheid
Zum abschließenden Volksentscheid sind alle Wahlberechtigten aufgerufen, sich an der Abstimmung über den Gesetzentwurf zu beteiligen, um diesen anzunehmen oder abzulehnen. Wenn der Landtag den Gesetzentwurf des Volksbegehrens nicht innerhalb von vier Monaten unverändert annimmt, ist ein Volksentscheid durchzuführen. Der Gesetzentwurf ist durch Volksentscheid angenommen, wenn die Mehrheit der gültig Abstimmenden, mindestens jedoch ein Viertel aller Wahlberechtigten, zugestimmt hat. Dieses Erfordernis der Zustimmung eines Viertels der Wahlberechtigten, unabhängig davon, wie viele am Volksentscheid teilnehmen, soll eine Mindestakzeptanz des Gesetzes im Volk sichern. Der Landtag kann dem Volk einen eigenen Gesetzentwurf zum Gegenstand des Volksbegehrens mit zur Entscheidung vorlegen. In diesem Fall ist der Gesetzentwurf angenommen, der die Mehrheit der abgegebenen gültigen Stimmen auf sich vereint hat. Bei Verfassungsänderungen gilt ein Zustimmungsquorum von zwei Drittel.

Nach: Rainer Metke, Direkte Demokratie auf Landesebene, in: http://www.sachsen-anhalt.de, Abruf am 08.02.2012

Petitionsausschuss
Dieser Ausschuss befasst sich mit Eingaben von Bürgern, die sich von einer Landesbehörde ungerecht behandelt fühlen. Außerdem können sich Bürger, die bestehende Gesetze ändern wollen, an ihn wenden.

Der Weg zum Volksentscheid in Sachsen-Anhalt

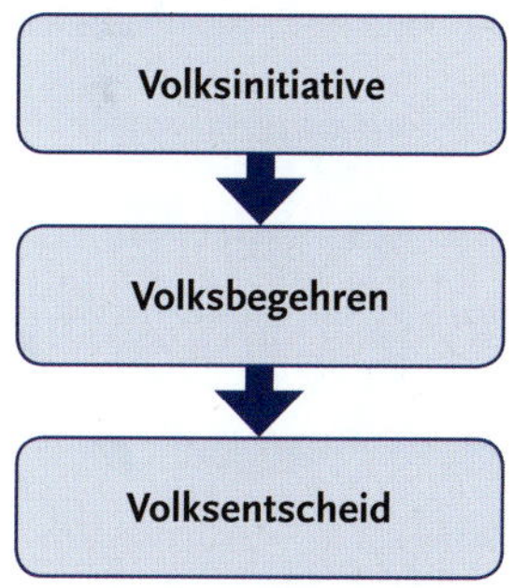

Die Regelungen für direktdemokratische Verfahren auf Landesebene sind im Volksabstimmungsgesetz (VabstG) und in der Volksabstimmungsverordnung (VAbstVO) festgelegt. Nähere Informationen findest du unter: *http://www.sachsen-anhalt.de/index.php?id=28543*.

M 6 Bisherige Volksentscheide in Sachsen-Anhalt

In Sachsen-Anhalt sind bislang alle Volksbegehren und Volksentscheide gescheitert. Es gab auch nur sehr wenige Versuche. Im Folgenden werden zwei vorgestellt:

a) Volksbegehren und Volksentscheid „Für ein kinder- und jugendfreundliches Sachsen-Anhalt"

Ziel:
Alle Kinder sollten sichere Plätze in Krippen und Kindergärten bekommen und Einschränkungen bei der Kinderbetreuung rückgängig gemacht werden. Insbesondere Kinder arbeitsloser Eltern sollten wieder ganztägig betreut werden können.

Verlauf:
Am 28. Mai 2003 beantragten die Initiatoren (verschiedene Sozialverbände, Gewerkschaften und Parteien) mit 25.000 Unterschriften ein Volksbegehren, das die Landesregierung trotz „haushalterischer Bedenken" für zulässig erklärte. Die Initiatoren sammelten mehr als 275.000 Unterschriften, von denen 260.420 gültig waren. Das Quorum von 250.000 Unterschriften wurde damit knapp erreicht. Beim Volksentscheid am 23. Januar 2005 scheiterte der Gesetzentwurf des Volksbegehrens, weil er nicht die benötigte Mindestzustimmung von 25 Prozent der Abstimmungsberechtigten erhielt. Insgesamt beteiligten sich 26,4 Prozent der rund 2,1 Millionen Abstimmungsberechtigten am Volksentscheid. Von diesem stimmten 60,5 Prozent für den Vorschlag des Volksbegehrens, 39,5 Prozent dagegen.

Ergebnis:
Unecht gescheitert im Volksentscheid; trotz Abstimmungsmehrheit wurde das Zustimmungsquorum nicht erreicht.

Wappen der Lutherstadt Eisleben

b) Volksinitiative „Kreisstadt Lutherstadt Eisleben"

Ziel:
Der Erhalt des Kreissitzes der Lutherstadt Eisleben sollte gesichert werden. Im Rahmen der Neubildung eines Kreises Mansfeld-Südharz aus den Kreisen Sangerhausen und Mansfelder Land soll Eisleben seine Funktion als Kreissitz verlieren, der neue Sitz wäre in Sangerhausen.

Verlauf:
Am 30. Juni 2006 wurden 22.000 Unterschriften für die Volksinitiative „Kreisstadt Lutherstadt Eisleben" eingereicht. Durch einen Zählfehler glaubten die Initiatoren jedoch, über 31.000 Unterschriften übergeben und damit das Quorum von 30.000 Unterschriften erreicht zu haben. Da diese Hürde nicht übersprungen wurde, ist die Volksinitiative ungültig.

Ergebnis:
Gescheitert, da zu wenig Unterschriften

Nach: Rainer Metke, Direkte Demokratie auf Landesebene in: http://www.sachsen-anhalt.de, Abruf am 08.02.2012

M 7 Kontrovers diskutiert: direkte Demokratie

a) Bloß nicht!

Wir leben in einer Republik, und diese ist auch dadurch definiert, dass wir bestimmte Personen wählen, von denen wir glauben, dass sie uns am besten vertreten. Nun, wo liegt der Unterschied, ob ich nun selbst meine Meinung kundtue, indem ich zum Volksentscheid gehe, oder ob ich jemanden beauftrage, für mich zu reden und abzustimmen (im kleineren Kreis)? Der Unterschied liegt schlicht und ergreifend darin, dass Politiker [...] Politikwesen in der Regel studiert haben, es ihr Beruf ist, sich ständig mit der Politik auseinanderzusetzen, und Schlüsse aus der Vergangenheit zu ziehen. Als Normalbürger hat man diese Zeit schon gar nicht! Fehlentscheidungen, die auf unwissenschaftlicher Basis, Emotionalität, Unwissenheit und Populismus basieren, [...] sind die Folge. Lassen Sie mich ein Beispiel nennen: Würden wir abstimmen, ob Kinderschänder, Terroristen oder sonstige in vielerlei Augen „Unpersonen" misshandelt, gefoltert oder mit der Todesstrafe bestraft werden sollten, so wären die Ergebnisse mehr als bedenklich [...].

Lucas Müller, Kennzeichen Digital, Das Blog, 18.07.2010, 15:09

Populismus
Populismus ist eine Politik, die durch Übertreibung und starke Vereinfachung versucht, die Unterstützung breiter Massen zu erlangen.

b) Eine super Idee

Es gibt ein Land, welches erfolgreich vom Volk regiert wird – die Schweiz. Wir haben unsere Rechte an das Parlament abgegeben, die Schweizer können von der Politik Gesetze verlangen und einfordern. Ist die Schweiz damit schlechter dran als Deutschland? Nein. In der Schweiz steht das Volk über allem und es regiert gut. Die Politiker sind nur Beauftragte des Volkes, denen notfalls die Gesetze diktiert werden. In Deutschland sind wir nur Stimmvieh, welches seine Rechte bei der Wahl abgibt und delegiert.

Stefan Thiem, Kennzeichen Digital, Das Blog, 18.07.2010, 15:47

Aufgaben

1. Untersucht, ob ihr Elemente direkter oder repräsentativer Demokratie in der Verfassung eurer Kolonie verankert habt (M 3).
2. Nenne die Voraussetzungen für einen Volksentscheid in Sachsen-Anhalt. Erstelle hierzu ein Schaubild (M 5, M 6).
3. In Sachsen-Anhalt gab es von 1990 bis 2012 keinen einzigen erfolgreichen Volksentscheid. Diskutiere, ob die Elemente direkter Demokratie auf Landesebene noch notwendig sind (M 6).
4. Brauchen wir mehr direkte Demokratie in Deutschland? Stelle die Argumente für und wider mehr direkte Demokratie in einer Tabelle gegenüber und entscheide dich für einen Standpunkt (M 4, M 7).

Was wir wissen

Staatsform versus Herrschaftform M 1	Bei der Staatsform ist das zentrale Unterscheidungskriterium das Staatsoberhaupt: Während Monarchien Kaiser, Könige oder Fürsten vorstehen, sind alle Staaten ohne Kaiser, Könige oder Fürsten Republiken. Bei der Herrschaftsform ist das zentrale Unterscheidungskriterium die Herrschaftslegitimation: Von wem geht die Staatsgewalt aus bzw. wer legitimiert die Herrschaft? Die bekanntesten Herrschaftsformen sind Demokratie und Diktatur.
Demokratie M 1, M 2	Demokratie ist im engeren Sinne eine Herrschaftsform und bedeutet übersetzt: Herrschaft des Volkes. Im weiteren Sinne steht die Demokratie aber auch für eine politische Ordnung, die von Freiheit, Gleichheit und Menschenwürde ausgeht und versucht, den Anspruch der „Regierung des Volkes durch das Volk und für das Volk" (Abraham Lincoln) nicht nur im staatlichen Bereich, sondern in allen gesellschaftlichen Bereichen zu verwirklichen. Zentrales Wesensmerkmal der Demokratie ist die Volkssouveränität. Das bedeutet, dass alle politische Herrschaft vom Volk ausgeht.
Direkte Demokratie M 3 – M 7	Durch direkte Bürgerbeteiligung – z. B. in den Gemeinden – kann unmittelbar auf die politischen Entscheidungsprozesse Einfluss genommen werden. In Deutschland sind die Möglichkeiten direkter Demokratie auf Bundesebene allerdings äußerst begrenzt. Deshalb wird immer wieder gefordert, auch hier direktdemokratische Elemente einzuführen.
Repräsentative Demokratie M 3	Im Gegensatz zur direkten oder plebiszitären Demokratie werden in der repräsentativen Demokratie die politischen Entscheidungen nicht direkt von den Bürgern, sondern von gewählten Politikern, den Repräsentanten, im Parlament getroffen. Die Abgeordneten werden in freien Wahlen bestimmt und können bei der nächsten Wahl auch wieder abgewählt werden. Die Bürger können dennoch Einfluß auf politische Entscheidungen nehmen. Der informierte Bürger kann sich an der öffentlichen Debatte beteiligen (Leserbriefe, Internetforen, Podiumsdiskussionen etc.), Vereine und Bürgerinitiativen gründen oder ihnen beitreten und sich in Parteien engagieren. Die wichtigste Beteiligungsform in einer repräsentativen Demokratie bleibt jedoch die Teilnahme an Wahlen.

Bürger- und Volksentscheide in anderen Staaten – ein Fallbeispiel

Wenn in der wissenschaftlichen Fachliteratur oder in den Medien von politischer Partizipation und Elementen direkter Demokratie geschrieben und berichtet wird, werden oft Beispiele aus der Schweiz zitiert. Aus gutem Grund: Die weltweit meisten Volksabstimmungen finden in der Schweiz statt. Das Votum gegen den „Minarett-Bau" wurde in der internationalen Presse zum Anlass genommen, kontrovers über Vor- und Nachteile direkter Demokratie zu diskutierten.

Plakat der Initiative für ein Minarettverbot

Schweizer stimmen gegen Minarett-Bau

Überraschendes Votum für ein Minarettverbot: Die Eidgenossen haben in einer Volksabstimmung gegen den Bau von Gebetstürmen auf Moscheen votiert. Zwei rechtspopulistische Parteien hatten die Initiative auf den Weg gebracht.

Bern – Die Schweizer haben die Volksinitiative „Gegen den Bau von Minaretten" angenommen: Nach dem am Sonntag veröffentlichten Endergebnis stimmten mehr als 57 Prozent für die Initiative zweier rechtspopulistischer Parteien. Umfragen vor der Abstimmung hatten noch eine Niederlage der Minarettgegner erwarten lassen. Daher ist das Ergebnis eine Überraschung. Die Wahlbeteiligung betrug rund 54 Prozent. Die von Anhängern der rechtskonservativen Schweizerischen Volkspartei (SVP) und der rechtsnationalen Kleinpartei Eidgenössische Demokratische Union (EDU) lancierte Volksinitiative konnte damit offenbar nach einem zum Teil scharf geführten Abstimmungswahlkampf zuletzt Boden gutmachen. Bislang gibt es in der Schweiz lediglich vier Moscheen mit Minaretten. [...]
Mit Ausnahme der SVP haben sich sämtliche etablierte Parteien der Schweiz gegen das Minarettverbot ausgesprochen. Die Regierung in Bern hatte den Stimmberechtigten empfohlen, mit Nein zu votieren. Sie befürchtet, ein Minarettverbot werde „im Ausland auf Unverständnis stoßen und dem Ansehen der Schweiz schaden".

cte, u. a, Schweizer stimmen gegen Minarett-Bau, in: http://www.spiegel.de, 29.11.2009

Aufgabe

Obwohl sich fast alle etablierten Parteien gegen ein Minarettverbot aussprachen, stimmten die Schweizer Bürgerinnen und Bürger für das umstrittene Minarettverbot. Erörtere ausgehend von diesem Beispiel allgemeine Vor- und Nachteile der direkten Demokratie und nimm dazu Stellung.

6.2 Politische Willensbildung

6.2.1 Wählen – warum eigentlich?

M 1 Die Wahlbeteiligung in der Bundesrepublik Deutschland

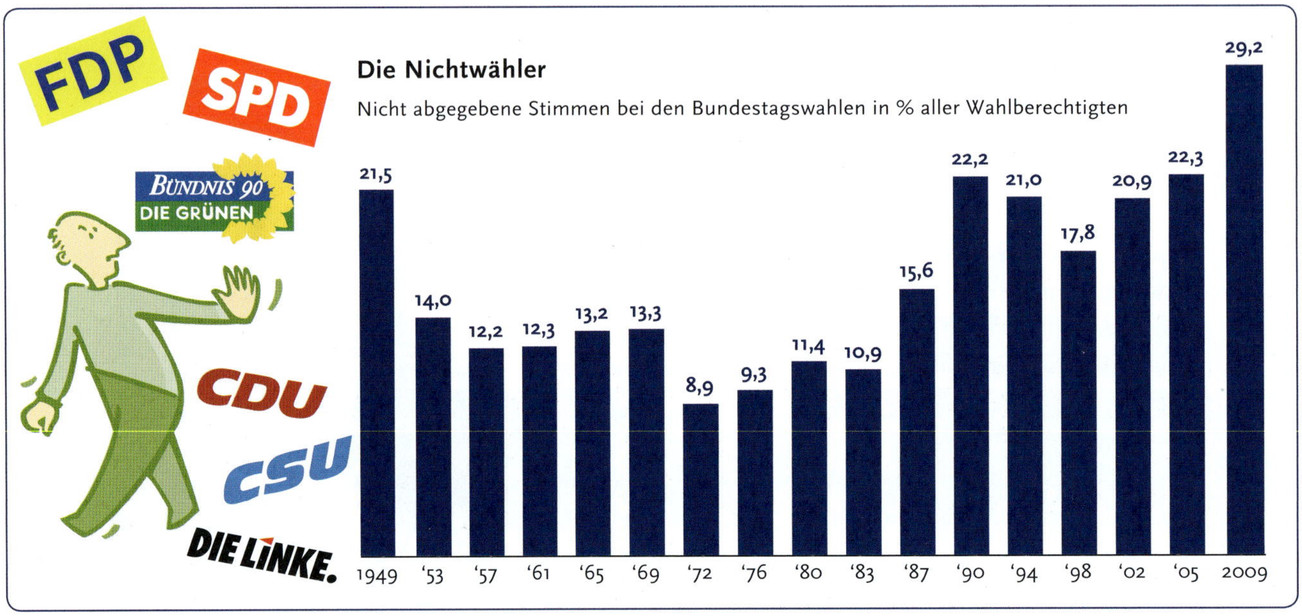

Bergmoser + Höller Verlag *88607*

M 2 Das Phänomen Nichtwähler

Das Superwahljahr 2009 begann mit einem Rekordtief. Jeder vierte wahlberechtigte Bürger nahm nicht an der Landtagswahl in Hessen teil, so wenige waren es dort noch nie. Auch bei der Europawahl erreichte man mit einer Wahlbeteiligung von 43 Prozent einen Tiefpunkt. [...] Die Gründe der mangelnden Wahlbeteiligung sind vielfältig. [...] Glaubte man den gängigen Erklärungen der Parteienforscher noch vor einigen Jahren, dass es sich bei Nichtwählern um desinteressierte Demokratiebefürworter oder ungebildete Bürger der untersten Sozialschichten handelt, ist heute jedoch längst bekannt, dass diese Annahmen überholt sind. Nach einer Studie im Nachgang zur Hamburger Bürgerschaftswahl im letzten Jahr stammen Nichtwähler aus allen politischen Lagern. Auch Oskar Niedermayer, Politologe und Leiter des Otto-Stammer-Zentrums an der Freien Universität Berlin, erkennt unterschiedliche Typen von Nichtwählern. Er unterscheidet zwischen vier Gruppen: die politisch-desinteressierten Nichtwähler, die keinerlei Verbindung zur Politik haben, die rational abwägenden Nichtwähler, die zu wechselhaftem Wahlverhalten tendieren und sich je nach Bedeutung der Wahl kurzfristig gegen eine Wahlbeteiligung entscheiden, die unzufriedenen Protestwähler, welche dem herrschenden politischen System kritisch gegenüberstehen und sich bewusst gegen eine Wahlbeteiligung entscheiden und schließlich die geringe Gruppe der technischen Nichtwähler, unter denen sich kürzlich verstorbene Bürger sowie jene befinden, die wegen Urlaub oder Krankheit kurzfristig verhindert sind, aber gerne wählen würden.

Diana Kinnert, Das Phänomen Nichtwähler, in: http://www.welt.de, 17.09.2009

M 3 Kontrovers diskutiert: Wählen gehen?

Mirjam (28) hat noch nie eine Wahl verpasst. Warum denn?

„In einer Gesellschaft wie der unsrigen müssen sich alle Menschen an die geltenden Gesetze halten. Gesetze bestimmen unser Leben, geben uns Freiheiten, schränken uns aber auch ein. Die Abgeordneten im Parlament machen diese Gesetze und deshalb möchte ich die Menschen, die im Parlament sitzen, und die Politik, die sie vertreten, mitbestimmen. Das tue ich, indem ich zur Wahl gehe. Die Politiker sind dann zwar auf vier Jahre gewählt, aber wenn es mir nicht gefällt, was sie tun, dann wähle ich sie nach vier Jahren wieder ab und gebe meine Stimme einer anderen Partei oder einem anderen Kandidaten. Und weil wir Wähler alle so denken, richten sich die Politiker nach uns. Ginge ich nicht mehr zur Wahl, dann wäre mein Einfluss auf die Politik dahin."

Klaus (34) hat sich die letzten vier Jahre an keiner Wahl beteiligt.

„Früher bin ich auch immer zum Wählen gegangen, aber irgendwann hatte ich den Eindruck, dass sich die Politiker und die Parteien immer ähnlicher werden. Es gibt nur noch geringe inhaltliche Unterschiede und jeder kann mit jedem zusammenarbeiten. Ich bin nicht unzufrieden mit unserer Gesellschaft und unserem Staat. Auch wehre ich mich gegen Vorwürfe, ich wäre nicht politisch. Ich engagiere mich durchaus für unsere Gesellschaft und arbeite als Jugendtrainer auch ehrenamtlich. Es ist nicht so, dass politisches Engagement sich nur auf das Wählen bezieht. Ich würde auch gerne über politische Streitfragen direkt abstimmen, so wie die Schweizer Bürger das dürfen. Könnte ich das, dann ginge ich auch wieder ins Wahllokal."

Aufgaben

1. Formuliert zuerst Hypothesen, weshalb wahlberechtigte Bürger nicht mehr wählen gehen. So könnt ihr beginnen: „Menschen bleiben der Wahl fern, weil ...". Überprüft dann eure Hypothesen mithilfe von M 2.
2. Mirjam und Klaus vertreten zwei völlig unterschiedliche Meinungen zur Frage, ob man an Wahlen teilnehmen soll. Simuliert ein Streitgespräch (Methode → S. 281) zwischen den beiden. Ergänzt dabei eigene Argumente und nehmt abschließend persönlich Stellung (M 3).

Hypothesen
Vermutungen über Zusammenhänge werden in der Wissenschaft als Hypothesen bezeichnet. Eine Hypothese ist also eine unbewiesene Annahme, die erst noch überprüft werden muss.

6.2.2 Welches Wahlsystem soll es sein?

M 4 Wahlsysteme im Vergleich

Art. 38, 1 GG
Die Abgeordneten des Deutschen Bundestages werden in allgemeiner, unmittelbarer, freier, gleicher und geheimer Wahl gewählt.

Wenn wie in Deutschland ca. 60 Millionen Menschen wählen dürfen, dann muss es ein Verfahren geben, aus dem hervorgeht, wie die einzelnen Stimmen in Parlamentssitze umgewandelt werden. Dieses Verfahren wird als Wahlsystem bezeichnet.

Die Stimmen der Wählerinnen und Wähler müssen in Parlamentsmandate umgerechnet werden. Hierfür gibt es unterschiedliche Methoden mit Vor- und Nachteilen. Bei der Entscheidung für ein Verfahren gilt es abzuwägen: Das Wahlergebnis soll den politischen Willen der gesamten Wählerschaft im Parlament möglichst korrekt abbilden – es soll aber gleichzeitig eine regierungsfähige Mehrheit hervorbringen. Hier gibt es einen Zielkonflikt, denn beides ist nicht gleichzeitig in idealer Weise zu erreichen. Die meisten Wahlsysteme streben deshalb einen Kompromiss an.

Sperrklausel oder 5 %-Hürde
Die Parteien müssen 5 % der abgegebenen Zweitstimmen erhalten oder drei Direktmandate erreichen, um in den Deutschen Bundestag einziehen zu können.

Mehrheitswahl
Zu klaren Mehrheiten führt es meistens, wenn alle Abgeordneten direkt in den Wahlkreisen gewählt werden. Hier spricht man von einem Mehrheitswahlsystem. Wer im Wahlkreis die meisten Stimmen auf sich vereinigen konnte, ist gewählt. Parteilisten gibt es nicht. Die Stimmen für alle nicht gewählten Kandidaten verfallen – sie wirken sich nicht auf die Zusammensetzung des Parlaments aus.

Die Mehrheitswahl begünstigt, wie das Beispiel Großbritannien zeigt, immer die großen Parteien. Kleinere politische Strömungen haben kaum eine Chance, ihre Ideen in die parlamentarische Debatte einzubringen. Die Folge ist, dass sich große Gruppen der Bevölkerung mit ihren Überzeugungen politisch überhaupt nicht vertreten fühlen. Der Vorteil für das politische System: Eine klare absolute Mehrheit für eine Partei ist die Regel. Die Regierungsbildung ist meist kein Problem.

Ein Mehrheitswahlsystem bringt auch ganz andere Parteien hervor: Die Parteien sind weniger mächtig, und die Abgeordneten spielen in ihnen eine wichtige Rolle. Diese sind sehr unabhängig und die Parteizentralen können ihnen kaum etwas vorschreiben.

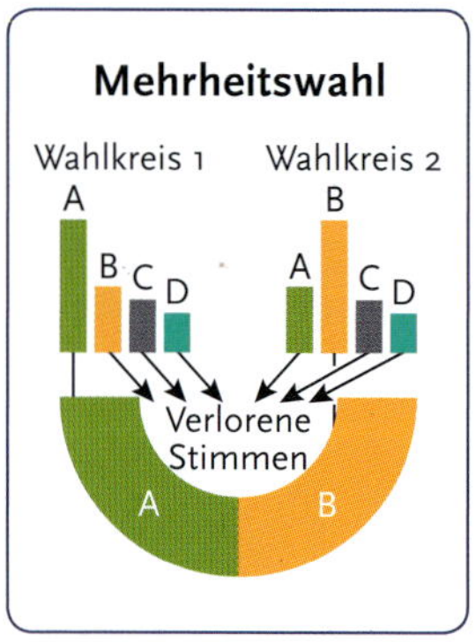

Verhältniswahl
Das Verhältniswahlsystem dagegen kennt überhaupt keine direkt gewählten Wahlkreiskandidaten. Die Stimmberechtigten entscheiden sich für die Kandidatenlisten einer Partei. Jede Partei schickt so viele Abgeordnete ins Parlament, wie es ihrem Anteil an den abgegebenen Wahlstimmen entspricht. Im reinen Verhältniswahlsystem sind deshalb auch sehr kleine Parteien vertreten. Wenn es keine Sperrklausel gibt, entspricht die Zusammensetzung des Parlaments genau der Verteilung der Stimmen auf die Listen, die zur Wahl standen.

Ein reines Verhältniswahlsystem führt – wie es die Geschichte der Weimarer Republik gezeigt hat - leicht zur Zersplitterung der Parteienlandschaft. Ein in viele Fraktionen zerfallendes Parlament bringt schwache, wenig stabile Regierungen hervor, die sich auf Mehrparteienkoalitionen stützen müssen. Die Parteiapparate sind in einem solchen System übermächtig, denn die gewählten Abgeordneten sind von ihnen abhängig. Bei der nächsten Wahl wollen sie wieder auf einem aussichtsreichen Listenplatz aufgestellt werden.

Personalisierte Verhältniswahl

Der Bundestag wird auf vier Jahre gewählt, und zwar nach dem Verfahren der sogenannten personalisierten Verhältniswahl. Danach wird die Hälfte der Abgeordneten in einem Wahlkreis direkt gewählt, während die andere Hälfte über die Landeslisten der Parteien in den Bundestag einzieht. Jeder Wähler und jede Wählerin kann zu diesem Zweck zwei Stimmen vergeben. Die Erststimme ist der „personalisierte" Teil des Wahlsystems. Mit ihr wird der oder die Wahlkreisabgeordnete nach dem Prinzip relativer Mehrheitswahl gewählt. Das bedeutet: Gewählt ist, wer die meisten Stimmen auf sich vereint.

Wichard Woyke, in: Informationen zur politischen Bildung aktuell, Bundestagswahlen 2002, Bonn, 2002, S. 3 f.

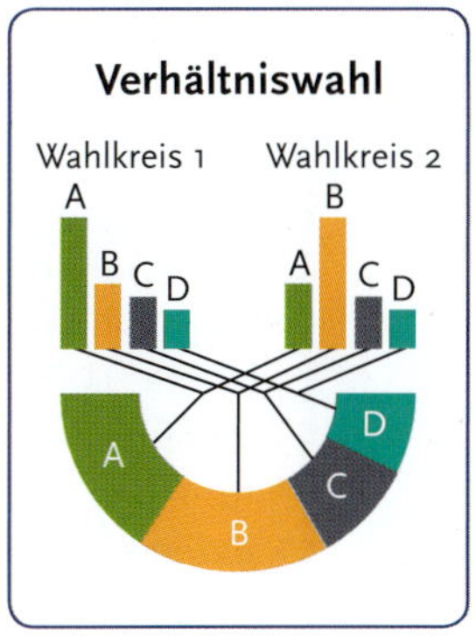

M 5 Projektion: Mehrheitswahl – Verhältniswahl

a) Sitzverteilung im Bundestag nach der Bundestagswahl 2009

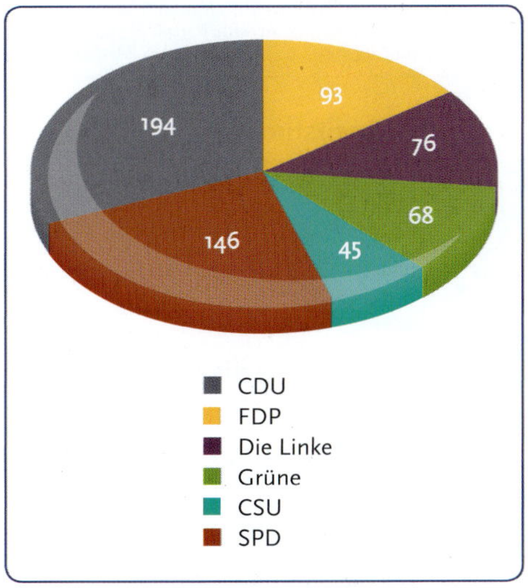

b) Simulation (2009): Mehrheitswahl in Einer-Wahlkreisen

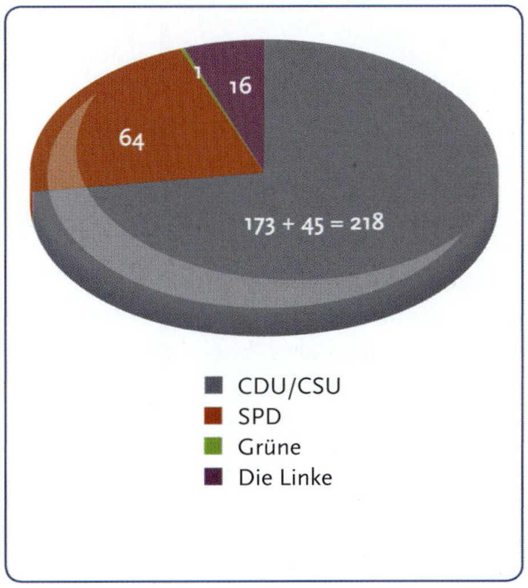

Um die Auswirkungen des Mehrheitswahlrechts auf die Zusammensetzung des Deutschen Bundestags zu simulieren, wird einfach angenommen, dass lediglich die in den 299 Wahlkreisen nach der relativen Mehrheitswahl direkt gewählten Abgeordneten einen Sitz im Parlament erhalten. Unberücksichtigt bleiben muss, dass auch das Wahlsystem die Wahlentscheidung der Wähler beeinflusst.

M 6 Das Wahlsystem zum Deutschen Bundestag

Die Erststimme und ihre Bedeutung

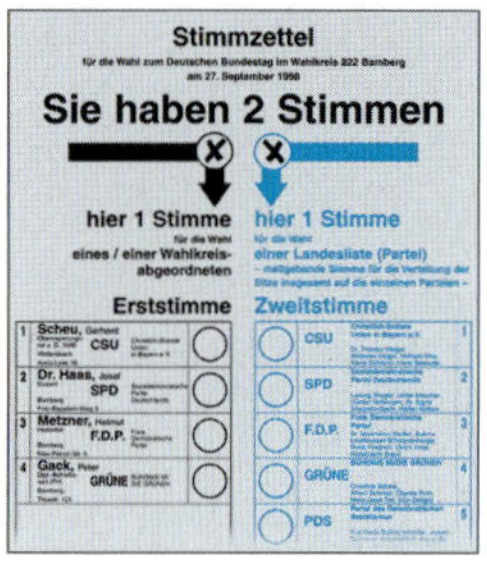

Das Gebiet der Bundesrepublik ist in 299 Wahlkreise eingeteilt. Jeder Wähler entscheidet sich für einen Kandidaten seines Wahlkreises. Gewählt ist, wer mindestens eine Stimme mehr hat als jeder andere Bewerber (*relative Mehrheitswahl*). Ein gewählter Direktkandidat kommt auf jeden Fall ins Parlament, auch wenn seine Partei die 5%-Hürde nicht schafft.

Die Zweitstimme und ihre Bedeutung

Nach der Gesamtzahl der Zweitstimmen, die für eine Partei bei der Wahl abgegeben werden, richtet sich die Anzahl der Sitze, die diese Partei im Bundestag erhält (*Verhältniswahl*). Die Wähler geben ihre Stimme dabei der Landesliste einer Partei in ihrem Bundesland. 299 Abgeordnete ziehen bei der Sitzverteilung über diese Listen in den Bundestag ein.

Überhangmandate

Hat eine Partei in einem Bundesland mehr Direktmandate errungen als ihr – den Zweitstimmen nach – zustehen, erhält Sie Überhangmandate.
Beispiel: Die Partei B hat im Bundesland Y 28 Direktmandate gewonnen. Nach Zweitstimmen stehen ihr nur 26 Mandate zu. Die zwei fehlenden Sitze erhält die Partei als Überhangmandate. Die Gesamtzahl der Sitze im Bundestag nimmt um die Überhangmandate zu.

• = Listenmandat
• = Direktmandat
• = Überhangmandat

Bundesland Y

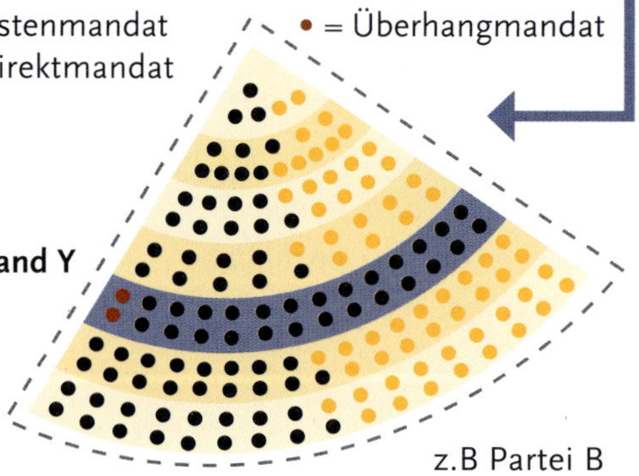

z.B Partei B

Verteilung der Sitze auf die Parteien

Bei der Vergabe der Sitze werden nur Parteien berücksichtigt, die bundesweit mindestens 5% der Zweitstimmen oder drei Direktmandate errungen haben (*Sperrklausel*).
Wie viele Abgeordnetensitze den Parteien zustehen, wird mit Hilfe der *Divisormethode mit Standardrundung* (Sainte-Laguë/Schepers) berechnet. Die Stimmen der Parteien, die an der Stimmvergabe teilnehmen, werden dazu durch einen Divisor geteilt. Als Divisor eignet sich die Zahl der durchschnittlich auf einen Sitz entfallenen Stimmen.
Die Ergebnisse der Division werden anschließend mit Standardrundung zu ganzen Zahlen auf- oder abgerundet. Die ganzen Zahlen entsprechen der Sitzverteilung. Ist die Summe der Sitze größer/kleiner als die zu vergebenden Sitze, so wird das Verfahren mit einem größeren/kleineren Divisor wiederholt. Beispielrechnung:

Partei	Zweitstimmen	Divisor	Ergebnis	Sitze
A	3.700.000	18.896	195,80	196
B	5.500.000	18.896	291,06	291
C	2.100.000	18.896	111,13	111
598 Sitze zu vergeben	gesamt: 11.300.000	Gesamtstimmenzahl / Gesamtzahl der Sitze	Stimmen für Partei X / Divisor	nach Standardrundung

Die Sitzverteilung nach Zweitstimmen

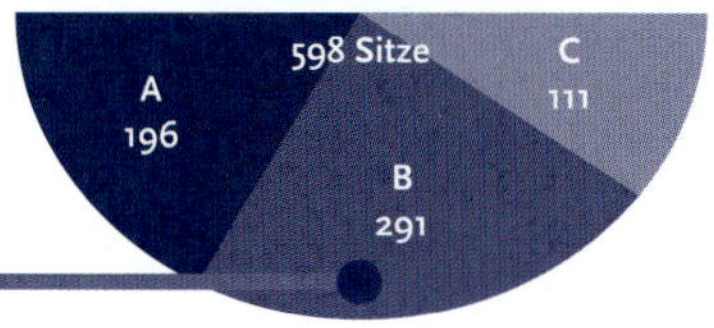

Verteilung der Sitze auf die Landeslisten der Parteien

Der Landesverband einer Partei erhält die Anzahl an Sitzen, die dem Anteil an Zweitstimmen entspricht, der auf seine Landesliste entfiel.

Partei	Sitze insgesamt	Zweitstimmen im Bundesland Y	Gesamtzahl der Zweitstimmen der Partei B		Sitze im Bundesland Y
B	291	x 500.000	: 5.500.000	= 26,45	26

Die Anzahl der errungenen Bundestagssitze wird dann zunächst mit den in dem Bundesland direkt gewählten Wahlkreiskandidaten dieser Partei besetzt (*Direktmandate*), die verbleibenden Sitze mit Kandidaten der Landesliste (*Listenmandate*).

M 7 Wahlgrundsätze

Art. 28 GG:
„In den Ländern, Kreisen und Gemeinden muss das Volk eine Vertretung haben, die aus allgemeinen, unmittelbaren, freien, gleichen und geheimen Wahlen hervorgegangen ist."

Art. 38 GG:
„Die Abgeordneten des Deutschen Bundestags werden in allgemeiner, unmittelbarer, freier, gleicher und geheimer Wahl gewählt."

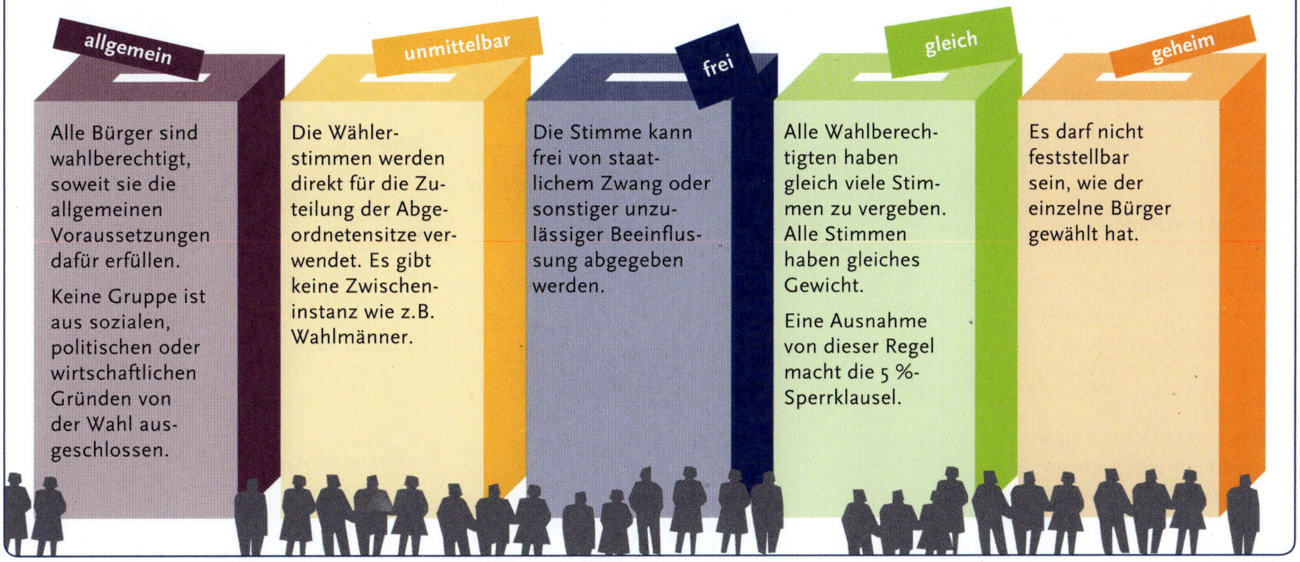

Bergmoser + Höller Verlag *86030*

Das Grundgesetz legt fest, dass die Bundesrepublik Deutschland eine repräsentative Demokratie ist, in der die Bürger nicht ständig über alle Angelegenheiten selbst abstimmen, sondern Abgeordnete wählen, die sie im Parlament vertreten und dort für sie stellvertretend entscheiden. Wahlen sind deshalb die wichtigste Form der politischen Mitbestimmung in der parlamentarischen Demokratie. Damit Wahlen als demokratische Wahlen bezeichnet werden können, müssen die Wahlrechtsgrundsätze des Art. 38 GG erfüllt sein: Wahlen müssen allgemein, unmittelbar, frei, gleich und geheim sein. Das Wahlsystem der Bundesrepublik Deutschland ist im Bundeswahlgesetz festgelegt.

Aufgaben

1. Beurteile die unterschiedlichen Wahlsysteme. Berücksichtige dabei das Schaubild. „Zwei Mal Bundestagswahl 2009" und begründe dein Werturteil (M 4 – M 5).
2. Nimm an: Bei der nächsten Bundestagswahl liegt folgendes Wahlergebnis in Mio. Zweitstimmen vor: SPD: 18,5; CDU/CSU 19,7; Grüne 3,8; FDP 2,9; Die Linke 1,5.
   a) Berechne die Verteilung der Stimmen in Prozent und die Verteilung der Sitze nach dem Sainte-Laguë / Schepers-Verfahren, wenn 598 Sitze zu vergeben sind (M 6).
   b) Ermittle, welche Parteien (zusammen) eine absolute Mehrheit der Sitze erringen könnten (M 6).
   c) Erläutere, unter welchen Bedingungn die Parteien Überhangmandate bekommen würden (M 6).
3. Stelle dir zwei Fälle von manipulierten Wahlen vor, indem jeweils ein anderer Wahlgrundsatz aus M 7 verletzt wurde. Erläutere die daraus entstehenden Folgen für dich, deine Partei oder für die ganze Gesellschaft.

6.2.3 Parteien: immer umstritten, unumstritten notwendig?

Volkspartei
Als Volkspartei bezeichnet man eine Partei, die aufgrund ihres Programms für Wähler und Mitglieder aller gesellschaftlichen Schichten und unterschiedlicher Weltanschauungen offen ist.

Was sind Parteien?
Unter Parteien versteht man Vereinigungen von Bürgern mit gemeinsamen politischen Überzeugungen, die sie in Parlament und Regierung in den politischen Entscheidungsprozess einbringen wollen. Im Gegensatz zu Interessengruppen wollen sie politische Entscheidungen nicht nur in ihrem Sinne beeinflussen, sondern sie sind bereit, unmittelbare politische Verantwortung zu übernehmen.

M 8 Parteien – immer unbeliebter

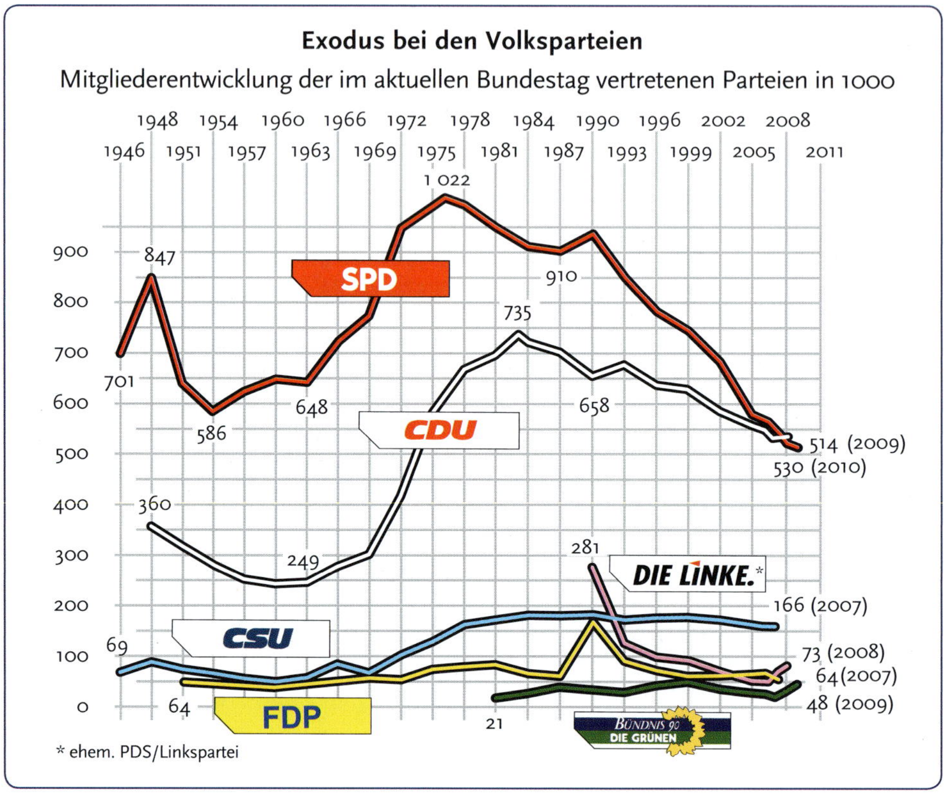

Globus-Grafik 2255 (aktualisiert), Quelle: Bpb, Niedermayer, 2008, Parteien

M 9 Die Parteien als Keilriemen der Demokratie

Stellt man sich die deutsche Demokratie als Dampfmaschine vor, dann sind Parteien der Keilriemen: Sie sorgen dafür, dass Bewegung von einem Teil der Maschine in den anderen kommt – und zurück. Parteien werden deshalb oft auch als demokratisches Bindeglied zwischen Staat und Gesellschaft bezeichnet. Es gibt kaum politische Entscheidungen in Deutschland, an denen sie nicht beteiligt sind. Fast alle Abgeordneten in den Parlamenten gehören einer Partei an – obwohl es die Möglichkeit gibt, direkt für ein Amt zu kandidieren. Die Bundesrepublik Deutschland wird daher häufig als Parteiendemokratie bezeichnet. [...] Wozu gibt es Parteien? Parteien sollen der Demokratie beim Funktionieren helfen: Sie sollen sicherstellen, dass die unterschiedlichen Interessen der Bevölkerung in politische Entscheidungen umgesetzt werden und dass umgekehrt die Ideen der Politiker bei den Bürgern ankommen. Zentrale Aufgabe der Parteien ist es, an Wahlen teilzunehmen, politische Ideen und Forderungen in

Parteiprogrammen zu bündeln und Personal für politische Ämter bereitzustellen, wie etwa Bundestagsabgeordnete oder Stadträte. Außerdem sollen sie in der Gesellschaft für Akzeptanz der Politiker-Entscheidungen sorgen, die Menschen für Politik interessieren und zum Wählen bewegen. Im Wahlkampf werden Parteien daher besonders aktiv und betonen ihre inhaltlichen und personellen Unterschiede. Sind Parteien nur gut? Ob die Parteien diesen Aufgaben gerecht werden, ist umstritten. Derzeit wenden sich viele Menschen frustriert von der Politik ab: Es herrscht „Politikverdrossenheit". Andere kritisieren, dass Parteien auch dort Macht haben und ausüben, wo sie es gar nicht sollen. So reden Parteien bei der Besetzung von Posten mit, deren Vergabe gar nicht durch eine öffentliche Wahl entschieden wird. Das ist zum Beispiel bei Chefredakteuren im öffentlich-rechtlichen Fernsehen oder wichtigen Posten in Ministerien häufig der Fall. Wie funktionieren Parteien? Im Inneren sind Parteien Zusammenschlüsse von politisch interessierten Menschen, die nach demokratischen Grundsätzen organisiert sind – so schreibt es das deutsche Parteiengesetz vor. In Parteien wird laufend gewählt: Bevor ein politisches Amt zur öffentlichen Wahl steht, wurde schon parteiintern über die Bewerber abgestimmt. Auch die Parteiführung wird in demokratischen Parteien grundsätzlich gewählt. Jeder Bürger kann Mitglied einer Partei werden, aber er muss sich für eine Partei entscheiden: Mehrfachmitgliedschaften sind in den Parteisatzungen in der Regel untersagt. Insgesamt sind in Deutschland etwa 2,5 Millionen Menschen Mitglied einer Partei. Das sind etwa vier Prozent der Wahlberechtigten. Eine Gruppe von politisch interessierten Menschen gilt nach dem Grundgesetz und Parteiengesetz jedoch nur dann als Partei, wenn sie laufend und dauerhaft Politik machen und in ein Parlament auf Bundes- oder Landesebene gewählt werden will. Dies unterscheidet Parteien von Bürgerinitiativen oder Lobbyverbänden. (...) Ohne Parteien liefe in der deutschen Demokratie also gar nichts und aus der Politik-Dampfmaschine käme nur heiße Luft.

Sebastian Gievert, Parteien für Einsteiger, in: http://www.bpb.de, 28.08.2009

Art. 21, 1 Grundgesetz
„Die Parteien wirken bei der politischen Willensbildung des Volkes mit. Ihre Gründung ist frei. Ihre innere Ordnung muss demokratischen Grundsätzen entsprechen. Sie müssen über die Herkunft und Verwendung ihrer Mittel sowie über ihr Vermögen öffentlich Rechenschaft geben."

M 10 Parteien in den Nachrichten

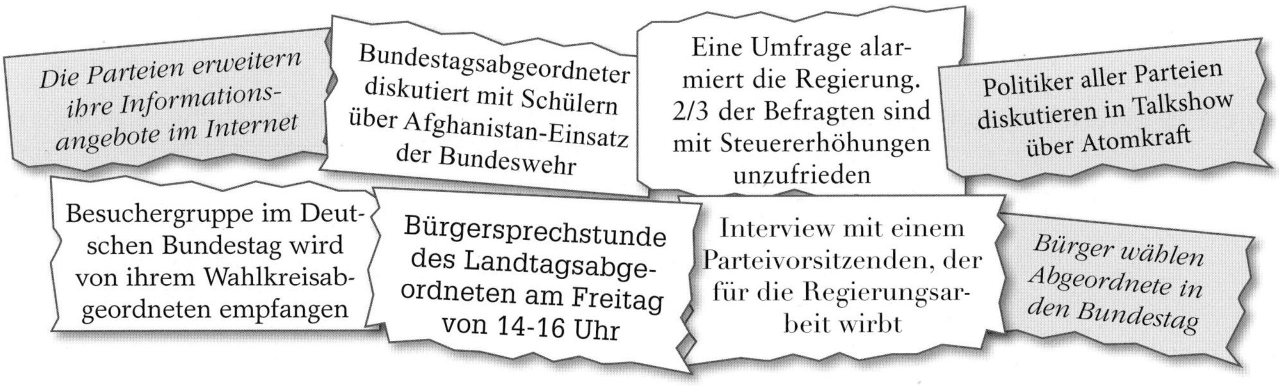

Geringer Einfluss von Parteimitgliedern
Gründe für den geringen Einfluss der Parteimitglieder können sein: Teilnahmslosigkeit und Gleichgültigkeit vieler Mitglieder (Parteileichen), Parteibürokratie, Sachzwänge einer großen Parteiendemokratie
ebd.

M 11 Ist innerparteiliche Demokratie eine Schwäche?

Innerparteiliche Demokratie bedeutet auch, dass die einzelnen parteiinternen Gruppen ihre Kontroversen weitgehend öffentlich kundtun. Vielfach herrscht in den Parteien (und auch bei der Wählerschaft) der Glaube vor, das offene Austragen von innerparteilichen Konflikten beweise Schwäche, Unglaubwürdigkeit und mangelnde Einmütigkeit einer Partei. Eine Partei, die Meinungsverschiedenheiten nicht vertuscht, gilt häufig als „zerstritten" und „uneins". (...) Vielfach jedoch befruchten innerparteiliche Differenzen die politische Diskussion. Es mag daher auch ein Zeichen von Stärke und Dynamik sein, wenn eine Partei sie duldet und nicht mit dem beliebten Ruf nach „Geschlossenheit" abwürgt.

Ulrich von Alemann, Informationen zur politischen Bildung 207, Parteiendemokratie, hg. von der Bundeszentrale für politische Bildung, Neudruck 1996 (Online-Ausgabe)

M 12 Wie finanzieren sich Parteien?

Parteienfinanzierung

Private Mittel

- **Beiträge von Mitgliedern und Mandatsträgern**
- **Spenden**
- **Einnahmen aus Parteivermögen**
- **Sonstige Einnahmen**

Staatliche Mittel

Zuschüsse für Wählerstimmen
- je 0,85 € für die ersten 4 Millionen Stimmen
- 0,70 € für jede weitere Stimme bei Bundestags-, Europa- und Landtagswahlen

Voraussetzung: ein Stimmenanteil von mind. 0,5 % bei den Wahlen auf Bundesebene bzw. 1,0 % bei Landtagswahlen

Zuschüsse zu den Beitrags- und Spendeneinnahmen
- 0,38 € für jeden Euro aus privaten Beiträgen und Spenden (bis zu einem Betrag von 3.300€ pro Person und Jahr)

Die staatlichen Zuschüsse dürfen nicht höher sein als die Eigeneinnahmen einer Partei. Für alle Parteien zusammen dürfen sie die Obergrenze von 133 Millionen € pro Jahr nicht übersteigen.

Bergmoser + Höller Verlag 95054

Aufgaben

1. Interpretiere die Statistik aus M 8. Welches Problem wird sichtbar?
2. Stelle begründete Vermutungen darüber an, was passiert, wenn die Parteien als Keilriemen der Demokratie geschwächt werden (M 9).
3. Gib dem Keilriemen eine Laufrichtung. Ordne die Überschriften aus M 10 der jeweils passenden Laufrichtung zu.
4. Die innere Ordnung von Parteien muss „demokratischen Grundsätzen entsprechen" (Art. 21 GG). Erkläre, was darunter zu verstehen ist (M 11).
5. Diskutiert die Vor- und Nachteile des deutschen Modells der Parteienfinanzierung (M 12).

Methode

Parteien im Internet – einen Steckbrief erstellen

CDU: www.cdu.de

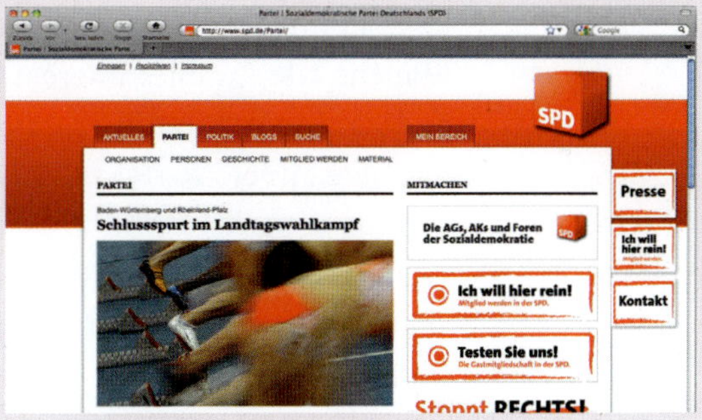

SPD: www.spd.de

Bündnis 90/Die Grünen: www.gruene.de

Die Linke: www.die-linke.de

FDP: www.fdp-bundespartei.de

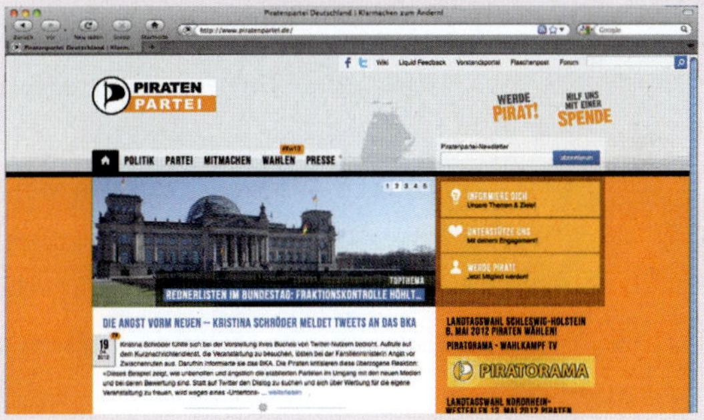

Piratenpartei: www.piratenpartei.de

Aufgaben

Erstellt in arbeitsteiliger Gruppenarbeit eine Präsentation zu einer wichtigen deutschen Partei (CDU, SPD, Die Grünen, FDP, DIE LINKE, Piratenpartei). Bearbeitet dazu die folgenden Aufgaben:

1. Stellt die von euch ausgesuchte Partei mithilfe der folgenden vier Punkte vor: *Ideologie / politisches Grundverständnis, historische Entwicklung, wichtige Parteipersönlichkeiten (aus Vergangenheit und Gegenwart), Jugendorganisation der Partei.*
2. Analysiert das Parteiprogramm und erläutert die Einstellung dieser Partei zu den folgenden vier Politikbereichen: *Wirtschaft und Arbeit, Bildung, Soziales, Umwelt.*

Was wir wissen

Nichtwähler
M 1 – M 2

Seit dreißig Jahren nimmt der Anteil der Nichtwähler bei Wahlen in Deutschland kontinuierlich zu. Die Motive, nicht zu wählen, sind unterschiedlich: Manche Nichtwähler interessieren sich grundsätzlich nicht für die Wahlen, andere sind nur mit ihrer Partei unzufrieden und können sich nicht vorstellen, eine andere Partei zu wählen.

Wahlsysteme
M 5, M 6

Grundsätzlich kann man zwischen Verhältniswahlsystem und Mehrheitswahlsystem unterscheiden. Bei der reinen Verhältniswahl erhalten die Vertreter der Parteien genauso viele Mandate im Parlament, wie es ihrem Anteil an den abgegebenen Stimmen entspricht. Beim reinen Mehrheitswahlsystem erhalten nur die Kandidaten ein Mandat, die in einem Wahlkreis die meisten Stimmen auf sich vereinigen konnten. In vielen Staaten gibt es Mischformen der beiden Systeme.

Wahlsystem der Bundesrepublik Deutschland
M 7

Das Wahlsystem der Bundesrepublik Deutschland ist im Bundeswahlgesetz festgelegt. Für die Wahl der 598 Abgeordneten des Bundestages haben die Wähler zwei Stimmen: Mit der Erststimme entscheidet der Wähler nach dem Prinzip der relativen Mehrheitswahl, welcher Wahlkreisabgeordnete einen Sitz im Parlament erhalten soll. Die Zweitstimme, die nach den Prinzipien der Verhältniswahl abgegeben wird, ist die wichtigere Stimme, denn durch sie wird die Zahl der Sitze festgelegt, die jeder Partei im Bundestag zustehen. Hat eine Partei die Sperrklausel (fünf Prozent der Zweitstimmen oder drei Direktmandate) überwunden, so wird die Gesamtzahl der für sie abgegebenen Zweitstimmen in Mandate umgerechnet. Das Wahlsystem zum Deutschen Bundestag wird häufig als „personalisiertes Verhältniswahlrecht" bezeichnet. Dies verdeutlicht, dass das Stimmenergebnis auf der Verhältniswahl beruht, durch die Erststimme aber die Möglichkeit besteht, direkt einzelne Personen zu wählen (Personalisierung).

Parteienfunktionen
M 9

Zu den Aufgaben der Parteien gehören:

- Mitwirkung: Parteien ermöglichen den Bürgern als Wähler oder als Mitglieder die Teilnahme am politischen Geschehen. Als Parteimitglied kann der Bürger bei Programmformulierungen und bei der Auswahl der Kandidaten mitwirken.
- Meinungsbildung: Parteien nehmen – vor allem mithilfe der Medien – auf die öffentliche Meinung Einfluss.
- Interessenvermittlung: Parteien bündeln gesellschaftliche Interessen und transportieren sie als „Keilriemen der Demokratie" in den politischen Entscheidungsprozess der staatlichen Institutionen.
- Personalbereitstellung: Über Parteien rekrutiert und selektiert sich in Deutschland das politische Personal, das dann die staatlichen Führungsämter einnimmt.

Wahlen in der DDR

Am 7. Mai 1989 sind die DDR-Bürger wieder einmal aufgerufen, die „Kandidaten der Nationalen Front“ zu wählen. Das Wahlverfahren ist jedoch nur scheinbar demokratisch: Auf einer von der SED abgesegneten Einheitsliste stehen die Kandidaten – die fast keinem der Wähler bekannt sind. Eine Abstimmung über einzelne Wahlvorschläge ist nicht möglich. Es gibt nur die Unterscheidung zwischen Ja-Stimme, Nein-Stimme und ungültiger Stimme für die gesamte Liste. Was nur wenige DDR-Bürger wissen: eine Nein-Stimme, also eine Ablehnung des Vorschlags wird nur dann anerkannt, wenn der Wähler auf der Liste jeden einzelnen Namen säuberlich durchstreicht. Jede Abweichung von dieser äußeren Form macht den Stimmzettel ungültig. Zwar ist in jedem Wahlbüro eine Wahlkabine aufgebaut, doch werden die Bürger, welche die Kabine tatsächlich benutzen, von den gestellten, linientreuen Wahlhelfern registriert: In einem sozialistischen Staat hat in ihren Augen ein rechtschaffener Mensch nichts zu verbergen. In der Bevölkerung wird der Gang zur Wahlurne deshalb auch zutreffend als „Zettelfalten“ bezeichnet. Es gibt die ungeschriebene Verpflichtung, an der Wahl teilzunehmen, und die Wahlbeteiligung der DDR-Bevölkerung liegt auch ohne die unmittelbare Anwendung von Druckmitteln bei weit über 90 Prozent. Wer jedoch bis 16 Uhr nicht ins Wahllokal kommt, muss damit rechnen, dass ihn Wahlhelfer zuhause aufsuchen, um die fehlende Stimme abzuholen. Die Wahlkreise konkurrieren untereinander um die höchste Zustimmungsrate. 99 Prozent sollten es am besten sein – und so muss hier und da manipuliert werden.

Aufgabe
International ist es mittlerweile üblich, dass Wahlbeobachter aus anderen Ländern die heimischen Wahlen überprüfen. Stell dir vor, du wärst einer dieser Wahlbeobachter und müsstest die Wahl vom 7.5.1989 in der DDR beobachten.
Beurteile ausgehend vom Bericht über die Wahlen in der DDR, ob die Wahl als demokratisch bezeichnet werden kann und welche Rolle die Parteien bei dieser Wahl spielen.
Verfasse dazu einen Bericht, den du in einer Pressekonferenz der Öffentlichkeit vorstellen willst.

In einem Bericht vom 7. Mai 1989 über die Wahl im Ort Menz (Brandenburg) hält die Staatssicherheit fest, dass der ehemalige Parteivorsitzende der CDU (Name geschwärzt) alle Kandidaten auf dem Wahlzettel durchgestrichen hat.

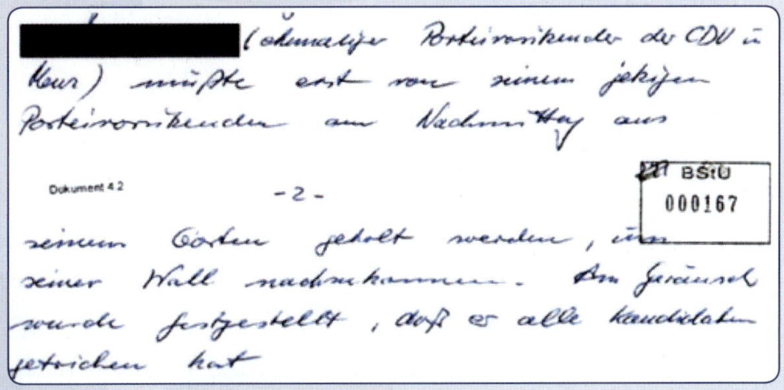

[redacted] (ehemaliger Parteivorsitzender der CDU i. Kreis) müßte erst von seinem jetzigen Parteivorsitzenden am Nachmittag aus

Dokument 4.2

-2-

BStU 000167

seinem Garten geholt werden, um seiner Wahl nachzukommen. Am Geräusch wurde festgestellt, daß er alle Kandidaten gestrichen hat

Bruno Zandonella, Thema im Unterricht, Wahlen für Einsteiger, Bundeszentrale für politische Bildung, 07/2009

BUNDESRAT

MEHR
8%
für mehr

7

Der politische Entscheidungsprozess

Die Verfassung gibt vor, wie ein Gesetz zu Stande kommt und welche Akteure daran beteiligt werden müssen. Wer darf in Deutschland Gesetze initiieren und beschließen? Wie können die unterschiedlichen Akteure ihre Interessen in den Entscheidungsprozess einbringen?

Kompetenzen

Am Ende dieses Kapitels solltest du Folgendes können:

- die Stellung des Bundeskanzlers im politischen System erläutern
- die Arbeitsweise und die Kontrollfunktion des Deutschen Bundestages sowie die Stellung der Abgeordneten des Deutschen Bundestages darstellen
- den Gang der Gesetzgebung an einem Beispiel erläutern
- den Politikzyklus auf ein politisches Problem anwenden

Was weißt du schon?

- Notiert alle politischen Akteure, die euch einfallen. Ihr könnt euch zu Beginn an den Bildern auf dieser Seite orientieren.
- Welche dieser politischen Akteure haben großen Einfluss auf die Politik und sind mächtig?
  Erstellt eine Hierarchie und beginnt mit dem eurer Ansicht nach mächtigsten Akteur. Begründet eure Entscheidung und übertragt eure Ergebnisse auf ein Plakat.

7.1 Herrschaft und Kontrolle: Regierung und Opposition

7.1.1 Wer darf mitreden, wer darf mitentscheiden?

M 1 Forderungen – Vorschläge – Interessen

Verbraucherschützer fordern schärfere Gesetze gegen Internetkriminalität

Juristen warnen: Buttonlösung wird Abofallen-Gauner nicht einschüchtern!

Vorschlag des Justizministeriums: vier Seiten Rechtstext für jede Internet-Kaufaktion

Journalisten decken auf: „Gratis-Partnersuche" als Köder

Seniorenverbände fordern Korrektur der gesetzlichen Regelungen

EU-Kommission befürwortet Netzsperren

Innenminister schlägt Recht auf Gegendarstellung im Internet vor

TV-Magazin weist auf Sicherheitslücken beim Personalausweis hin

Industrie- und Handelskammer: schwarze Schafe im Internet bestrafen

Landgericht Bonn: Mutter hat keinen Anspruch auf Datenauskünfte über den Vater ihres Kindes

Bundestag will Künstler gegen Gratiskultur im Internet schützen

Universitäten: Professorenwertung im Netz verletzt Datenschutz

M 2 Staatliche Kernaufgaben: Regeln setzen, Regeln durchsetzen, Regeln auslegen

Staat
Vereinigung vieler Menschen (Staatsvolk) in einem abgegrenzten Gebiet (Staatsgebiet) mit eigenen Staatsorganen (Staatsgewalt); normalerweise von keinem anderen Staat abhängig, also „souverän"

In der Bundesrepublik Deutschland ist im Grundgesetz präzise geregelt, wer welche Regeln aufstellen darf, die im ganzen Land gelten. Solche „Gesetze" werden in einem festgelegten Verfahren entworfen, beraten und dann von einem Parlament beschlossen. Parlamente sind also „Gesetzgeber": der Bundestag in Berlin beschließt Gesetze für das ganze Land, die Landesparlamente beschließen Gesetze zu Politikfeldern, für die die Bundesländer zuständig sind.

Die Aufteilung der Aufgaben im Staat auf verschiedene Organe nennt man Gewaltenteilung. Sie beschreibt zunächst die horizontale Aufteilung auf Organe der Regelsetzung (Legislative), der Regeldurchsetzung (Exekutive) und der Regelauslegung im Zweifelsfall (Judikative). Gewaltenteilung meint ferner die vertikale Aufteilung von Funktionen auf verschiedene Ebe-

nen: auf die Bundes- und die Länderebene sowie auf die Ebene der Städte und Gemeinden.
Diese Aufteilung und Verschränkung der staatlichen Gewalten will die Funktionen auf verschiedene Organe und Personen verteilen, um die Willkürherrschaft eines Organs oder einer Ebene zu verhindern. Die Balance zwischen den staatlichen Organen ist ein wichtiges Element in einer Demokratie.

M 3 Ebenen und Gewalten im Staatsaufbau

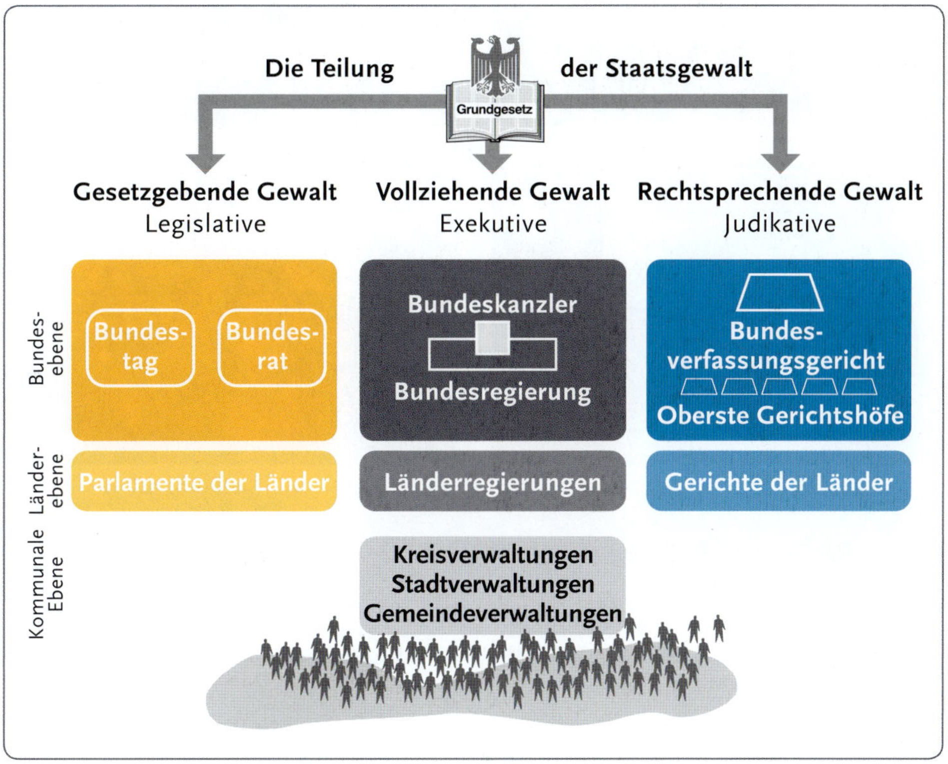

Bergmoser + Höller Verlag *61 110*

Staatsorgane
Die obersten Staatsorgane nennt man auch Verfassungsorgane. In Deutschland gibt es auf Bundesebene fünf ständige Verfassungsorgane: Bundestag, Bundesrat, Bundespräsident, Bundesregierung und Bundesverfassungsgericht.

Aufgaben

1. Die Schlagzeilen in M 1 zeigen, dass sich sehr viele Akteure zu politischen Themen äußern. Versuche – von M 1 ausgehend – einen Katalog zu entwickeln, wer alles Einfluss nehmen will und wer entscheiden darf.
2. Die Medien übernehmen in diesem „politischen Prozess" wichtige Aufgaben. Nenne einige Funktionen der Medien.
3. Suche in der Tageszeitung oder auf einschlägigen Web-Seiten aktuelle Schlagzeilen und Nachrichten. Ordne sie den Ebenen und Säulen des Schemas zu. Welche Schwierigkeiten ergeben sich (M 3)?
4. Die Aufteilung von Zuständigkeiten auf verschiedene Ebenen und Gewalten hat viele Vorteile, bringt aber auch Nachteile mit sich. Begründe beide Sichtweisen.

7.1.2 Was heißt es, zu regieren?

M 4 Was macht ein Bundeskanzler?

M 5 Regieren? Regieren!

Opposition
im Parlament die Gruppe von Abgeordneten, die der Regierungsmehrheit gegenübersteht

Der ehemalige SPD-Vorsitzende Franz Müntefering sagte einmal: „Opposition ist Mist. Lasst das die anderen machen – wir wollen regieren." Alle Politiker wollen regieren! Sie treten in Wahlkämpfen für ihre Parteien an, um eine Mehrheit zu erreichen und „an die Regierung zu kommen". Denn wer regiert, hat die Macht im Land und kann seine politischen Vorstellungen umsetzen. Die Regierung kann weitreichende Entscheidungen vorbereiten und beeinflussen: Sie kann (zusammen mit den Abgeordneten im Bundestag) entscheiden, ob Steuern erhöht werden, ob die Bundeswehr zu einem Einsatz ins Ausland geschickt wird, ob soziale Leistungen gekürzt werden oder ob man mehr Geld in Bildung investiert. Die Politiker, die nicht an der Regierung beteiligt sind, haben dagegen nur wenig Einfluss auf die Politik. Sie können meist nur in der Öffentlichkeit sagen, dass sie anderer Meinung sind. Allein die Regierung ist berechtigt, den Kurs des Landes zu bestimmen und deswegen wollen Politiker regieren.

M 6 Aufbau und Arbeitsweise der Bundesregierung

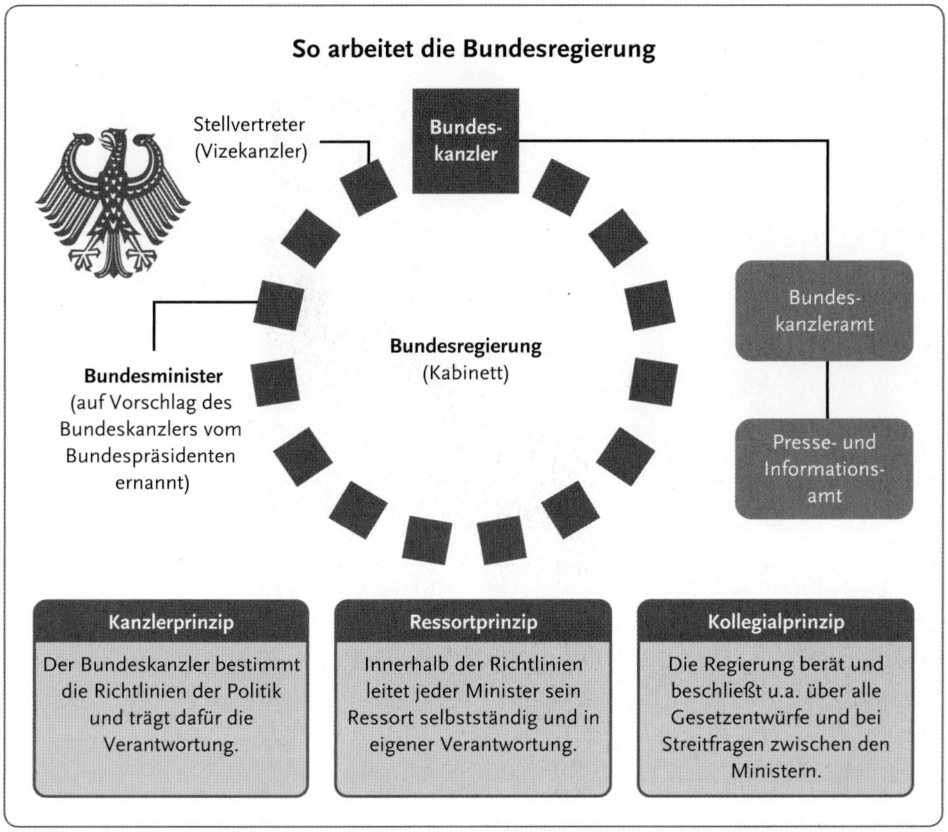

Bergmoser + Höller Verlag *67123*

Artikel 65 GG
„Der Bundeskanzler bestimmt die Richtlinien der Politik und trägt dafür die Verantwortung."

M 7 Wie mächtig ist der Bundeskanzler?

Der Bundeskanzler wird häufig als mächtigster politischer Akteur in Deutschland bezeichnet. Dies liegt daran, dass er sowohl gegenüber dem Parlament eine besondere Rolle einnimmt als auch innerhalb der Bundesregierung über eine Sonderstellung verfügt. So wird innerhalb der Bundesregierung nur der Bundeskanzler direkt vom Bundestag gewählt. Alle anderen Mitglieder der Regierung werden auf seinen Vorschlag hin vom Bundespräsidenten ernannt. Damit verfügt er über eine besondere demokratische Legitimation. Innerhalb der Bundesregierung besitzt der Bundeskanzler die Richtlinienkompetenz. Das bedeutet, dass er die Grundlinien der Politik, also die allgemeine politische Ausrichtung der Regierungspolitik, bestimmen kann. Gegen den Willen des Kanzlers kann innerhalb der Regierung keine Entscheidung getroffen werden. Das Kabinett kann ihn nicht einfach überstimmen. Wie der Bundeskanzler diese Richtlinienkompetenz ausfüllen kann, hängt entscheidend von seiner Persönlichkeit, seiner Beliebtheit innerhalb der Bevölkerung und seinem Regierungsstil ab. Seine Macht ist natürlich dann beschränkt, wenn er mit einer Koalition

Legitimation
Rechtfertigung der Ausübung staatlicher Gewalt, hier: durch eine Wahl

Kabinett
die Personen, die die Bundesregierung bilden, d.h. der Bundeskanzler und seine Minister

Kabinettssaal im Bundeskanzleramt: In den wöchentlichen Kabinettssitzungen werden Gesetzesvorlagen beraten und beschlossen und politische Probleme diskutiert.

Antrag für das konstruktive Misstrauensvotum
Nach § 97 der Geschäftsordnung des Deutschen Bundestages muss mindestens 1/4 der Mitglieder des Bundestages den Antrag für das konstruktive Misstrauensvotum (Art. 67, 1 GG) unterzeichnen.

aus verschiedenen Parteien regiert, da er auf andere Parteien einen geringeren Einfluss besitzt.

Auch gegenüber dem Parlament verfügt er über eine Sonderrolle. Wenn der Bundeskanzler den Eindruck hat, dass die Mehrheit der Abgeordneten im Parlament seine Politik nicht mehr unterstützt, dann kann er im Deutschen Bundestag die Vertrauensfrage stellen. Wird er nicht mehr von der Mehrheit der Abgeordneten unterstützt, so kann er Neuwahlen herbeiführen. Viele Abgeordnete fürchten bei Neuwahlen um ihre Wiederwahl und werden so den Kanzler eher unterstützen. Aber wehrlos ist das Parlament bei Leibe nicht. Das Parlament verfügt über ein starkes Machtmittel: das konstruktive Misstrauensvotum. Über das konstruktive Misstrauensvotum kann das Parlament den Kanzler und damit die gesamte Regierung abwählen. Das Parlament muss dazu allerdings einen neuer Kanzler wählen, weswegen das Misstrauensvotum „konstruktiv" – durch die Wahl eines Nachfolgers – und nicht „destruktiv" – durch die reine Abwahl eines Kanzlers – ist.

Aufgaben

1. Was heißt es, zu regieren? Sammelt Überschriften und Berichte aus aktuellen Zeitungen, die deutlich machen, welche politischen Probleme die Bundesregierung gerade bearbeitet (M 4, M 5).
2. Erkläre, welche Prinzipien die Regierungsarbeit leiten (M 6).
3. Der Bundeskanzler gilt als mächtiger politischer Akteur. Was kann er tun, um seine Vorstellungen durchzusetzen? Stelle eine Liste der Machtinstrumente des Bundeskanzlers zusammen. Welches Machtinstrument erscheint dir am wirkungsvollsten? Erstelle eine Hierarchie (M 6, M 7).

7.1.3 Wer kontrolliert die Regierung?

M 8 Die Opposition – Gegenspielerin der Regierung

Die politische Grenzlinie verläuft in erster Linie nicht mehr zwischen dem Parlament auf der einen und der Regierung auf der anderen Seite, die entscheidende Trennungslinie liegt in einem parlamentarischen System zwischen der Regierungs- beziehungsweise Parlamentsmehrheit und der Regierung auf der einen sowie der Opposition auf der anderen Seite. Die Regierungsmehrheit, die heute einen Regierungschef wählt, kann morgen nicht so tun, als ob sie mit dessen Person und Regierung nichts verbinde. Durch eine Verweigerung der Zusammenarbeit mit dem von ihr gestellten Regierungschef würde sie sich selbst einen Fehler bescheinigen – nämlich denjenigen, den falschen Kanzler gewählt zu haben. Die Brücke, über die Parlamentsmehrheit und Regierung im heutigen parlamentarischen Regierungssystem verbunden sind, bilden die Parteien. Jedoch muss dies nicht unbedingt bedeuten, dass Regierung und Parlamentsmehrheit eine absolute Einheit darstellen. Die unterschiedliche Intensität der Beziehungen zwischen diesen beiden Organen hängt in erster Linie ab von der Anzahl der Parteien, die zur Bildung einer Regierung notwendig sind.

Informationen zur politischen Bildung Nr. 227, Parlamentarische Demokratie 1, Neudruck 1993, S. 26 f.

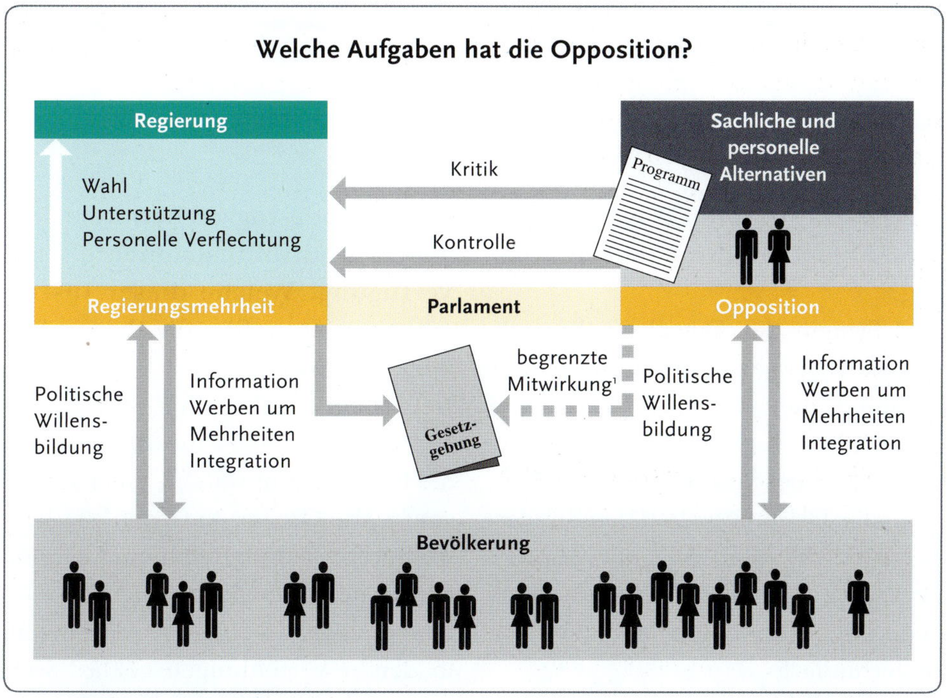

¹über Ausschüsse, evtl. Bundesrat
Bergmoser + Höller Verlag 95054

M 9 Wie können Abgeordnete die Regierung kontrollieren?

Stelle dir folgende Situation vor: Die Regierung möchte zur Sicherung der Energieversorgung neue Atomkraftwerke bauen lassen und bringt einen entsprechenden Gesetzesvorschlag in den Bundestag ein. Doch viele Abgeordnete, auch der Regierungsparteien, sind damit nicht einverstanden. Wie sollen sie ihre Kritik äußern?

Folgende Maßnahmen stehen den Abgeordneten zur Verfügung:

- ✓ In einer nicht-öffentlichen Versammlung die eignenen Bedenken gegenüber der Parteispitze äußern
- ✓ In einer Fernsehtalkshow die Regierung offen und hart kritisieren
- ✓ Noch nicht veröffentlichte Informationen heimlich und anonym an die Presse geben
- ✓ In einem Fachausschuss des Bundestages hinter verschlossenen Türen Kritik üben
- ✓ Im Kreis aller Abgeordneten der eigenen Partei (Fraktion) die Bedenken äußern
- ✓ Eine Aktuelle Stunde im Bundestag beantragen, in der in aller Breite und öffentlich Mitglieder der Regierung Stellung zur Kritik nehmen müssen. Die Debatte wird sogar im Fernsehen übertragen
- ✓ Auf einem Parteitag eine Rede halten, in der sie die Politik der Regierung geißeln

M 10 Interview mit dem Bundestagsabgeordneten Ernst-Reinhard Beck

Herr Beck, braucht die Regierung eine Kontrolle durch den Bundestag?

Das System der Gewaltenteilung in Legislative, Exekutive und Judikative bedeutet die Aufteilung staatlicher Gewalt in sich gegenseitig kontrollierende und beschränkende Gewalten. Eine der Hauptaufgaben des Bundestages ist die Kontrolle der Bundesregierung, denn Machtmissbrauch wird am besten durch Machtkontrolle verhindert.

Dem Bundestag stehen verschiedene Kontrollinstrumente zur Verfügung. Welche dieser Instrumente halten Sie für besonders wirkungsvoll?

Neben einer „Aktuellen Stunde" haben die Fraktionen die Möglichkeit, die Regierung mittels „Kleiner Anfragen" und „Großer Anfragen" zu kontrollieren. Darüber hinaus können Fraktionen die Einsetzung von Untersuchungsausschüssen beantragen, in denen Verfehlungen geklärt wer-

Untersuchungsausschuss
Die Abgeordneten des Bundestages können einen Untersuchungsausschuss bilden, wenn mindestens ein Viertel aller Abgeordneten zustimmen. Ziel des Ausschusses ist die Aufklärung politischer Missstände.

den sollen. Dem einzelnen Abgeordneten steht die Möglichkeit offen, vier schriftliche Anfragen pro Monat und bis zu zwei mündliche Fragen pro Sitzungswoche zu stellen. Als schärfste Form der Kontrolle steht dem Parlament das konstruktive Misstrauensvotum zur Verfügung. In diesem Fall wählt die Mehrheit der Mitglieder des Bundestages einen neuen Kanzler. All diese Instrumente werden vorwiegend von der Opposition eingesetzt. Die Regierungsfraktionen kontrollieren eher nicht in der Öffentlichkeit.

Nehmen aus Ihrer Sicht auch die Regierungsfraktionen ihr Recht, die Regierung zu kontrollieren, wahr?

Die Mitglieder der Regierungsfraktionen üben ihr Kontrollrecht über ihre eigene Regierung eher intern – in Fraktions- und Arbeitsgruppensitzungen – aus. Selten sind daher schriftliche oder mündliche Fragen an die Regierung.

Inwieweit wird die öffentliche Wirkung bei der Auswahl der Instrumente in der Fraktion berücksichtigt?

Bei der Auswahl der Instrumente ist die öffentliche Wirkung von entscheidender Bedeutung. Die größte Wirkung erzielt man, wenn das Fernsehen das Thema aufgreift.

Interview des Autors mit Ernst-Reinhard Beck über die Wahrnehmung der Kontrollrechte des Bundestages durch die Abgeordneten.

Ernst-Reinhard Beck sitzt für die CDU im Deutschen Bundestag.

Aufgaben

1. Versetze dich in einen Abgeordneten der Regierungsfraktion und der Opposition. Entscheide auch mithilfe von M 9, welche Maßnahmen die beiden treffen sollen, um Kritik an der Regierung zu üben. Wähle dazu die Maßnahmen aus, die dir am sinnvollsten erscheinen und begründe deine Auswahl.
2. Überprüfe die folgenden Aussagen zur Kontrolle der Regierung. Stimmen sie? Begründe deine Entscheidungen (M 9, M 10).
   - Hauptaufgabe des Bundestages ist die Kontrolle der Regierung
   - Bei der Auswahl der Kontrollmöglichkeiten ist die öffentliche Wirkung von entscheidender Bedeutung
   - Nur die Opposition kontrolliert die Regierung
   - Regierung und Parlament sind nicht vollständig voneinander getrennt

7.1.4 Wie arbeitet der Deutsche Bundestag?

M 11 Wo sind die Abgeordneten?

Bundestagsdebatten finden häufig vor leeren Rängen statt. Auch in der Öffentlichkeit werden sie kaum wahrgenommen. Politik-Talkshows erzielen dagegen regelmäßig hohe Einschaltquoten.

M 12 Ist die Kritik am Parlament berechtigt?

Plenumsdebatte
Eine Aussprache zwischen den Abgeordneten im großen Parlamentssaal

Transparenz
Durchsichtigkeit, hier: Nachvollziehbarkeit einer Entscheidung

Stereotyp
etwas, was ständig wiederkehrt

Abgeordnete sind verpflichtet, an Ausschusssitzungen zu den Gesetzen teilzunehmen, die ihr Ausschuss (z. B. der Verteidigungsausschuss) gerade bearbeitet. Sie müssen Fachleute hören und umfangreiches Informationsmaterial durcharbeiten, das ihr Mitarbeiterstab oder der wissenschaftliche Dienst des Bundestages zusammengetragen haben; es kostet sie Zeit, etwa im Arbeitskreis ihrer Fraktion eine kritische Anfrage an die Bundesregierung zu formulieren oder sich um Kontakte zu den Medien zu kümmern, ohne die sie ihre Anliegen nicht wirksam vertreten können. Auch für die Einzelinteressen und Probleme der Bürgerinnen und Bürger setzen sich die Abgeordneten oft in mühsamer Kleinarbeit ein. Die Arbeit im Wahlkreis erfordert zusätzlichen Zeitaufwand.

Da muss die Plenumsdebatte oft zurückstehen. Dort werden nach getaner Ausschussarbeit häufig die allen Abgeordneten bereits bekannten Argumente ausgetauscht, die niemanden, der sich monate-, manchmal jahrelang mit einer Frage auseinandergesetzt hat, noch zu einem Meinungswandel veranlassen können. Trotzdem sind diese Debatten kein überflüssiges Ritual: Die Sprecherinnen und Sprecher der Fraktionen reden bewusst „zum Fenster hinaus", um der Öffentlichkeit die Gründe für ihre Sachentscheidungen zu vermitteln und so die in der Demokratie wichtige Transparenz zu ermöglichen.

Ein weiteres Stereotyp der Parlamentskritik behauptet, dass die Parlamentarierinnen und Parlamentarier zu viel streiten und zu wenig Einigkeit beweisen. Wie wenig das mit der Realität zu tun hat, zeigt schon die Statistik der Bundestagsgesetzgebung. Die meisten Gesetze werden nämlich im Einvernehmen von den [...] Fraktionen verabschiedet. (...)

Die Präsentation der Politik in den Medien trägt ein Übriges zur kritischen Haltung der Bevölkerung gegenüber der (Partei-) Politik bei: Im Kampf um Einschaltquoten und Verkaufszahlen am Kiosk geben die Medien dem Zwang zu Verknappung, zu Dramatisierung und Zuspitzung immer stärker nach. Sie veranlassen die Politikerinnen und Politiker zu Erklärungen von 30 bis 90 Sekunden Länge – für differenzierte, angemessene Sachaussagen bleibt da kaum noch Raum.

Ursula Münch, in: Information zur politischen Bildung aktuell, Bundestagswahlen 2002, Bonn, 2002, S. 7

M 13 Die Organisation des Deutschen Bundestags

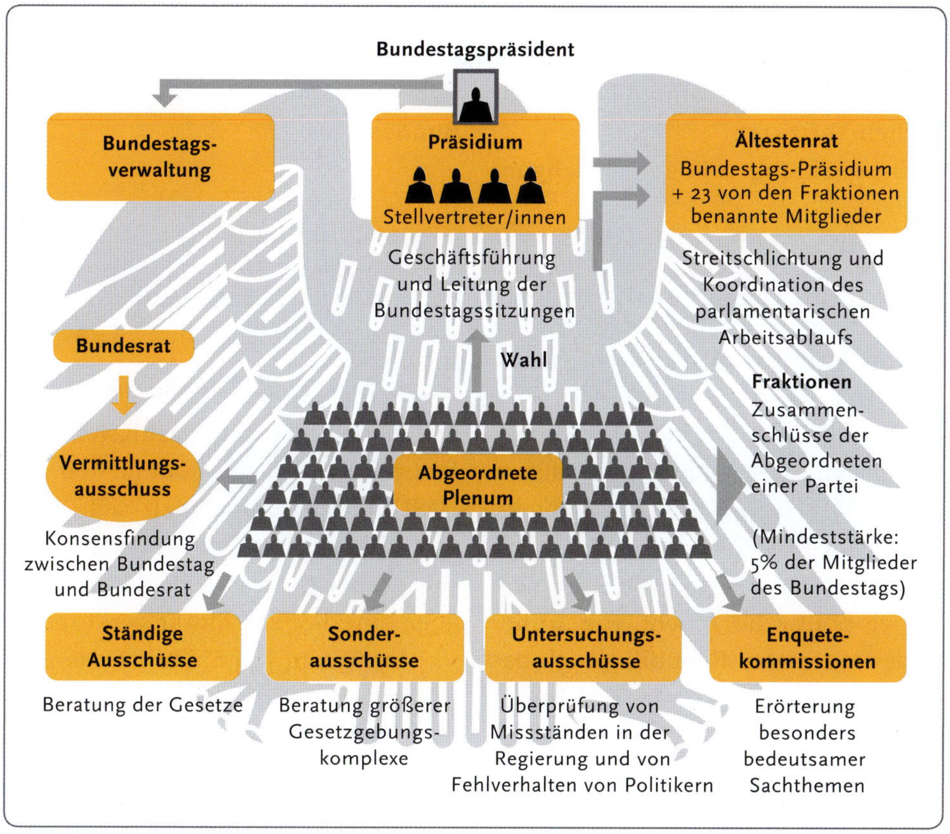

Bergmoser + Höller Verlag 64110

Rede- und Arbeitsparlament
Es gibt zwei Arten von Parlamenten: Im Redeparlament (z.B. das englische Unterhaus) wird die eigentliche Arbeit im Plenum gemacht. Es fehlt ein weit gefächertes Ausschusssystem. Im Arbeitsparlament (z.B. der amerikanische Kongress) gibt es ständige Ausschüsse. Hier findet die eigentliche politische Arbeit statt. Der Bundestag kann als eine Mischform aus beiden Parlamentsformen angesehen werden, wenngleich die Form des Arbeitsparlaments überwiegt.

Aufgaben

1. Die beiden Bilder aus M 11 können auch als Vorwurf an die Abgeordneten verstanden werden. Formuliere, welcher Vorwurf hier erhoben wird.
2. Entwirf mithilfe der nebenstehenden Begriffe eine kurze Rede aus der Sicht eines Abgeordneten, in der er sich gegen die Parlamentskritik zur Wehr setzt (M 12, M 13).

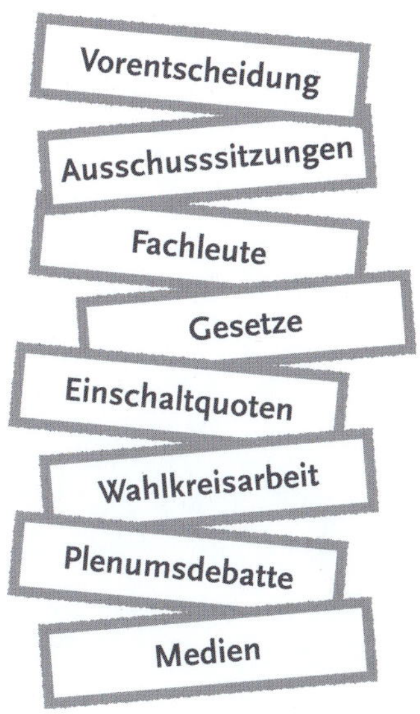

7.1.5 Brauchen wir einen Bundespräsidenten?

Wahl des Bundespräsidenten
Der Bundespräsident wird für eine Amtszeit von fünf Jahren von der Bundesversammlung gewählt. Die Bundesversammlung setzt sich aus allen Abgeordneten des Bundestages und der gleichen Anzahl von Vertretern der Länderparlamente zusammen. Die Landtage bestimmen nach Verhältniswahlrecht, wen sie in die Bundesversammlung schicken. Die Bundesversammlung ist ein nicht ständiges Staats- bzw. Verfassungsorgan und hat nur eine Aufgabe: die Wahl des Bundespräsidenten. Ein Bundespräsident kann sich nur einmal wiederwählen lassen.

M 14 Bedeutung und Aufgaben des Bundespräsidenten

Der Bundespräsident ist das Staatsoberhaupt in Deutschland und hat vor allem folgende Aufgaben:

- Prüfen und Unterzeichnen der Gesetze
- Ernennung und Entlassung von Bundeskanzlern, Bundesministern und Bundesrichtern
- Unterzeichnung von völkerrechtlichen Verträgen
- Entscheidungen über Begnadigungen

Die Aufgaben des Bundespräsidenten sind in der Regel formaler Natur. Nur in politischen Krisenzeiten, etwa bei unklaren Mehrheitsverhältnissen, kommen dem Bundespräsidenten bedeutsame Einflussmöglichkeiten zu: Vorschlagsrecht für das Amt des Bundeskanzlers, Entscheidung über den Antrag auf Auflösung des Bundestages.

M 15 Kontrovers diskutiert: Brauchen wir einen Bundespräsidenten?

a) Das Amt kostet nur Geld und bringt nichts

Das Amt ist verunglückt. Der Präsident soll eine Art demokratischer Kaiser sein, aber schon mit Kaisern hatten wir wenig Fortüne [Glück]. [...] Unser Präsident ist weder reiner Repräsentant wie die Queen, noch hat er politische Macht wie früher in der Weimarer Republik (auch das ging schief) oder wie in Frankreich oder den USA. [...] Der Bundespräsident ist hingegen machtlos und soll dafür eine eigene Meinung haben, jedenfalls wird er kritisiert, wenn er nichts sagt. Freilich wird er auch kritisiert, wenn er etwas sagt [...]. Kurz: Wie er oder sie es macht, ist es falsch. [...] Der Präsident – oder die Präsidentin – wird in einer Versammlung gewählt, in der politischer Proporz [die politischen Mehrheitsverhältnisse] den Ausschlag gibt, aber das Volk würde lieber einen Nichtpolitiker im Amt sehen, Günther Jauch etwa. Warum nicht gleich Dieter Bohlen? Er sagt wenigstens die Wahrheit über die Kandidaten bei „DSDS" und schmeichelt sich nicht beim Volk ein. Der Präsident soll Bürger wie Sie und ich sein, zugleich aber eine höhere Moral verkörpern. [...] In diesem [...] Sinne ist das Amt schlicht überflüssig. Die wenigen politischen Funktionen, die der Inhaber ausüben muss, können durch andere wahrgenommen werden. Gesetze unterschreiben kann der Bundesratspräsident, der sonst nicht viel zu tun hat. Der Parlamentspräsident könnte den Ministern ihre Ernennungs- und Entlassungsurkunden aushändigen. Die Empfänge für das diplomatische Korps und die Auslandsreisen kann – und sollte – der Außenminister übernehmen.

Alan Posener, Brauchen wir einen Bundespräsidenten? Nein, sagt Alan Posener, in: Die Welt, 07.01.2012, S. 2

b) Das Schloss Bellevue verkörpert den Staat

Der Bundespräsident, und zwar er allein, entscheidet über die Auflösung des Bundestages. Weder die Bundeskanzlerin noch der Bundestag darf das tun, denn sie sind in einer solchen Machtfrage parteilich. Der Bundespräsident kann das Verfassungsgericht hinzuziehen, um rechtlich abgesichert zu sein, aber er muss das nicht tun. Er ist im engen Rahmen des Grundgesetzes in seiner Entscheidung frei. Er sorgt für Stabilität, wenn Parteien sich aus kurzfristigen Interessen nicht zusammenraufen und Kompromisse schließen wollen. Der Bundespräsident ist so gesehen erst in Notfällen wirklich stark. [...] Seine Autorität ist nicht kommerziell und nicht wahlkampfbezogen. Der Bundespräsident wird deshalb durch persönliche Eitelkeit nicht gestärkt, sondern geschwächt. In diesem Amt finden Maß und Mitte eine staatliche Verankerung. Deshalb wäre eine Direktwahl schädlich. Für eine solche Wahl würden sich die Eitlen und Lauten interessieren. Sie würden in die Versuchung geraten, Wahlkampf zu führen wie Parteipolitiker. Das Bundespräsidentenamt soll aber über den Wahlkämpfen stehen. Es soll den Wettbewerb nicht mitführen, sondern über ihn wachen. [...] Das Amt ist so gestaltet, dass es Reibungen zwischen Regierung und Staatsspitze vermeidet und starke Kanzler möglich macht. Es enthält aber die nötige Machtfülle, um Größenwahn oder Machtmissbrauch zu bremsen und wenn nötig sogar zu beenden. Der Bundespräsident darf es nämlich ablehnen (auch das wird oft übersehen), dem Bundestag jemanden zum Bundeskanzler vorzuschlagen, der oder die ihm von einer Partei präsentiert wird. Das ist zwar noch nie geschehen. Aber die rechtliche Macht dazu hat er, und niemand im Parteiengefüge sollte das vergessen.

Das Ziel, Debatten nicht einfach nur in der Hoffnung auf Machtgewinn und Machtvorteil zu führen, wird vom Bundespräsidenten verkörpert. In diesem Amt findet ein maßgeblicher Gründungsimpuls der Bundesrepublik seinen Ausdruck: nämlich der Gedanke der bewussten Selbstbeschränkung.

Torsten Krauel, Brauchen wir einen Bundespräsidenten?, Ja meint Torsten Krauel, in: http://www.welt.de, 07.01.2012

Bisherige Bundespräsidenten der Bundesrepublik Deutschland

- 1949-1959 Theodor Heuss (CDU)
- 1959-1969 Heinrich Lübke (CDU)
- 1969-1974: Gustav Heinemann (SPD)
- 1974-1979: Walter Scheel (FDP)
- 1979-1984: Karl Karstens (CDU)
- 1984-1994: Richard von Weizsäcker (CDU)
- 1994-1999: Roman Herzog (CDU)
- 1999-2004: Johannes Rau (SPD)
- 2004-2010: Horst Köhler (CDU)
- 2010-2012: Christian Wulff (CDU)
- seit 2012: Joachim Gauck (parteilos)

Aufgaben

1. Teilt eure Klasse in Pro-, Kontra- und neutrale Gruppen zu je 3 – 4 Personen ein, die sich mit der Streitfrage auseinandersetzen (M 15).
2. Sammelt in den Pro-Kontra-Gruppen jeweils entsprechende Argumente. Die neutralen Gruppen setzen sich mit beiden Positionen auseinander.
3. Bildet Diskussionsgruppen, die aus je einem Vertreter der Pro- und Kontragruppe und einem neutralen Vertreter bestehen. Die Pro-Kontravertreter sollen den neutralen Vertreter jeweils von ihrer Position überzeugen.
4. Alle neutralen Vertreter geben nach der Diskussion begründet an, welche Position sie besser überzeugen konnte.

Was wir wissen

Regieren
M 2

Die Bundesregierung mit dem Kanzler an der Spitze hat die zentrale Aufgabe der politischen Führung. Einerseits soll der Wille der Parlamentsmehrheit von der Regierung in praktische Politik umgesetzt werden. Andererseits formt die Regierung den Mehrheitswillen des Parlaments auch durch politische Initiativen entscheidend mit.

Stellung des Bundeskanzlers
M 3, M 4

In der Regierung hat der Bundeskanzler eine hervorgehobene Stellung. Er bestimmt nach Art. 65 GG „die Richtlinien der Politik und trägt dafür die Verantwortung" (Kanzlerprinzip), d.h., er legt umfassende Ziele fest (wie z. B. große Reformvorhaben). Darüber hinaus macht er dem Bundespräsidenten Vorschläge zur Ernennung und Entlassung von Kabinettsmitgliedern. Innerhalb der Richtlinien leiten die Minister ihr Ministerium selbständig (Ressortprinzip). Abgeschwächt wird das Kanzlerprinzip auch durch das Kabinettsprinzip. So berät und beschließt das Kabinett als Ganzes über alle Gesetzesentwürfe und entscheidet bei Streitfragen über die Zuständigkeit zwischen einzelnen Ministerien.

Kontrolle der Regierung

Gewaltenverschränkung
M 6, M 7

Eine wichtige Aufgabe des Bundestags ist die Kontrolle der Regierung. Dies ist die Hauptaufgabe der Opposition. In der Praxis der Parteiendemokratie bilden nämlich die Regierung mit dem Bundeskanzler und die Regierungsparteien, die ja die Mehrheit im Parlament haben, eine Handlungseinheit. Man spricht in diesem Zusammenhang auch von Gewaltenverschränkung. Zwar üben auch die eigenen Abgeordneten Kritik an der Regierung, doch tun sie dies meist nicht öffentlich. So werden die Kontrollinstrumente des Bundestages wie Kleine und Große Anfrage, Aktuelle Stunden, Fragestunden, Untersuchungsausschüsse etc. hauptsächlich von der Opposition in Anspruch genommen. Außerdem kann die Opposition ihre Kritik wirksam über die Medien äußern und sich dort als die bessere Alternative präsentieren.

Stellung der Abgeordneten
M 9

Abgeordnete, die derselben Partei angehören, schließen sich im Bundestag zu einer Fraktion zusammen. Die Fraktionen sind die politische Heimat für die Abgeordneten und bilden den organisatorischen Rahmen der Arbeit im Bundestag, denn anders wäre der Bundestag wohl kaum entscheidungsfähig. Bei Abstimmungen folgen die Abgeordneten in der Regel der von der Fraktion festgelegten Linie (Fraktionsdisziplin), obwohl sie eigentlich nach Art. 38 GG in ihren Entscheidungen frei sind (freies Mandat).

Arbeitsweise des Bundestages
M 11 – M 13

Der Bundestag ist ein Arbeitsparlament, d.h., die Hauptarbeit der Abgeordneten findet nicht im Plenum des Bundestages statt, sondern in den Fachausschüssen, die sich mit der Ausarbeitung von Gesetzen beschäftigen. Dort beraten die Abgeordneten, hören Fachleute an, diskutieren die Gesetzesentwürfe und verändern diese.

Insgesamt 3.299 Kleine Anfragen an die Bundesregierung

In der 16. Wahlperiode (2005-2009) regierte Angela Merkel (CDU) als Kanzlerin einer Großen Koalition aus CDU/CSU und SPD. Grüne, FDP und Linke bildeten die Opposition. Insgesamt stellten die Fraktionen des Deutschen Bundestages in dieser Wahlperiode 3.299 Kleine Anfragen an die Bundesregierung. Mit 1.505 kamen die meisten Anfragen von der Partei Die Linke, die FDP stellte 1.005 Anfragen und Bündnis 90/Die Grünen 788. Große Anfragen gab es insgesamt 63, von denen CDU/CSU und SPD 1, die FDP 17, Die LINKE 11 und Bündnis 90/Die Grünen 34 stellten.

Statistik der Parlamentarischen Kontrolltätigkeit, Überblick 16. Wahlperiode, Stand: 21.04.2010

Fragerechte des Bundestags

Große Anfrage

Schriftliche Anfrage zu einem größeren politischen Themenkomplex durch eine Fraktion bzw. mindestens 5 % der Abgeordneten

An die Beantwortung durch die Bundesregierung schließt sich in der Regel eine Debatte vor dem Bundestag an.

Kleine Anfrage

Schriftliche Anfrage zu konkreten Einzelthemen durch eine Fraktion bzw. mindestens 5 % der Abgeordneten

Die Antwort erfolgt schriftlich durch das jeweils zuständige Bundesministerium.

Fragestunde

Einzelfragen zur mündlichen oder schriftlichen Beantwortung, von einzelnen Abgeordneten eingebracht

Mündliche Beantwortung in den beiden wöchentlichen Fragestunden des Bundestags

Möglichkeit für die Abgeordneten, mit Zusatzfragen nachzuhaken

Haupfunktionen:

- **Beschaffung von Informationen**
- **öffentliche Herausforderung der Regierung durch die Opposition**
- **Gelegenheit, die Haltung der Opposition darzulegen**

Aktuelle Stunde

Politische Debatte mit Kurzbeiträgen zu einem aktuellen Thema auf Verlangen einer Fraktion bzw. von mindestens 5 % der Abgeordneten oder nach Vereinbarung

Redezeit für die Abgeordneten: 5 min; Gesamtdauer: 1 Stunde + Redezeit der Regierung

Nach: Bergmoser + Höller Verlag *66 250*

Aufgabe

Erkläre, weshalb die Fraktionen die parlamentarischen Fragerechte so unterschiedlich stark einsetzen. Wähle für deine Erklärung Begriffe aus dieser Begriffswolke aus:

Abgeordnete | Bundestag | Öffentlichkeit | Legislative | Gewaltenverschränkung

Gewaltenteilung | Opposition | Wahlen | Kontrollrechte | Kontrolle | Exekutive

7.2 Wie ein Gesetz entsteht

7.2.1 Das Problem: Energiesicherheit in Deutschland

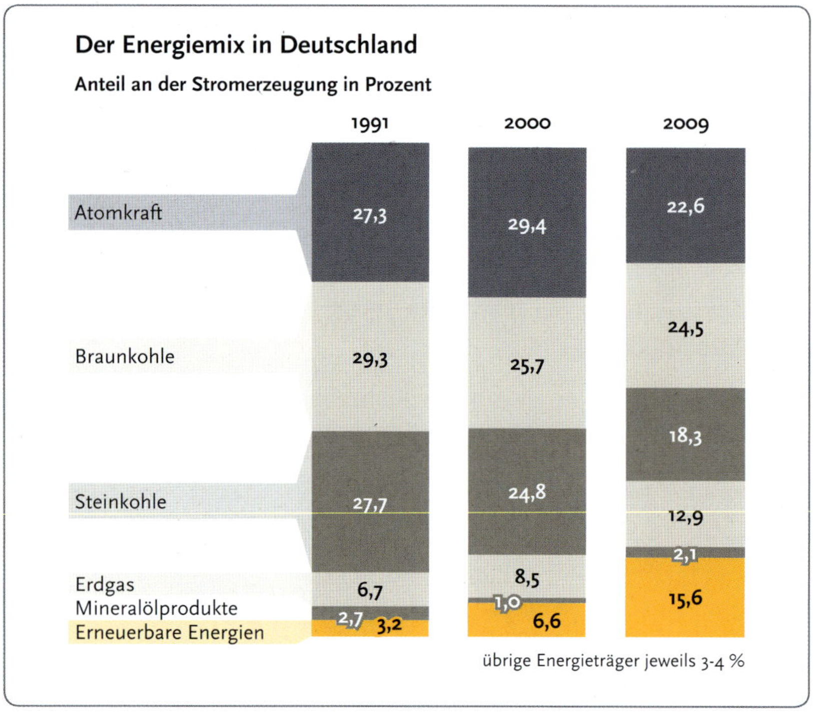

dpa-Grafik 13330; Quelle: Arbeitsgemeinschaft Energiebilanzen (AGEB)

Gesetzentwurf der Fraktionen der CDU/CSU und FDP. Entwurf eines Elften Gesetzes zur Änderung des Atomgesetzes
A. Problem und Ziel
Die Sicherstellung einer zuverlässigen, wirtschaftlichen und umweltverträglichen Energieversorgung ist eine der größten Herausforderungen des 21. Jahrhunderts. Die Herausforderungen einer nachhaltigen Energieversorgung ergeben sich auch aus den langfristigen globalen Trends. Die weltweit steigende Energienachfrage wird langfristig zu deutlich steigenden Energiepreisen führen. Zudem würde die Abhängigkeit Deutschlands von Energieimporten kontinuierlich steigen. Derzeit verursacht der Energieverbrauch 80 Prozent der Treibhausgasemissionen. Die heutigen Energieversorgungsstrukturen müssen mittel- bis langfristig grundlegend umgebaut werden, damit die Ziele Versorgungssicherheit, Preiswürdigkeit sowie Klimaschutz erreicht werden.

Deutscher Bundestag, Drucksache 17/3051

M 1 Der Streit um die Atomenergie

Die rot-grüne Bundesregierung unter Bundeskanzler Gerhard Schröder hatte nach ihrem Wahlsieg 1998 die Atomkraft neu bewertet und war zu dem Ergebnis gekommen, dass die Risiken der kommerziellen Nutzung zu hoch sind. 2002 wurde der geordnete Ausstieg aus der Atomkraft beschlossen. Die Laufzeit der bestehenden Atomkraftwerke wurde auf durchschnittlich 32 Jahre seit ihrer Inbetriebnahme festgelegt. Bis Ende 2005 wurden die Atomkraftwerke Stade und Obrigheim stillgelegt. Nach dem Wahlsieg der CDU/CSU und FDP im Jahr 2009 haben sich die neuen Regierungsparteien im Koalitionsvertrag auf eine Neuausrichtung der Atompolitik geeinigt: „Kernenergie wird als Brückentechnologie gesehen, die erneuerbare Energien bis zu deren verlässlichen Einsatz ersetzen soll. Laufzeiten sollen unter Einhaltung deutscher und internationaler Sicherheitsstandards verlängert werden, das Neubauverbot bleibt bestehen." Im Herbst 2010 stellte die Bundesregierung dann ihr neues Energiekonzept vor. Bundesumweltminister Norbert Röttgen (CDU) verteidigte das Konzept als „Meilenstein" der deutschen Wirtschafts- und Umweltpolitik. Der Industriestaat Deutschland bekomme nach Jahrzehnten endlich ein Energiekonzept, sagte Röttgen.

M 2 Das Parlament debattiert und entscheidet

*Am **28. Oktober 2010** beriet der Bundestag in einer hitzigen und emotionalen Debatte über die Gesetzesvorlagen der Regierungskoalition zur **Änderung des Atomgesetzes**.*

Der Ausstieg aus dem Atomausstieg ist beschlossene Sache. Der Bundestag billigte [...] das Energiekonzept der schwarz-gelben Regierung und damit die längeren Laufzeiten der 17 deutschen Atomkraftwerke um acht bis 14 Jahre. [...] Die Opposition will weiter für den Ausstieg kämpfen und kündigte den Gang vor das Bundesverfassungsgericht an, um eine Beteiligung des Bundesrates an der Gesetzgebung zu erzwingen.

Den Entscheidungen ging eine turbulente Debatte voraus, die deutlich machte, wie aufgeladen die Stimmung zwischen Regierung und Opposition in der Atom-Frage ist. Der Ton in den Reden war rau. [...] Die Abgeordneten von Bündnis 90/Die Grünen erschienen aus Protest in schwarzer Kleidung mit gelben Anti-Castor-Kreuzen am Revers im Plenarsaal. [...] Der Parlamentarische Geschäftsführer der FDP, Jörg van Essen, [...] warf den Grünen vor: „Ihnen fehlt Stil und Anstand" und sprach von „Affentheater". Sein Amtskollege von der Linksfraktion, Jörn Wunderlich, beklagte, die Koalition demonstriere eine „bis dato nicht dagewesene Arroganz der Macht" und schimpfte mit Hinweis auf einen Vertrag der Regierung mit vier großen Energieversorgern: „Die Beteiligung der Atomenergie ersetzt noch nicht die Beteiligung des Parlaments." Der Parlamentsgeschäftsführer der Union, Peter Altmaier, wies alle Vorwürfe zurück und warf den Grünen vor, durch „Klamauk" und zahlreiche, sachlich nicht weiterführende Anträge eine sachliche Ausschussberatung verhindert zu haben. SPD-Parteichef Sigmar Gabriel warf der Regierung vor, sie schaffe „Wettbewerbsvorteile für vier Energieriesen" und würde den Ausbau von Arbeit im Sektor der erneuerbaren Energien verhindern. Jürgen Trittin (Bündnis 90/Die Grünen) kritisierte einen „Abgrund von Lobby- und Klientelpolitik". Er warf der Regierung vor, die Gesellschaft zu spalten. Ähnlich argumentierte Gregor Gysi (Die Linke). Er sprach von einem „schwerwiegenden Fehler" und „leichtfertiger Politik".

Sibylle Ahlers, Laufzeit-Turbolenzen, in: Das Parlament, 44/2010, S. 1

Die Fraktion der Grünen erschien zur Debatte in schwarzer Kleidung im Bundestag, mit gelbem Kreuz am Revers, dem Anti-Atom-Symbol aus Gorleben.

Aufgaben

1. Stelle dar, welche Gründe die Regierung für die Änderung des Atomgesetzes anführt und wie die Oppositionsparteien darauf reagieren (M 1, M 2).
2. Die Atmosphäre im Bundestag war sehr angespannt. Erläutere, weshalb Debatten über die Fragen der Atomkraft so heftig verlaufen (M 2).
3. Was ist eure Meinung? Soll die Laufzeit der Atomkraftwerke in Deutschland verlängert werden? Stellt euch dazu eine Linie vor, die zwei Ecken eures Klassenzimmers verbindet. Bestimmt eine Pro und eine Kontra-Ecke. Überlegt euch, wie ihr die Streitfrage beantworten würdet und stellt euch dann auf der Streitlinie auf. Tauscht eure Meinungen abschließend aus.

7.2.2 Das Gesetz in den Institutionen

M 3 Etappen der Gesetzgebung

Mit Gesetzen versucht die Politik das gesellschaftliche Leben zu regeln und Probleme zu lösen. Das Gesetzgebungsverfahren verläuft immer nach einem strengen Muster. Wie dieses Verfahren abläuft und wer daran beteiligt ist, zeigt folgendes Schaubild.

Die meisten Gesetze, die in den Bundestag eingebracht werden, sind Vorlagen der Regierung. Die Entwürfe werden in den zuständigen Fachministerien erarbeitet.

Generell können Gesetzentwürfe von der Bundesregierung, aus dem Bundestag oder vom Bundesrat eingebracht werden.

Die erste Beratung im Plenum des Bundestages dient der Begründung des Gesetzesvorhabens und der Erörterung der Grundsätze der Vorlage. Es erfolgt noch kein Beschluss.

Der Gesetzentwurf wird anschließend an die fachlich zuständigen Ausschüsse überwiesen und dort intensiv beraten. Dort können in sogenannten „hearings" auch Experten von außerhalb zu einem Gesetz gehört werden. Der Ausschuss kann dann dem Plenum eine Abänderung, Annahme oder Ablehnung des Entwurfs empfehlen.

Die zweite Lesung (Beratung) des Entwurfs erfolgt auf der Grundlage der Ausschussempfehlung. Über die einzelnen Bestimmungen wird dann abgestimmt.

Die dritte Lesung schließt sich unmittelbar an. Anschließend erfolgt die Schlussabstimmung.

Das im Bundestag beschlossene Gesetz wird dann dem Bundesrat zugeleitet. Die Zustimmung des Bundesrats ist erforderlich, wenn es sich um ein Zustimmungsgesetz handelt, in der Sache also Bund und Länder zuständig sind. Bei einem Einspruchsgesetz kann der Bundestag einen Einspruch des Bundesrats in einer weiteren Abstimmung überstimmen.

Bei Uneinigkeit über ein Zustimmungsgesetz und einer drohenden Ablehnung kann der Vermittlungsausschuss angerufen werden, der einen Kompromissvorschlag erarbeitet, über den Bundestag und Bundesrat erneut abstimmen. Bundestag und Bundesrat entsenden je 16 ihrer Mitglieder in den Vermittlungsausschuss. Können sich die Vertreter dabei nicht einigen, ist das Gesetz – wenn es sich um ein zustimmungspflichtiges Gesetz handelt – gescheitert.

Nach der Verabschiedung des Gesetzes wird es dem zuständigen Minister und dem Bundeskanzler zur Unterzeichnung vorgelegt.

Anschließend muss noch der Bundespräsident das Gesetz unterzeichnen. Er kann seine Unterschrift nur verweigern, wenn er der Auffassung ist, dass das Gesetz gegen die Verfassung verstößt.

Das Gesetz wird im Bundesgesetzblatt verkündet und tritt in Kraft.

M 4 Auf den Weg gebracht – das neue Atomgesetz

Nun hat auch der Bundespräsident Christian Wulff das kontrovers diskutierte Gesetz unterschrieben. Das teilte das Bundespräsidialamt in Berlin mit. Damit kann die Regelung endgültig in Kraft treten.

Erste Lesung der Neufassung des Atomgesetzes im Bundestag. In einer äußerst hitzigen und emotionalen Debatte stritten die Regierungs- und Oppositionsparteien im Bundestag über das neue Atomgesetz.

Kabinett beschließt Energiekonzept: Deutschland setzt bis 2036 auf Atomkraft.
Der Ausstieg vom Ausstieg ist beschlossen: Das Bundeskabinett hat längere Laufzeiten der Atomkraftwerke beschlossen – Deutschland wird mindestens noch 25 Jahre auf Atomkraft setzen.

Vor der zweiten und dritten Lesung des von den Koalitionsfraktionen CDU/CSU und FDP in den Bundestag eingebrachten Entwurfs eines Elften Gesetzes zur Änderung des Atomgesetzes hat der Ausschuss für Umwelt, Naturschutz und Reaktorsicherheit mehrere Sachverständige zu einer öffentlichen Anhörung geladen.

Bundestag berät in dritter Lesung das Atomgesetz und stimmt darüber ab.

Der Umweltausschuss des deutschen Bundestages berät über das neue Atomgesetz. Der Geschäftsordnung des Bundestages zufolge muss der Ausschuss zwei Tage vor der letzten Lesung seinerseits ein Votum über Gesetze abgeben. Dazu debattiert er über Änderungsanträge der Fraktionen.

Aufgabe

Ordne die Meldungen den Stationen des Gesetzgebungsverfahrens zu und begründe deine Entscheidung (M 3, M 4).

7.2.3 Muss der Bundesrat dem neuen Atomgesetz zustimmen?

Der Bundesrat besteht aus den Mitgliedern der Regierungen der Länder und hat folgende Stimmenverteilung:	
Nordrhein-Westfalen	6
Bayern	6
Baden-Württemberg	6
Niedersachsen	6
Hessen	5
Sachsen	4
Rheinland-Pfalz	4
Berlin	4
Sachsen-Anhalt	4
Thüringen	4
Brandenburg	4
Schleswig-Holstein	4
Mecklenburg-Vorpommern	3
Hamburg	3
Saarland	3
Bremen	3

M 5 Der Bundesrat im Gesetzgebungsverfahren

In einem föderalen Staat schließen sich mehrere Gliedstaaten zu einem Bündnis zusammen. So bilden die 16 deutschen Länder gemeinsam einen Bundesstaat, die Bundesrepublik Deutschland. In einem Bundesstaat ist der Gesamtstaat für alles zuständig, was einheitlich geordnet werden muss. Darauf sollte er sich aber auch beschränken, denn die übrigen Angelegenheiten sollen die Gliedstaaten selbst regeln. In Deutschland ist der Bundesrat das Bindeglied zwischen Bund und Ländern. Er ist die Interessenvertretung der Länder auf Bundesebene. Er ist ein Verfassungsorgan des Bundes, besteht aber aus Vertretern der Länder. Über den Bundesrat können die Länder in vielen Fällen die Gesetzgebung des Bundes beeinflussen. Auch in Angelegenheiten der Europäischen Union können die Länder mitwirken. Ihre Mitwirkungsrechte sind dabei genau festgelegt. Der Bundesrat kann keine Änderungen an einem vom Bundestag beschlossenen Gesetz vornehmen. Stimmt er dem Gesetz aber nicht zu, so kann er den Vermittlungsausschuss anrufen. Bei Zustimmungsgesetzen ist die Zustimmung des Bundesrates zwingend erforderlich. Zustimmungsbedürftig sind insbesondere verfassungsändernde Gesetze, aber auch alle Gesetze, die die Finanzen und Verwaltungszuständigkeit der Länder betreffen.

M 6 Streit um die Mitwirkung des Bundesrates beim Atomgesetz

Hinweis
Können sich Bundesrat und Bundestag nicht darauf einigen, ob ein Gesetz zustimmungspflichtig ist, dann muss das Bundesverfassungsgericht darüber entscheiden.

Die Frage, ob ein Gesetz der Zustimmung des Bundesrates bedarf, ergibt sich normalerweise aus dem Grundgesetz. Da die Atompolitik ausschließlich in die Gesetzgebungskompetenz des Bundes fällt, nahm die Bundesregierung an, dass das Gesetz kein zustimmungsbedürftiges Gesetz sei. Ende Februar 2011 reichten die SPD regierten Länder (NRW, Rh.-Pf., Berlin, Brandenburg, Bremen) jedoch beim Bundesverfassungsgericht in Karlsruhe eine Verfassungsklage gegen die Verlängerung der AKW-Laufzeiten ein. Nach Auffassung der Kläger hätte die Koalition die Laufzeitverlängerung nicht ohne Mitwirkung des Bundesrats umsetzen dürfen. Diese Länder begründen ihre Forderung nach Mitbestimmung mit der Atomaufsicht, die sie laut Gesetz ausüben sollen, sowie damit, dass sie finanziell mithaften müssen, wenn ein Kernkraft-Unfall passiert. Befürworter und Gegner haben Gutachten in Auftrag gegeben, und wie so oft finden beide Seiten darin ihre jeweilige Position bestätigt.

Aufgaben

1. Wende den Politikzyklus (→ S. 175) auf das Problem der Atompolitik an.
2. Der Gesetzgebungsprozess in Deutschland ist kompliziert. Warum wurde diese komplizierte Regel ins Grundgesetz aufgenommen? Überlege dir Vor- und Nachteile des Verfahrens und beurteile es mithilfe der Kriterien „Legitimität“ und „Effizienz“.

Methode

Wie man politische Prozesse analysieren kann – der Politikzyklus

Modelle sind wichtige Instrumente, mit denen wir die politische Wirklichkeit vereinfacht abbilden können, um sie besser zu verstehen. Im Modell wird nur das Wichtigste dargestellt. Der Politikzyklus ist ein solches Modell und ihm liegt ein gewisses Verständnis von Politik zugrunde: Politik wird hier als eine (endlose) Kette von Versuchen zur Bewältigung gesellschaftlicher Probleme verstanden.
Viele Probleme werden von der Politik gelöst. Es gibt aber auch Probleme, die die Politik dauerhaft beschäftigen, wie z. B. die Energiepolitik.

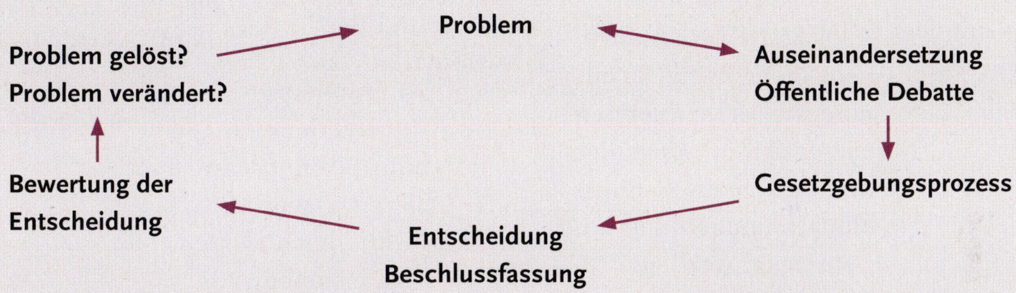

Am Beginn des Politikzyklus steht ein Problem, mit dem sich die Politik beschäftigen muss. Es wird öffentlich darüber gestritten, was man tun soll. Dabei spielen auch die Medien eine ganz wichtige Rolle. Es folgt das Gesetzgebungsverfahren in Bundestag und Bundesrat. Ist eine Entscheidung getroffen, dann wird diese wieder in der Öffentlichkeit diskutiert und bewertet. Wenn das Problem damit beseitigt werden kann, dann wird der Politikzyklus nur einmal durchlaufen. Verändert sich das Problem oder sind die getroffenen Maßnahmen nicht wirksam, dann beginnt der Zyklus von vorn. Deshalb spricht man davon, dass Politik eine (endlose) Kette von Versuchen ist, gesellschaftliche Probleme zu lösen.

Kategorien	Schlüsselfragen
Problem	Worin besteht das Problem? Welche Aufgabe hat die Politik zu lösen?
Auseinandersetzung Öffentliche Debatte	Was wirkt auf die Auseinandersetzung ein? Welche Interessen haben die Akteure? Welche Interessenkonflikte und Interessenkonstellationen gibt es? Welche Ziele verfolgen die beteiligten Akteure? Welche Lösungsmöglichkeiten werden diskutiert? Wie sind die Machtkonstellationen?
Gesetzgebungs-prozess	Greift der Gesetzgeber das Problem auf? Wie versuchen die Interessen Einfluss auf den Gesetzgebungsprozess zu nehmen?
Entscheidung Beschlussfassung	Zu welchen Ergebnissen hat die Auseinandersetzung geführt? Welche Akteure/Interessen konnten sich durchsetzen?
Bewertung der Entscheidung	Welche Akteure bewerten das Ergebnis positiv? Welche negativ? Welche Interessen und Wertvorstellungen beeinflussen die Bewertung?
Problem gelöst? Problem verändert?	Ist das Problem gelöst oder ist nur die Problemlage verändert? Greift der Vollzug der Entscheidung an den Ursachen an oder werden nur die Folgen bekämpft? Schafft es das Problem erneut auf die politische Agenda?

7.2.4 Nach dem Gesetz ist vor dem Gesetz

M 7 Stellungnahmen zum Gesetz

„Ich bin gegen die Verlängerung der Laufzeiten, da immer noch ungeklärt ist, was mit dem Atommüll geschehen soll."

„Die Atomkraft ist im Betrieb eine saubere Technologie. Solange regenerative Energien unseren Strombedarf nicht decken können, kann so klimafreundlich Energie erzeugt werden."

„Atomkraft ist nicht sicher und deshalb nicht zu verantworten. Das wissen wir seit den Katastrophen von Tschernobyl und Fukushima."

„Atomkraftwerke können billig Strom produzieren. Davon profitiere ich als Konsument."

„Durch die Laufzeitverlängerung wird die Förderung alternativer Energien wie Solar- und Windenergie zurückgeworfen. Dabei weiß doch jeder, dass auch Uran ein endlicher Rohstoff ist."

M 8 Fukushima liegt auch in Deutschland

Das Kernkraftwerk in Fukushima nach der Reaktorkatastrophe

BDEW
Bundesverband der Energie- und Wasserwirtschaft

RWE AG (Rheinisch-Westfälisches Elektrizitätswerk AG)
Zweitgrößter Energieversorgungskonzern Deutschlands mit mehreren Atomkraftwerken

Es ist die alte Erzählung der deutschen Atomindustrie, auch jetzt wieder, nach dem Unglück von Fukushima. Schon am Samstag verschickte das Deutsche Atomforum eine Erklärung: „Eine Verkettung eines derart schweren Erdbebens und eines schweren Tsunamis ist in Deutschland nicht vorstellbar." So sah die Industrie das schon immer, wenn irgendwo auf der Welt ein Atomunfall passierte: andere Umstände, bei uns nicht möglich. Doch was beim Super-GAU im sowjetischen Tschernobyl vielen noch einleuchtete, verliert im Fall von Japan seine Überzeugungskraft: Japanische Ingenieure sind nicht schlechter als deutsche, die Sicherheitsstandards dort nicht laxer als hier. Auch aus der deutschen Energiewirtschaft kommen daher selbstkritische Töne. Man müsse die Risikoannahmen überprüfen, sagt der Präsident des Branchenverbands BDEW, Ewald Woste. „Die Sicherheitsstandards sind immer nur so gut wie die zugrunde liegenden Risikoannahmen." Das fängt schon bei den direkten Parallelen zu Fukushima an. RWE-Chef Jürgen Großmann verwies am Montag darauf, dass es in Deutschland keinen Tsunami geben könne – und gegen Erdbeben seien die deutschen Reaktoren gesichert. In der Tat müssen Atomkraftwerke bei der Genehmigung nachweisen, dass sie dem sogenannten Bemessungserdbeben standhalten können. Das ist die größte wissenschaftlich anzunehmende Intensität in der jeweiligen Region. Das AKW Krümmel hält laut Vattenfall zum Beispiel bis zur Stärke 6,0 – ein hoher Wert für die norddeutsche Tiefebene. Aber auch in Japan hielt die Regierung ein Erdbeben der Stärke 8,2 für das größtmögliche. Am vergangenen Freitag waren 9,0 möglich. „Die Natur kann immer noch einen drauflegen", sagt Greenpeace-Atomexperte Karsten Smid.

Nicolai Fichtner, Fukushima liegt auch in Deutschland, in: http://www.ftd.de, 15.03.2011

M 9 Ausstieg vom Ausstieg vom Ausstieg – die energiepolitische Kehrtwende

Die Bundesregierung macht Ernst: Das Kabinett beschließt, bis 2022 schrittweise aus der Atomkraft auszusteigen und den Umstieg zu erneuerbaren Energien zu fördern. Damit vollendet die Kanzlerin ihre energiepolitische Kehrtwende – und lässt diese von Umweltminister Röttgen begeistert präsentieren. (...) Röttgen nennt das [Gesetzes-, Anm. d. Red.] Paket einen „Meilenstein für die wirtschaftliche und gesellschaftliche Entwicklung des Landes", er schwärmt von einem „gesellschaftlichen Pionierprojekt, das Industrie erhalten und Wachstum ermöglichen wird" und hebt die „nicht zu überschätzende Bedeutung für unser Land" hervor. Diesen „Meilenstein" hatte das Bundeskabinett am Montagmorgen verabschiedet – ein umfangreiches Gesetzespaket, dass den Atomausstieg bis zum Jahr 2022 regeln und gleichzeitig den Umstieg auf eine alternative Energieversorgung beschleunigen soll. Kernstück des Pakets ist die Novelle des Atomgesetzes, das die schrittweise Abschaltung der 17 deutschen Reaktoren regelt. Acht davon – die sieben ältesten Meiler und das Atomkraftwerk Krümmel – sind bereits abgeschaltet und sollen sofort dauerhaft stillgelegt werden, die übrigen zwischen 2015 und 2022.

Wolfgang Jaschensky, Schwarz-Gelb übt sich in Eigenlob, in: http://www.süddeutsche.de, 06.06.2011

Aufgaben

1. Nimm Stellung zu den Aussagen aus M 7. Welche leuchten dir ein und welche nicht? Überprüfe die Aussagen mithilfe einer Internetrecherche. Teilt euch in Gruppen auf und präsentiert eure Ergebnisse im Plenum.
2. *Nach dem Gesetz ist vor dem Gesetz*: Diskutiert in Gruppen, warum die Reaktorkatastrophe von Fukushima das „neue" Atomgesetz wieder „alt" werden ließ (M 7, M 8).
3. Im Herbst 2010 wurde das neue Energiekonzept von dem Umweltminister als „Meilenstein" der deutschen Wirtschaft und Umwelt bezeichnet. (→ M 1, S. 172). Nach der Reaktorkatastrophe und ca. einem dreiviertel Jahr später verkündet derselbe Umweltminister wieder einen „Meilenstein für die wirtschaftliche und gesellschaftliche Entwicklung des Landes" (M 9). Beurteile die beiden Meilensteine mithilfe der Methode „Politikzyklus" auf S. 177.
4. Recherchiert im Internet den aktuellen Stand des Atomgesetzes.

Was wir wissen

Gesetze

Politik beschäftigt sich mit der Lösung von Problemen und Konflikten, die für die Gesellschaft von Bedeutung sind. Damit die Lösung für alle Gesellschaftsmitglieder verbindlich ist, wird sie häufig in Form von Gesetzen herbeigeführt. Gesetze enthalten Regeln, denen sich die Betroffenen nicht entziehen können. Sie schützen die Menschen (z. B. Lebensmittelgesetz), ordnen das gesellschaftliche Zusammenleben (z. B. im Bereich des Luft- und Straßenverkehrs) und steuern das Verhalten der Menschen (z. B. Gesetz zur Verteuerung von Alkopops).

Gang der Gesetzgebung
M 3, M 4

Die Gesetzgebung ist ein langwieriger Prozess, an dem Bundesregierung, Bundestag und Bundesrat mitwirken. Aber auch einzelne Interessengruppen versuchen, über ihre Interessenorganisationen oder die öffentliche Meinung Einfluss zu nehmen. Das Initiativrecht haben Bundesregierung, Bundesrat und Bundestag (mindestens fünf Prozent der Abgeordneten). Die meisten Initiativen kommen von der Bundesregierung. Die Entwürfe werden von den Fachministerien ausgearbeitet, vom Kabinett abgesegnet und in den Bundestag eingebracht. Nach den Beratungen im Plenum (1. Lesung) wird der Entwurf an die Ausschüsse verwiesen. Dort findet eine intensive Beratung statt. Experten können befragt, strittige Themen ausdiskutiert und Kompromisse gefunden werden. Unter anderem versuchen hier Interessenverbände, Gesetze in ihrem Sinne zu beeinflussen. Der überarbeitete Entwurf kommt zur 2. und 3. Lesung und zur Beschlussfassung ins Plenum zurück. Anschließend wird im Bundesrat beraten und abgestimmt und am Ende muss der Bundespräsident das Gesetz unterzeichnen, damit es in Kraft treten kann.

Politikzyklus
Methode

Politik kann mit dem Modell des Politikzyklus beschrieben werden. Der Politikzyklus beruht auf der Annahme, dass Politik als Prozess der Problembearbeitung zu verstehen ist. Da sich Politik mit der Lösung von Problemen beschäftigt, steht am Anfang des Politikzyklus ein gesellschaftlich relevantes Problem. Ob es sich tatsächlich um ein Problem handelt und wie man es lösen könnte, darüber wird öffentlich diskutiert. Es folgt der Gesetzgebungsprozess und – wenn es eine parlamentarische Mehrheit dafür gibt – die Verabschiedung eines Gesetzes durch den Deutschen Bundestag und gegebenenfalls den Bundesrat. Die Entscheidung wird öffentlich diskutiert und bewertet. Ist das Problem durch das Gesetz beseitigt, dann endet der Politikzyklus an dieser Stelle. Ist das Problem nicht beseitigt, dann beginnt der Politikzyklus von Neuem. Deshalb wird Politik auch als eine Kette von Versuchen zur Lösung von Problemen verstanden.

Schlagzeilen zuordnen

Täglich finden sich in den Medien zahlreiche Meldungen zur Bearbeitung von politischen Problemen. Sie lassen sich alle in das Modell des Politikzyklus einordnen.

Mehrwertsteuer für Hoteliers
Abgeordnete der CDU fordern, dass die Entscheidung, Hoteliers nur mit dem ermäßigten Mehrwertsteuersatz zu belasten, zurückgenommen wird.

Bürgerproteste gegen neues Industriegebiet
Die Ankündigung der Stadtverwaltung, ein neues Industriegebiet auszuweisen, löst eine Flut an Leserbriefen aus.

Autofahren zukünftig mit 17
Bundesregierung macht den Weg frei für das „begleitete Autofahren mit 17“. Von der Neuregelung, der Bundestag und Bundesrat noch zustimmen müssen, erhofft sich das Kabinett insgesamt weniger Verkehrsunfälle.

Entscheidung des höchsten Gerichts
Das Rauchverbot in Bayern verstößt nicht gegen das Grundgesetz. Das Bundesverfassungsgericht verwarf eine Verfassungsbeschwerde gegen die per Volksentscheid beschlossene Regelung.

Bundesaußenminister fordert eine Welt ohne Atomwaffen
Staaten sollen abrüsten.

Atomkraftwerke sollen länger laufen
Der Bundestag berät darüber, ob die Laufzeiten für Atomkraftwerke verlängert werden sollen.

Volksentscheid in Bayern
Die Bürger Bayerns stimmen per Volksentscheid für ein absolutes Rauchverbot.

Viele Schulgebäude in schlechtem Zustand
Zur Sanierung fehlt jedoch in vielen Gemeinden das Geld.

45.000 Lehrer fehlen
Jetzt sollen Pensionäre unterrichten.

Alterung der Gesellschaft
In Ostdeutschland mehr offene Lehrstellen als Bewerber.

Aufgabe
Ordne die Meldungen den einzelnen Phasen des Politikzyklus zu und begründe deine Entscheidung.

BEWEGU
FREIHE
FÜR ALL

8

Grundgesetzgarantien und individuelle Ansprüche

„Die Würde des Menschen ist unantastbar. Sie zu achten und zu schützen ist Verpflichtung aller staatlichen Gewalt." (Art. 1, (1) GG) Wird der gelebte Alltag aller Menschen in Deutschland diesem Artikel gerecht? Was passiert, wenn die Menschenrechte missachtet werden? Wer schützt die Opfer vor Missachtung der Grundrechte und wer entscheidet überhaupt darüber, ob die Würde von uns verletzt wird oder nicht?

Kompetenzen

Am Ende dieses Kapitels solltest du Folgendes können:

- den Rechtsstaat als Kernelement des demokratischen Gemeinwesens beurteilen
- die Würde des Menschen als Verfassungsgrundsatz erkennen
- Menschenrechtsverletzungen in Deutschland analysieren
- eine Fallanalyse anhand eines konkreten Beispiels durchführen

Was weißt du schon?

- Entscheide, ob in den Bildern Menschenrechtsverletzungen vorliegen und halte deine Argumente schriftlich fest. Vergleiche deine Ergebnisse mit deinem Nachbarn.
- Nimm dir ein Grundgesetz zur Hand und suche – falls möglich – zu jedem dargestellten Bild den entsprechenden Grundrechteartikel heraus.

8.1 Menschenrechte – Grundlage unserer Demokratie

M 1 Allgemeine Erklärung der Menschenrechte

Allgemeine Erklärung der Menschenrechte

Alle Menschen sind frei und gleich an Würde und Rechten geboren ■ Jeder Mensch hat Anspruch auf die in dieser Erklärung verkündeten Rechte und Freiheiten ■ Recht auf Leben, Freiheit und Sicherheit der Person ■ Verbot der Sklaverei und des Menschenhandels ■ Verbot der Folter, grausamer, unmenschlicher oder erniedrigender Strafen und Mißhandlungen ■ Anspruch auf Anerkennung als Rechtsperson an allen Orten ■ Gleichheit vor dem Gesetz ■ Anspruch auf wirksamen Rechtsschutz vor innerstaatlichen Gerichten gegen Handlungen, die verfassungsmäßig zugestandene Grundrechte verletzen ■ Schutz vor willkürlicher Festnahme, Inhaftierung oder Ausweisung ■ Anspruch auf ein faires und öffentliches Gerichtsverfahren ■ Unschuldsvermutung bis zum Schuldnachweis und keine Verurteilung ohne gesetzliche Grundlage ■ Anspruch auf Schutz des Privatlebens ■ Recht auf Freizügigkeit ■ Recht auf Asyl im Falle der Verfolgung ■ Anspruch auf eine Staatsangehörigkeit ■ Recht zu heiraten und eine Familie zu gründen ■ Recht auf Eigentum ■ Anspruch auf Gedanken-, Gewissens- und Religionsfreiheit ■ Recht auf freie Meinungsäußerung und Informationsfreiheit ■ Recht auf Versammlungs- und Vereinigungsfreiheit zu friedlichen Zwecken ■ Recht auf allgemeine und gleiche Wahlen, Zulassung zu öffentlichen Ämtern und demokratische Mitbestimmung ■ Recht auf soziale Sicherheit und Anspruch auf die für die Würde und freie Entfaltung der Persönlichkeit unentbehrlichen wirtschaftlichen, sozialen und kulturellen Rechte ■ Recht auf Arbeit; gleicher Lohn für gleiche Arbeit, angemessene Entlohnung; Recht auf gewerkschaftliche Organisation ■ Anspruch auf Erholung und arbeitsfreie Zeit ■ Anspruch auf eine Lebenshaltung, die ausreichend Gesundheit und Wohlbefinden gewährleistet; Anspruch auf Unterstützung während der Mutterschaft und Kindheit ■ Recht auf Bildung ■ Recht auf kulturelles Leben und Teilhabe am wissenschaftlichen Fortschritt; Recht auf Urheberschutz ■ Anspruch auf eine freiheitliche Sozial- und Internationalordnung ■ Verpflichtung des Individuums gegenüber der Gemeinschaft; die Rechte und Freiheiten eines Menschen sind beschränkt, um diejenigen der Anderen zu gewährleisten ■ Eine Interpretation der vorliegenden Erklärung darf nicht auf die Mißachtung der darin enthaltenen Rechte und Freiheiten abzielen.

Postkarte, Germanisches Nationalmuseum, Nürnberg

M 2 Die Entwicklung der Menschenrechte

Wahrung der Menschenrechte ist Voraussetzung für Frieden
Für Friedensforscher ist jedoch die Wahrung der Menschenrechte, die Achtung rechtsstaatlicher Prinzipien und demokratischer Grundsätze eine Grundvoraussetzung für eine friedliche Entwicklung der Staaten. Wo diese Grundpfeiler eines sicheren Lebens gegeben sind, sind gewalttätige innere und äußere Konflikte weniger wahrscheinlich.

Schon seit Jahrhunderten gibt es die Überzeugung, dass der Mensch von Beginn an eine angeborene Würde in sich trägt. Von dieser Menschenwürde werden Rechte des Menschen abgeleitet, unabhängig davon, in welchem Staat oder unter welcher Regierung er lebt. Dieses Menschenbild beruht auf drei Quellen: der antiken Philosophie, dem Christentum und der Aufklärung des 18. Jahrhunderts. Die „Unabhängigkeitserklärung der Vereinigten Staaten von Amerika" aus dem Jahr 1776 enthält die erste Formulierung der Menschenrechte. Ebenso wurden 1789 in der Französischen Revolution die Menschen- und Bürgerrechte gemäß den Prinzipien Freiheit, Gleichheit und Brüderlichkeit verkündet. Wer sich heute auf die Geltung der Menschenrechte beruft, bezieht sich auf ein Dokument der Vereinten Nationen (UNO), das 1948 von der Generalversammlung verabschiedet wurde. Die „Allgemeine Erklärung der Menschenrechte" erhebt universalen Geltungsanspruch.

Dennoch werden jeden Tag in vielen Staaten der Welt Menschenrechtsverletzungen begangen: Folter, Krieg, Vertreibungen, Inhaftierung von Unschuldigen. Viele Menschen können nicht in Sicherheit vor staatlicher Willkür leben.

M 3 Der höchste Wert der Verfassung: die Menschenrechte

- Die Würde des Menschen ist in unserer Rechts- und Wertordnung oberster Verfassungsgrundsatz, an dem sich alles staatliche Handeln zu orientieren hat. Folglich hat der Mensch im Mittelpunkt staatlichen Geschehens zu stehen.
- Träger der Menschenwürde ist jeder Mensch von der Geburt bis zum Tode, wobei es unerheblich ist, ob sich der Einzelne seiner Würde bewusst ist oder dieses Bewusstsein nicht hat (etwa der Geisteskranke).
- Die Würde kommt dem Menschen deshalb zu, weil er als einziges Wesen die Fähigkeit besitzt, sich in Freiheit zu entscheiden und sich selbst zu bestimmen.
- Die Menschenwürde ist Ursprung und Quelle aller weiteren Freiheits-, Gleichheits- und Unverletzlichkeitsrechte. Demnach sind es Ansprüche und Berechtigungen, die die Einmaligkeit des Mensch-Seins kennzeichnen und die Würde des Menschen verkörpern. Aus der absoluten Verpflichtung der gesamten Staatsgewalt, die Würde des Menschen zu achten und zu schützen, folgt,
- dass jeder Träger staatlicher Gewalt bei der Begegnung mit dem Einzelnen dessen Würde nicht antasten oder gar verletzen darf (achten) und
- dass er (z. B. der Polizeibeamte) gleichermaßen abwehrend eingreifen muss, wenn die Würde des Menschen von dritter Seite verletzt zu werden droht bzw. verletzt wird (schützen).

Wann ist die Menschenwürde verletzt? Die Würde des Menschen ist allgemein immer dann verletzt, wenn

- er zum reinen Objekt staatlicher Maßnahmen gemacht,
- die innere Freiheit des Menschen angetastet oder
- seine Personenwertgleichheit geleugnet wird.

Hans-Joachim Hitschold, Staatskunde. Grundlagen für die politische Bildung, 12. Aufl., Stuttgart u. a., 2003, S. 139 – 141

Art. 1 GG

(1) Die Würde des Menschen ist unantastbar. Sie zu achten und zu schützen ist Verpflichtung aller staatlichen Gewalt.

(2) Das Deutsche Volk bekennt sich darum zu unverletzlichen und unveräußerlichen Menschenrechten als Grundlage jeder menschlichen Gemeinschaft, des Friedens und der Gerechtigkeit in der Welt.

(3) Die nachfolgenden Grundrechte binden Gesetzgebung, vollziehende Gewalt und Rechtsprechung als unmittelbar geltendes Recht.

Aufgaben

1. Erkläre den Zusammenhang von Menschenrecht und Menschenwürde (M 1 – M 3).
2. Organisiere dir ein Grundgesetz und suche dort die Grundrechte. Vergleiche sie mit der Erklärung der Menschenrechte. Welche Unterschiede fallen dir auf? Bewerte, ob man die deutschen Grundrechte ergänzen sollte.
3. Lege gemeinsam mit deinem Banknachbarn fest, welche fünf Menschenrechte (M 1) euch am Wichtigsten erscheinen. Legt eine Rangfolge fest und diskutiert diese in der Klasse.

8.2 Menschenrechte – in Deutschland mangelhaft?

M 4 Menschenwürde und Tagespolitik

Karikatur: Klaus Stuttmann

M 5 Grund- und Menschenrechte im Grundgesetz

Grundrechte
Grundrechte sind im Grundgesetz garantierte grundlegende, individuelle Rechte. Sie binden den Staat und begrenzen die Macht des Staates gegenüber dem Einzelnen und stehen bewusst am Anfang des Grundgesetzes: Sie finden sich im Grundrechtekatalog der Art. 1 bis 19 GG.

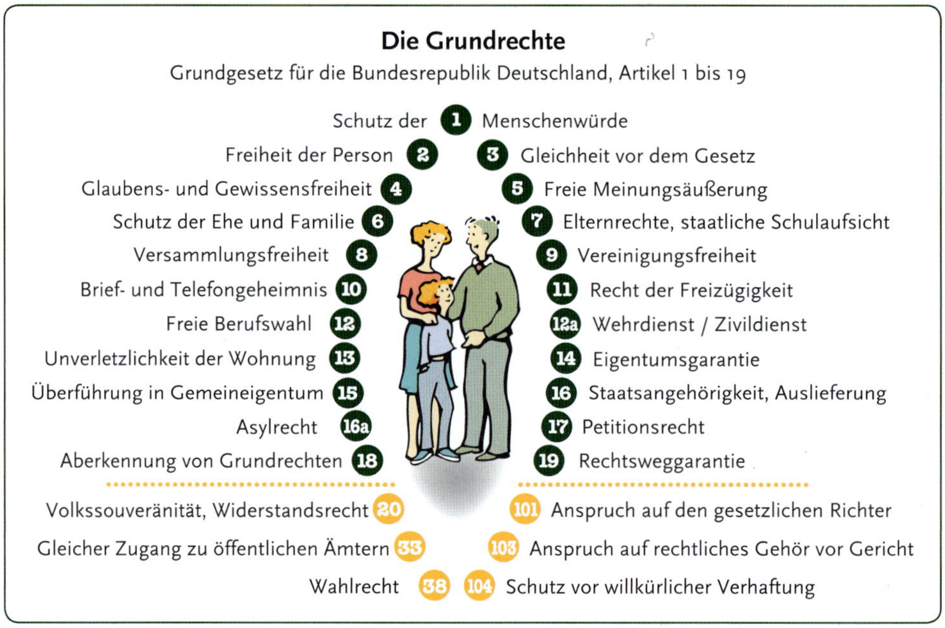

Bergmoser + Höller Verlag *60110*

M 6 Berichte des UN-Menschenrechtsrats

Deutschland hat sich schlechte Noten beim UN-Menschenrechtsrat geholt. Am lautesten beschwerten sich Länder, die selbst nicht gerade für ihre Menschenrechte berühmt sind.

Rassismus, Diskriminierung von Fremden, Umtriebe von Neonazis: Die Vertreter der Bundesregierung mussten sich am Montag vor den Vereinten Nationen herbe Kritik über die Menschenrechtslage in Deutschland anhören. Der UN-Menschenrechtsrat (...) hatte die Deutschen erstmals nach Genf geladen – alle anderen UN-Mitglieder müssen sich auch einer Überprüfung stellen. „In Deutschland gibt es Schwierigkeiten", räumte der Staatsminister im Auswärtigen Amt, Gernot Erler, zu Beginn der Anhörung ein. Er nannte Mängel bei der Integration von Ausländern, bei der Gleichberechtigung von Mann und Frau und rechtsextreme Delikte. (...) Die Deutschen mussten sich auch kritische Worte von befreundeten europäischen Staaten gefallen lassen: Eine niederländische Diplomatin beklagte Fälle „exzessiver Gewalt" einiger deutscher Strafverfolgungsbehörden, Liechtenstein wollte mehr über das Schicksal von rund 5.000 Straßenkindern in der Bundesrepublik wissen, und Dänemark rügte Übergriffe gegen Homosexuelle. (...) Amnesty International warf Berlin vor, einen Bericht an den Menschenrechtsrat „geschönt" zu haben. Der Direktor des Deutschen Instituts für Menschenrechte, Heiner Bielefeldt, sagte: „Es gibt die Tendenz deutscher Selbstgefälligkeit beim Thema Menschenrechte."

Jan Dirk Herbermann, Menschenrechte in Deutschland mangelhaft, in: http://tagesspiegel.de, 03.02.2009

UN Menschenrechtsrat
Der UN Menschenrechtsrat ist das oberste globale Gremium gegen Unterdrückung, Folter und Gewalt.

Amnesty International
Amnesty International ist die wohl bekannteste weltweit agierende Organisation zum Schutz der Menschenrechte. 1961 als Gefangenenhilfsorganisation gegründet erhielt sie 1977 den Friedensnobelpreis.

M 7 Keine Reisefreiheit für Asylbewerber in Deutschland

Seit dem Fall der Berliner Mauer vor mehr als 20 Jahren ist Deutschland stolz darauf, durch keine innere Grenze mehr geteilt zu sein. Doch mehr als 180.000 Menschen in Deutschland werden heutzutage von innerstaatlichen Grenzen in die Schranken gewiesen. Asylbewerber und andere Menschen ohne dauerhafte Aufenthaltsgenehmigung müssen sich innerhalb eines bestimmten Gebietes aufhalten und dürfen dieses nicht verlassen. Dies können ganze Bundesländer sein oder Städte, aber eben auch kleine Dörfer. Kein anderer EU-Mitgliedsstaat hat solch restriktive Regeln und Gesetze. Die deutsche Vertretung der Flüchtlingsagentur der Vereinten Nationen (UNHCR) hat kürzlich kritisiert, dass es auch keine Begründung für diese Restriktionen gebe. Aber die deutsche Regierung beharrt darauf, dass die Regeln unerlässlich seien und man sie nicht einfach so abschaffen könne.

William Peacock, Keine Reisefreiheit für Asylbewerber in Deutschland, in: http://www.euranet.eu, 15.06.2010

M 8 Strengere Regeln für heimliche Videoüberwachung

Videoüberwachung am Arbeitsplatz ist verboten.

Strengere Regeln für die heimliche Videoüberwachung in Unternehmen sieht ein Gesetzentwurf von Bundesinnenminister Thomas de Maizière (CDU) zum Arbeitnehmerdatenschutz vor. Künftig müssten tatsächliche Anhaltspunkte vorliegen und den Verdacht begründen, dass Beschäftigte eine Straftat oder eine schwerwiegende Vertragsverletzung zulasten des Arbeitgebers begangen haben, berichtet die Tageszeitung „Die Welt" (...). Kameras etwa in Umkleideräumen wolle de Maizière grundsätzlich verbieten. Eine Videoüberwachung von Betriebsstätten, die überwiegend der privaten Lebensgestaltung des Beschäftigten dienen, seien unzulässig, heißt es in dem Entwurf. Das Innenministerium reagiert damit auf Ausspäh-Affären beim Discounter Lidl, der Bahn und der Deutschen Telekom in den Jahren 2008/2009. Lidl hatte Mitarbeiter durch versteckte Kameras überwachen lassen. Offene Videoüberwachung, wie sie etwa bei Tankstellen längst üblich ist, will de Maizière dem Bericht zufolge hingegen eher erleichtern. Neuland betrete de Maizière mit der Regelung der Überwachung von Beschäftigten durch elektronische Ortungssysteme wie GPS. Ein Arbeitgeber solle die Beschäftigtendaten damit erheben, nutzen und verarbeiten dürfen, soweit dies aus betrieblichen Gründen während der Arbeits- und Bereitschaftszeit erforderlich sei. Der Arbeitgeber solle aber verpflichtet werden, den Arbeitnehmer über den Einsatz des Ortungssystems, über die Aufzeichnungen und deren Umfang zu informieren.

dpa, http://www.focus.de, 15.05.2010

M 9 Grundrechte-Report – alternativer Verfassungsschutzbericht

Grundrechte-Report
Der Grundrechte-Report erschien erstmals im Jahr 1997. Er wird jährlich von neun Bürger- und Menschenrechtsorganisationen verfasst und gilt als „alternativer Verfassungsschutzbericht".

Die frühere Richterin am Bundesverfassungsgericht, Renate Jaeger, hat davor gewarnt, dass sich Deutschland immer mehr zum Überwachungsstaat entwickele. Hintergrund sei die Anti-Terror-Politik der Bundesregierung seit den Anschlägen auf das World-Trade-Center, sagte sie bei der Vorstellung des Grundrechte-Reports 2011 in Karlsruhe Ein Schwerpunkt des Reports ist die Anti-Terror-Politik der Bundesregierung seit den Anschlägen in den USA am 11. September 2001. Die Herausgeber werfen der Bundesregierung vor, „die lückenlose Überwachung der Bevölkerung" unter dem Vorwand der Terrorismusbekämpfung weiter voranzutreiben. Nach den Worten Jaegers zieht sich durch die Beiträge des Reports wie ein roter Faden die Mahnung, dass „der Mensch, der bereit ist, seine Freiheit aufzugeben, um Sicherheit zu gewinnen, beides verlieren wird".

rp-online, Grundrechte-Report 2011 – Richterin warnt vor Überwachungsstaat, in: http://www.rp-online.de, 23.05.2011

M 10 Grundrechte und Rechtsstaatsgarantie im Grundgesetz

Artikel 19

(1) Soweit nach diesem Grundgesetz ein Grundrecht durch Gesetz oder auf Grund eines Gesetzes eingeschränkt werden kann, muss das Gesetz allgemein und nicht nur für den Einzelfall gelten. Außerdem muss das Gesetz das Grundrecht unter Angabe des Artikels nennen.

(2) In keinem Falle darf ein Grundrecht in seinem Wesensgehalt angetastet werden. [...]

(4) Wird jemand durch die öffentliche Gewalt in seinen Rechten verletzt, so steht ihm der Rechtsweg offen.

Artikel 20 Abs. 3

Die Gesetzgebung ist an die verfassungsmäßige Ordnung, die vollziehende Gewalt und die Rechtsprechung sind an Gesetz und Recht gebunden.

Artikel 79 Abs. 3

Eine Änderung dieses Grundgesetzes, durch welche [...] die in den Artikeln 1 und 20 niedergelegten Grundsätze berührt werden, ist unzulässig.

Artikel 103

(1) Vor Gericht hat jedermann Anspruch auf rechtliches Gehör.

(2) Eine Tat kann nur bestraft werden, wenn die Strafbarkeit gesetzlich bestimmt war, bevor die Tat begangen wurde.

(3) Niemand darf wegen derselben Tat auf Grund der allgemeinen Strafgesetze mehrmals bestraft werden.

Artikel 104

(2) Über die Zulässigkeit und Fortdauer einer Freiheitsentziehung hat nur der Richter zu entscheiden. [...]

(3) Jeder wegen des Verdachts einer strafbaren Handlung Festgenommene ist spätestens am Tage nach der Festnahme dem Richter vorzuführen, der ihm die Gründe der Festnahme mitzuteilen, ihn zu vernehmen und ihm Gelegenheit zu Einwendungen zu geben hat. Der Richter hat unverzüglich einen mit Gründen versehenen schriftlichen Haftbefehl zu erlassen oder die Freilassung anzuordnen.

Aufgaben

1. Arbeite heraus, in welchen Bereichen es auch in Deutschland Verstöße gegen die Menschenrechte gibt (M 5 – M 10).
2. Eine Videoüberwachung von Arbeitnehmern soll künftig erschwert werden. Diskutiert Vor- und Nachteile des möglichen Gesetzes (M 8).
3. Suche mithilfe von M 5 und M 10 im Grundgesetz nach den Artikeln, die die verletzten Rechte aus M 5 – M 8 garantieren sollen.
4. Recherchiert in Gruppen nach weiteren Menschenrechtsverletzungen in Deutschland und stellt eure Ergebnisse der Klasse vor (M 9).

8.3 Menschenrechte im Alltag – eine Fallanalyse

M 11 Der Fall Daschner (A)

Hinweis
Die Buchstaben hinter den Materialien dieses Unterkapitels verweisen jeweils auf die Phase der Fallanalyse, zu der die Materialien beitragen können. Siehe nebenstehende Methode

Vize-Polizeipräsident Wolfgang Daschner

Magnus Gäfgen wurde am 28. Juli 2003 wegen Mordes an dem 11-jährigen Jakob Metzler zu einer lebenslangen Freiheitsstrafe verurteilt.

Der elfjährige Bankierssohn Jakob von Metzler wurde am 27. September 2002 entführt und getötet. Wie die „Bild"-Zeitung berichtet, soll der Frankfurter Vize-Polizeipräsident Wolfgang Daschner einen Hauptkommissar angewiesen habe, dem Verdächtigen Magnus G. im Verhör zu drohen. Zu diesem Zeitpunkt sei die Polizei davon ausgegangen, dass der kleine Jakob noch lebe. Der Kriminalhauptkommissar sollte angeblich auf Anweisung des stellvertretenden Polizeipräsidenten dem Verdächtigen sagen: „Wenn Sie jetzt nicht reden, dann werden wir Ihnen große Schmerzen zufügen. Wie Sie nie welche hatten, die Sie nie in Ihrem Leben vergessen werden." Nach mehrstündigem Verhör führte der 27-jährige Jurastudent die Ermittler zu einem kleinen Fischteich in der Nähe des Hessischen Rebsdorf. Hier lag die Leiche des Jungen verschnürt unter einem Steg.

Der Frankfurter Polizeipräsident Harald Weiss-Bolland hat am 28. Januar das hessische Innenministerium als vorgesetzte Dienststelle darüber informiert, dass die Staatsanwaltschaft gegen seinen Vize Daschner ermittle. Dem Schreiben legte er einen Aktenvermerk von Daschner bei, in dem dieser seine Anweisungen an den Hauptkommissar festgehalten hatte. [...] Der Berliner „Tagesspiegel" berichtet, ihm liege der Vermerk Daschners vor, wonach der Festgenommene „nach vorheriger Androhung, unter ärztlicher Aufsicht, durch Zufügung von Schmerzen (keine Verletzungen) erneut zu befragen ist". Ein Beamter sei beauftragt worden, zu prüfen, ob ein Wahrheitsserum beschafft werden könne. Die Vernehmung sei eine „Extremsituation" gewesen, sagte der Sprecher des Innenministeriums, Michael Bußer. Die Anfertigung eines Aktenvermerks zeige, dass „nichts vertuscht werden sollte".

Nach den Worten von Oberstaatsanwalt Schilling wird nun geprüft, ob es sich um eine Aussage-Erpressung oder aber um eine erlaubte Polizeimaßnahme oder einen übergesetzlichen Notstand gehandelt hat. [...]

Schilling betonte, bei der Vernehmung am 1. Oktober sei es noch nicht um die Täterschaft gegangen. Das Geständnis des 27-Jährigen sei erst zwei Wochen später zu Protokoll genommen worden. [...] Inzwischen liegt das psychiatrische Gutachten zu Magnus G. vor. Danach war er zur Tatzeit voll schuldfähig. Sollte sich der Verdacht der Aussage-Erpressung erhärten, könnten Daschner bis zu zehn Jahre Gefängnis drohen.

SPIEGEL ONLINE, Mordfall Jakob – „Wenn Sie nicht reden, fügen wir Ihnen große Schmerzen zu", in: http://www.spiegel.de, 17.02.2003

Eine Fallanalyse durchführen

Ein Fall ist ein Ereignis oder Vorfall, in dem fremde Personen agieren, Konflikte austragen und mit wechselndem Erfolg versuchen, Probleme zu lösen. Der Fall ist ein individuelles und besonderes Ereignis, das auf allgemeine gesellschaftliche, wirtschaftliche und / oder politische Probleme hinweisen kann. Mithilfe der Fallanalyse werden Fragen zur Untersuchung dieser Fälle gestellt, Verallgemeinerungen von einem konkreten Ereignis zu einem allgemeinen politischen oder sozialen Sachverhalt vorgenommen und Bezüge zu den Lebensbedingungen davon betroffener Personen hergestellt.

Chancen und Ziele

- Hineinversetzen in die Situation anderer Menschen und Auseinandersetzung mit ihren Problemen (Perspektivenübernahme)
- Verallgemeinerung der Fälle führt zur Verdeutlichung von sozialen oder politischen Problemen, die gelöst werden müssen.

Ablauf der Fallanalyse

1. Außenbetrachtung (A)	• Fall wird mithilfe von Leitfragen von außen betrachtet, z. B.: Worum geht es? Wer ist beteiligt? In welcher Lage befindet sich die Person? Wie ist sie in diese Lage hineingeraten? Welche Ziele verfolgt sie?
2. Innenbetrachtung (I)	• Hineinversetzen in Lage der betroffenen Personen (Perspektivenübernahme) • Versuch, das Ereignis mit den Augen dieser Person zu sehen • Leitfragen: Wie sieht die Person ihre Lebenssituation? Was denkt und fühlt sie? Wie würdest du selbst in solch einer Situation denken und fühlen? Was würdest du tun, um aus dieser Situation herauszukommen?
3. Generalisierung (G)	• Frage, ob die konkreten Menschen im konkreten Fall auch für andere stehen und nicht nur für ihre besondere Situation • Inwieweit widerspiegelt der Fall ein allgemeines politisches Problem, wie könnte es gelöst werden?
4. Rekonkretisierung (R)	• Frage, ob die Lösungsmöglichkeit auch im konkreten Fall hilfreich ist

Aufgaben

1. Beschreibe das in M 11 dargestellte Problem und die beteiligten Personen.
2. Nimm Stellung zum Fall und diskutiere eine mögliche Lösung.

Nach: Sibylle Reinhardt, Politik Didaktik, Praxishandbuch für die Sekundarstufe I und II, Berlin 2005, S. 124 f.

M 12 Der Fall wird gleich gelöst (I)

Karikatur: Gerhard Mester, Baaske Cartoons

M 13 Daschner rechtfertigt Drohung gegen Gäfgen als „absolute Ausnahme“ (I)

Im Prozeß gegen den Frankfurter Polizeivizepräsidenten Wolfgang Daschner und einen Kriminalhauptkommissar ist am Montag [...] die Beweisaufnahme geschlossen worden. Daschner [...] nahm dies zum Anlaß, nochmals knapp zu dem Vorwurf Stellung zu nehmen.

Er legte dar, daß er die Anwendung „unmittelbaren Zwangs" gegenüber dem am 1.Oktober festgenommenen Verdächtigen Magnus Gäfgen für gerechtfertigt gehalten habe und weiterhin halte. Ziel einer solchen Maßnahme, die Daschner als „Ultima ratio" und „absolute Ausnahme" bezeichnete, sei einzig und allein gewesen, das Leben des entführten Kindes Jakob von Metzler zu retten. Er habe keinerlei Zweifel an der rechtlichen Korrektheit seiner Drohung. [...] Während des Prozesses haben mehrere leitende Kriminalbeamte erklärt, sie hätten Daschners Anweisung widersprochen oder sie nicht befolgt. Der Polizeipsychiater erklärte, er habe von der Gewaltdrohung abgeraten, weil sie möglicherweise nur neue Lügen hervorbringe, und statt dessen den Plan unterstützt, die Schwester des entführten Kindes dem Verdächtigen gegenüberzustellen. Der nach dem Vizepräsidenten höchste Polizeiführer, Abteilungsdirektor Wolfram Ritter, hatte als Zeuge deutlich gemacht, er hätte vermutlich aus Gewissensgründen ebenfalls Gewalt angewendet, sei aber durch Daschner vor der schweren Entscheidung, tatsächlich zu drohen oder Schmerzen zufügen zu lassen, bewahrt worden.

tk, Daschner rechtfertigt Drohung gegen Gäfgen als „absolute Ausnahme", in: http://www.faz.de, 06.12.2004

M 14 Meinungen zum Fall (I)

Auch der Staatsrechtsprofessor Werner Beulke von der Uni Passau [...] sagt unter anderem, dass Folter und Wahrheitsserum in das Arsenal der Stasi und nicht in einem Rechtsstatt gehören würden. Hamburgs Chef des Landeskriminalamtes Reinhard Chedor hat jedoch zu bedenken gegeben, dass man Eltern, die um das Leben ihres Kindes bangen würden, schlecht erzählen könne, dass der Täter von seinem Aussageverweigerungsrecht Gebrauch mache. [...] Die Bundesjustizministerin Brigitte Zypries ist was den Fall Daschner betrifft eher gespaltener Meinung. Bei ihr heißt es, dass sie stramm gegen Folter sei, aber dennoch nicht den Polizisten verdammen wolle. So wie schon einige vor ihr, vertritt auch sie die Meinung, dass ein Amtsträger, der in einer ganz extremen Zwangslage eine Entscheidung zwischen zwei Rechtsgütern treffen müsse, sich möglicher Weise auf rechtfertigenden Notstand berufen könne.

Artikel32.com, Stimmen aus der politik und anderen öffentlichen kreisen zum fall daschner, in: http://www.artikel32.com, Abruf am 27.03.2012

Rechtfertigender Notstand

„Wer in einer gegenwärtigen, nicht anders abwendbaren Gefahr für Leben, Leib [...] eine Tat begeht, um die Gefahr von sich oder einem anderen abzuwenden, handelt nicht rechtswidrig, wenn bei Abwägung der widerstreitenden Interessen, namentlich der betroffenen Rechtsgüter und des Grades der ihnen drohenden Gefahren, das geschützte Interesse das beeinträchtigte wesentlich überwiegt. Dies gilt jedoch nur, soweit die Tat ein angemessenes Mittel ist, die Gefahr abzuwenden."

§34 Strafgesetzbuch (StGB)

M 15 Deutsche zeigen Verständnis für Folterpolizisten (I)

Wenn es nach der Mehrheit der Deutschen geht, soll Frankfurts Polizeivizepräsident Wolfgang Daschner, der dem Verdächtigten im Entführungsfall Jakob von Metzler mit Folter drohen ließ, ohne Strafe davonkommen.

63 Prozent finden, der stellvertretende Polizeichef Wolfgang Daschner solle nicht bestraft werden, wie eine Forsa-Umfrage für den „Stern" ergab. Nur 32 Prozent der 1003 Befragten sprachen sich für eine Strafe aus. Die Vorsitzende des Bundestags-Innenausschusses, Cornelie Sonntag-Wolgast (SPD), zeigte sich entsetzt, dass das absolute Folterverbot in Frage gestellt werde. Das Folterverbot stehe „an oberster Stelle" und könne nicht durch andere Prinzipien in Frage gestellt werden, sagte die Politikerin im Deutschlandradio Berlin. Die Diskussion rüttele an Weltgesetzen wie der allgemeinen Erklärung der Menschenrechte. Gerade weil der Staat ein Gewaltmonopol habe, müssten für ihn andere Kategorien gelten. Sonntag-Wolgast wies darauf hin, dass derzeit noch der Türkei der EU-Beitritt verwehrt werde, weil es dort Hinweise auf Folter gebe.

SPIEGEL ONLINE, Umfrage: Deutsche zeigen Verständnis für Folterpolizisten, in: http://www.spiegel.de, 26.02.2003

Aufgaben

1. Arbeite aus den Materialien M 12 – M 15 die unterschiedlichen Auffassungen zum Fall heraus.
2. Interpretiere die Karikatur in M 12
3. Schreibe einen Leserbrief an eine Tageszeitung, in dem du den Fall beurteilst.
4. Erstellt in Partnerarbeit auf der Grundlage von M 12 bis M 15 und eurer eigenen Wahrnehmung jeweils zu den Personen, *Anwalt von Magnus G., Wolfgang Daschner, Familie von Metzler, Polizeibeamte die keine Folter androhen wollten*, ein Zeitungsinterview, das die jeweilige Position zur Tat zum Inhalt hat.

Historische Gründe für das absolute Folterverbot
Sowohl rechtsstaatliche als auch historische Gründe sind für das strikte Folterverbot verantwortlich. Die stark verbreitete Anwendung von Folter im Nationalsozialismus hat die Staatengemeinschaft veranlasst, das absolute Folterverbot in Menschenrechtsabkommen aufzunehmen. Absolutes Folterverbot meint, dass selbst in Krisen-, Kriegs- und Notstandssituationen keine Folter erlaubt ist.

Psychische Folgen von Folter
Folter zielt darauf ab, einen Menschen innerlich zu unterwerfen, seine Psyche verfügbar zu machen und ihn seiner Würde zu berauben. Der Gefolterte wird zu einem Objekt gemacht, das keinerlei Möglichkeiten mehr hat, die eigenen Rechte wahrzunehmen. Die Praxis der Folter [...] erniedrigt auch diejenigen, die sie anwenden, die von ihr profitieren, und sie ist der denkbar eklatanteste Widerspruch zur Gerechtigkeit, eben jenem Ideal, auf das der Staat seine Autorität zu gründen bestrebt ist.
Nach: ebd.

M 16 Art 1 der Antifolterkonvention (G)

Artikel 1

Im Sinne dieses Übereinkommens bezeichnet der Ausdruck Folter jede Handlung, durch die einer Person vorsätzlich große körperliche oder seelische Schmerzen oder Leiden zugefügt werden, zum Beispiel um von ihr oder einem Dritten eine Aussage oder ein Geständnis zu erlangen, um sie für eine tatsächlich oder mutmaßlich von ihr oder einem Dritten begangene Tat zu bestrafen oder um sie oder einen Dritten einzuschüchtern oder zu nötigen, oder aus einem anderen, auf irgendeiner Art von Diskriminierung beruhenden Grund, wenn diese Schmerzen oder Leiden von einem Angehörigen des öffentlichen Dienstes oder einer anderen in amtlicher Eigenschaft handelnden Person, auf deren Veranlassung oder mit deren ausdrücklichem oder stillschweigendem Einverständnis verursacht werden.

Antifolterkonvention, Artikel1, in: http://www.institut-fuer-menschenrechte.de, Abruf am 27.03.2011

M 17 Warum ist Folter absolut verboten? (G)

Interview des AI-Journals mit David Bartelt, Pressesprecher von Amnesty International (AI):

Hat nicht die Rettung eines Lebens Vorrang vor dem Schutz der Würde eines anderen Menschen?
Der Staat ist zu einem effektiven Schutz des menschlichen Lebens verpflichtet. Er darf dabei unter keinen Umständen die Menschenwürde antasten. Sie ist – im Völkerrecht ebenso wie im Grundgesetz – absolut garantiert. Es ist daher nicht möglich, die Menschenwürde gegen andere Rechtsgüter abzuwägen, auch nicht gegen das Recht auf Leben.

Man könnte Folter doch in engen, gesetzlich genau festgelegten Grenzen erlauben, um ihrem Missbrauch vorzubeugen?
[...] Historische Erfahrungen zeigen, dass Folter niemals auf Einzelfälle begrenzbar ist, so genau sie auch geregelt sein mögen. Wird Folter einmal erlaubt, werden bald die Grenzen ihrer vermeintlichen Regulierung überschritten. Dem zugelassenen Einzelfall folgt der nächste Einzelfall; die Folteranwendung wird zur allgemeinen Praxis.

AI-Journal, Der Fall Daschner, in: http://www.amnesty.de, Abruf am 27.03.2012

Aufgaben

1. Erläutere, warum die Folter unter allen Umständen gegen Artikel 1 des Grundgesetzes verstößt und damit strafbar ist.
2. Problemstellung: Sollte Folter unter gewissen Umständen erlaubt sein? Führt eine Talkshow durch, in der folgende Personen auftreten: *ein Staatsrechtler, der Anwalt von Herrn Daschner, die Familie des Opfers, einen Vertreter einer Menschenrechtsgruppe*. Erarbeitet in Gruppen deren jeweilige Perspektive.

M 18 Der Fall Daschner – das Urteil (R)

Richterin Stock [...] erinnerte daran, dass beteiligte Kriminalbeamte einen konkreten Plan ausgearbeitet hatten, der Gewaltandrohung nicht vorsah – dass Daschner also eine Alternative an der Hand hatte, auf die er nicht zurückgriff. Und sie zeichnete nach, dass mehrere Beamte sich Daschners Anordnung zur Gewaltandrohung verweigert hatten, weil dies nach dem Gesetz nicht erlaubt, weil dies „Folter" sei. Die Richterin verwandte den Begriff „Folter" nicht, aber sie verwies auf den 3. Artikel der Europäischen Menschenrechts-Konvention: „Niemand darf der Folter oder unmenschlicher oder erniedrigender Strafe oder Behandlung unterworfen werden", lautet dieser Artikel, und völkerrechtlich entscheidend ist das absolute Verbot von beidem, Folter wie Misshandlungen. [...] Umso mehr erstaunte zunächst das Strafmaß: Mit Geldstrafen von 90 Tagessätzen je 120 Euro für Daschner und 60 Tagessätzen je 60 Euro für den mitangeklagten Kriminalhauptkommissar Ortwin Ennigkeit blieb das Gericht noch unter dem, was der Staatsanwalt gefordert hatte. [...]

Die zwei Gesichter des Urteils versuchen, den zwei Gesichtern des konkreten Falles gerecht zu werden: Da ist zum einen ein klarer Bruch des Rechts, mehr noch: der Bruch eines Tabus. Der Staat darf einen wehrlosen Menschen in seinem Gewahrsam nicht zum Objekt seiner Gewalt herabwürdigen; er darf nicht foltern. Tut er es, verletzt er die Menschenwürde. Das Völkerrecht verbietet Folter unter allen Umständen. Im konkreten Fall aber ging es um das Leben eines Kindes und um die – scheinbare – Möglichkeit, das Leben noch zu retten, wenn der Aufenthaltsort ermittelt werden könne. Es standen zwei hohe Rechtsgüter gegeneinander. [...]

Das Urteil hat die Absolutheit des Folterverbots für Deutschland und für das Völkerrecht insgesamt bestätigt. Es hat jedem Versuch, per juristischer Konstruktion die Folter durch die Hintertür einzuführen, eine Absage erteilt. [...] Richterin Stock stellte klar, dass Daschners Verhalten gegen die Pflicht des Staates zum unbedingten Schutz der Menschenwürde verstieß, und dass auf der Unantastbarkeit der Menschenwürde, die Artikel 1 des Grundgesetzes unaufhebbar festgeschrieben hat, unser Rechtsstaat fußt. „Die Väter und Mütter des Grundgesetzes haben sie bewusst an den Anfang gestellt", sagte Stock. Es sei ihnen ein fundamentales Anliegen gewesen, so etwas nie wieder entstehen zu lassen.

Amnesty International, Der Fall Daschner, in: http://amnesty.de, Abruf am 27.03.2012

Aufgaben

1. Fasse das Urteil und die Urteilsbegründung im Fall Daschner zusammen (M 18).
2. Diskutiert in der Klasse, inwieweit ihr dieses Urteil für „gerecht" haltet.

Was wir wissen

Recht

Das Zusammenleben der Menschen in der Familie, in der Schule, im Betrieb, in einem Staat erfordert klare Verhaltensregeln für jeden Einzelnen. Ein Großteil dieser Regeln sind rechtliche Regeln, d. h., dass sie vom Staat (den Parlamenten) gesetzt sind und ihre Einhaltung nur vom Staat mithilfe von Polizei und Gerichten erzwungen werden kann (staatliches Gewaltmonopol).

Menschenrechte
M 1 – M 3

Die Menschenrechte bilden die Grundlage unserer Rechtsordnung. Sie gelten auch als „angeborene" Rechte. Wer so argumentiert, bezieht eine naturrechtliche Position: Danach können die dem staatlich gesetzten Recht übergeordneten Normen aus bestimmten Tatsachen (aus dem geoffenbarten Willen Gottes, aus der Natur, aus der Vernunft) erkannt werden. Allen Menschenrechten zugrunde liegt die Idee, dass die Würde des Menschen nicht verletzt werden darf. Die Menschenrechte sind im Grundgesetz als Grundrechte verankert.

Rechtsstaat

Wenn der Staat neues Recht beschließt oder das Recht mithilfe staatlicher Gewalt durchsetzt, so muss er sich selbst immer an das bestehende Recht und das Grundgesetz halten. Fühlt sich der einzelne Bürger in seinen Rechten verletzt, so kann er vor dem Gericht dagegen klagen. Die Richter an den Gerichten sind zur Unabhängigkeit verpflichtet. Dadurch kann sich der Einzelne des Schutzes seiner Rechte sicher sein.

Grundgesetz
M 3 – M 4, M 10

Das Grundgesetz (GG) ist die Verfassung der Bundesrepublik Deutschland. Es enthält Aussagen über

- die grundlegenden Werte, auf denen die Verfassung insgesamt beruht: die Achtung der Menschenwürde und deren Konkretisierung in den Grund- bzw. Menschenrechten,
- die Strukturprinzipien unseres Staates,
- den Aufbau, die Aufgaben und das Zusammenwirken der staatlichen Organe.

Grundrechte
M 4

Die Grundrechte, die wegen ihrer Bedeutung als Schutzrechte, Freiheits- und Gleichheitsrechte am Beginn des Grundgesetzes stehen (Art. 1-19), leiten sich ihrerseits vom zentralen Grundrecht der unveräußerlichen Menschenwürde ab (Art. 1 GG).

Menschenrechte im Alltag
M 5 – M 10,
M 11 – M 18

Die Würde des Menschen ist oberstes Prinzip unserer Verfassung. Selbst in extremen Entscheidungssituationen, wie beispielsweise im Fall Daschner, ist ein Verstoß gegen dieses Prinzip nicht erlaubt. Die generelle Auffassung des Staates steht hier über dem Einzelfall.

Menschenrechte für Menschenaffen

Aus der Antike wissen wir, dass einige Menschen anderen absolut untergeben waren. Die Rede ist von den Sklavinnen und Sklaven. Ihnen mangelte es an allen nur denkbaren Rechten. Die antike Gesellschaft sah darin kein Unrechtsbewusstsein, mehr noch: die Haltung von Sklaven war weitgehend akzeptiert, so dass Sklaven insgesamt wie Waren be- und gehandelt wurden. Heute ist das Verbot von Sklaverei in der *Allgemeinen Erklärung der Menschenrechte* aufgenommen.

Versetzen wir uns in die Zukunft, ins Jahr 2500:
Wird die dann lebende Gesellschaft ähnlich auf uns schauen, und nicht nachvollziehen können, wie wir mit den Menschenaffen (Orang Utans, Gorillas, Schimpansen, etc.) umgehen?
Heute werden diese nächsten Verwandten des Menschen (noch) gefangen genommen, zur Schau gestellt oder für medizinische Experimente benutzt. Gibt es eine Parallele zwischen der Sklaverei von früher und der Tierhandlung von heute?

Der Affenprozess – Bürgerrechte für Primaten

Jimmy, der malende Schimpanse, kommt endlich frei. Juristen erringen diesen Erfolg vor einem brasilianischen Gericht. Sie hatten ein »Haftprüfungsverfahren« angestrengt, weil Jimmy seit Jahren in »Einzelhaft« in einem Zoo lebe. Nun öffnet sich der Käfig. Auch Menschenaffen, so argumentieren die Richter, kämen elementare Bürgerrechte zu. Schließlich zeige die Forschung, wie ähnlich uns die haarigen Vettern seien: Sie teilten mehr als 99 Prozent unserer Gene, zeigten Mitgefühl und Sprachvermögen, benutzten Werkzeuge und hätten so etwas wie eine rudimentäre Kultur (Malerei!). Niemand dürfe so feinfühlige Wesen gegen ihren Willen einsperren. (...). Ganz real ist nicht nur Jimmy, der wirklich in einem Zoo-Käfig in der Nähe von Rio de Janeiro sitzt und malt. Auch das Haftprüfungsverfahren existiert, Aktivisten des Great Ape Project haben es angestrengt.

Ulrich Schnabel u. a., Der Affenprozess – Bürgerrechte für Primaten, in: http://www.zeit.de, 06.01.2011

Aufgaben

1. Formuliere fünf Rechte aus der Erklärung der Menschenrechte (M 1) derart um, dass sie auch für Menschenaffen gelten. Diskutiert in Gruppen, welche Konsequenzen sich daraus für die Menschenaffen und für die Menschen ergeben würden.
2. Nimm Stellung zur These: „Die Sklaverei von früher ist die Tierhandlung von heute".
3. Recherchiere im Internet die Ziele und den Grund für Artikel 20a des Grundgesetzes.

Stellt euch vor, ihr schwebt in einem Ballon „Staat". (Gebt eurem Ballon einen Namen!)

An Bord sind schwere Lastenpakete mit Aufgaben des Staates, die den Ballon immer wieder an Höhe verlieren lassen. Er droht abzustürzen. Um den Abstieg aufzuhalten, müsst ihr ein Lastenpaket über Bord werfen. Ihr müsst euch dabei überlegen, welche Staatsaufgaben ihr leicht aufgeben könnt und welche ihr so lange wie möglich an Bord behalten wollt.

Der Ballon fängt sich wieder, verliert aber nach einer Weile wieder an Höhe. Ein weiteres Paket (2. Spielrunde) muss also abgeworfen werden. Dies geht so weiter, bis der Ballon sich endlich stabilisiert hat. Dokumentiert jeden Abwurf: In welcher Reihenfolge wurden die Lasten abgeworfen? Begründet jeden einzelnen Abwurf (Argumente, Kontroversen).

Anmerkung für den Spielleiter:

Alle Mitspieler erhalten die Liste mit den Lasten. Außerdem wird eine große Tabelle mit den Namen der Ballone und der mitfahrenden Spielerinnen und Spieler benötigt, um am Schluss die Ergebnisse vergleichen zu können.

9

Chancen und Grenzen der Sozialen Marktwirtschaft

Jede Volkswirtschaft muss für sich die Frage beantworten, wie die Produktion der notwendigen Güter vorgenommen werden soll. Was soll produziert werden? Wer soll es produzieren? Wie soll produziert werden? Wie sollen die Güter verteilt werden? Unserer Wirtschaftsordnung verlässt sich auf die Koordination durch freie Märkte, doch greift der Staat korrigierend ein, sofern die Ergebnisse des Marktes sozial unerwünscht sind. Deshalb bezeichnet man unsere Wirtschaftsordnung als Soziale Marktwirtschaft.

Kompetenzen

Am Ende dieses Kapitels solltest du Folgendes können:

- die Merkmale der Freien und der Sozialen Marktwirtschaft kennen
- dich mit Marktteilnehmern identifizieren und ihre Handlungen nachvollziehen
- die Marktwirtschaft als Wirtschaftsordnung beurteilen
- die Grundsätze des Sozialstaatsprinzips erläutern und die wesentlichen Säulen der sozialen Sicherung kennen
- staatliche Finanzleistungen bei Arbeitslosigkeit kennen und auf Fälle anwenden
- Entwicklungen aufzeigen, die für die sozialen Sicherungssysteme ein Problem darstellen

Was weißt du schon?
Spielt das Ballonspiel wie in der Spielanleitung beschrieben.

9.1 Die Soziale Marktwirtschaft – ein Erfolgsmodell?

9.1.1 Wie viel Markt und wie viel Staat brauchen wir?

M 1 Märkte sind gut für die Organisation des Wirtschaftslebens

Elektronikmesse in Berlin: Mit Innovationen konkurrieren die Anbieter am Markt um die Konsumenten.

Der Wirtschaftswissenschaftler Peter Bofinger schreibt über die Leistungsfähigkeit von Märkten:

Die hohe Leistungsfähigkeit einer durch Märkte gesteuerten Wirtschaft zeigt sich daran, dass viele positive Effekte ohne einen Eingriff des Staates herbeigeführt werden können. Da wir diese Koordinations- und Informationsfunktion der Märkte in der Regel nicht bewusst wahrnehmen, spricht man häufig auch von der „unsichtbaren Hand" des Marktes, ein Begriff, der von Adam Smith (1723 – 1790), einem Urvater der Wirtschaftslehre, bereits 1776 geprägt wurde. Der Markt sorgt dafür, dass wir uns in der Regel jederzeit eine Vielzahl von Gütern beschaffen können, obwohl die Anbieter über unsere individuellen Kaufwünsche zuvor nicht informiert waren. Der Wettbewerbsmarkt setzt für Produzenten starke Anreize, immer bessere Güter und Dienstleistungen zu akzeptablen Preisen für die Konsumenten zu entwickeln. So zwingt der Markt die Unternehmen auch, in der Güterproduktion sparsam mit den vorhandenen Produktionsmitteln zu wirtschaften. In einer Marktwirtschaft werden Güter vorrangig von den Konsumenten erworben, die ihnen den höchsten Wert zumessen.

Nach: Peter Bofinger, Grundzüge der Volkswirtschaftslehre, 2. Aufl., Stuttgart 2007, S. 34 f.

M 2 Warum brauchen wir einen Staat?

Ohne starken Staat gibt es keine freien Märkte. Nur ein starker Staat kann individuelle Grund- und Freiheitsrechte verlässlich garantieren. Nur so lassen sich Eigentums- und Verhaltensrechte und damit die Funktionsfähigkeit offener und freier Märkte sichern. Dazu greift der Staat auf Gerichte, Polizei und Streitkräfte zurück. Sie sorgen für die innere und äußere Sicherheit, die seit Adam Smith als klassische Staatsaufgaben verstanden werden.

In einem weiteren Sinne braucht es den Staat auch, um Rechts-, Vertrags-, Handels- und Verkehrsregeln durchzusetzen. Er muss Grundbücher und Handelsregister führen oder Maße und Gewichte kontrollieren. Er soll Wettbewerb ermöglichen und Marktmacht verhindern.

Hat der Staat seine erste und wichtigste hoheitliche Aufgabe der Rechtsetzung und Rechtsprechung gut gelöst und sind die Menschen gegen Macht und Willkür geschützt, kann alles andere ruhig der freien Entscheidung der Unternehmer, Verbraucher, Arbeitgeber und Arbeitnehmer überlassen bleiben. Der Marktmechanismus sorgt dafür, dass die einen jeden Morgen die Schaufenster der Geschäfte von neuem füllen und dass die anderen diese Dinge kaufen. Ohne hoheitlichen Zwang und ohne staatlichen Plan stimmt die unsichtbare Hand des Marktes Mengen, Preise, Sortimente und Qualität der Güter, die produziert werden, mit den Kundenwünschen ab. Keine von einer Zentralbehörde festgelegten Soll-Ziffern, sondern die Hoffnung auf wirtschaftlichen Erfolg und Gewinn motiviert die Händler.

Eine zweite Rechtfertigung für staatliches Handeln ist die Tatsache, dass sich nicht alle Güter so einfach wie Nahrungsmittel, Textilien, Möbel oder Autos handeln lassen. Für einige Bedürfnisse gibt es keinen Markt, etwa für die Landesverteidigung oder den Gerichtsvollzug. Für andere Güter und Dienstleistungen versagt der Markt, weil es doch zu mächtigen Monopolen kommt. Das ist vor allem dann der Fall, wenn Leistungen nur mit hohen Fixkosten erbracht werden können, so wie bei Eisenbahn, Post, Strom oder beim Festnetz fürs Telefon. Ebenso stößt ein freier Marktmechanismus an seine Grenzen, wenn das Tun des einen unerwünschte Rückwirkungen beim anderen hervorruft, etwa wenn die Luft verschmutzt wird.

Hier setzt der Leistungsstaat an. Er dient dazu, jene gemeinsamen Aufgaben zu erledigen, bei denen der Markt versagt und ein Angebot gar nicht, nicht in genügendem Maße oder nur mit ungewünschten Nebenwirkungen zustande kommt. „Leistungsstaat" bedeutet allerdings nicht, dass der Staat die Leistung auch selber erbringen muss. Meistens genügt es, wenn er durch Regulierungen, Anreize und Sanktionen lediglich dafür sorgt, dass Marktversagen verhindert wird oder fehlende Märkte neu geschaffen werden. So kann der Staat private Wachdienste dafür bezahlen, dass sie für die Sicherheit der Bürger sorgen. Er kann Private beauftragen, Bahn, Post, Flughäfen, Schulen und Theater zu betreiben. [...]

Schließlich liefert die Gerechtigkeit einen dritten Rechtfertigungsgrund für den Staat. Der Markt sorgt nicht für eine gerechte Einkommensverteilung. Er verteilt Einkommen nach Leistung und nicht nach Bedarf. Aus gesellschaftspolitischen Gründen ist daher eine Umverteilung durch den Staat angezeigt.

Thomas Straubhaar, Frankfurter Allgemeine Sonntagszeitung, 10.12.2006

Aufgaben

1. Stelle dar, welche Vorteile Märkte für das Wirtschaftsleben haben und nenne jeweils Beispiele (M 1).
2. Arbeite heraus, welche Leistungen der Staat für eine funktionierende Wirtschaft erbringt (M 2).

9.1.2 Warum gibt es Wirtschaftskrisen?

M 3 Berg- und Talfahrt der Konjunktur

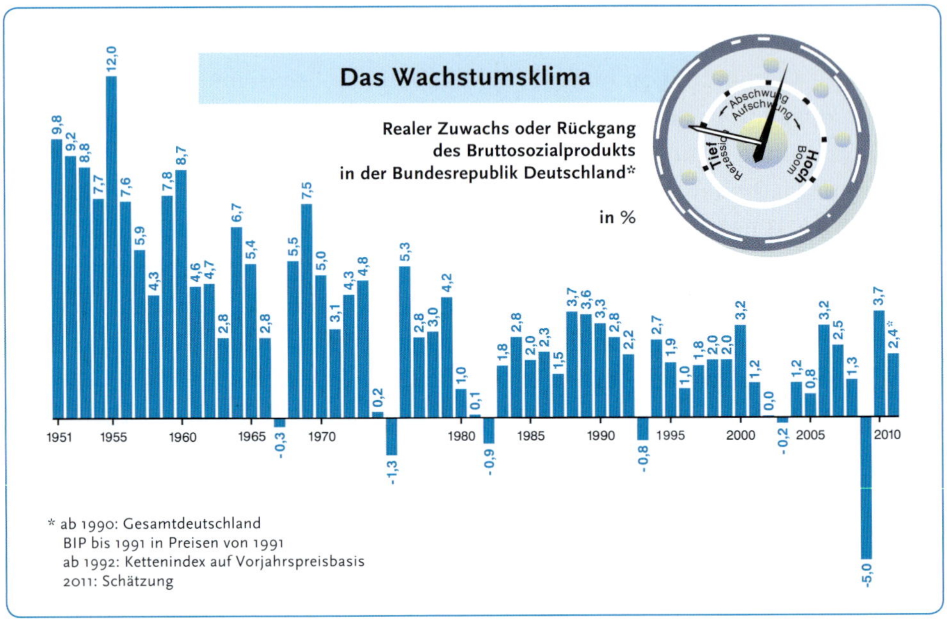

Quelle: Destatis, Bundesbank, 1990/91: IAB; Bergmoser + Höller Verlag, 220 000

Produktionspotenzial
Der Begriff beschreibt die mögliche Produktion einer Volkswirtschaft, wenn alle Produktionsfaktoren voll genutzt würden. Dieser Wert kann nur geschätzt werden. Von einer Normalauslastung spricht man, wenn die Produktionsfaktoren zu 96,75 % ausgelastet sind.

Eine Volkswirtschaft steht niemals still. Vielmehr ändern sich sämtliche ökonomischen Größen im Zeitablauf. Dies betrifft insbesondere das Inlandsprodukt (BIP) und seine Komponenten – den Konsum, die Investitionen, die Staatsausgaben und die Exporte sowie die Importe. Typischerweise steigt die gesamtwirtschaftliche Produktion von Waren und Dienstleistungen der Tendenz nach an. Dadurch erhöht sich der durchschnittliche Lebensstandard der Bevölkerung. Allerdings verläuft diese Zunahme nicht gleichmäßig. Um den Trend sind Veränderungen des Wirtschaftswachstums und Schwankungen im Auslastungsgrad des gesamtwirtschaftlichen Produktionspotenzials zu beobachten, die mit einer gewissen Regelmäßigkeit eintreten. Solche Wachstumsschwankungen bezeichnen wir als Konjunkturschwankungen beziehungsweise Konjunkturzyklen. Der Begriff Konjunkturzyklus ist allerdings ein wenig irreführend. Es kommt zwar „regelmäßig" zu einem Auf und Ab der Konjunktur. Der Zeitabstand zwischen dem Beginn eines Aufschwungs über Boom-, Abschwung- beziehungsweise Rezessionsphase bis hin zu einem neuen Aufschwung ist jedoch unterschiedlich und kaum präzise vorhersehbar.

Herbert Sperber, Wirtschaft verstehen, 3. Auflage, Stuttgart 2009, S. 118

M 4 Folgen von Konjunkturschwankungen

Obwohl kein Konjunkturzyklus dem anderen gleicht, lässt sich doch ein Grundmuster des Konjunkturverlaufs feststellen. Demnach umfasst ein Konjunkturzyklus vier Phasen (siehe Schaubild).

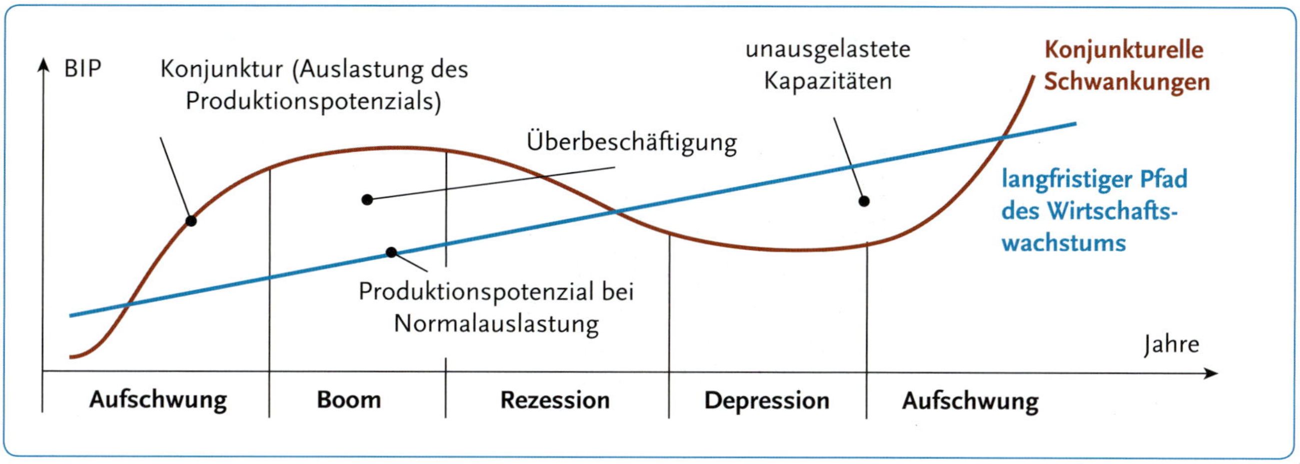

Aufschwung: Der Aufschwung ist charakterisiert durch zunehmende Auslastung vorhandener Kapazitäten. Die Firmen erhöhen ihre Investitionen. Da sie hierfür vermehrt Kredite nachfragen, steigen die Zinsen. Die steigende Konsumentenstimmung kurbelt die Nachfrage weiter an, wodurch Umsätze und Gewinne steigen. Um die steigende Nachfrage zu befriedigen, werden zunehmend neue Arbeitskräfte eingestellt und es werden mehr Güter produziert. Die Arbeitslosigkeit sinkt.

Boom (Hochkonjunktur): Die Produktion erreicht das vorhandene Kapazitätslimit (d. h. es kann nicht noch mehr produziert werden als jetzt), wodurch es zunehmend schwierig wird, die aktuelle Nachfrage zu bedienen. Die Lagerbestände sinken. In der Folge steigen die Preise und Teuerung macht sich verstärkt bemerkbar. Trotz Voll- oder Überbeschäftigung macht die überschwängliche allgemeine Stimmung einer langsam auftretenden Skepsis Platz.

Rezession (Konjunkturabschwung): Die Konsumenten sind verunsichert und die noch immer hohen Preise hemmen nun die Nachfrage. Unternehmen beginnen zu sparen und stoppen weitere Investitionen. Die Zinsen sowie die Umsätze beginnen zu sinken. Aufgrund der schwachen Nachfrage können die Maschinen und Arbeiter nicht mit genügend Aufträgen versorgt werden. Dies zieht erste Entlassungen nach sich.

Depression: Die Phase der wirtschaftlichen Depression ist gekennzeichnet durch eine geringe Nachfrage. Überkapazitäten müssen abgebaut werden und es kommt vermehrt zu Entlassungen. Die Arbeitslosigkeit steigt. Durch kontinuierliche Zinssenkungen könnte die Zentralbank versuchen, Kredite billiger zu machen und so die Nachfrage anzukurbeln.

Nach: Wirtschaft erklärt, www.vimentis.ch, 01.04.2006

M 5 Die Ökonomie des Babysittens oder: Warum gibt es Wirtschaftskrisen?

In den 70er Jahren gründeten Mitarbeiter beim amerikanischen Kongress für sich und ihre Familien – ungefähr 150 Paare mit Kindern – einen Babysitter-Verein. Die „Capitol Hill Coop", benannt nach dem Regierungsviertel in Washington, versprach Vorteile für alle Seiten: Ein Elternpaar passt am Abend nicht nur auf die eigenen Kinder auf, sondern betreut gleichzeitig die Kinder einer anderen Familie und bekommt dafür im Gegenzug auch einen Abend kinderfrei und kann ausgehen. Wie konnte man aber erreichen, dass jedes Paar seinen gerechten Anteil bekam und beisteuerte? Die Eltern-Kooperative fand eine sehr einfache Lösung für dieses Problem: Sie gab Coupons, eine Art Papiergeld, aus. Ein Coupon entsprach einer Stunde Babysitten. Jedes Paar, das der Kooperative beitrat, erhielt 30 Coupons als „Startgeld". Mit den Coupons bezahlten die Eltern untereinander die gegenseitige Kinderbetreuung. Rasch entstand so etwas wie ein sich selbst regulierender Markt: Jedes der beteiligten Paare verbrachte im Durchschnitt so viel Zeit mit Babysitten für andere Paare, wie es umgekehrt diese Dienstleistung für sich in Anspruch nahm.

Allerdings benötigte man auch Angestellte, um alle laufenden Anfragen nach Babysittern und die entsprechenden Angebote zu bearbeiteten. Die „Verwaltungskosten" der Elternkooperative betrugen insgesamt 1902 Coupons pro Jahr. Die 150 Paare entrichteten dafür einen Jahresbeitrag von je 14 Coupons, also insgesamt 2100. Der Überschuss von 198 Coupons ging dem „Wirtschaftskreislauf" verloren. Neue Paare mit Startguthaben traten der Kooperative bald nicht mehr in ausreichender Zahl bei. So wurden die im Umlauf befindlichen Coupons allmählich knapp. Die meisten Paare wollten deshalb ihre privaten Coupon-Reserven durch vermehrtes Babysitten erhöhen, um auch wirklich genug davon zu haben, wenn man dringend welche benötigte. Andererseits zögerten sie, außer bei besonderen Anlässen, auszugehen und dafür mit Coupons zu bezahlen. Die Gelegenheiten zum Babysitten wurden immer rarer. Eine Abwärtsspirale kam in Gang und die „Babysitter-Wirtschaft" rutschte in eine Rezession (Krise).

Bruno Zandonella, Konjunktur – Gute Zeiten, schlechte Zeiten, in: BpB, Themenblätter im Unterricht, Nr.86, Arbeitsblatt B, 2010

Aufgaben

1. Arbeite aus M 3 die Konjunkturphasen und den langfristigen Wachstumstrend heraus.
2. Folgende wirtschaftliche Situation ist gegeben: Unternehmen produzieren mehr als bei normaler Auslastung, die Arbeitslosigkeit ist gering, die Preise steigen. Nenne die Konjunkturphase, in der sich diese Wirtschaft befindet (M 4).
3. Arbeite aus M 3 und M 4 heraus, warum der Staat Wirtschaftskrisen vermeiden möchte.
4. Erläutere am Modell der Capitol-Hill-Kooperative (M 5), wie es zu einer Rezession kommen kann. Verwende zur Beschreibung dieser „Volkswirtschaft im Miniformat" treffende Fachbegriffe wie z. B. Angebot, Nachfrage.

Ein Planspiel durchführen

Im Planspiel nehmen die Spieler – typischerweise in Kleingruppen – Funktionen ein, die sie ausüben. Sie tun dabei so, als ob sie diese Funktionen bzw. Personen seien und in deren Situation handelten. Dafür entwerfen sie eine Strategie, nachdem sie ihre eigene Situation geklärt, Ziele gesetzt und ihre Vorgehensweisen beschlossen haben. Dabei kommt es zu Auseinandersetzungen mit Inhabern anderer Funktionen (z. B. Marktteilnehmer), die zum Überdenken der eigenen Strategie führen.

Mithilfe des Planspiels kannst du

- ein Stück der Wirklichkeit simulieren und dabei ohne Angst vor Sanktionen handeln,
- dich mit bestimmten Positionen identifizieren und handelnd eigene Erfahrungen machen und
- im Unterricht selbstständig, eigenverantwortlich und kreativ tätig sein.

Nach: Sibylle Reinhardt, Politik-Didaktik. Praxishandbuch für die Sekundarstufe I und II. Berlin 2005, S. 124-127

Phase 1 – 2

Planspiel Marktwirtschaft

Im Planspiel Marktwirtschaft simuliert ihr den Kauf einer Stereoanlage unter marktwirtschaftlichen Rahmenbedingungen. Dazu teilt ihr euch in Unternehmer und Käufer. Im Mittelpunkt steht der Interessenkonflikt zwischen Anbietern und Nachfragern auf dem Markt. Während der Anbieter das Produkt Stereoanlage für den größtmöglichen Geldbetrag verkaufen möchte, ist es das Anliegen des Nachfragers, so wenig wie möglich auszugeben. Gleichzeitig liegt das Interesse beider Seiten im Austausch. Daher wird ein Kompromiss notwendig und möglich.
Um eine ausreichende Konkurrenzsituation auf der Anbieterseite zu schaffen, sollte die Zahl der Unternehmen nicht zu gering ausfallen. Keinesfalls darf ein Monopol vorgegeben werden. Sinnvoll ist, das Spiel mit mindestens drei unterschiedlichen Anbietern zu planen. Bei den Käufern repräsentiert jeweils eine Spielgruppe zu je zwei Schülern einen Haushalt.

Einführungsblatt – Käufer

Ihr seid Vorstand eines Familienhaushalts. Bisher besitzt ihr noch keine Stereoanlage, habt Euch jetzt aber entschieden, euren Haushalt damit auszurüsten. Wie groß eure Familie ist und wie viele Stereoanlagen welchen Typs ihr benötigt, könnt ihr selbst entscheiden. Die Stereoanlage/n kauft ihr in den Verkaufsstellen der entsprechenden Betriebe. Von diesen gibt es mehrere. Ihr könnt frei entscheiden, von welchem Hersteller ihr welche Anlage für welchen Preis kauft.

Aber wie teuer sind die Anlagen? Und was könnt ihr euch leisten?

Aufgaben – Käufer:

Im Folgenden sollt Ihr entscheiden, wie viele Stereoanlagen Ihr benötigt, welche Eigenschaften das Gerät / die Geräte haben sollen und was Ihr euch preislich eigentlich leisten könnt. Die Bearbeitung der anschließenden Punkte hilft euch bei dieser Aufgabe:

1. Denkt euch aus, wie viele Mitglieder die Familie, der ihr vorsteht, haben soll und wie viele Stereoanlagen ihr folglich benötigt. Orientiert euch dabei an euren eigenen Familienverhältnissen. Haltet auch die gewünschte technische Ausstattung der Produkte fest.
2. Die Stereoanlagen kosten natürlich Geld. Je besser das Gerät, desto höher in der Regel der Preis. Setzt eine Summe fest, die ihr bereit seid insgesamt für den Kauf einer beziehungsweise mehrerer Stereoanlagen auszugeben.
3. Welches Ziel habt ihr beim Kauf der Stereoanlage und welches Ziel haben die Hersteller?
4. Beachtet: Es gibt mehrere Firmen, die Stereoanlagen herstellen. Was wäre für euch ein günstiges Vorgehen? Welche Vorteile könntet Ihr daraus ziehen?

Einführungsblatt – Unternehmen
Ihr seid Unternehmer. Euer Betrieb stellt Stereoanlagen her, die ihr anschließend im betriebseigenen Verkaufsladen an die Kunden verkauft. Welche Eigenschaften und welchen Preis euer Produkt hat, könnt ihr selbst entscheiden. Mit den anderen Unternehmen steht ihr in einem Wettkampf. Auch sie wollen ihre Stereoanlagen an die Käufer verkaufen.
Die Spielregeln sehen folgendes vor: Die Produktion einer Stereoanlage kostet mindestens 20 Euro. Nach oben sind allerdings keine Grenzen gesetzt. Je aufwendiger und besser das Gerät, desto höher natürlich der Preis.

Aber Vorsicht! Wie viel ist der Kunde bereit zu zahlen?

Aufgaben – Unternehmen:
Im Folgenden müsst ihr eine eigene Stereoanlage entwickeln, die ihr anschließend an die Kunden verkaufen wollt. Bevor ihr aber Ausstattung, Leistung, Farbe etc. und Preis festlegt, sind folgende Punkte sorgfältig zu bearbeiten:
1. Beachtet, dass ihr nicht das einzige Unternehmen seid, das Stereoanlagen verkauft! Ihr habt Mitbewerber! Was ist in Anbetracht dessen euer Ziel?
2. Was sind eure Interessen und welche Interessen / Bedürfnisse haben die Kunden?
3. Entwickelt eine Strategie, mit der ihr beim Verkauf der Stereoanlagen so erfolgreich wie möglich seid! Denkt dabei auch über Preise und Mengen nach! Wie könntet ihr am besten abschneiden?
4. Entwickelt auf der Grundlage dieser Ergebnisse eine Stereoanlage. Diese könnt ihr natürlich zeichnen oder auf einem anderen Weg künstlerisch darstellen.

Arbeitsgrundlage Unternehmen: Stereoanlage

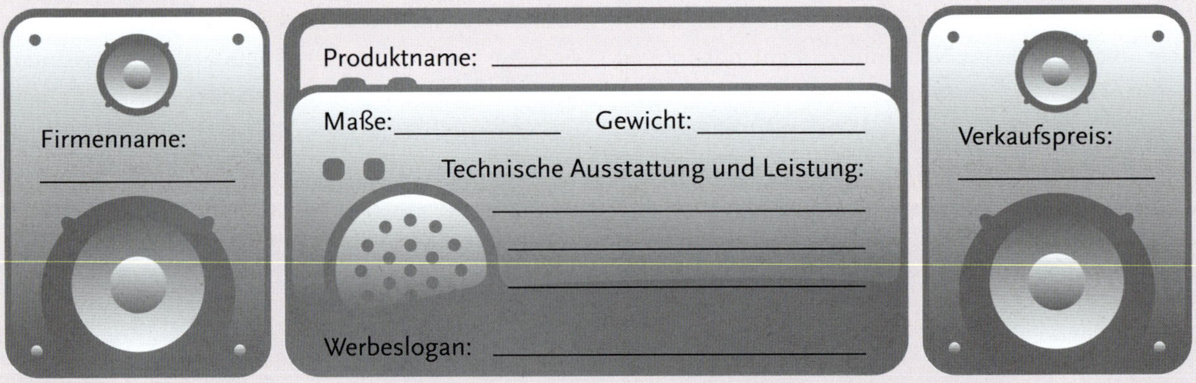

Phase 3

Spiel- und Auswertungsphase
Spielt das Planspiel Marktwirtschaft mithilfe der folgenden Informationsblätter durch.

Informationsblatt – Käufer
In der Spielphase trefft ihr direkt auf die Hersteller der Stereoanlagen. Diese bieten ihre Produkte auf der vorgesehenen Tischreihe an. Jedes Unternehmen verfügt dabei über einen Tisch, der ihren betriebseigenen Verkaufsladen darstellt. Jede Stereoanlage liegt in Form eines vorgefertigten Papiers vor, dem Ihr die wichtigsten Produktinformationen entnehmen könnt. Sucht nach den Geräten, die euren Vorstellungen entsprechen. Redet dabei auch mit den Herstellern. Teilt eure Wünsche mit. Denn schließlich können die Unternehmen Preise und Ausstattung ihrer Geräte verändern.
Orientiert euch im Spiel immer an eurer Zielsetzung.
Der Verkauf einer Stereoanlage wird in einem dafür vorgesehenen „Kaufvertrag“ festgehalten, über den die Unternehmen verfügen. Folgt unbedingt den Vorgaben dieses Kaufvertrages. Alle verkauften Geräte werden mit dem Verkaufspreis und dem Produktnamen untereinander eingetragen. Jeder Verkauf wird durch eure und die Unterschrift eines Verkäufers rechtskräftig.

Informationsblatt – Unternehmen

In der Spielphase trefft ihr direkt auf die Käufer. Alle Unternehmen bieten ihr Produkt auf der vorgesehenen Tischreihe an. Jedes Unternehmen verfügt dabei über einen Tisch, die den betriebseigenen Verkaufsladen darstellt. Präsentiert euer Produkt, dass es die Kunden anspricht.

Innerhalb der folgenden Verkaufsspielphase habt ihr als Unternehmen die Möglichkeit, je nach günstigem oder ungünstigem Verlauf, den Preis und die Ausstattung eurer Stereoanlage zu verändern (zu verbessern). Wenn ihr die Ausstattung eurer Stereoanlage verändert, dann haltet das mit einem neuen Produktnamen fest (z. B. durch den Zusatz eines + oder einer I, II oder III).

Orientiert Euch im Spiel immer an eurer Zielsetzung. Der Verkauf einer Stereoanlage wird in einem dafür vorgesehenen „Kaufvertrag“ festgehalten. Folgt unbedingt den Vorgaben dieses Kaufvertrags. Alle verkauften Geräte werden mit dem Verkaufspreis und dem Produktnamen untereinander eingetragen. Beachtet beim Ausfüllen, dass sich der Preis und die Ausstattung eurer Stereoanlage ändern können. Jeder Verkauf wird durch die Unterschrift eines Mitgliedes eurer Gruppe und der Unterschrift des Käufers rechtskräftig. Auf der Basis der „Kaufverträge“ lässt sich später ermitteln, wie erfolgreich jedes Unternehmen war.

Kaufverträge

Kaufvertrag

____
Name des Unternehmens

____________	____________	____________	____________
Produktname	*Verkaufspreis*	*Unterschrift Unternehmen*	*Unterschrift Käufer*

Phase 4

Auswertung

1. Rollendistanzierung: Äußert euch nacheinander über eure Erfahrungen im Spiel und über die Gefühle, die ihr während des Spiels hattet.
2. Erarbeitet auf Grundlage eurer Spielerfahrungen und -ergebnisse ein schematisches Marktmodell, das die Beziehung zwischen Angebot und Nachfrage sowie die Steuerungsfunktion des Marktpreises verdeutlicht. Nutzt dazu die Begriffe Anbieter, Nachfrager, Konkurrenz, Interessenkonflikt und Preis.
3. Erläutert auf Grundlage eures Planspiels die Vor- und Nachteile der „Freien Marktwirtschaft“. Geht dabei v. a. auf die Gruppen ein, die weniger erfolgreich am Planspiel teilgenommen haben und diskutiert, wie man die Risiken des freien Marktes reduzieren oder gar beheben könnte.

Nach: Christian Fischer, Sascha Conrad, Planspiel Marktwirtschaft, in: http://www.zsb.uni-halle.de, Abruf am 27.03.2012

9.1.3 Grundlagen der Sozialen Marktwirtschaft

M 6 Bausteine der Sozialen Marktwirtschaft

Die Soziale Marktwirtschaft fördert den freien Wettbewerb der Anbieter. Dort, wo Unternehmen ihre Freiheit missbrauchen, um z. B. Kartelle und Monopole zu bilden, greift der Staat regulierend ein (z. B. durch die Kartellbehörden).

Die Soziale Marktwirtschaft garantiert die Vertragsfreiheit, d. h. dass jeder mit jedem die Verträge abschließen kann, die für ihn vorteilhaft sind. Doch werden der Vertragsfreiheit Grenzen gesetzt. So werden die schwächeren Vertragspartner auf vielfältige Weise geschützt (z. B. durch Kündigungsfristen im Mietrecht und Arbeitsrecht oder durch das Gewährleistungsrecht).

Das Privateigentum ist in der Sozialen Marktwirtschaft garantiert. Jeder kann mit seinem Eigentum im Prinzip tun, was er möchte. Doch gibt es eine Verpflichtung: Das Eigentum soll auch dem Wohle der Allgemeinheit dienen. So muss man sich als Hauseigentümer z. B. an Vorschriften des Denkmalschutzes halten.

In der Sozialen Marktwirtschaft werden die Einkommen nicht nur nach der individuellen Leistungsfähigkeit verteilt. Der Staat sorgt für einen sozialen Ausgleich, indem er z. B. hohe Einkommen höher besteuert oder soziale Leistungen wie Kindergeld, Mietbeihilfen oder die Grundsicherung Hartz IV bezahlt.

Die Soziale Marktwirtschaft versucht mit unterschiedlichen Mitteln, negative Auswirkungen des Marktprozesses auf die Umwelt zu verhindern. So gibt es Gesetze gegen Luftverschmutzung, Pfand auf Einwegverpackungen usw.

Die Soziale Marktwirtschaft ist schon deshalb sozial, weil sie durch ihre wirtschaftliche Leistungsfähigkeit dazu beiträgt, dass alle Menschen vom technischen Fortschritt, von steigenden Einkommen und der Schaffung neuer Arbeitsplätze profitieren.

M 7 Drei Wirtschaftsordnungen im Vergleich

Freie Marktwirtschaft	Soziale Marktwirtschaft	Planwirtschaft
Der Staat hat lediglich die Aufgabe für die innere und äußere Sicherheit zu sorgen. Er greift darüber hinaus so wenig wie möglich in das Marktgeschehen und die Ergebnisse ein.	Der Staat sorgt für einen freien Wettbewerb, er greift aber dort ein, wo der Markt keine guten Ergebnisse hervorbringt und schützt die wirtschaftlich Schwächeren vor den Stärkeren.	Es gibt keinen freien Wettbewerb. Der Staat legt fest, was, wann, wie und von wem produziert werden muss und sorgt für die Verteilung der Güter. So soll eine große Gleichheit der Bürger erreicht werden.

M 8 Was gehört zum Grundbild der Sozialen Marktwirtschaft?

1. Die Soziale Marktwirtschaft basiert auf der Funktion eines beweglichen und sich dynamisch entwickelnden Marktes. Wenigstens in dieser Hinsicht besteht eine gemeinsame Auffassung sehr vieler Wirtschaftspolitiker, dass die Marktwirtschaft ein wirtschaftlich effizientes, ja den anderen Ordnungen überlegenes System sei.

2. Die Soziale Marktwirtschaft ist angetreten mit dem Anspruch, durch den marktwirtschaftlichen Prozess nicht nur die Gütererzeugung anzuheben, den Bereich persönlicher freier Gestaltungsmöglichkeiten für die Einzelnen zu erweitern, sondern auch soziale Fortschritte zu bringen. [...]

3. Die Soziale Marktwirtschaft fordert keinen schwachen Staat, sondern sieht in einem starken demokratischen Staat die Voraussetzung für das Funktionieren dieser Ordnung. Der Staat hat nicht nur der Sicherung der Privatrechtsordnung zu dienen, er ist gerade durch die marktwirtschaftliche Theorie in einer wesentlichen Aufgabe bestärkt worden, sich für die Erhaltung eines echten Wettbewerbs als einer politischen Funktion [...] einzusetzen. Die vom Staate zu sichernde Wettbewerbsordnung wehrt zugleich Machteinflüsse auf dem Markt ab.

4. Garant des sozialen Anspruchs der Marktwirtschaft ist nicht nur der Markt, dessen wirtschaftliche Leistungen sehr oft schon sozialen Fortschritt bedeuten. Der Staat hat vielmehr die unbestrittene Aufgabe, über den Staatshaushalt und die öffentlichen Versicherungen die aus dem Marktprozess resultierenden Einkommensströme umzuleiten und soziale Leistungen, wie Kindergeld, Mietbeihilfen, Renten, Pensionen, Sozialsubventionen usw., zu ermöglichen. Das alles gehört zum Wesen dieser Ordnung, und es wäre eine Farce, nur den unbeeinflussten Marktprozess zu sehen, ohne seine vielfältige Einbettung in unsere staatliche Ordnung zu beachten. [...]

5. Neben den engeren Aufgaben der Wettbewerbssicherung und den weiteren Aufgaben des sozialen Schutzes steht der Staat seit je und heute bewusster als früher vor Aufgaben der Gesellschaftspolitik, um die heute so gern zitierte ‚Qualität des Lebens', d. h. die Lebensumstände für alle, zu verbessern. Es gibt eben neben den Leistungen, die sich der Einzelne im Markte zu beschaffen hat oder die er aus den Sozialfonds des Staates erhält, eine Fülle von gesellschaftspolitischen Aufgaben. Ich nenne Erweiterung der Vermögensbildung, Verbesserungen der Investitionen im Bereiche des Verkehrs, des Gesundheitswesens, Aufwendungen für Bildung und Forschung, Schutz gegen die wachsende Verschlechterung vieler Umweltbedingungen, Städtebauförderung und eine verbesserte Gliederung des Wohn-, Arbeits- und Erholungsraumes der gesamten Bevölkerung.

Ludwig Erhard/Alfred Müller-Armack, Soziale Marktwirtschaft – Ordnung der Zukunft. Manifest '72, Berlin 1972, S. 25-27 (Kursivierung im Original)

Ludwig Erhard (1897-1977) gilt als Begründer des Konzepts der Sozialen Marktwirtschaft und als „Vater" des deutschen Wirtschaftswunders.

M 9 Wohlstand für alle!

a) Entwicklung der Kaufkraft

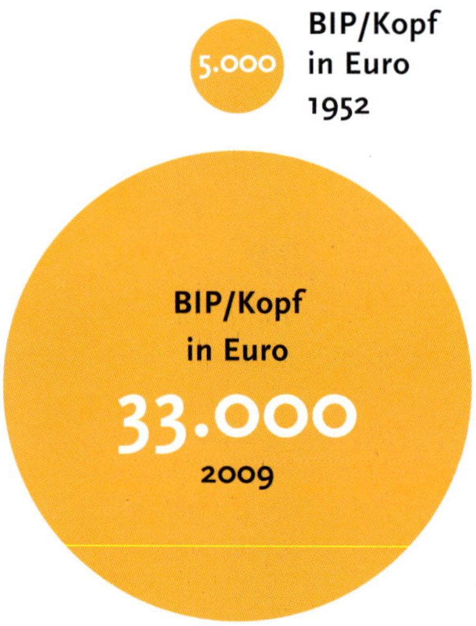

Wirtschaftswoche Global Nr. 1, 2009, S. 29

Kaufkraft je Arbeitszeit Vergleich 2007 gegenüber 1950			
Kaufkraft der Lohnminute	**Einheit**	**Arbeitszeit 1950**	**Arbeitszeit 2007**
Mischbrot	1 kg	:27	:10
Markenbutter	250 g	1:16	:05
Zucker	1 kg	1:04	:05
Eier	10 St.	2:01	:07
Schweinekotelett	1 kg	3:54	:31
Kabeljau	1 kg	1:18	1:08
Bohnenkaffee	500 g	26:22	:20
Herrenanzug	1	108:38	17:15
Haushaltsstrom u. Grundgebühr[1]	200 kWh	10:07	3:13
Normalbenzin[1]	1 l	:14	:06
Fahrrad	1	138:36	22:53
Kleiderschrank	1	146:59	36:49
Fernseher[1,2]	1	351:38	23:02
Haare waschen u. fönen[1]	1-mal	1:28	1:12
Kinobesuch[1]	1 Karte	:31	:28

Westdeutschland [1]1960; [2]Fernseher: bis 1970 schwarz-weiß

Quelle: Statistisches Bundesamt; eigene Berechnungen

Lesehilfe zu a)
Um sich im Jahr 1950 1 kg Mischbrot kaufen zu können, musste ein Arbeitnehmer im Durchschnitt 27 min arbeiten, im Jahr 2007 reichte dafür eine Arbeitszeit von 10 min.

b) Imposantes Wachstum

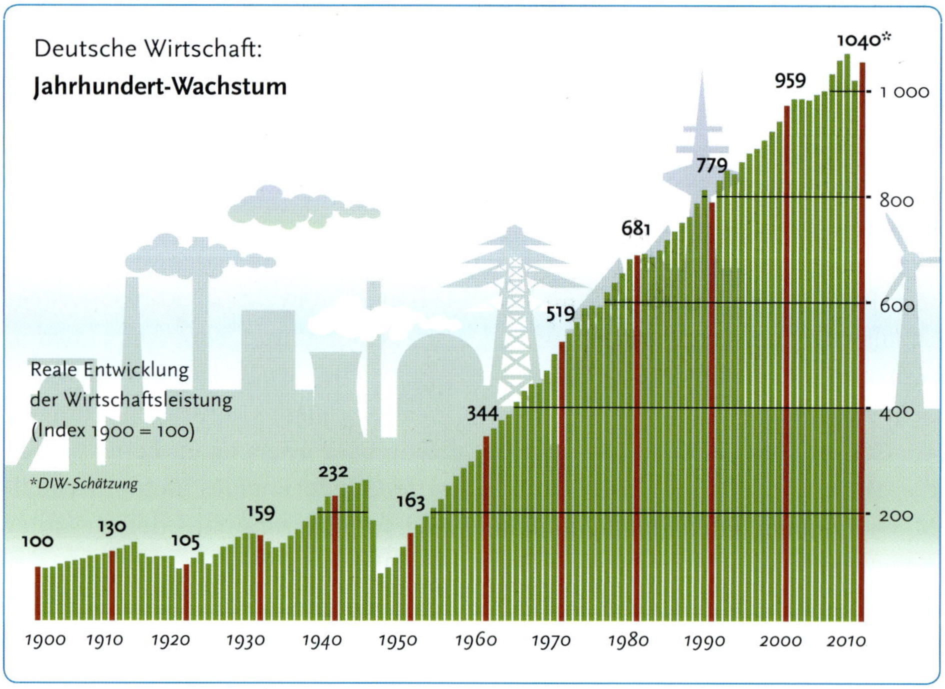

Globus-Grafik 3822; Quelle: OECD

M 10 Probleme der Sozialen Marktwirtschaft

In Deutschland gelten heute mehr als 11 Millionen Menschen als armutsgefährdet und eine der Hauptursachen für Armutsgefährdung ist Arbeitslosigkeit.
Der Arbeitsmarkt ist deshalb zentral für die Lösung wirtschaftlicher Probleme, da Erfolge im Kampf gegen die Arbeitslosigkeit gleichzeitig die Einnahmesituation der gesetzlichen Sozialversicherungen und des Staatshaushaltes verbessern. Diese sind auf die Einnahmen dringend angewiesen, denn eine steigende Lebenserwartung und eine niedrige Geburtenrate haben immense Mehrbelastungen für die auf dem Generationenvertrag beruhenden sozialen Sicherungssysteme zur Folge. So steigen aufgrund des demografischen Wandels die Ausgaben für die gesetzliche Renten-, Pflege- und Krankenversicherung stark an. Und dies in einer Zeit, in der die finanziellen Handlungsspielräume des Staates durch die infolge der Wiedervereinigung und der Wirtschaftskrise 2008/2009 deutlich gestiegene Staatsverschuldung begrenzt sind.

Soziale Marktwirtschaft im Grundgesetz

Das Grundgesetz legt keine bestimmte Wirtschaftsordnung fest. Der Staat übernimmt „lediglich" eine Ordnungsaufgabe, indem er Rechtssicherheit schafft und Rahmenbedingungen festsetzt:

- Gegen alle Formen der staatlichen Zwangswirtschaft stehen Freiheitsrechte, wie z.B. das Recht auf freie Entfaltung der Persönlichkeit (Art. 2), die Berufsfreiheit (Art. 12) oder die Garantie des Eigentums (Art. 14).
- Zwar können nach Art. 14 „Eigentum" und nach Art. 15 „Grund und Boden, Naturschätze und Produktionsmittel" vergesellschaftet werden, doch schreibt Art. 14 (3) vor, dass dies vorher durch die Gerichte ausgehandelt werden muss.

Zwischen der Eigentumsgarantie (Art. 14,1 GG) und der Sozialbindung des Eigentums (Art. 14,2 GG) einerseits sowie zwischen der Einschränkung und Notwendigkeit staatlichen Handelns andererseits besteht ein Spannungsverhältnis. Das ist das Dilemma staatlicher Wirtschaftspolitik.

Aufgaben

1. Formuliere drei Fragen zur Sozialen Marktwirtschaft. Gib die Fragen deinem Nachbar und bitte ihn, Antworten auf deine Fragen zu finden (M 6, eigene Recherchen).
2. Entscheide, welche der folgenden staatlichen Maßnahmen mit welcher Wirtschaftsordnung vereinbar / nicht vereinbar wären (M 7):
   - Der Staat legt Höchstpreise für Brot fest.
   - Der Staat legt fest, dass nur noch Autos mit Elektroantrieb produziert werden dürfen.
   - Der Staat zahlt allen Familien mit Kindern Kindergeld.
   - Der Staat verpflichtet die Menschen dazu, in eine Rentenversicherung einzuzahlen.
   - Der Staat beschließt, die Wasserversorgung privaten Unternehmen zu übertragen.
3. Begründe, in welcher Wirtschaftsordnung die meisten Vorschriften und Regeln erlassen werden müssen (M 6, M 7).
4. Erkläre, welche allgemeinpolitischen Ziele mit der Sozialen Marktwirtschaft erreicht und welche Werte verwirklicht werden sollen (M 8).
5. Stelle dar, welche Aufgaben der Staat in der Sozialen Marktwirtschaft wahrnimmt (M 8).
6. Arbeite heraus, inwieweit einzelne Elemente der Sozialen Marktwirtschaft im Grundgesetz begründet liegen.
7. Diskutiert, ob man die Soziale Marktwirtschaft als Erfolgsmodell bezeichnen kann (M 9, M 10).

Methode

Der erweiterte Wirtschaftskreislauf als Analyseinstrument

Im Modell des erweiterten Wirtschaftskreislaufs werden die gesamten Beziehungen zwischen den einzelnen Wirtschaftssubjekten einer Volkswirtschaft vereinfacht dargestellt. Dabei werden nur die Geldströme berücksichtigt.

Die Sektoren

Private Haushalte

Die privaten Haushalte stellen den Unternehmen Produktionsfaktoren (Arbeit, Boden, Kapital) zur Verfügung und verwenden ihr Einkommen, das sie von den Unternehmen beziehen, für den Konsum der von den Unternehmen produzierten Güter und Dienstleistungen. Von den Banken erhalten sie Sparzinsen oder nehmen Kredite auf. Vom Staat erhalten sie Transferleistungen, im Gegenzug entrichten sie Steuern und Abgaben (Beiträge zu den Sozialversicherungen).

Die Unternehmen

Von den privaten Haushalten beziehen die Unternehmen die Produktionsfaktoren, vor allem Arbeitsleistung, im Gegenzug bezahlen sie die Einkommen der Haushalte. Von den Banken erhalten sie Sparzinsen oder nehmen Kredite auf. Vom Staat empfangen sie Subventionen, aber sie bezahlen auch Steuern.

Der Staat

Der Staat erhält von den Haushalten und den Unternehmen Steuern, Gebühren und Beiträge. Von diesen Einnahmen zahlt der Staat Beträge für sehr verschiedene Zwecke: Investitionen (z. B. Straßenbau, Bau von Schulen) und andere Sachleistungen; Gehaltszahlungen an die Angestellten und Beamten des öffentlichen Dienstes; Transferzahlungen (Zahlungen ohne direkte Gegenleistung des Empfängers) an die Haushalte in Form von sozialen Leistungen (z. B. Wohngeld, Sozialhilfe); Transferzahlungen an die Unternehmen in Form von Subventionen.

Kapitalsammelstellen (Vermögensveränderung)

Banken und Versicherungen werden als Kapitalsammelstellen bezeichnet. Sie erhalten die nicht verwendeten Teile der Einkommen von Unternehmen und Haushalten (theoretisch auch vom Staat). Damit stellen sie Haushalten, Unternehmen und dem Staat Kredite zur Verfügung. Für die ausgegebenen Kredite werden Schuldzinsen eingenommen, andererseits werden den Anlegern Guthabenzinsen bezahlt.

Zur Vertiefung: das Ausland

Der Sammelbegriff Ausland steht für ausländische Staaten, Unternehmen und Haushalte, zwischen ihnen wird nicht unterschieden. Da im Kreislaufmodell nur die Geldströme dargestellt werden, verlaufen die Ausgaben für den Import (z. B. Kauf von Erdöl aus Saudi-Arabien, Honorar für einen Architekten in Italien) und die Einnahmen aus dem Export (z. B. Verkauf eines Pkw in die USA) jeweils entgegen der Richtung der Warenströme.

Der Wirtschaftskreislauf als Analyseinstrument

Das Modell des Wirtschaftskreislaufs eignet sich dazu, um die Auswirkungen wirtschaftlicher Ereignisse in Form von Wirkungsketten zu analysieren. Angenommen, der Staat erhöht seine Transferzahlungen, zum Beispiel in Form von Kindergeld und Sozialhilfe. Welche gesamtwirtschaftlichen Folgen hätte dies?

Man kann davon ausgehen, dass Sozialhilfeempfänger und auch kinderreiche Familien einen Großteil ihres Einkommens für den Konsum verwenden. Also wird der Konsum der Haushalte deutlich und das Sparen nur etwas steigen. Der erhöhte Konsum führt zu höheren Einkommen der Unternehmen usw.

Grafische Darstellung:

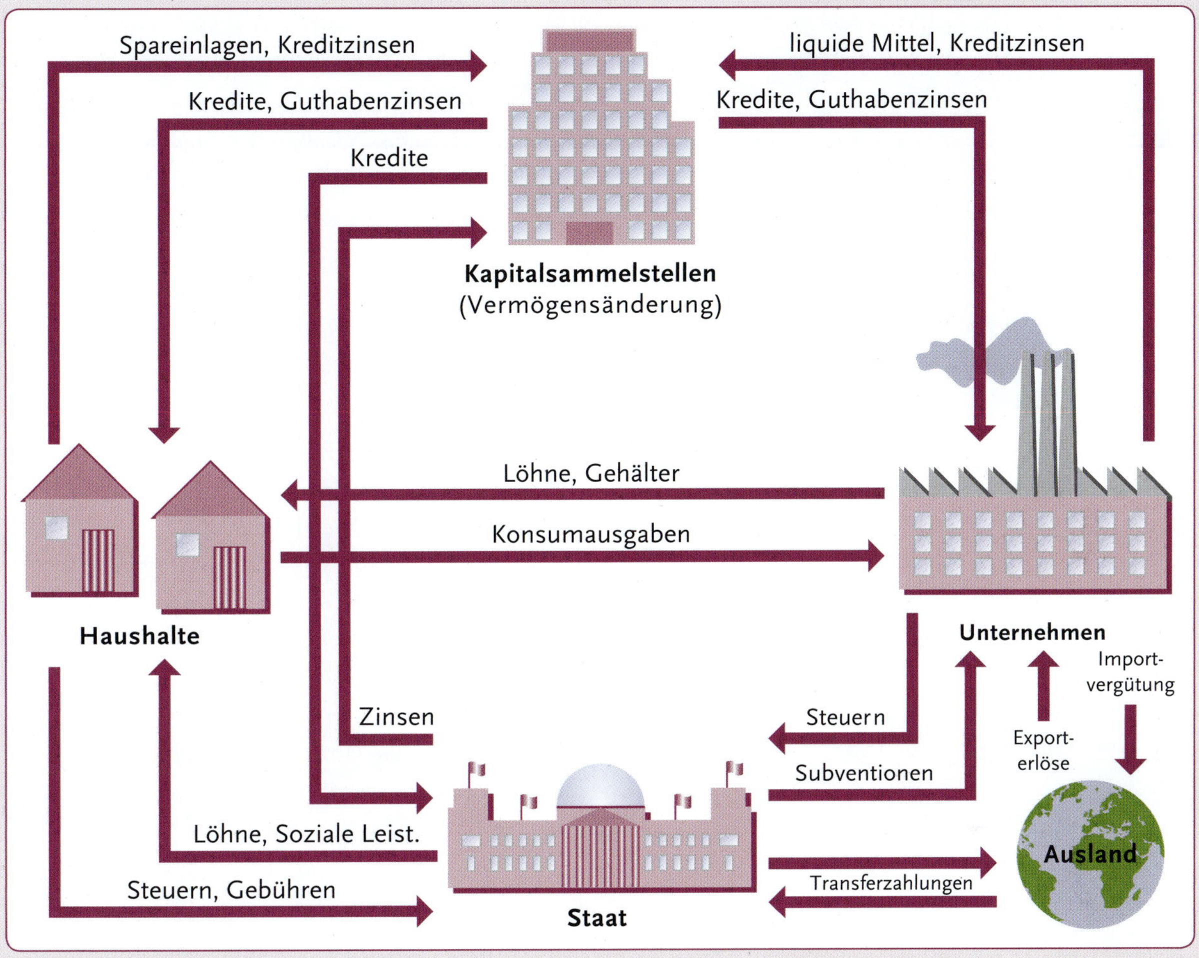

Udo Schmitz, Bernd Weidtmann, Handbuch der Volkswirtschaftslehre, Stuttgart 2000, S. 66 f.

Aufgaben

Erläutere, welche Auswirkungen auf die Sektoren folgende wirtschaftliche Ereignisse haben könnten. Formuliere dazu mögliche Wirkungsketten:

- Der Staat erhöht die Transfereinkommen (Kindergeld, Hartz IV) für die privaten Haushalte.
- Der Preis für Rohöl steigt stark an.
- Die Zinsen für Guthaben bei den Banken steigen.
- Der Staat erhöht die Steuern für die privaten Haushalte.
- Der Staat zahlt eine Prämie, wenn Haushalte für ihre Rente zusätzlich sparen.

Was wir wissen

Markt und Staat im Spannungsfeld
M 1, M 2

Die Marktwirtschaft mit ihrem freiheitlichen Menschenbild fordert und fördert Leistung, schafft Anreize für Innovationen und ermöglicht so eine optimale Versorgung der Bürger mit Gütern. Der Marktmechanismus vermag aber nicht alle Aufgaben befriedigend zu erfüllen.

Wirtschaftskrisen
M 3 – M 5

Weltweit tendieren Marktwirtschaften zu zyklischen Wachstumsschwankungen, die sich im Extremfall zu wirtschaftlichen Krisen mit hoher Arbeitslosigkeit und/oder Inflation entwickeln können. Diese Konjunkturschwankungen haben eine Zyklendauer von ungefähr vier bis sechs Jahren. Ein Konjunkturzyklus lässt sich in vier idealtypische Phasen einteilen:
Aufschwung (steigende Wachstumsraten des BIP, rückläufige Arbeitslosenquote); **Hochkonjunktur (Boom)** (stagnierende Wachstumsraten und niedrige Arbeitslosenquote); **Rezession** (sinkende Wachstumsraten, stagnierende oder leicht zunehmende Arbeitslosigkeit); **Depression** (negative Wachstumsraten, starker Anstieg der Arbeitslosigkeit).

Freie Marktwirtschaft
M 7

Die freie Marktwirtschaft ist eine Wirtschaftsordnung, bei der der Wirtschaftsprozess durch den Wettbewerb um bestimmte Konsumgüter (Nahrungsmittel, Bekleidung, etc.) gesteuert wird. Dabei konkurrieren mehrere Anbieter eines Gutes um möglichst viele Nachfrager, die wiederum das Ziel haben, ein hochwertiges Produkt zu einem möglichst geringen Preis zu bekommen. Der Konflikt zwischen Anbietern und Nachfragern wird durch den Marktpreis geregelt. Eine Schwäche dieses Systems ist, dass soziale Unterschiede durch eine ungleiche Einkommens- und Vermögensverteilung verstärkt werden können.

Soziale Marktwirtschaft
M 6 – M 8

Der Kern der Sozialen Marktwirtschaft liegt nach Ludwig Ehrhard darin, die Freiheit auf dem Markt mit dem Prinzip des sozialen Ausgleichs zu verbinden. Die Wirtschaftsordnung erfordert deshalb einen starken demokratischen Staat in der Rolle des Schiedsrichters: Er überwacht das Spiel, garantiert die Wirtschaftsordnung, mischt sich selbst aber möglichst wenig in das Wirtschaftsgeschehen ein. So sichert er zum Beispiel den Wettbewerb, indem er Kartelle verbietet. Denn nur dann kann die Wirtschaftsordnung zu sozialem Fortschritt führen, nämlich unter anderem in Form einer wachsenden Wirtschaft und steigender Massenkaufkraft der Verbraucher. Daneben gilt als weitere Staatsaufgabe eine umfassende Gesellschaftspolitik überall dort, wo der Markt nicht automatisch zu guten Ergebnissen führt, also zum Beispiel im Bereich des Umweltschutzes.

Probleme der Sozialen Marktwirtschaft
M 9, M 10

Gemessen am Wirtschaftswachstum (BIP) ist die Geschichte der Sozialen Marktwirtschaft in Deutschland zumindest bis Ende der Achtzigerjahre eine Erfolgsgeschichte. Die Wirtschaftsleistung der BRD hat sich im besagten Zeitraum fast verzehnfacht. Doch steht die Soziale Marktwirtschaft heute vor ungelösten Problemen: In Deutschland zählen dazu insbesondere die hohe Staatsverschuldung, Arbeitslosigkeit und die drohende Überlastung der sozialen Sicherungssysteme.

Was wir können

Ballonspiel – zweite Runde

Nimm dir noch einmal das Ballonspiel der Auftaktseite dieses Kapitels vor und spiele es erneut. Welche Veränderungen beobachtest du gegenüber den Ergebnissen deines ersten Spiels? Begründe gegebenenfalls.

Ein Werbeplakat zur Sozialen Marktwirtschaft gestalten

Bildet Gruppen. Ihr arbeitet in einer bekannten Werbeagentur und bekommt den Auftrag, im Rahmen einer Kampagne für die Soziale Marktwirtschaft ein Werbeplakat zu gestalten. Alternativ kann auch ein „Warnplakat“ zu den negativen Seiten der Sozialen Marktwirtschaft gestaltet werden. Überlegt euch zunächst, welche Art von Plakat ihr gestalten wollt.

Beachtet bei der Umsetzung folgende Punkte:
- Welche Grundbotschaft wollt ihr übermitteln (Textaussage)?
- Wie soll das Plakat aufgebaut werden (Anteil Text / Bild, Farben, Schriften, Gestaltung)?
- Wie sollen Text und Bild miteinander interagieren?
- Welche Stimmungen oder Gefühle sollen provoziert werden?

Diese Hinweise solltet ihr berücksichtigen:
- einfacher Text, klare Sprache, gut lesbare Schrift
- auf komplexe Grafiken oder Bilder verzichten
- wichtige Dinge auf einer Diagonalen platzieren, die von oben links nach unten rechts verläuft
- farblich sollte ein Plakat nicht zu bunt und nicht zu voll gestaltet werden

Begriffe-Memory anfertigen

Sicher kennt ihr das Spiel „Memory“. Das könnt ihr gut auch selbst anfertigen. Sammelt die wichtigsten Begriffe dieses Kapitels. Entwickelt für jeden dieser Begriffe eine passende Definition. Erstellt nun „Memorykarten“ aus Pappe. Paare bestehen aus zwei Karten, dem Begriff und der dazugehörigen Definition. Mischt die Karten und legt sie auf dem Tisch aus. Wer die meisten Paare erhält, hat gewonnen. Begriffe: Markt, Aufschwung, Rezession, Depression, Boom, Konjunkturzyklus, Monopol, Sozialstaatsprinzip, Externe Effekte, öffentliche Güter, Soziale Marktwirtschaft, Wirtschaftskreislauf, Stabilitätsziele ...

9.2 Das soziale Sicherungssystem

9.2.1 Sozialstaat und soziale Sicherung

M 1 Niemand muss im Regen stehen ...

Karikatur: Aurel

M 2 Das Sozialstaatsgebot im Grundgesetz

Im Grundgesetz, der deutschen Verfassung, werden den Bürgerinnen und Bürgern ihre Grundrechte garantiert und die Organisation des Staates festgelegt. Artikel 20 fasst die wichtigsten Staatsprinzipien zusammen. Das darin enthaltene „Sozialstaatsgebot" verpflichtet den Staat dazu, das Ziel eines sozialen Ausgleichs bei allen staatlichen Maßnahmen zu berücksichtigen. In Verbindung mit dem Grundrecht auf ein menschenwürdiges Leben ergibt sich daraus ein Anspruch des Einzelnen gegen den Staat, für ihn im Falle seiner – verschuldeten oder unverschuldeten – Bedürftigkeit so zu sorgen, dass sein Existenzminimum gesichert ist. Wer zum Beispiel durch Krankheit oder Alter in eine Notlage geraten ist, muss durch die Unterstützung staatlich organisierter Sozialsysteme eine angemessene Behandlung und ausreichende Hilfe bei der Existenzsicherung erhalten. Der Staat ist auch dazu verpflichtet, „Daseinsvorsorge" zugunsten der Bürgerinnen und Bürger zu betreiben, d.h. die Versorgung mit Gas, Wasser, Strom und Schulen, öffentlichen Verkehrsmitteln u. a. sicher zu stellen. Er muss dies allerdings nicht immer kostenlos tun, sondern kann dafür eine zumutbare Gegenleistung in Geld fordern.

Art 1,1 GG
„Die Würde des Menschen ist unantastbar. Sie zu achten und zu schützen ist Verpflichtung aller staatlichen Gewalt."

Art 20,1 GG
„Die Bundesrepublik Deutschland ist ein demokratischer und sozialer Bundesstaat."

M 3 Die Säulen der sozialen Sicherung

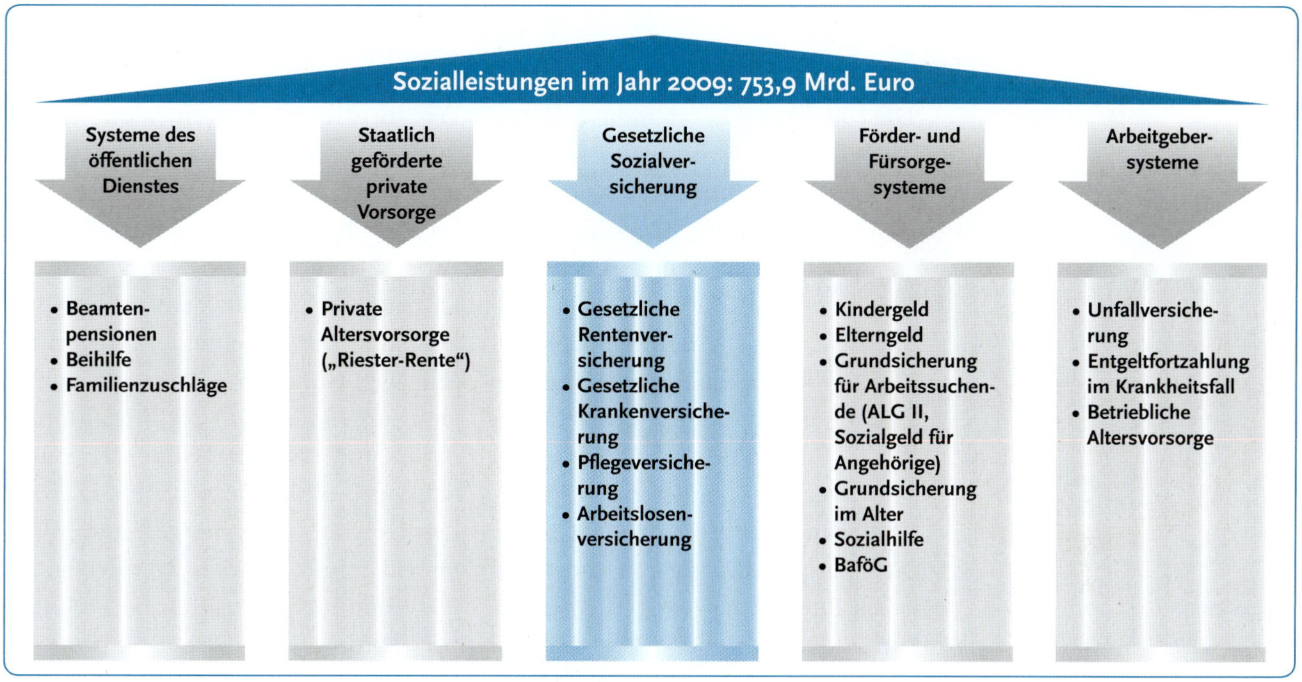

M 4 Das soziale Sicherungssystem in Deutschland

Das Kernstück des Sozialstaats in Deutschland ist die gesetzliche Sozialversicherung. Sie ist im Sozialgesetzbuch geregelt und schreibt verpflichtend vor, dass jeder Mensch, der in einem regulären Beschäftigungsverhältnis (sozialversicherungspflichtige Vollzeit- und Teilzeittätigkeiten) steht, gegen bestimmte Grundrisiken des Lebens versichert sein muss. Arbeitgeber und Arbeitnehmer beteiligen sich je zur Hälfte an der Finanzierung der Versicherungen. Auf diese Weise ist ein Arbeitnehmer versichert bei Arbeitslosigkeit, bei Krankheit, bei Pflegebedürftigkeit, im Alter, wenn er nicht mehr berufstätig sein kann, und bei Unfällen. Diejenigen, die aus den gesetzlichen Sozialversicherungen keine oder keine ausreichenden Leistungen beziehen können, erhalten im Falle ihrer Bedürftigkeit eine Grundsicherung, die aus allgemeinen Steuermitteln finanziert wird.

Darüber hinaus leistet der Sozialstaat auch in besonderen Lebenslagen Unterstützung, z. B. für Familien, Kinder oder die Ausbildung. Der Sozialstaat wird von dem Grundgedanken der „Solidarität" getragen, d.h. dem Prinzip gegenseitiger Hilfe. Im Bedarfsfall tritt die Gemeinschaft mit ihren Mitteln für den Hilfebedürftigen ein.

Aufgaben

1. Sammle die in der Abbildung (M 1) dargestellten Situationen bzw. Risiken. Ordne sie den Säulen und Bausteinen des sozialen Sicherungssystems in Deutschland (M 3) zu.
2. Führe den Satz zu Ende: „Das soziale Sicherungssystem in Deutschland baut auf ..." (M 1 – M 4).

9.2.2 Die Bausteine der gesetzlichen Sozialversicherung

M 5 Die gesetzliche Rentenversicherung

Riester-Rente
Der Staat fördert solche privaten Versicherungsabschlüsse, indem er Zulagen finanziert, wenn das Versicherungsangebot bestimmte Bedingungen erfüllt. Diese private Zusatzversicherung mit staatlicher Förderung wurde nach ihrem „politischen Vater", dem ehemaligen Arbeitsminister Walter Riester, „Riester-Rente" genannt.

Die gesetzliche Rentenversicherung ist für Arbeitnehmer in der Bundesrepublik verpflichtend. Sie ist nach dem Prinzip des Umlageverfahrens konstruiert. Danach werden die Beiträge der Arbeitnehmer und Arbeitgeber, die in die gesetzlichen Rentenkassen eingezahlt werden, sofort zur Finanzierung der Renten verwendet. Die heutigen Einzahler finanzieren also die Renten der jetzigen Altersgeneration. Das bedeutet, dass die Kinder und Enkel der jetzigen Einzahler einmal deren Renten aufbringen müssen. Dieses Prinzip wird auch **Generationenvertrag** genannt. Die Beiträge (19,9 % vom Bruttoarbeitseinkommen im Jahr 2012) teilen sich Arbeitgeber und Arbeitnehmer „paritätisch", d. h. zu gleichen Anteilen. Das Bruttoeinkommen wird jedoch nur bis zu einer Beitragsbemessungsgrenze (5.500 € West/4.650 € Ost monatlich) zu Grunde gelegt. Der darüber liegende Teil des Einkommens ist beitragsfrei. Der Staat zahlt einen Zuschuss aus allgemeinen Steuermitteln. Die Höhe der Altersrente richtet sich zum einen nach der Einzahlungsdauer und nach der Höhe der eingezahlten Beiträge (also nach der Höhe des Gehalts) über die gesamte Versicherungszeit hinweg. Noch beginnt das Renteneintrittsalter bei 65 Jahren, ab dem Jahre 2012 soll das Renteneintrittsalter schrittweise auf 67 Jahre angehoben werden. Selbständige können der gesetzlichen Rentenversicherung beitreten, müssen es aber nicht. Beamte werden später vom Staat durch Pensionen aus Steuermitteln versorgt, können aber auch eine „Riester-Rente" abschließen.

M 6 Die Arbeitslosenversicherung und die Grundsicherung

Arbeitslosengeld I
Im Falle von Arbeitslosigkeit erhält ein Arbeitnehmer die Leistungen der Arbeitslosenversicherung, das Arbeitslosengeld I, wenn er oder sie vorher mindestens sechs Monate sozialversicherungspflichtig beschäftigt gewesen ist. Die Höhe der Zahlung ist abhängig von seinem letzten Nettoentgelt und beträgt ca. 60 % davon.

Für Arbeitnehmer ist die Beteiligung an der gesetzlichen Arbeitslosenversicherung verpflichtend. Finanziert werden die Leistungen durch die Beiträge der Arbeitnehmer und Arbeitgeber. (Seit dem 1.1.2011 3,0 % vom Bruttoentgelt). Hat jemand nach Ablauf der Bezugsdauer (in der Regel 1 Jahr) keine neue Beschäftigung gefunden und kann auch nicht von seinem Partner unterstützt werden, wird Arbeitslosengeld II, die Grundsicherung für Arbeitssuchende, gezahlt. Es ist am Existenzminimum orientiert und beträgt für einen Alleinstehenden 374 Euro. Außerdem werden die Kosten für die (angemessene) Unterkunft übernommen. Das Arbeitslosengeld II ist Bestandteil des Systems der Grundsicherung. Nicht arbeitsfähige Bedürftige erhalten Sozialhilfe, für alte Menschen gibt es die „Grundsicherung im Alter". Alle Leistungen aus dem Grundsicherungssystem haben eine einheitliche Höhe und werden aus allgemeinen Steuermitteln finanziert.

M 7 Die gesetzliche Kranken- und die Pflegeversicherung

Die gesetzliche Krankenversicherung (GKV) ist eine Pflichtversicherung für Arbeitnehmer, Studenten und Landwirte. Beamte, Richter und Selbständige unterliegen nicht der Versicherungspflicht. Nicht erwerbstätige Ehepartner und Kinder eines Beitragszahlers sind ohne Zuzahlung mitversichert. Die Finanzierung der Leistungen erfolgt aus den Beiträgen der Versicherten und ihrer Arbeitgeber (seit 1.1.2011 insgesamt 15,5 % des Bruttoentgelts, davon tragen 8,2 % die Arbeitnehmer und 7,3 % die Arbeitgeber). Die Krankenkassen können außerdem Zusatzbeiträge von den Arbeitnehmern erheben. Seit 2009 fließen die Gelder in einen sogenannten „Gesundheitsfonds", aus dem die einzelnen Krankenkassen für jeden Versicherten Geld erhalten. Die GKV tritt auch ein, wenn ein Arbeitnehmer länger als sechs Wochen wegen Krankheit arbeitsunfähig ist. Dann wird das Krankengeld in Höhe von 70 % des Nettolohns ausgezahlt.

Seit 1994 gibt es auch eine gesetzliche Pflegeversicherung. Sie ist sowohl für gesetzlich Krankenversicherte als auch für privat Krankenversicherte verpflichtend. Träger der Pflegeversicherung sind die Krankenkassen. Die gesetzliche Pflegeversicherung wird über Beiträge finanziert (1,7 % des Bruttoentgelts, je zur Hälfte von Arbeitnehmer und Arbeitgeber aufgebracht). Kinderlose Mitglieder, die älter als 22 Jahre sind, zahlen einen Zuschlag.

Gesetzliche Unfallversicherung

Die verpflichtende Gesetzliche Unfallversicherung wird vollständig von den Arbeitgebern finanziert. Sie zahlen die Beiträge (abhängig vom Bruttoeinkommen des Versicherten und von der Gefahrensituation im Betrieb) an die Berufsgenossenschaften. Bei Arbeitsunfällen oder Unfällen auf dem Weg zur oder von der Arbeit zahlt die Unfallversicherung die Behandlungskosten beim Arzt oder im Krankenhaus. Das gilt auch für den Weg zur Schule oder Universität sowie für Unfälle, die in der Schule oder Universität passieren.

Lohnfortzahlung im Krankheitsfall

Wird ein Arbeitnehmer, dessen Arbeitsverhältnis mindestens vier Wochen ununterbrochen besteht, krank, sodass er vom Arzt vorübergehend für arbeitsunfähig erklärt wird, so hat er Anspruch auf eine einhundertprozentige Lohnfortzahlung durch den Arbeitgeber. Die Lohnfortzahlung endet nach 6 Wochen.

Aufgaben

1. Arbeitet in Vierergruppen. Teilt die Bausteine der gesetzlichen Sozialversicherung unter euch auf und bearbeitet sie zunächst alleine, indem ihr Wichtiges markiert. Erstellt abschließend gemeinsam eine Übersichtstabelle und füllt sie aus.

Name der Versicherung	Welches Risiko wird abgesichert?	Passendes Symbol	Wie wird sie finanziert?	Welche Leistungen gibt es?	Wer ist anspruchsberechtigt?

2. Aus dem Sozialstaatsgebot des Grundgesetzes wird abgeleitet, dass Arbeitnehmer einer Sozialversicherungspflicht unterliegen sollen. In den USA ist erst in jüngster Zeit der Gesetzentwurf für eine Krankenversicherungspflicht debattiert worden. Erörtere Vor- und Nachteile einer verpflichtenden Sozialversicherung (M 5 – M 7).

9.2.3 Arbeitslosigkeit – ein Problem mit vielen Ursachen

M 8 Sie werden schon wieder ...

Plaßmann, Baaske Cartoons, Müllheim

M 9 Arbeit – mehr als Gelderwerb

Arbeit
Der Begriff umschreibt in erster Linie Erwerbsarbeit. Sie sichert die Lebensgrundlage der Arbeitnehmerinnen und Arbeitnehmer und ihrer Familien. Wurde sie in früheren Zeiten vor allem als Mühsal und Plage empfunden, so ist die Arbeit heute ein wichtiger Bestandteil der Identität, denn in der Arbeit kann der Mensch seine Fähigkeiten unter Beweis stellen. Arbeit verleiht Ansehen und Bedeutung. Sie gibt dem Leben einen Sinn und eine Struktur.

Arbeit, wie sie heute gemeinhin verstanden wird, bedeutet längst mehr als tägliche Pflicht, mehr als Gelderwerb, um Miete, Sonntagsbraten, Auto und die Ausbildung der Kinder bezahlen zu können. Arbeit, urteilt Sigmund Freud, ist das „Band zur Realität". Seit die zentralen Lebensbereiche Beruf und Familie strikt voneinander getrennt sind, verbindet uns der Job mehr denn je mit anderen Menschen, lässt uns erleben, wie die Welt „da draußen" funktioniert. Und an unserer Arbeit erfahren wir unsere Fähigkeiten und unsere Grenzen. Das gilt für die Verkäuferin genau so wie für die Architektin, für den Lehrer genau so wie für den LKW-Fahrer. Denn jede Arbeit, und steht sie noch so sehr im Ruf, stupide zu sein, fordert Aufmerksamkeit und persönlichen Einsatz. Vor allem aber gibt sie dem Leben Sinn, denn sie beweist, dass wir nicht überflüssig sind.

Petra Oelker, Brigitte 17/1993, S. 134

M 10 Die menschliche Erfahrung mit der Arbeitslosigkeit

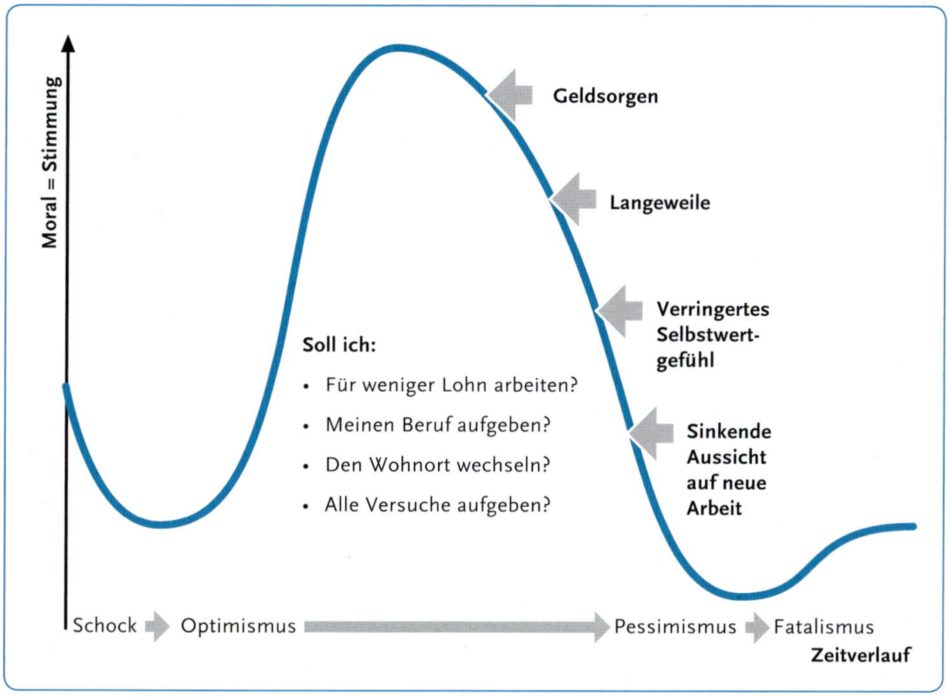

M 11 Die Entwicklung der Arbeitslosigkeit in Deutschland

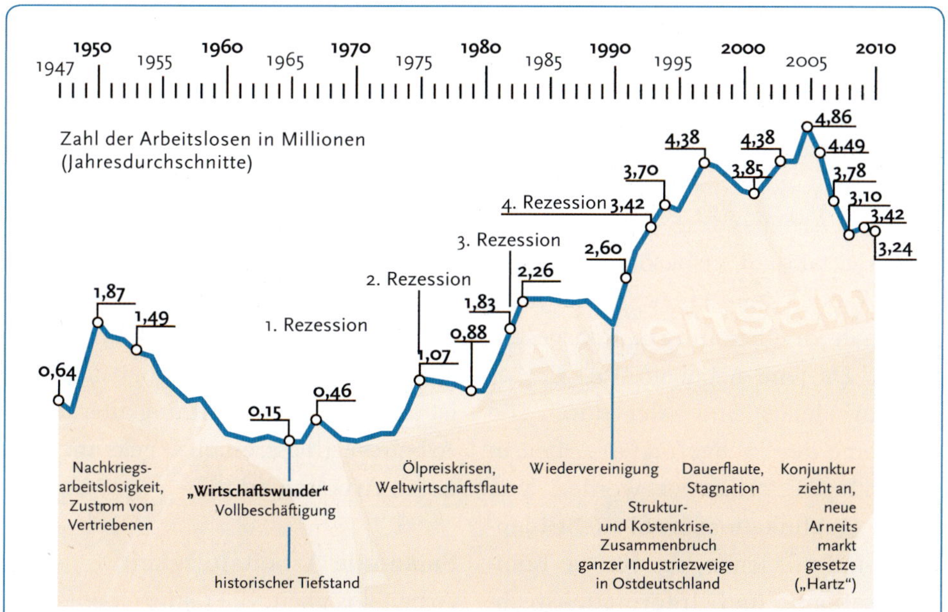

bis 1989 nur Westdeutschland; Quelle: Bundesagentur für Arbeit, ifo

Globus Grafik 2312

Tipp
Führt eine kurze Passantenbefragung zur Bedeutung der Arbeit durch. Bittet die Passanten um ein kurzes Statement: „Was bedeutet Ihnen die Arbeit / Ihr Beruf?“ Nehmt die Aussagen auf oder notiert sie. Ordnet und vergleicht die Ergebnisse.

M 12 Formen der Arbeitslosigkeit

Es gibt verschiedene Ursachen, die zur Arbeitslosigkeit führen. Allgemein werden unterschieden:

Strukturelle Arbeitslosigkeit

Strukturelle Arbeitslosigkeit kann differenziert werden nach sektoralen, regionalen, technologischen oder qualifikationsspezifischen Ursachen. So zeigt sich, dass sich der Schwerpunkt der wirtschaftlichen Tätigkeit zunächst vom primären Wirtschaftssektor (Rohstoffgewinnung) auf den sekundären (Rohstoffverarbeitung) und anschließend auf den tertiären Sektor (Dienstleistung) verlagert hat. Die damit verbundenen Anpassungsprozesse haben häufig zu struktureller Arbeitslosigkeit geführt, da den in einem Sektor beschäftigten Arbeitnehmern die Qualifikationen zur Arbeitsaufnahme in einem anderen Sektor fehlten und erst in beruflicher Weiterbildung zu vermitteln waren. Gleichzeitig gelten diese Verbindungen auch für Verschiebungen innerhalb der Sektoren. Diese sind sehr häufig verbunden mit technologischen Entwicklungen, beispielsweise der zunehmenden Ersetzung der Arbeitskräfte durch Maschinen oder aktuell insbesondere durch den Wandel von einer Industriegesellschaft zu einer Informationsgesellschaft. Da jene Arbeitskräfte, die bereits arbeitslos sind oder durch die Abnahme der nachgefragten Arbeit in der Industrie arbeitslos werden, von ihrem Qualifikationsprofil nicht identisch sind mit jenen, die für die Kommunikations- und Informationstechnologien gebraucht werden, entsteht strukturelle Arbeitslosigkeit (im Fachjargon „mismatch").

Konjunkturelle Arbeitslosigkeit

Sie tritt auf, wenn die Konjunktur schwächer wird und die Nachfrage zurückgeht. Bei einem Mangel an Absatzmöglichkeiten entlassen die Unternehmen Arbeitskräfte, die sie im Aufschwung wieder einstellen. Eine schwache Konjunktur betrifft aber alle Wirtschaftsbereiche, wie das Produzierende Gewerbe, die Exportwirtschaft und die Dienstleistungen, unterschiedlich. Konjunkturelle Arbeitslosigkeit kann ein kurz- oder mittelfristiges Problem sein, sie kann aber auch bei anschließend nur langsam wieder wachsender Wirtschaft zu einem langfristigen Problem werden.

Friktionelle Arbeitslosigkeit

Unter friktioneller Arbeitslosigkeit (auch Fluktuationsarbeitslosigkeit oder Sucharbeitslosigkeit genannt) versteht man die häufig unvermeidliche Arbeitslosigkeit zwischen der Aufgabe der alten und dem Finden einer neuen Tätigkeit. Sie ist in der Regel nur von kurzer Dauer und auch in Phasen einer Vollbeschäftigung unvermeidlich, im Stukturwandel oft sogar sinnvoll. Eine solche Arbeitslosigkeit ist eine Begleiterscheinung aller durch Arbeitsvertragsfreiheit gekennzeichneten Arbeitsmärkte.

Saisonale Arbeitslosigkeit

Arbeitslosigkeit, die dadurch entsteht, dass einige Sektoren der Volkswirtschaft jahreszeitbedingt unterschiedlich ausgelastet sind, bezeichnet man als saisonale Arbeitslosigkeit. Diese Form der Arbeitslosigkeit verschwindet üblicherweise wieder im Jahresverlauf. Saisonale Arbeitslosigkeit kann zwar durch gezielte Hilfen wie beispielsweise das Saison-Kurzarbeitergeld (ähnlich dem früheren Schlechtwettergeld) verringert werden, ihre Höhe ist jedoch von der gesamtwirtschaftlichen Situation am Arbeitsmarkt im Allgemeinen weitgehend unabhängig.

Frank Oschmiansky, http://www.bpb.de/themen/KSLF0U,0,Arten_der_Arbeitslosigkeit.html, 01.06.2010

M 13 Mögliche Lösungsansätze gegen verschiedene Formen der Arbeitslosigkeit

1

Gegen diese Form der Arbeitslosigkeit können die Arbeitsagenturen arbeitsmarktpolitische Maßnahmen (Information über offene Stellen, Unterstützung bei der Bewerbung, Mobilitäts- und Umzugsbeihilfen) einsetzen, um die Vermittlung geeigneter Arbeitsloser auf offene Stellen zu befördern.

2

Diese Form der Arbeitslosigkeit betrifft vor allem das Baugewerbe. Sie ist von der Witterung abhängig, weshalb auch keine Maßnahmen zu ihrer Beseitigung getroffen werden können. Allerdings können die Auswirkungen durch gezielte finanzielle Hilfen abgemildert werden.

3

Diese Form der Arbeitslosigkeit betrifft alle Branchen gleichermaßen und ist durch eine mangelnde Nachfrage bedingt. Deshalb kann die Regierung zum Beispiel Steuerentlastungen beschließen oder die Staatsausgaben (Investitionen in die Infrastruktur, Subventionen, Kurzarbeitergeld) erhöhen, um die staatliche Nachfrage und damit das Wachstum anzukurbeln.

4

Bei dieser Form der Arbeitslosigkeit versucht der Staat, verbesserte Rahmenbedingungen für die Nachfrage nach Arbeit zu schaffen, zum Beispiel in Form von verringerten Kostenbelastungen der Unternehmen und Abbau von Regulierungen. Außerdem können Bildung und Forschung in Zukunftsbranchen gefördert und Arbeitslose gezielt weiterqualifiziert werden.

Aufgaben

1. Interpretiere die Karikatur und erläutere, inwieweit Arbeit mehr als Gelderwerb bedeutet (M 8 – M 10).
2. Beschreibe die Entwicklung der Arbeitslosigkeit in Deutschland (M 11). Vergleiche die Grafik mit der Entwicklung des Wachstums (M 9, Kap. 9.1.3). Welcher Zusammenhang besteht zwischen beiden Entwicklungen?
3. Ordne die in M 13 genannten Maßnahmen gegen Arbeitslosigkeit den entsprechenden Formen in M 12 zu und begründe deine Entscheidung.
4. Entscheide, gegen welche Form der Arbeitslosigkeit man als Betroffener am ehesten selbst vorgehen kann (M 12, M 13).

Was wir wissen

Sozialstaat in Deutschland
M 2

Im Grundgesetz (Art. 20 GG) ist festgelegt, dass Deutschland ein Sozialstaat ist. Aus dem „Sozialstaatsgebot“ leitet sich die Pflicht des Staates ab, seine Bürgerinnen und Bürger nicht im Stich zu lassen, wenn sie – verschuldet oder unverschuldet – in soziale Not geraten. Darüber hinaus muss sich der Staat bei der Gestaltung politischer Maßnahmen am Ziel des sozialen Ausgleichs und der Gerechtigkeit orientieren.

Gesetzliches Versicherungssystem
M 3 – M 8

Ein wichtiges Fundament des Sozialstaates ist das System der gesetzlichen Sozialversicherung in Deutschland. Für jeden Arbeiter oder Angestellten ist es Pflicht, in die gesetzliche Kranken-, Arbeitslosen-, Renten- und Pflegeversicherung einzuzahlen. Finanziert werden diese Versicherungen durch Beiträge, die zur Hälfte von den Arbeitnehmern und den Arbeitgebern entrichtet werden. Für jeden Versicherungszweig wird ein bestimmter Prozentsatz des Bruttolohns einbezahlt. Für die Rentenversicherung sind das z. B. 19,9 Prozent, d. h. 9,95 Prozent werden vom Arbeitnehmer und 9,95 Prozent vom Arbeitgeber entrichtet (Stand: 2012). Eine Ausnahme ist die Unfallversicherung. Sie wird nur von den Arbeitgebern finanziert. Durch die Beitragszahlungen erwerben die Versicherten einen Anspruch auf Leistungen im Bedarfsfall.

Einige Berufsgruppen, vor allem Beamte und Selbständige, sind nicht in das System der Pflichtversicherungen einbezogen. Während die Beamten nach einem besonderen Versorgungsrecht aus Steuern abgesichert sind, sind Selbständige darauf angewiesen, private Kranken- und Rentenversicherungen abzuschließen.

Sozialleistungen
M 3, M 6

Menschen, die kein Einkommen haben, keine (ausreichenden) Ansprüche auf Versicherungsleistungen erworben haben und auch nicht von Angehörigen unterstützt werden können, erhalten Leistungen aus den steuerfinanzierten Fürsorgesystemen (z. B. Arbeitslosengeld II oder Sozialhilfe). So soll vermieden werden, dass Menschen in Armut leben müssen.

Arbeitslosigkeit
M 10 – M 12

Ein zentrales Problem der Wirtschaft in Deutschland ist die anhaltend hohe Arbeitslosigkeit. Man unterscheidet vier Formen der Arbeitslosigkeit, die durch unterschiedliche Maßnahmen bekämpft werden können: Gegen die durch witterungsbedingte Nachfrageschwankungen verursachte saisonale Arbeitslosigkeit kann die Politik nichts unternehmen. Friktionelle Arbeitslosigkeit (Sucharbeitslosigkeit) kann durch Maßnahmen der Arbeitsmarktpolitik (z. B. schnellere Vermittlung, Umschulung) abgemildert werden. Konjukturelle und strukturelle Arbeitslosigkeit lassen sich nur durch wirtschaftspolitische Maßnahmen bekämpfen.

Alt in Amerika: 70-Jährige stehen bei McDonalds noch am Hamburgergrill

Amerikas Rentner müssen um ihre Zukunft bangen. Die Kassen des sogenannten Sozialversicherungsfonds, der gesetzlichen Rentenversicherung, sind so gut wie leer. Immer häufiger arbeiten Menschen weit über das 65. Lebensjahr hinaus, um Miete und Nebenkosten wie etwa die Stromrechnung bezahlen zu können. Die derzeitige Wirtschaftskrise [2009], die schlimmste seit 80 Jahren, trifft ältere Amerikaner besonders hart. Zwar erhalten rund 37 Millionen Rentner jeden Monat Schecks vom Staat. Doch in der Regel handelt es sich um ein paar hundert bis maximal 1.000 Dollar (ca. 715 Euro). Schließlich zielt diese unter Präsident Roosevelt eingeführte Rentenversicherung nicht darauf ab, Senioren vollständig zu versorgen. Sie sollte vielmehr eine Aufstockung der privaten Altersvorsorge sein. Da aber in Folge der Finanzkrise und der drastischen Einbrüche Aktien einen großen Teil ihres Werts verloren haben, müssen sich Rentner in zunehmendem Maße auf Jobsuche begeben. Laut einer Regierungsstatistik gingen im Jahre 2008 etwa 5 Millionen Rentner einer beruflichen Tätigkeit nach. Der jüngste Bericht des Senats zu diesem Thema sagt gar voraus, dass diese Zahl in den kommenden fünf Jahren um nahezu 75 Prozent steigen wird – das wären dann gut 8 Millionen arbeitende Rentner. Der 71-jährige Immobilienmakler Jim Kelly spricht vielen Altersgenossen aus der Seele: „Lieber arbeite ich bis zum 75. oder 80. Lebensjahr und habe dann finanziell Sicherheit, anstatt mit 65 Jahren aufzuhören und nicht zu wissen, wie ich eigentlich meine Rechnungen zahlen soll."

Nach: Dieter Keller, Südwest Presse, 21.07.2009

Diese Fabrikarbeiterin in Wisconsin ist 93 Jahre alt und arbeitet seit über 55 Jahren in dem Unternehmen.

Aufgaben

1. Arbeite die Unterschiede zwischen dem deutschen und dem amerikanischen Rentensystem heraus.
2. Die amerikanischen Bürger zahlen lediglich einen Rentenversicherungsbeitrag von 12,4 %, wovon die Arbeitnehmer und Arbeitgeber jeweils 6,2 % entrichten. Sollte es in Deutschland ein ähnliches System wie in den USA geben? Begründe deine Stellungnahme, indem du möglichst viele Perspektiven (Arbeitnehmer, Arbeitgeber, Rentner) mit einbeziehst.

9.3 Herausforderungen für Politik und Wirtschaft

9.3.1 Globalisierung – eine Herausforderung für die Soziale Marktwirtschaft

M 1 Der Fall Nokia

Im Januar 2008 kündigte die Unternehmensleitung des Handy-Herstellers überraschend an, die Produktion komplett von Deutschland nach Rumänien zu verlegen und das Werk in Bochum zu schließen. Dies stieß auf Unverständnis und Wut bei Mitarbeitern und Politikern.

Nokia hatte mitgeteilt, Mitte des Jahres 2008 das Werk mit 2.300 Mitarbeitern aus Kostengründen schließen zu wollen. „Wir folgen der globalen Nokia-Strategie, die auf Kosteneffizienz und Flexibilität in der Logistik setzt", hatte der Aufsichtsratschef der Nokia GmbH, Veli Sundbäck, das Vorgehen begründet. „Da wir erfolgreich sind, müssen wir die Wettbewerbsfähigkeit kontinuierlich verbessern", argumentierte der Manager und verwies auf den Standort Rumänien, wo die Arbeitskosten nur ein Zehntel des deutschen Niveaus ausmachten. [...]

Der rumänische Staat will den Berichten zufolge vom Nokia-Park in Jucu bis zur Kreishauptstadt Cluj ein 40 km langes Autobahnstück für rund 500 Millionen Euro bauen.

Dem weltgrößten Handyhersteller Nokia geht es derzeit prächtig. Allein im letzten Quartal erhöhte sich der Gewinn um 85 Prozent auf 1,56 Milliarden Euro.

Alfons Frese (mit Material der dpa), Der Tagesspiegel, 17.01.2008

M 2 Nokia ist überall

Stundenlang blockierten empörte Beschäftigte die Einfahrt, als die Schockbotschaft die Runde machte. Doch der Protest ließ die Unternehmensleitung ungerührt: Der neue Standort bot ganz einfach die besseren Konditionen. Die Rede ist indes nicht von Nokia, sondern von der Frachttochter der Deutschen Post, DHL. Doch anders als derzeit beim finnischen Handyhersteller, der sein Bochumer Werk nach Rumänien verlegt, sorgte die 2004 verkündete DHL-Entscheidung in Deutschland für keinerlei negative Schlagzeilen, ganz im Gegenteil. Denn DHL hatte schließlich den Umzug nach Deutschland beschlossen, weg von Belgien. Dass am Brüsseler Flughafen, dem bisherigen DHL-Nachtdrehkreuz, von 2008 an mehr als 1.500 Menschen arbeitslos werden würden und verzweifelt protestierten, interessierte Politik und Öffentlichkeit hierzulande nicht. Stattdessen wurde lautstark der Sieg bejubelt, den der Flughafen Leipzig/Halle im „harten, aber fairen" Standortwettbewerb gegen Brüssel-Zaventem errungen hatte.

Hannelore Crolly und Viktoria Unterreiner unter Mitarbeit von Stefan von Borstel, Die Welt, 20.01.2008

M 3 Warum macht die Globalisierung Angst?

Die Globalisierung hat nicht alle Probleme der Welt gelöst. Sie hat im einen oder anderen Fall zu wirtschaftlichem Abstieg, zu mehr Unsicherheit, zu mehr Stress und zu Unzufriedenheit geführt. Sie hat aber in den letzten fünfzig Jahren den Lebensstandard der Massen insgesamt verbessert. Die meisten Menschen leben länger und gesünder als jemals zuvor in der Weltgeschichte. Der großen Mehrheit geht es materiell wesentlich besser als ihren Vorfahren. Das gilt ganz besonders für Deutschland. Trotzdem glauben viele, dass es ihnen schlechter geht als in früheren Jahren – sie haben zwar nicht in absoluten Größen weniger, aber ihr Abstand zur Spitze ist gewachsen, ihre Besitzstände sind in Gefahr, und sie ziehen den bekannten Status quo der unbekannten Zukunft vor.

Globalisierung ist kein Nullsummenspiel, bei dem der eine nur das gewinnen kann, was der andere verliert. Sie hebt die Boote insgesamt, aber eben nicht alle mit derselben Welle. Deshalb ist die Feststellung richtig, dass sich in den letzten Jahren die Schere zwischen Reich und Arm weiter geöffnet hat. Aber in Asien und Lateinamerika haben gerade die Länder aufgeholt, die sich globalisiert haben. Afrika ist zurückgefallen, denn der Kontinent ist in weiten Teilen von der Globalisierung abgeschnitten. [...] Stellenverluste sind nämlich nicht deren Folge, sondern die eines stetigen Strukturwandels, den keine Macht der Welt aufhalten kann. Auch die Globalisierung verhindert nicht, dass Menschen ihre Jobs verlieren. Sie hilft jedoch nachhaltiger als jede Alternative, neue Jobs zu schaffen. Richtig ist, dass sie das Tempo der Veränderungen beschleunigt hat. Das ist aber nicht neu. Der Strukturwandel war schon immer eine feste Konstante der Menschheitsgeschichte. Mal läuft er schneller, mal langsamer, immer aber vernichtet er alte Arbeitsplätze und schafft neue. [...] Für Arbeiter, vor allem wenn sie weniger gut qualifiziert sind, zeigt die Globalisierung ein dunkleres Gesicht. Asien und Lateinamerika haben in den vergangenen Jahren Milliarden von Arbeitskräften neu ins Spiel gebracht. Die machen den Beschäftigten in Europa das Leben schwer, und zwar in Form von Waren, die sie in Billiglohnländern herstellen und dann im Westen günstig zum Kauf anbieten.

Die Globalisierung macht vielen Deutschen Angst, weil in Asien und Lateinamerika fast immer billiger, gelegentlich besser und immer öfter schon besser und billiger als in Europa produziert wird. Das hat zur Folge, dass in Europa immer mehr Arbeitnehmer unter Wettbewerbsdruck kommen. Das gilt vor allem für jene, die einfache und standardisierte Tätigkeiten ausüben. Es gilt weniger für spezielle Fach- und Führungskräfte.

Thomas Straubhaar, Frankfurter Allgemeine Sonntagszeitung, 10.06.2007

Spiegel-Titelbild 44/2004

Globaler Wettbewerbsrang 2010/2011

1. Schweiz
2. Schweden
3. Singapur
4. USA
5. Deutschland
6. Japan
7. Finnland
8. Niederlande
9. Dänemark
10. Kanada

Weltwirtschaftsforum Davos, Global Competitiveness Report (insgesamt sind 140 Staaten erfasst)

Aufgabe

Bildet zwei Gruppen. Eine Gruppe diskutiert die Frage, ob die Globalisierung Deutschland insgesamt mehr Vor- oder Nachteile bringt. Die andere Gruppe untersucht diese Frage aus der Perspektive der gesamten Welt. Beachtet dazu auch das Kapitel 4. Vergleicht eure Ergebnisse (M 1 –M 3).

9.3.2 Welches Wachstum braucht die Welt?

M 4 Wachstum macht noch keinen Wohlstand

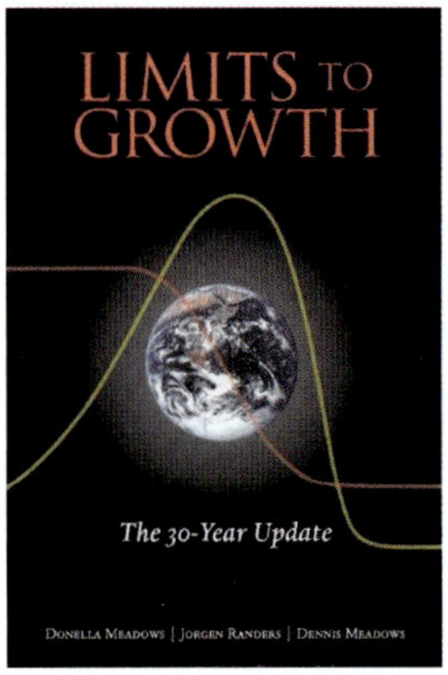

Die Studie „Grenzen des Wachstums" wurde 1972 im Auftrag des Club of Rome veröffentlicht. Im Jahr 2004 erstellten die Autoren das 30-Jahre-Update. In den meisten der errechneten Szenarien ergibt sich ein Überschreiten der Wachstumsgrenzen und ein anschließender Kollaps („overshot and collapse") bis spätestens 2100.

Der Ökonom Hans Diefenbacher im Interview über die Schwächen etablierter Wirtschaftsindikatoren und über einen neuen Nationalen Wohlfahrtsindex.

Der Freitag: *Wie tief wir in der Krise stecken, wird vor allem mit einer Zahl verbunden: dem Bruttoinlandsprodukt. […] Was sagt der Index wirklich über die Lage in Deutschland aus?*

Hans Diefenbacher: Das Bruttoinlandsprodukt ist eine Möglichkeit, die Wirtschaftsleistung darzustellen. Allerdings handelt es sich um eine Methode mit einigen Schwächen. […] Ein beachtlicher Teil der Wertschöpfung wird nicht einbezogen. Das betrifft etwa ehrenamtliche Tätigkeiten und Hausarbeit. Andere Teile der Wertschöpfung, die nicht über den Markt vermittelt werden, gehen dagegen in die Berechnung des BIP ein, etwa ein Schätzwert für selbst genutztes Wohneigentum. Fragen des sozialen Zusammenhalts wiederum bleiben außen vor, weil zum Beispiel die Einkommensverteilung keine Rolle spielt. Dasselbe gilt für Umweltgebrauch und Naturzerstörung. Über den tatsächlichen Wohlstand in einer Gesellschaft kann man aus dem BIP also nur bedingt etwas lernen.

Reden Politiker, Medien und Wirtschaftsexperten die ganze Zeit über die falsche Zahl?

Nicht der Indikator ist das Problem, sondern die überragende Rolle, die er in der öffentlichen Diskussion spielt. Die Summe der Werte aller im Inland hergestellten Güter gibt uns ein Bild davon, wie es ökonomisch um die Volkswirtschaft steht. Wenn sich die Regierung davon ausgehend aber allein auf Maßnahmen konzentriert, die das BIP wachsen lassen, wird eine rein quantitative statistische Betrachtung in praktische Politik umgesetzt. Darin sehe ich eine Gefahr. Ein Konjunkturprogramm ist nicht schon allein dadurch „gut", dass es auf eine Verbesserung des BIP zielt.

Aber das ist die Botschaft, die wir derzeit immer wieder hören: Wachstum löst Probleme.

Wachstum verursacht jedoch auch Probleme. Das muss man berücksichtigen. Zerstörung der Umwelt zum Beispiel. Und die ungleiche Verteilung von Reichtum hat ein erhebliches Maß erreicht, wenige haben sehr viel Geld zur Verfügung, aber sehr viele sehr wenig. Eine weltweit steigende Wirtschaftsleistung hat in der Vergangenheit soziale Probleme und Naturzerstörung oft eher verschärft. Auch die ausgeprägte Orientierung an materiellen Gütern und am Konsum als Wohlfahrtsmotor wird durch das BIP gestützt. Das sind Prioritäten, die angesichts schwindender natürlicher Ressourcen keine tragfähige Grundlage für ein zukunftsfähiges Wirtschaftsmodell mehr sein können.

Interview: Tom Strohschneider, Der Freitag, 23.04.2009

M 5 Macht Wachstum glücklich?

Tief im Himalaya, in einem kleinen Land zwischen Indien und China, steht ein Mann auf dem Reisfeld und erntet sein Glück. [...] Denn das Glück, sagt Bauer Dorji, sei ein Reiskorn. Dorji, Herr über sieben winzige Felder, ist 79 Jahre alt, ein Mann mit vielen Falten und wenigen Zähnen. Er lebt in Bhutan, dem einzigen Land der Welt, dem das Glück seiner Bewohner wichtiger ist als sein wirtschaftlicher Erfolg. Ein Land so groß wie die Schweiz. 700.000 Einwohner, 70 Prozent Bauern.

Als die Sonne am Nachmittag hinter die Berge rutscht, geht Dorji heim. Das Erdgeschoss seines Hauses ist ein Kuhstall, im ersten Stock lagert er Reis und Mais, im zweiten wohnt er mit seiner Frau, seiner Tochter und zwei Enkeln. Barfuß läuft Dorji durchs Haus, nimmt sich eine Schüssel Reis aus dem Reiskocher, setzt sich vor seinen Fernseher, den er sein „Auge in die Welt" nennt.

An der Wand über seinem Kopf hängt ein Bild von Buddha, daneben ein Foto des alten Königs von Bhutan mit seinen vier Frauen. [...] Er war es, der 1986 in einem Interview gefragt wurde, wie hoch das Bruttoinlandsprodukt Bhutans sei. 50 US-Dollar pro Kopf, der König kannte die Zahl, es war die niedrigste weltweit. Er antwortete: „Das Bruttoinlandsprodukt interessiert mich nicht. Mich interessiert das Bruttoinlandsglück."

Was nach einer einfachen Ausrede klang, steht heute in Artikel 9, Absatz 2 der nationalen Verfassung: „Der Staat bemüht sich, jene Bedingungen zu fördern, die das Streben nach Bruttoinlandsglück ermöglichen."

Glück als oberstes Staatsziel? Die Welt hat das jahrelang belächelt. Für die Zufriedenheit einer Nation schien vor allen Dingen das Wirtschaftswachstum von Bedeutung. Mehr Wohlstand, mehr Zufriedenheit – eine einfache Gleichung. Dann begann die Finanzkrise, und auf einmal ist dieses Konzept in Verruf geraten.

Reisernte – liegt das Glück in einem Reiskorn?

Wann geht es einem Land wirklich gut? Wenn die Menschen viel lachen? Viel Freizeit haben? Oder doch, wenn ihr Einkommen steigt? [...]

Bauer Dorji hat noch nie vom Bruttoinlandsglück gehört. Er sagt, er sei glücklich, weil sein neues Leben leichter sei als sein altes. In seinem alten Leben hackte er Holz und wartete stundenlang, bis der Reis gar wurde. Heute hat er einen Reiskocher und mehr Zeit für die Familie. In seinem alten Leben pflanzte Dorji die Reissetzlinge von Hand und pflügte das Feld mit Wasserbüffeln. Heute hat er Maschinen und erntet doppelt so viel wie früher. Was Dorji sein Glück nennt, ist Wirtschaftswachstum. Steigert ein armer Mensch seinen Reichtum, erhöht sich auch sein Glück, eine Weile jedenfalls, das ist das Erste, was man in Bhutan begreift.

Dorjis neues Leben begann mit einem Geschenk des indischen Ministerpräsidenten an den König. Bis 1961 war Bhutan isoliert gewesen, abgeschirmt von eisigen Bergen im

Norden und dichtem Dschungel im Süden. Es gab Bergpfade, aber keine Straßen, um Handel mit anderen Ländern zu treiben. Menschen wie Dorji kannten kein Geld, keine Krankenhäuser, keine Telefone, vom Zweiten Weltkrieg hatten sie nie gehört. Bis der König das Geschenk annahm: eine geteerte Straße von Indien bis in die Hauptstadt Bhutans. Die Straße beendete Bhutans Vergangenheit, brachte Reiskocher und Maschinen. 1974 besuchten die ersten Touristen das Land, 1982 wurde der Flughafen gebaut, 1999 bekam Bhutan Fernsehen – als letzter Staat der Erde. [...]

Als Dorjis zwölfjähriger Enkel am frühen Abend nach Hause kommt, übernimmt er die Fernbedienung und guckt Champions League. Dorji sagt, er sei oft traurig, wenn er seine Enkel sehe. „Sie verlieren die Tradition. Als ich Kind war, war der König unser Vorbild. Das Vorbild meines Enkelsohns heißt Cristiano Ronaldo.“ [...]

In Bhutan fragte sich [der König], wie er die Zufriedenheit seines Volkes erhöhen könne. Er formulierte vier Leitlinien: Bewahren und Fördern der Kultur; Leben im Einklang mit der Natur; gerechte Wirtschaftsentwicklung; gutes Regieren. So entstand das Konzept, das er später „Gross National Happiness“ nannte, Bruttoinlandsglück. [...]

Ausgerechnet Bhutan. Ausgerechnet dieses kleine, weltpolitisch unbedeutende Land, in dem noch immer fast 25 Prozent der Bevölkerung unter der Armutsgrenze leben, will der Welt erklären, dass es eine Alternative zum Kapitalismus gefunden hat. Kann Deutschland etwas lernen von Bhutan?

Amrai Coen, Die Zeit, 01.12.2011

M 6 Reicher schon, aber ...

Bruttoinlandsprodukt pro Kopf in € vs. Glücks-BIP in Deutschland

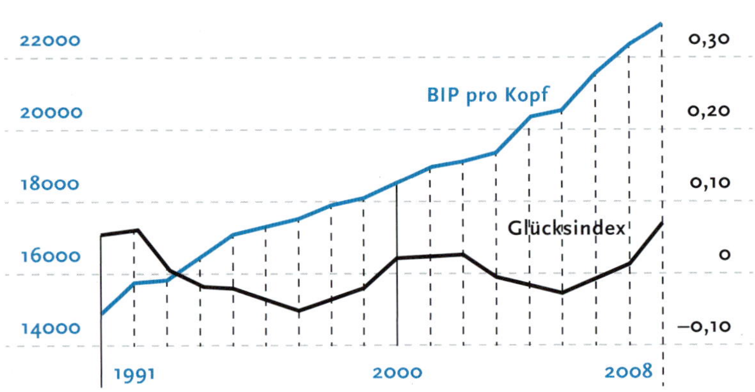

FTD/am; Quelle: Destatis, INSM

Das Glücks-BIP ist ein Index aus verschiedenen „harten“ und Umfragedaten, vor allem zur subjektiven Zufriedenheit.

Financial Times Deutschland, 16.12.2009

Aufgaben

1. Beschreibe, wie sich der folgende Fall auf das Bruttoinlandsprodukt auswirkt (M 4):
Auf der Autobahn A 3 in Richtung Köln kommt es zu einem schweren Verkehrsunfall. Drei Menschen werden so schwer verletzt, dass sie mit dem Hubschrauber abgeholt und operiert werden müssen; sie liegen vier Wochen im Krankenhaus. Es kommt an den Autos und LKWs zu Schäden von über 700.000 Euro. Die Autobahn ist bereits nach 2 Stunden wieder voll befahrbar.
2. Formuliere eine begründete Antwort auf die in M 5 abschließend gestellte Frage.
3. Fasse die Kernaussage von M 6 in einer treffenden Schlagzeile zusammen.

9.3.3 Wachstum und Nachhaltigkeit – ein Widerspruch?

M 7 Über unsere Verhältnisse

Obergrenze
Um unter der kritischen Grenze von **2 Grad Erwärmung** zu bleiben, dürfte die Menschheit jährlich höchstens etwa **14,5 Milliarden Tonnen (Gt) CO_2** ausstoßen.

Globaler Durchschnitt
Für ihren globalen Ausstoß von derzeit etwa 30 Gt pro Jahr bräuchten die knapp 6,9 Milliarden Menschen also eigentlich schon **zwei Erden**.

Deutschland
Würden alle Menschen weltweit so viel CO_2 freisetzen wie der durchschnittliche Deutsche, wären **vier Planeten** nötig ...

USA
... oder gar **neun Erden**, wenn sich weltweit jeder an das Emissionsniveau eines typischen US-Amerikaners angleichen würde.

Die Zeit, 03.12.2009

M 8 Die Zauberformel „Nachhaltige Entwicklung"

Das Konzept der Nachhaltigkeit lässt sich bis ins 14. Jahrhundert zurückverfolgen. Schon damals existierte eine „nachhaltige" Forstwirtschaft, die darauf basierte, „nicht mehr Holz zu schlagen, als nachwächst." 1795 formulierte Georg Ludwig Hartig: Die Wälder sind so zu nutzen, „dass die Nachkommenschaft ebensoviel Vorteile daraus ziehen kann, als sich die jetzt lebende Generation zueignet." 1987 legte die „World Commission on Environment and Development" (WCED) („Weltkommission für Umwelt und Entwicklung") unter der Leitung der damaligen norwegischen Ministerpräsidentin Gro Harlem Brundtland ihren Abschlussbericht „Our Common Future" vor. Darin heißt es: „Mögen die Bilanzen unserer Generation auch noch Gewinne aufweisen – unseren Kindern werden wir die Verluste hinterlassen. Ohne Absicht und Aussicht auf Rückzahlung borgen wir heute von künftigen Generationen unser ‚Umweltkapital'. Unsere Nachfahren mögen uns ob unseres verschwenderischen Vorgehens verfluchen – unsere Schulden werden sie nicht mehr eintreiben können. Unser Verhalten ist bestimmt von dem Bewusstsein, dass uns keiner zur Rechenschaft ziehen kann. Künftige Generationen haben heute kein Wahlrecht, sie verfügen über keine politische oder finanzielle Macht und sind uns daher ohnmächtig ausgeliefert."

Heftig gestritten wird darüber, wie man das Prinzip der Nachhaltigkeit mit wirtschaftlichem Wohlstand und gerechter Verteilung der Güter in Einklang bringen kann.

Im Zentrum der Debatten über Nachhaltigkeit steht deshalb in der Regel das Begriffsdreieck (die Trias) Ökologie – Ökonomie – Soziales. Das heißt, alle Umweltmaßnahmen sollen sozial verträglich sein und die wirtschaftliche Entwicklung fördern.

Eine nachhaltige Entwicklung sollte alle drei Dimensionen berücksichtigen.

M 9 Wirtschaft und Ökologie – nicht immer im Konflikt

Gerne wird gesagt, dass zwischen der Wirtschaft auf der einen Seite und der Ökologie auf der anderen Seite ein Konflikt, ein Widerspruch, bestehe. Dabei sagen Wirtschaftswissenschaftler, Ökologie und Ökonomie seien über weite Strecken durchaus im Einklang:

Wenn private Haushalte und Unternehmen Maßnahmen ergreifen, um Energie einzusparen, dann ist das erstens ökologisch sinnvoll, denn dann wird schonend mit den Energievorräten der Erde umgegangen. Und zweitens entspricht das auch dem ökonomischen Prinzip. Eine Ausprägung dieses Prinzips ist, sein gegebenes Ziel mit möglichst geringem Einsatz von verfügbaren Mitteln zu erreichen. Wenn zum Beispiel der Haushalt sein Ziel, mit dem Auto mobil zu sein, dadurch möglichst billig erreichen will, dass er ein Auto kauft, dass nur wenig Sprit verbraucht, dann zeigt dieses Verhalten, wie bei der Energieeinsparung Ökologie und Ökonomie im Einklang sind. Das Interesse, billig Auto zu fahren, führt „automatisch" zur Schonung der Umwelt. Dasselbe gilt für den technischen Fortschritt. Wenn zum Beispiel ein Haushalt die Raumtemperatur von 21 °C dadurch mit möglichst wenig Energie erhalten will, dass er gute Isolierfenster einbaut oder gar ein ganz neues Heizungssystem, dann zeigen diese Produkte, wie durch neue Erfindungen und technischen Fortschritt die Umweltqualität verbessert wird – und gleichzeitig die Wirtschaft wächst. Allerdings ist das Verhältnis von Ökonomie und Ökologie nicht immer so harmonisch.

Agenda 21
Die Agenda 21 ist ein entwicklungs- und umweltpolitisches Aktionsprogramm für das 21. Jahrhundert, ein Leitpapier zur nachhaltigen Entwicklung, beschlossen von 172 Staaten auf der Konferenz für Umwelt und Entwicklung der Vereinten Nationen (UNCED) in Rio de Janeiro (1992). Die Agenda 21 ist vielerorts zur Leitlinie öffentlichen Handelns geworden und viele Kommunen haben seit dem eigene Nachhaltigkeitsprogramme (Lokale Agenda 21) entwickelt.

Aufgaben

1. Auf der kommunalen Ebene gibt es inzwischen viele Initiativen, die sich im Sinne der Nachhaltigkeit das Motto gegeben haben „Global denken – lokai handeln". Suche in deiner Heimatgemeinde nach solchen Initiativen. Berichte deiner Klasse über deine Ergebnisse. Einen guten Ausgangspunkt für deine Erarbeitung ist die Seite des Umweltinformationsnetzes Sachsen-Anhalt (*http://www.umwelt.sachsen-anhalt.de*).
2. Stellt euch vor, die Bundesregierung würde durch die Anhebung der Ökosteuer Benzin um drei Euro pro Liter verteuern, um die Ölvorräte zu schonen. Diskutiert, ob eine solche Maßnahme im Sinne der Nachhaltigkeit wäre, und zeigt an diesem Beispiel die Schwierigkeiten einer ökologischen Politik auf (M 8).
3. Nimm Stellung zu dem Anspruch der Wirtschaft, im Grundsatz bereits nachhaltig zu wirtschaften (M 8, M 9).

9.3.4 Umweltpolitische Instrumente – welche Lösungen gibt es?

M 10 Der Markt als Lösung – Emissionshandel

Manchmal hat die wirtschaftliche Aktivität von Unternehmen und Privatleuten Nebeneffekte für Dritte. Ein solcher Effekt kann die Umweltverschmutzung sein. Autos und Fabriken blasen zum Beispiel das klimaschädliche Gas Kohlendioxid in die Luft.

Wissenschaftler glauben inzwischen, dass dadurch die Erde sehr warm wird, Flüsse austrocknen, Gletscher verschwinden und Quellen versiegen. Das könnte den Menschen schaden.

Der Schaden für die Umwelt spielt für den Unternehmer zunächst keine unmittelbare Rolle. Er ist auch schwierig zu ermitteln. Aber der Staat hat ein Interesse, dass diese Schäden nicht zu groß werden. Deshalb muss der Staat Regeln erlassen, um Umweltverschmutzung zu verringern oder zu verhindern. Die Unternehmen müssen diszipliniert werden. Unternehmer und Privatleute würden die Umweltverschmutzung erst stoppen, wenn sie das schlechte Gewissen plagt, wenn es ihnen verboten oder zu teuer ist. Auf das schlechte Gewissen will der Staat lieber nicht vertrauen, also wird er eher Verbote festlegen.

Aber es gibt inzwischen auch moderne Ideen, die Verbote und Marktwirtschaft miteinander verbinden. Das geht über den Handel von Verschmutzungsrechten. Jedes Unternehmen, das Dreck in die Luft pusten will, muss dafür ein Verschmutzungsrecht vom Staat kaufen. Diese Rechte werden von der Regierung knapp gehalten. Wenn ein Unternehmen nun eine Filteranlage einbaut, die den Dreck aus der Abluft herausfiltert und deswegen weniger Kohlendioxid ausstößt, kann sie ihr Verschmutzungsrecht an einen Betrieb verkaufen, der noch nicht so sauber produziert. Der darf dann zwar weiterhin Abgase im alten Maße ausstoßen, aber muss für dieses Recht teuer bezahlen.

Jedes Unternehmen steht so vor der Wahl, eine neue Technik einzubauen, um die Verschmutzung der Umwelt zu verringern, oder mehr Verschmutzungsrechte zu kaufen. So wird die Verschmutzung zum Teil der Kalkulation. Dieses System wird in Europa ungefähr so praktiziert.

Winand von Petersdorff, Das Geld reicht nie, Frankfurt a.M., 2. Aufl., 2008, S. 111 ff.

Kohlekraftwerke emittieren große Mengen des klimaschädlichen Gases CO_2.

Negative externe Effekte
Ein negativer externer Effekt tritt auf, wenn die von einer individuellen Handlung verursachten Kosten von der Allgemeinheit getragen werden müssen (verschmutzte Luft eines Kraftwerks, Lärm eines Flugzeuges ...).

M 11 Der Handel mit Verschmutzungsrechten

Handel-Beispiel

Papierfabrik

Zuteilung Emissionsrechte	900.000 t
Produktionsbedingte Emission (Die Produktion wurde gegenüber 2000 ausgeweitet)	1.000.000 t
Zukauf von Emissionsrechten	100.000 t

Kohlekraftwerk

Zuteilung Emissionsrechte	500.000 t
Produktionsbedingte Emission	400.000 t
Verkauf von Emissionsrechten	100.000 t

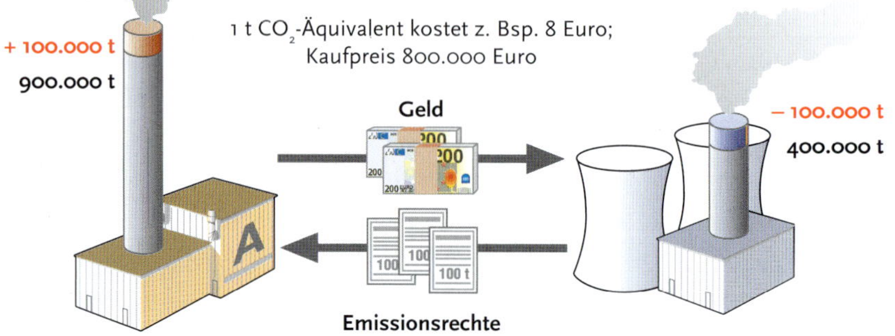

Globus-Grafik 8784

M 12 Ein Preis für die Umwelt? Der Wert von Ökosystemen

Die Dienste und Ressourcen der Natur kosten nichts. Ihre Ausbeutung für private Interessen verursachen Schäden, die von der Allgemeinheit getragen werden müssen. Deshalb fordern deutsche Forscher, dass für die Nutzung der Ökosysteme ein Preis entrichtet werden sollte, der alle ökonomischen und ökologischen Folgen beinhaltet.

Dazu messen die Forscher etwa die negativen Auswirkungen der menschgemachten Veränderungen an Ökosystemen auf den Wohlstand der Menschen. Sie nennen ein Beispiel aus Thailand. Dort brachte die Umwandlung von Mangrovenwäldern in Shrimpsfarmen den Besitzern einen Privatgewinn von mehr als 1.200 Dollar pro Hektar, wozu 8.400 Dollar staatliche Subventionen kamen.

Die natürlichen Wälder aber brachten einen Nutzen von 12.000 Dollar pro Hektar durch Holz, Fischerei und die Verhinderung von Küstenschäden. Die Wiederherstellung des ursprünglichen Zustands würde 9.000 Dollar pro Hektar kosten. Fazit: Die Abholzung der Mangroven ist nicht nur ökologisch, sondern auch ökonomisch eine schlechte Investition. Die Ökonomisierung (Bewertung) von Ökosystemen trägt dazu bei, dass bessere Entscheidungen getroffen werden. Politiker, Landbesitzer und Investoren würden überzeugt, neue Instrumente zum Schutz der Natur einzuführen und zu akzeptieren.

Nach: Ferdinand Knauß, Handelsblatt, 17.11.2009

M 13 Umweltpolitische Instrumente – Übersicht

Umweltpolitisches Instrument	Beispiele
Instrumente, die auf **Freiwilligkeit** beruhen, wie z. B. moralische Appelle	• Aufforderung zur Mülltrennung mit der Einführung des „dualen Systems“ (DSD) • Informationen durch Gütesiegel: z. B. Blauer Umweltengel
Marktwirtschaftliche Instrumente, d.h. unerwünschtes Verhalten (z. B. Umweltverschmutzung) mit einem Preis belegen bzw. verteuern, erwünschtes Verhalten bezuschussen. Politisch erwünschtes Verhalten lohnt sich für Unternehmen und private Haushalte, wenn dadurch Kosten gesenkt (und Gewinne erhöht werden) können.	• Umweltsteuern wie die Ökosteuern • Subventionen wie bei Einführung des geregelten Drei-Wege-Katalysators • Umweltzertifikate und deren Handel, z. B. das europäische Emissionshandelssystem
Bürokratische Instrumente, d.h. Gebote und Verbote werden gesetzlich verankert	• das gesetzliche Verbot der Verwendung bestimmter Stoffe, wie von DDT oder FCKW • die Vorschrift bestimmter ASU-Grenzwerte für Pkw • Umweltzonen in Städten

Aufgaben

1. Beschreibe, wie der Emissionshandel als Instrument zur Lösung von Umweltproblemen funktioniert (M 10, M 11).
2. Erläutere, warum man beim Emissionshandel von einem „umweltpolitischen Instrument des Marktes“ spricht (M 11).
3. Umweltökonomen fordern, den Wert von Ökosystemen in Euro und Cent auszudrücken. Stelle dar, welche Vorteile damit verbunden wären und welche Probleme sich bei diesem Verfahren ergeben können (M 12).
4. Recherchiere Beispiele erfolgreicher Umweltpolitik und stelle sie der Klasse vor.
5. Eine Klebstoff- und eine Stahlfabrik emittieren Rauch mit einer chemischen Substanz, die krank macht, wenn man sie in größeren Mengen einatmet. Stelle dar, wie der Staat dagegen vorgehen kann und worin jeweils Pro und Kontra jeder Lösung besteht (M 13).

zu Aufgabe 5
Arbeitet in Gruppen und teilt die umweltpolitischen Instrumente untereinander auf.

Was wir wissen

Globalisierung
M 1 – M 3

Die Auswirkungen der Globalisierung auf die Soziale Marktwirtschaft sind vielschichtig. In erster Linie hat die Globalisierung zu einer Verschärfung des Wettbewerbs und zu einem beschleunigten Strukturwandel geführt. Dies hat einen Verlust von Arbeitsplätzen vor allem in arbeitsintensiven Branchen in Deutschland zur Folge, da in vielen Regionen der Welt kostengünstiger produziert werden kann. Doch ist der Standort Deutschland immer noch attraktiv, wie viele Unternehmensansiedlungen und der Erfolg als Exportnation zeigen.

Kritik am BIP als Wohlstandsindikator
M 4

Die starke Fixierung auf das Bruttoinlandsprodukt und auf entsprechende Wachstumsraten stößt jedoch seit geraumer Zeit auf Skepsis. Die Zweifel werden vor allem genährt durch jene Kosten in Produktion und Konsum, die nicht zu einer Erhöhung der gesellschaftlichen Wohlfahrt beitragen, wie zum Beispiel Schädigungen von Wasser, Boden und Luft und die Ausbeutung natürlicher Ressourcen. Außerdem bleibt eine Reihe von Aktivitäten im Bruttoinlandsprodukt unberücksichtigt, die positiv zur gesellschaftlichen Wohlfahrt beitragen, wie zum Beispiel Hausarbeit und ehrenamtliche Tätigkeiten.

BIP und Zufriedenheit
M 5, M 6

Unberücksichtigt bleibt beim BIP auch die Zufriedenheit einer Gesellschaft. So gibt es keinen gleichgerichteten Zusammenhang zwischen dem Wohlstand einer Gesellschaft und der Zufriedenheit ihrer Einwohner. Alternative Indikatoren zum BIP versuchen deshalb auch Faktoren zu erfassen, die zum Glück der Menschen beitragen.

Nachhaltigkeit
M 8

Das Leitbild der Nachhaltigkeit folgt einem einfachen Grundsatz: Lebe von den Zinsen und nicht vom Kapital. Dies ermöglicht einen Umgang mit der Natur, der es der heutigen Generation erlaubt, ihre Bedürfnisse zu befriedigen, ohne die Möglichkeiten künftiger Generationen zu gefährden, ihre eigenen Bedürfnisse zu erfüllen und ihren Lebensstil zu wählen.

Wirtschaft und Ökologie
M 9

In vielen Bereichen decken sich die wirtschaftlichen Interessen von Unternehmen mit ökologischen. Gemäß dem ökonomischen Prinzip sind diese nämlich daran interessiert, Kosten zu senken, und achten deshalb darauf, sorgsam mit ihren Ressourcen umzugehen. Insofern hat die Wirtschaft auch ein ökologisches Gesicht. Andererseits besteht auch der Anreiz, anfallende Kosten (z. B. für Luftreinhaltung) auf die Allgemeinheit abzuwälzen. Um dies zu verhindern, bedarf es umweltpolitischer Regelungen.

Umweltpolitische Instrumente
M 10, M 13

Zum Klima- oder Naturschutz können Märkte oft erst dann etwas beitragen, wenn der Staat nachhilft. Der Politik stehen dafür verschiedene Instrumente zur Verfügung. Am schnellsten wirken Verbote oder Gebote. Ein Beispiel sind die neuen Umweltzonen in deutschen Städten: In diesen Zonen dürfen künftig nur noch Autos fahren, die bestimmte Abgasnormen erfüllen.

Zwei unterschiedliche Heizkostenabrechnungen und die Folgen

In einer Umfrage in den Städten Bern und München wurden die Menschen nach ihrem Energiesparverhalten befragt. Eine der Fragen lautete: „Wenn Sie im Winter Ihre Wohnung für mehr als vier Stunden verlassen, drehen Sie da normalerweise die Heizung ab oder herunter?“ Unten in der Tabelle siehst du die Ergebnisse der Umfrage: Von 100 Befragten in Bern bejahten nur 23 die Frage, dagegen bejahten von 100 Münchnerinnen und Münchnern 69 die Frage.
Dieser enorme Unterschied kann nun wirklich kein Zufall sein. Sind die Bernerinnen und Berner vielleicht weniger umweltbewusst als die Bewohner Münchens? Dies ist nicht der Fall, denn beim Umweltbewusstsein erzielen die Berner keine geringeren Werte als die Münchner. Deshalb muss der Unterschied an etwas Anderem liegen.
Hier erhältst du einen Tipp: Zum Zeitpunkt der Befragung war in beiden Städten die Art der Heizkostenabrechnung ganz unterschiedlich: Während in München überwiegend nach dem individuellen Verbrauch abgerechnet wurde, wurden in Bern die Heizkosten nach der Wohnungsgröße unabhängig vom Verbrauch abgerechnet.

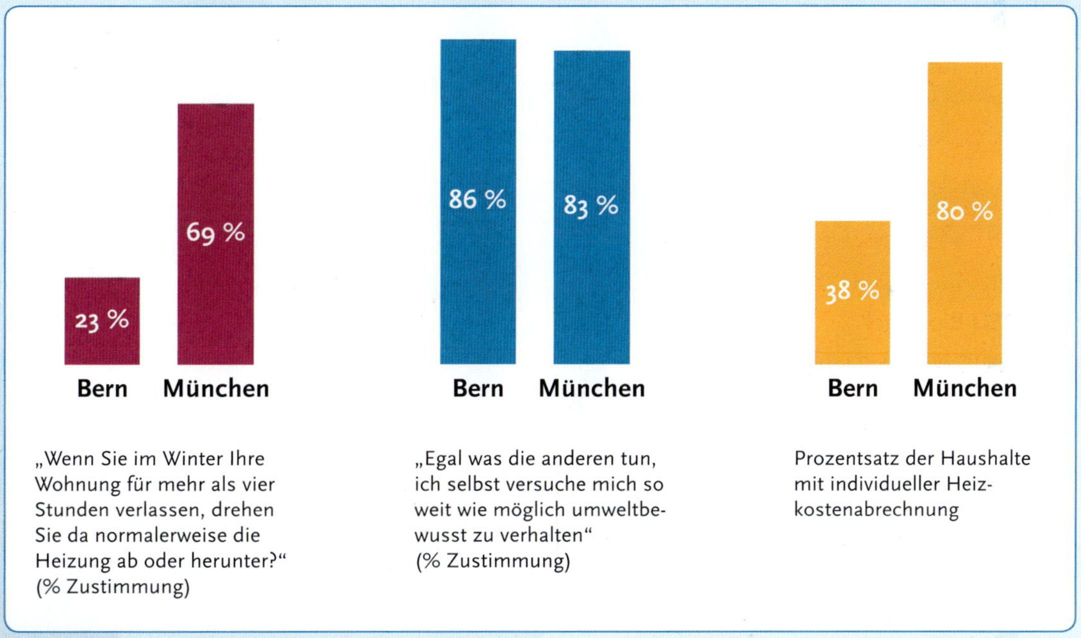

Nach: Andreas Diekmann/Peter Preisendörfer, Umweltsoziologie, Reinbek 2001, S. 80 ff.

Aufgabe

Erkläre das unterschiedliche Energiesparverhalten in den beiden Städten. Konzentriere dich bei deiner Beantwortung darauf, die Verteilung von Nutzen und Kosten genau herauszuarbeiten.

EU-Führerschein

Ab 2013 soll ein einheitlicher EU-Führerschein mit integrierter Chipkarte eingeführt werden. Bis 2033 haben dann Fahrer aller Klassen Zeit, ihren alten Führerschein zu ersetzen. Eine erneute Fahrprüfung ist voraussichtlich nicht erforderlich. Ziel dieser Maßnahme ist die Angleichung der Führerscheine innerhalb der EU, wodurch auch eine direkte Speicherung von Verkehrsdelikten auf der Chipkarte möglich wird.

Feinstaub

Seit 2005 gilt die EU-Richtlinie zur Verringerung des Schadstoffausstoßes in Ballungsräumen. Zu diesem Zweck wurden von der EU Grenzwerte festgelegt. Seit dem Sommer 2008 bekommen wir diese Richtlinie durch die zunehmende Schaffung von städtischen Umweltzonen zu spüren. Diese dürfen nämlich nur mit entsprechender Plakette befahren werden.

EU-Biosiegel

Seit 1.7.2010 gibt es das neue EU-Biosiegel. Lebensmittel, die damit gekennzeichnet sind, dürfen nicht gentechnisch verändert oder mit chemischen Pflanzenschutzmitteln behandelt worden sein. Tiere müssen artgerecht gehalten und mit ökologisch produziertem Futter gefüttert worden sein.

Lärm am Arbeitsplatz

Seit 2003 wird durch eine EU-Verordnung die maximale Lärmbelastung am Arbeitsplatz geregelt. Die darin enthaltenen Mindestvorschriften zum Schutz von Arbeitnehmern sind in Deutschland mittlerweile sogar im Bundesgesetz verankert. Das Ziel der EU ist, durch diese Verordnung den Arbeitnehmer vor übermäßig hohem Lärm bzw. Vibrationen zu schützen.

10

Europa – ein Erfolgsmodell?

Europäische Politik bestimmt unser Leben in Deutschland mehr, als wir denken. Im europäischen „Haus“ befinden sich nunmehr 27 Staaten und weitere Staaten wollen Mitglied der Europäischen Union werden.

Kompetenzen

Am Ende dieses Kapitels solltest du Folgendes können:

- Beispiele für Einflussnahmen der EU auf das Leben in den Mitgliedstaaten nennen
- wichtige politische Organe der EU und den Entscheidungsprozess beschreiben
- Meilensteine in der Entwicklung der EU und Ziele der europäischen Integration kennen
- demokratische Mitwirkungsmöglichkeiten im europäischen Willensbildungs- und Entscheidungsprozess einschätzen und nutzen
- Errungenschaften und Gefährdungen der europäischen Integration beurteilen

Was weißt du schon?

- Übertrage die Karte in dein Heft. Markiere und benenne die Staaten der Europäischen Union.
- Europa bedeutet für mich … – Finde möglichst viele Satzergänzungen, die zeigen, welche Bedeutung für dich die Europäische Union hat.

10.1 Die Europäischen Union – „in Vielfalt geeint?“

10.1.1 Wie entstand die Europäische Union?

M 1 Das europäische Haus – Meilensteine

Die Europäische Union – ein unvollendetes Bauwerk.

Mitten in Rom am 25. März 1957, 18 Uhr. Draußen, auf dem Kapitolsplatz, hat sich trotz strömenden Regens eine riesige Menschenmenge versammelt. Drinnen, im festlichen Saal des alten Konservatorenpalasts, herrschen Stolz, Freude und auch etwas Erleichterung: Noch bis zur allerletzten Minute hat man um die Einzelheiten gefeilscht.

Jetzt sitzen die Vertreter Belgiens, Deutschlands, Frankreichs, Italiens, Luxemburgs und der Niederlande an einem langen Tisch und unterzeichnen die Verträge zur Gründung der Europäischen Wirtschaftsgemeinschaft (EWG). Zum Abschluss schenkt der Bürgermeister von Rom allen Teilnehmern eine goldene Medaille. In den Dokumenten, die „Römische Verträge" genannt werden, steht, dass die sechs Länder nicht nur bei Kohle und Stahl, sondern in der gesamten Wirtschaft zusammenarbeiten wollen. Am gleichen Abend gründeten die sechs Länder übrigens auch die Europäische Atomgemeinschaft (EAG oder Euratom). Damit wollten sie erreichen, dass die Kernkraft in Europa friedlich genutzt würde, also zum Beispiel in Kernkraftwerken, und nicht etwa zur Herstellung gefährlicher Atomwaffen. In den folgenden Jahren traten immer mehr Länder den Europäischen Gemeinschaften (EG) bei, wie sich das Bündnis ab 1967 nannte. 1992 vereinbarten die mittlerweile zwölf Mitgliedsländer in der niederländischen Stadt Maastricht, sich nicht nur wirtschaftlich, sondern auch politisch enger zusammenzuschließen. 1993 trat dieser „Vertrag von Maastricht" in Kraft und begründete die „Europäische Union". „Union" kommt vom lateinischen Wort „unio", „Vereinigung". Mit dieser Namensänderung wollten die Europäer zeigen, dass sie nun noch näher zusammengerückt waren. 2002 führte die EU eine gemeinsame Währung ein und machte damit einen weiteren großen Schritt: Heute klimpert in 17 EU-Ländern der Euro im Geldbeutel. Am Anfang, mit nur wenigen Mitgliedern, konnte die EU leicht und schnell Entscheidungen treffen. Als immer mehr Länder der EU beitraten, die alle eine eigene Meinung hatten, wurde das immer schwieriger. Doch wie sollte die EU handlungsfähig bleiben, wenn in Zukunft sogar noch mehr Länder beitreten würden? Der Versuch, in einer eigenen „Verfassung" neue Spielre-

Erweiterungen

- 1973 Dänemark, Großbritannien, Irland
- 1981 Griechenland
- 1986 Spanien und Portugal
- 1995 Finnland, Österreich, Schweden
- 2004 Estland, Lettland, Litauen, Malta, Polen, Slowakei, Slowenien, Tschechische Republik, Ungarn, Zypern
- 2007 Bulgarien, Rumänien

geln für die EU festzulegen, klappte nicht. Die Wähler in Frankreich und in den Niederlanden waren dagegen. 2007 nahmen die 27 EU-Staaten einen neuen Anlauf und unterzeichneten in der portugiesischen Hauptstadt schließlich den „Vertrag von Lissabon". Im Vertrag stehen nicht nur neue Abstimmungsregeln. Der Vertrag stärkt auch die Rolle des Europäischen Parlamentes, in dem die direkt gewählten Abgeordneten sitzen. Inzwischen haben alle 27 EU-Länder „Ja" dazu gesagt. Am 1. Dezember 2009 ist der Vertrag von Lissabon in Kraft getreten.

Angepasst von: Europa kinderleicht, Europäische Gemeinschaften 2009, S. 18 ff. (Die Verantwortung für die Anpassung der Daten liegt ausschließlich beim C. C. Buchner Verlag.)

M 2 Werte und Ziele der Europäischen Union

Aus dem Vertrag über die EU:

Artikel 1:

Durch diesen Vertrag gründen die HOHEN ERTRAGSPARTEIEN untereinander eine EUROPÄISCHE UNION, im Folgenden als „Union" bezeichnet. Dieser Vertrag stellt eine neue Stufe bei der Verwirklichung einer immer engeren Union der Völker Europas dar. [...]

Artikel 2

Die Werte, auf die sich die Union gründet, sind die Achtung der Menschenwürde, Freiheit, Demokratie, Gleichheit, Rechtsstaatlichkeit und die Wahrung der Menschenrechte einschließlich der Rechte der Personen, die Minderheiten angehören. Diese Werte sind allen Mitgliedstaaten in einer Gesellschaft gemeinsam, die sich durch Pluralismus, Nichtdiskriminierung, Toleranz, Gerechtigkeit, Solidarität und die Gleichheit von Frauen und Männern auszeichnet."

Artikel 3

(1) Ziel der Union ist es, den Frieden, ihre Werte und das Wohlergehen ihrer Völker zu fördern.

Konsolidierte Fassung des Vertrags über die Europäische Union, in: http://eur-lex.europa.eu, S. 16f., Abruf am 17.02.2012

Europäische Symbole

Die zwölf kreisförmig angeordneten Sterne der europäischen Flagge symbolisieren Vollkommenheit, Vollständigkeit und Einheit. Die Sterne auf der Flagge stehen daher für die Harmonie der europäischen Völker. Die Zahl der Sterne hat nichts mit der Anzahl der Mitgliedstaaten zu tun. Seit 1986 ist der letzte Satz von Ludwig van Beethovens 9. Symphonie die offizielle Hymne der Europäischen Union. Bei der Komposition ließ sich Beethoven von Schillers Gedicht „Ode an die Freude" inspirieren. Die Hymne hat bisher keinen offiziellen Text und kann daher nicht gesungen, sondern nur instrumental gespielt werden.

Aufgaben

1. Zeichne das europäische Haus. Das Fundament bilden die gemeinsamen Werte und Ziele. Im Erdgeschoss wohnen die sechs Gründerstaaten, in den weiteren Geschossen die jeweils neu eingezogenen Bewohner. An der Hausfassade stehen alle Meilensteine, die das Leben im europäischen Haus prägten und prägen (M 1 – M 2).
2. Braucht die EU gemeinsame Symbole? Stellt deren Bedeutung dar und diskutiert diese Frage in Gruppen.

10.1.2 Die Europäische Union – was ist das eigentlich?

M 3 Europa im Alltag

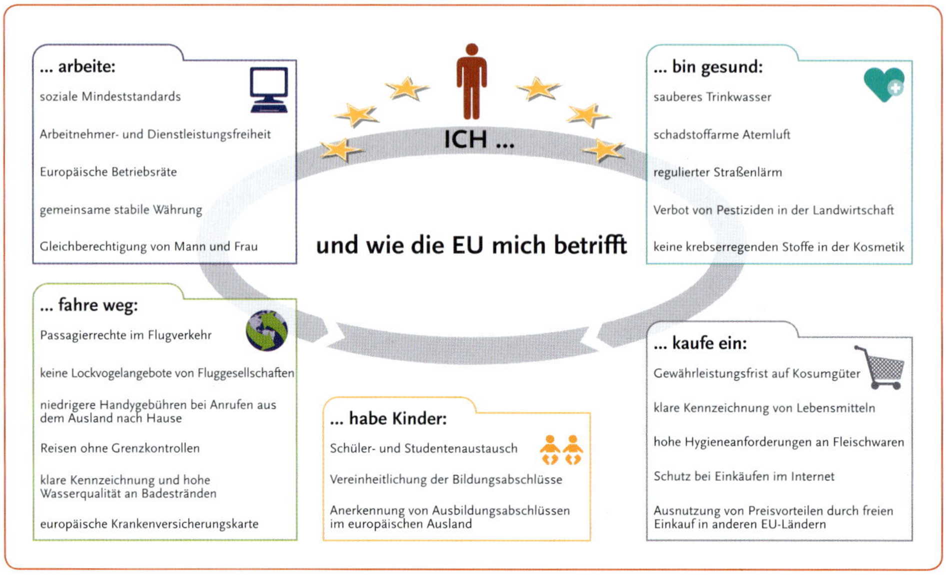

Bundeszentrale für politische Bildung, 2009, www.bpb.de

M 4 Der Europäische Binnenmarkt – ein Markt für 500 Millionen Bürger

Man kann sich die EU wie einen riesigen Marktplatz vorstellen. Da können sich Personen, Waren, Geld und Dienstleistungen frei bewegen. Diesen gemeinsamen Markt, den sogenannten „Binnenmarkt", gibt es seit 1993. Er hat dazu geführt, dass die EU heute der größte Wirtschaftsraum der Welt ist. Auf keinem anderen Gebiet arbeitet die Europäische Union so eng zusammen wie in der Wirtschaft. Der Binnenmarkt hat viele Vorteile. So können EU-Bürger ohne Probleme in einem anderen Mitgliedsland wohnen, studieren, arbeiten, ein Unternehmen gründen oder ihre Rente genießen. EU-Bürger und -Unternehmen dürfen ein Bankkonto im europäischen Ausland eröffnen, ein Haus kaufen, Kredite aufnehmen oder Geld investieren. Ganz wichtig für den gemeinsamen Markt ist, dass die EU-Länder untereinander keine Zölle mehr verlangen. Stell dir als Beispiel einen Schuhhersteller vor: Dieser kann jetzt seine Schuhe nicht mehr nur den rund 80 Millionen Deutschen, sondern allen 480 Millionen EU-Bürgern zum gleichen Preis verkaufen. Um die größere Nachfrage zu befriedigen, muss er mehr Stiefel und Sandalen produzieren. Dafür stellt die Firma neue Mitarbeiter ein – so schafft der Binnenmarkt neue Arbeitsplätze. Gleichzeitig senkt das Schuhunternehmen die Preise. Sonst schnappen ihm nämlich die vielen neuen Konkur-

Vier Freiheiten

Freier Personenverkehr
- Wegfall von Grenzkontrollen
- Harmonisierung der Einreise-, Asyl-, Waffen- und Drogengesetze
- Niederlassungs- und Beschäftigungsfreiheit für EU-Bürger
- Verstärkte Außenkontrolle

Freier Warenverkehr
- Wegfall von Grenzkontrollen
- Harmonisierung oder gegenseitige Anerkennung von Normen und Vorschriften
- Geplante Harmonisierung der indirekten Steuern

renten aus ganz Europa die Kunden weg. In der Wirklichkeit ist genau dies geschehen. So sind Flüge und Telefongespräche seit Einführung des Binnenmarkts erheblich billiger geworden. Spezielle Behörden überwachen den Wettbewerb, dass sich die Unternehmen nicht heimlich zusammensetzen und gemeinsam einen überhöhten Preis festlegen, zu dem dann alle Bürger die Waren kaufen müssen. Es ist auch verboten, dass ein einzelner Staat den freien Wettbewerb verfälscht, indem er etwa bestimmte Unternehmen finanziell unterstützt (subventioniert).

Europa kinderleicht, Europäische Gemeinschaften 2009, S. 42

Freier Dienstleistungsverkehr
- Liberalisierung der Finanzdienste
- Harmonisierung der Banken und Versicherungsaufsicht
- Öffnung der Transport- und Telekommunikationsmärkte

Freier Kapitalverkehr
- Größere Freizügigkeit für Geld- und Kapitalbewegungen
- Schritte zu einem gemeinsamen Markt für Finanzdienstleistungen
- Liberalisierung des Wertpapierverkehrs

M 5 Der Europäische Binnenmarkt – Erfolgsmodell mit Tücken?

Der Binnenmarkt der Europäischen Union ist sicherlich eine der großen Errungenschaften der europäischen Integration. [...] So einfach allerdings das Prinzip ist, so kompliziert und umstritten ist seine Umsetzung. [...] In jedem Land regelt eine Vielzahl von Gesetzen und Vorschriften den Warenverkehr, dabei handelt es sich um Sicherheitsstandards, um Umweltauflagen und um Vorschriften des Verbraucherschutzes. Wenn nun verschiedene Länder ihren Markt zusammenlegen, und das ist im Grunde genommen das, was durch den Binnenmarkt geschehen ist, muss man sich auf gemeinsame Standards einigen. Eine Wurst aus Polen darf anders schmecken als eine aus Deutschland, aber sie soll dieselben gesundheitlichen und hygienischen Normen erfüllen, um die Verbraucher zu schützen. Das Ergebnis ist eine neue Vielzahl von Regelungen auf EU-Ebene, die den Binnenmarkt charakterisieren. [...] Da ist zum Beispiel die Geschichte mit dem Apfelwein, die gut die Tücken des Binnenmarkts illustriert. Für Waren, also auch für Getränke, muss es klare Definitionen geben. Jeder Supermarktkunde weiß, wenn auf einem Obstsaft „Saft" steht, besteht er zu 100 Prozent aus Fruchtsaft, ohne den Zusatz von Wasser und Zucker. Ob der Saft aus Spanien oder aus Deutschland kommt, ist egal. In gleicher Weise hat man auch festgelegt, dass Wein aus Trauben hergestellt sein muss. Das ist der Apfelwein natürlich nicht, er ist also kein Wein. Jedem deutschen Verbraucher ist das selbstverständlich klar, aber was ist mit einem Kunden in Großbritannien, der die Flasche sieht und „...wein" liest? Deshalb wollte die Europäische Kommission im Interesse der Verbraucherinformation untersagen, den Apfelwein so zu nennen – ein Vorhaben, das nach Protesten aus Deutschland übrigens zu den Akten gelegt wurde.

Eckart D. Stratenschulte, Der Europäische Binnenmarkt – Erfolgsmodell mit sozialer Schieflage?, in: http://www.bpb.de, 12.08.2010

Aufgaben

1. Entscheidet mithilfe des Ampelspiels, welche Regelungen der EU ihr für hilfreich (grün) oder überflüssig (rot) haltet, gelb steht für „weiß nicht, keine Meinung" (M 3).
2. Erkläre, was ein Binnenmarkt ist und wie er funktioniert (M 4, M 5).
3. Die EU wird bisweilen kritisiert, weil sie in ihren Regulierungen für den Binnenmarkt zu weit gehe. Erläutere am Beispiel des Apfelweins die grundlegenden Probleme des Binnenmarktes und nimm Stellung, ob du diese Regelung für notwendig oder übertrieben hältst (M 5).

10.1.3 Wer entscheidet in der EU? – der lange Weg einer EU-Verordnung

M 6 Billig telefonieren im Ausland? Die EU macht's möglich

Einst ein teurer Urlaubsspaß – telefonieren mit dem Handy

Das Problem: Hohe Roamingkosten im Ausland

Die Entwicklung und anschließende Verbreitung des Handys in der Bevölkerung versprach jedem unbegrenzte Mobilität beim Telefonieren. Sobald man sich jedoch bis zum Jahr 2006 mit seinem Handy außer Landes bewegte, wurde es teuer. Der Grund hierfür lag in den sogenannten Roaminggebühren. Mit Roaming wird die Nutzung eines fremden Mobilfunknetzes bezeichnet.

Roamingkosten im Juli 2005

Gespräch von	nach	Kosten pro Minute
Österreich	Frankreich	1,- €
Italien	Lettland	0,51 €
Malta	Polen	5,00 €
Österreich	Deutschland	1,70 €
Deutschland	England	1,24 €

www.tariftip.de (Stand: Juli 2005)

Europäische Bürgerinitiative
Die Bürgerinitiative ermöglicht es, dass mindestens eine Million Staatsangehörige aus mindestens einem Viertel der EU-Mitgliedstaaten die Europäische Kommission zur Vorlage eines Vorschlags in einem in ihre Zuständigkeit fallenden Bereich auffordern kann. Die Kommission hat danach drei Monate Zeit für die Prüfung der Initiative und die Festlegung des weiteren Vorgehens.

Kommission legt Verordnungsvorschlag zum Auslandsroaming vor

Bereits 2007 erließ die EU eine erste Verordnung zur Senkung der Roaminggebühren. Im **September 2008** hat die EU-Kommission einen Bericht über die Durchführung der Roamingverordnung von 2007 sowie einen Vorschlag zur Änderung dieser Verordnung von 2007 im Ministerrat und im Parlament eingebracht. Dies ist nötig gewesen, da die Verordnung von 2007 vorgesehen hat, die Regelungen im Juni 2010 wieder außer Kraft zu setzen. Im Bericht stellt die Kommission fest, dass zu befürchten sei, dass mit Ablauf der Roamingverordnung Nr. 717/2007 die Preise wieder steigen werden. Die Kommission schlägt deshalb u.a. vor, die Roamingverordnung um weitere drei Jahre bis ins Jahr 2013 zu verlängern, wobei auch weiterhin die Obergrenzen für die Entgelte für das Auslandsroaming jedes Jahr weiter linear (um jeweils drei Cent) abgesenkt werden sollen. Darüber hinaus sieht die Kommission aber auch Handlungsbedarf im Bereich der Textnachrichten („Short Message Service", SMS), die bisher von der Verordnung nicht erfasst waren. Die Kommission schlägt daher vor, die Roamingverordnung Nr. 717/2007 auf SMS auszudehnen und zum 1. Juli 2009 Preisobergrenzen für das SMS-Roaming einzuführen. Die Vorschläge hat die Kommission bereits in einen ausformulierten **Verordnungsentwurf** gegossen.

Europäisches Parlament verabschiedet Roamingverordnung

Die Deckelung von Preisen für Mobilfunk-Textnachrichten (SMS) und Daten-Downloads im EU-Ausland (Roaming) ist unter Dach und Fach. Das Europäische Parlament hatte den entsprechenden Kommissionsvorschlägen nach einer politischen Einigung zwischen Parlament und Rat in seiner Plenartagung im **April 2009** mit überwältigender Mehrheit (646 Ja-Stimmen, 22 Nein-Stimmen und 9 Enthaltungen) zugestimmt.

Der Einfluss der Mitgliedstaaten – der Rat der Europäischen Union (Ministerrat)

Die Minister der 27 EU-Mitgliedstaaten verabschiedeten im **Juni 2009** einstimmig die neuen EU-Roamingvorschriften. Die neuen EU-Roamingvorschriften werden für die Verbraucher zu weiteren Preissenkungen um bis zu 60 % führen – und zwar ab 1. Juli 2009. Dadurch werden die Verbraucher für den SMS-Versand im EU-Ausland garantiert nicht mehr als 0,11 € (ohne MwSt.) bezahlen müssen. Nach den neuen Vorschriften müssen die Mobilfunkbetreiber Roaminganrufe nach den ersten 30 Sekunden nun sekundengenau abrechnen, anstatt pro Minute, was die Mobilfunkrechnungen um bis zu 24 % senken dürfte. Mit der Annahme im Rat ist der letzte Schritt des Gesetzgebungsverfahrens abgeschlossen, sodass der Präsident des Europäischen Parlaments und der Vorsitzende des Rates die Verordnung am 18.6.2009 förmlich unterzeichnen konnten. Einige Tage später wurde sie dann im Amtsblatt der EU veröffentlicht. Da die neuen Bestimmungen in einer EU-Verordnung enthalten sind, galten sie ab 1. Juli 2009 unmittelbar in allen 27 EU-Mitgliedstaaten.

Der EuGH – letzte Instanz in der EU: Roamingverordnung rechtskräftig

Nach dem positiven Urteil im **Juni 2010** des Europäischen Gerichtshofs zur Roamingverordnung bekräftigt die EU ihr Vorhaben, Roaminggebühren abzuschaffen. Als Reaktion auf das Urteil des Europäischen Gerichtshofs, dass die EU-Roamingverordnung gültig und angemessen sei, hat die Kommission angekündigt, Roaminggebühren im EU-Raum bis 2015 auf Null drücken zu wollen. Die Handybetreiber T-Mobile, Vodafone, O_2 und Orange hatten in Großbritannien Klage gegen die Verordnung eingelegt. Als Begründung nannten sie den ungerechtfertigten Eingriff in den freien Markt. Der EuGH sah einen solchen nicht gegeben und merkte an, dass die Anbieter vor der Verordnung zum Teil das Fünffache der tatsächlichen Kosten für Roaming verlangt hatten.

Wann wird die EU tätig?
Die EU soll sich nur um Dinge kümmern, die sie besser regeln kann als die Mitgliedsländer. In Artikel 5 des EG-Vertrages heißt es: „In den Bereichen, die nicht in ihre ausschließliche Zuständigkeit fallen, wird die Gemeinschaft nach dem Subsidiaritätsprinzip nur tätig, sofern und soweit die Ziele der in Betracht gezogenen Maßnahmen auf der Ebene der Mitgliedstaaten nicht ausreichend erreicht werden können und daher wegen ihres Umfangs oder ihrer Wirkungen besser auf Gemeinschaftsebene erreicht werden können." Das Subsidiaritätsprinzip dient nicht nur der Erhaltung der Eigenständigkeit der EU-Staaten, es hilft auch, ein Stückchen „EU-Bürokratie" abzubauen. Die Europäische Kommission muss bei jeder Gesetzesinitiative nachweisen, dass sie die jeweilige Aufgabe besser lösen kann als die Regionen oder die Mitgliedstaaten.

Das Subsidiaritätsprinzip verhindert, dass die EU zu viel Macht erhält. Beurteile diese These.

M 7 Die EU-Organe im Überblick

Das EU-Parlament – die Stimme der EU-Bürger

Das Europäische Parlament wird von den Bürgern der Europäischen Union gewählt, um ihre Interessen zu vertreten. Seine Ursprünge gehen zurück bis in die 50er Jahre und zu den Gründungsverträgen. Seit 1979 werden die Europaabgeordneten von den Bürgern direkt gewählt.

Die Wahlen finden alle fünf Jahre statt. Jeder EU-Bürger, wo immer in der EU er lebt, hat das aktive und passive Wahlrecht. Das Parlament vertritt somit den demokratischen Willen der Bürger der Union (über 490 Mio. Menschen) und macht ihre Interessen gegenüber den anderen EU-Organen geltend. Dem gegenwärtigen Parlament gehören 736 Abgeordnete aus allen 27 EU-Mitgliedstaaten an, davon 99 aus Deutschland. Das Parlament hat drei wesentliche Aufgaben: Es teilt sich die gesetzgebende Gewalt mit dem Rat in vielen Politikbereichen. Durch die direkte Wahl des Parlaments wird die demokratische Legitimierung des europäischen Rechts gewährleistet. Es übt eine demokratische Kontrolle über alle Organe der EU und insbesondere über die Kommission aus. Es stimmt der Benennung der Kommissionsmitglieder zu oder lehnt sie ab und kann einen Misstrauensantrag gegen die gesamte Kommission einbringen. Es teilt sich die Haushaltsbefugnis mit dem Rat und kann daher Einfluss auf die Ausgaben der EU ausüben. In letzter Instanz nimmt es den Gesamthaushalt an oder lehnt ihn ab.

Der Ministerrat – Interessenvertretung der Mitgliedstaaten

Der Rat ist das wichtigste Entscheidungsgremium der EU. Er vertritt die Mitgliedstaaten, und an seinen Tagungen nimmt je ein Minister aus den nationalen Regierungen der EU-Staaten teil. Die Zusammensetzung der Ratstagungen hängt vom zu behandelnden Sachgebiet ab. Stehen zum Beispiel Wirtschaftsfragen auf der Tagesordnung, so kommen die Wirtschafts- und Finanzminister der einzelnen Länder im ECOFIN-Rat zusammen. Alle im Rat vertretenen Minister sind befugt, für ihre Regierungen verbindlich zu handeln. Außerdem sind die im Rat tagenden Minister ihrem nationalen Parlament sowie den von ihm vertretenen Bürgern gegenüber politisch verantwortlich. Dies gewährleistet die demokratische Legitimierung der Ratsbeschlüsse. Je nachdem, in welchen Politikbereich die Vorlagen fallen, über die der Rat entscheidet, sieht der Vertrag von Lissabon verschiedene Abstimmungsverfahren vor. In vielen Bereichen entscheidet der Rat mit qualifizierter Mehrheit (bis 2014). Dazu wurde allen Mitgliedstaaten jeweils eine bestimmte Anzahl an Stimmen zugewiesen: 3 (Malta) bis 29 (Deutschland, Frankreich, Großbritannien, Italien). Bei Fragen der Gemeinsamen Außen- und Sicherheitspolitik und anderen politisch heiklen Angelegenheiten, wie der Steuerpolitik, beschließt der Rat einstimmig. In vielen Bereichen entscheidet der Rat gemeinsam mit dem Europäischen Parlament über europäische Rechtsvorschriften.

Die Europäische Kommission – Motor der EU

Die Kommission ist von den nationalen Regierungen unabhängig. Sie vertritt und wahrt die Interessen der gesamten EU. Die Kommission erarbeitet Vorschläge für neue europäische Rechtsvorschriften, die sie dem Parlament und dem Rat vorlegt. Sie ist auch die Exekutive der EU, d.h. sie ist für die Umsetzung der Beschlüsse des Parlaments und des Rates verantwortlich. Dies bedeutet, dass sie das Tagesgeschäft der Europäischen Union führt: Umsetzung der politischen Maßnahmen, Durchführung der Programme und Verwaltung der Mittel. Die Kommission besteht aus 27 Männern und Frauen. Jeder EU-Mitgliedstaat stellt ein Kommissionsmitglied. Die Neubesetzung der Kommission erfolgt alle fünf Jahre innerhalb von sechs Monaten nach der Wahl des Europäischen Parlaments. Die Kommission ist dem Parlament gegenüber politisch rechenschaftspflichtig. Es kann der Kommission als Ganzes das Misstrauen aussprechen und sie so zum Rücktritt zwingen. Die Europäische Kommission hat im Wesentlichen vier Aufgaben: Sie macht dem Parlament und dem Rat Vorschläge für neue Rechtsvorschriften. Sie setzt die EU-Politik um und verwaltet den Haushalt.
Sie sorgt (gemeinsam mit dem Gerichtshof) für die Einhaltung des europäischen Rechts. Sie vertritt die Europäische Union auf internationaler Ebene, zum Beispiel durch Aushandeln von Übereinkommen zwischen der EU und anderen Ländern.

Der Europäische Gerichtshof – der Schiedsrichter

Der EuGH ist das höchste europäische Gericht und hat u. a. die Aufgabe, auf Antrag zu prüfen, ob die Rechtsakte der EU rechtmäßig sind (Nichtigkeitsklagen) und die Mitgliedsstaaten ihren Verpflichtungen aus den Verträgen nachkommen (Vertragsverletzungsverfahren). Jedes Mitgliedsland entsendet einen Richter auf sechs Jahre mit der Möglichkeit der Verlängerung der Amtszeit.

Der Europäische Rat – europäischer Steuermann

Bis zu viermal im Jahr treten die Staats- und Regierungschefs der Mitgliedstaaten mit dem Präsidenten der Europäischen Kommission als Europäischer Rat zusammen. Bei diesen Gipfeltreffen werden die Leitlinien der EU-Politik festgelegt und Fragen, die auf unterer Ebene (d. h. von den Ministern bei einer normalen Ministerratstagung) nicht geregelt werden konnten, gelöst. Der Europäische Rat darf nicht mit dem Ministerrat verwechselt werden.

M 8 So funktioniert die Europäische Union

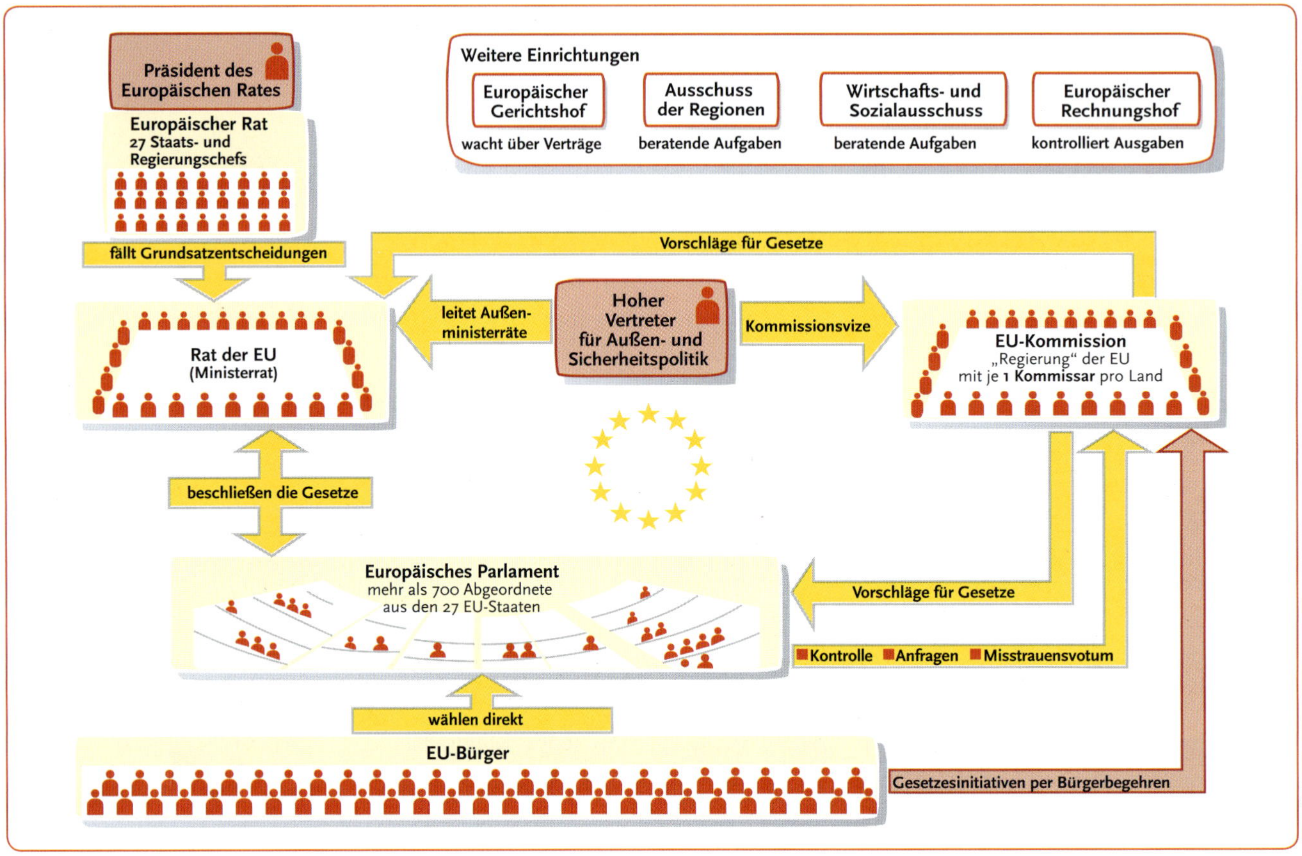

dpa-Grafik 11064

M 9 Arten von gemeinschaftlichen Rechtsakten

Beispiele

Verordnung

Neue Sicherheitszigaretten sollen Raucher vor dem Flammentod schützen. Die deutsche Tabakindustrie darf seit 17. November 2011 gemäß einer EU-Verordnung nur noch Zigaretten mit „verminderter Zündneigung“ verkaufen.

- **Verordnungen** sind ab dem Zeitpunkt ihrer Verabschiedung auf Gemeinschaftsebene für jedermann verbindlich; sie gelten unmittelbar in jedem Mitgliedstaat und müssen nicht erst in nationales Recht umgesetzt werden.
- **Richtlinien** legen Ziele fest, wobei es Aufgabe der Mitgliedstaaten ist, diese auf nationaler Ebene anzuwenden; sie geben den Mitgliedstaaten Ergebnisse verbindlich vor, stellen ihnen jedoch frei, wie sie diese erreichen.
- **Entscheidungen** beziehen sich auf ganz bestimmte Themen; sie sind in allen ihren Teilen für diejenigen verbindlich, an die sie gerichtet sind. Eine Entscheidung kann an alle Mitgliedstaaten, einen Mitgliedstaat, ein Unternehmen oder eine Einzelperson gerichtet sein.
- **Empfehlungen** und **Stellungnahmen** sind nicht rechtsverbindlich; sie geben lediglich den Standpunkt der Organe zu einer bestimmten Frage wieder.

Europäische Union, 1995 – 2011, http://ec.europa.eu, 12.01.2011

M 10 Das Gesetzgebungsverfahren in der EU

Europäische Gesetzgebung

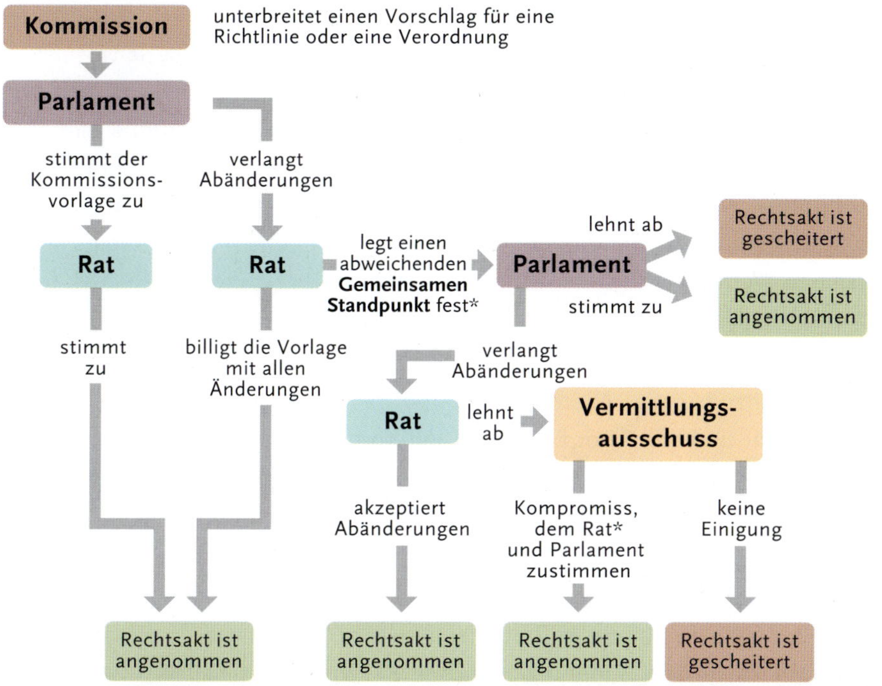

* Der Rat beschließt mit qualifizierter Mehrheit; will er sich über das Votum der Kommission hinwegsetzen, ist Einstimmigkeit erforderlich.

Bergmoser + Höller Verlag AG *715420*

Das „Mitentscheidungsverfahren" wird im „Vertrag von Lissabon" in „ordentliches Gesetzgebungsverfahren" umbenannt. Es wird zum Regelfall.

Aufgaben

1. Beschreibe den Weg der Roamingverordnung von 2009 (M 6) anhand der Grafik M 10. Welche Institutionen sind wie an der Entscheidung beteiligt?
2. Ordne folgende Umschreibungen den europäischen Institutionen zu: europäischer Steuermann, Motor der EU, europäische Schiedsrichter, Interessenvertretung der Staaten, Stimme der EU-Bürger (M 7 – M 10).
3. Vergleiche die Funktionen der EU-Organe (Legislative, Exekutive, Judikative) mit den entsprechenden Organen in Deutschland. Welche Gemeinsamkeiten, welche Unterschiede gibt es (M 7 – M 10)?

Richtlinie
Im Juli 1999 verabschiedete die EU eine Richtlinie, die die Hühnerhaltung in kleinen Legebatterien bis 1.1.2012 aus dem EU-Raum verbannen sollte. Während Deutschland die Umstellung bereits Anfang 2010 durch eine nationale Verordnung vollzogen hat, leben im EU-Ausland nach brancheninternen Schätzungen noch 100 Millionen Legehennen in verbotenen Käfigen.

Beschluss
Die EU-Außenminister in Brüssel beschlossen im Dezember 2011 Vermögenssperren und Einreiseverbote für weitere elf syrische Unternehmen und zwölf Personen, um die syrische Führung zu einem Ende der Gewalt gegen Oppositionelle zu zwingen.

Empfehlung
Um Schäden durch UV-Strahlung weitestgehend zu verhindern und Verbraucher besser zu schützen, wurden 2010 EU-Empfehlungen zum Sonnenschutz erlassen. Nach den aktuellen Empfehlungen zum UV-Schutz sollen Sonnenschutzpräparate in der EU eine UVA/UVB Schutzbalance von 1:3 erfüllen.

Was wir wissen

Vergemeinschaftung M 1 – M 2	Immer mehr Politikbereiche wurden im Lauf der Zeit in die Zuständigkeit der Europäischen Union übertragen, sodass heute viele politische Entscheidungen in „Brüssel" fallen und nicht mehr in Berlin oder Paris.
Vertiefung und Erweiterung	Charakteristisch für die Entwicklung des europäischen Hauses ist seit der Unterzeichnung der Römischen Verträge im Jahr 1957 ein Wechselspiel von Vertiefung und Erweiterung. Immer mehr Politikbereiche wurden in die Zuständigkeit der Europäischen Union übertragen (z. B. Verbraucherschutz, Umweltpolitik, Währungspolitik ...) und immer mehr Staaten wurden in die EU aufgenommen. Das Fundament der europäischen Einigung sind die gemeinsamen Werte: Wahrung der Menschenrechte, Frieden, Freiheit, Rechtsstaatlichkeit und Demokratie.
Institutionen der EU – Gesetzgebung M 6 – M 10	Grundsätzlich hat nur die Europäische Kommission das Recht, Gesetzesvorschläge einzubringen. Allerdings können das Europäische Parlament, der Ministerrat und der Europäische Rat die Kommission auffordern, tätig zu werden. Die Kommission sorgt als Verwaltungsbehörde für die Umsetzung des Gemeinschaftsrechts in den Mitgliedstaaten und überwacht die Einhaltung des europäischen Rechts.
EU-Kommission	Ein Gesetzesvorschlag der Kommission wird in einem mehrstufigen Verfahren von Rat und Europäischem Parlament beraten. Sofern es im regulären Verfahren nicht zu einer Einigung zwischen Rat und Europäischem Parlament kommt, tritt der Vermittlungsausschuss in Aktion.
Ministerrat	Der Rat der Europäischen Union setzt sich aus den Fachministern der Mitgliedstaaten zusammen, die die jeweiligen nationalen Interessen durchzusetzen versuchen, dabei aber einen Kompromiss mit der Europäischen Kommission und dem Europäischen Parlament finden müssen (institutionelles Dreieck). Der Ministerrat wird auch als Hauptgesetzgeber bezeichnet, weil ohne eine Einigung im Ministerrat keine Gesetze verabschiedet werden können und er in einigen Bereichen (noch) alleine entscheiden kann.
EU-Parlament	Das Europäische Parlament gilt als Sprachrohr der Bürger der EU, da die Abgeordneten von den EU-Bürgern direkt gewählt werden. Ihm kommen wichtige Aufgaben zu: Es entscheidet über den Haushalt der EU und kontrolliert die Arbeit von Kommission und Rat. Außerdem ist es am Gesetzgebungsverfahren beteiligt.
Europäischer Rat	Die Staats- und Regierungschefs der Mitgliedsländer bilden den Europäischen Rat. Er ist nicht am Gesetzgebungsprozess beteiligt, sondern legt zusammen mit dem Kommissionspräsidenten die Leitlinien und allgemeinen Ziele der Union fest.
Europäischer Gerichtshof	Wichtigstes rechtsprechendes Organ ist der Europäische Gerichtshof, der darüber entscheidet, ob die Handlungen der EU-Organe und der Mitgliedstaaten mit den EU-Verträgen übereinstimmen.

Planspiel „Roamingtarife 2013“

Bis 2013 wird die Übertragung von großen Datenmengen über das Handy, z. B. das Versenden von Urlaubsbildern oder Fernsehen immer stärker genutzt. Die Preise der Mobilfunkanbieter dafür sind noch immer sehr hoch und für jedes Land unterschiedlich. Die EU möchte eine 3. Roamingverordnung zur Vereinheitlichung und Verbilligung dieser Dienste für den Verbraucher durchsetzen.

Aufgabe

Bildet fünf Gruppen (Kommission, Rat, Parlament, Mobilfunkkonzerne, Moderatoren) und arbeitet eure Argumentation ausgehend von den Rollenkarten weiter aus. Simuliert dann den genauen Ablauf des Gesetzgebungsverfahrens. Überlegt für eure Institution Strategien der Verhandlungsführung für die einzelnen Phasen des Verfahrens. Bei Uneinigkeit bildet sich der Vermittlungsausschuss.

Rollenkarten

Mobilfunkanbieter

Wehren sich gegen erneute Eingriffe in ihre Tarife. Fürchten um ihre Konzerngewinne. Wenden sich mit ihren Protesten an alle beteiligten Institutionen in allen Phasen des Gesetzgebungsprozesses.

Europäisches Parlament

Will für die Verbraucher eine Verbilligung und Vereinheitlichung der Kosten für Datentransfers im Ausland, nicht aber im Inland durchsetzen.

Vermittlungsausschuss

Der Vermittlungsausschuss greift ein, wenn Rat und Parlament nach der zweiten Lesung eines Vorschlags nicht zu einer Einigung gelangen.
Der Ausschuss, der sich je zur Hälfte aus Mitgliedern des Rates oder ihren Stellvertretern und aus Vertretern des Parlaments zusammensetzt, steht unter dem gemeinsamen Vorsitz des Präsidenten des Parlaments und des Präsidenten des Rats. Ziel des Vermittlungsausschusses ist es, sich auf einen für beide Parteien annehmbaren Text zu einigen.
Die Kommission nimmt ebenfalls an den Verhandlungen des Vermittlungsausschusses teil.

Kommission

Will eine starke Verbilligung des Datentransfers im Inland und im Ausland für die Verbraucher erreichen. Vor allem eine Angleichung der Tarife im Inland und anderen Mitgliedstaaten.

Ministerrat

Eine deutliche Mehrheit der Mitgliedstaaten (vor allem Großbritannien) lehnt den Vorstoß der Kommission ab. Die weitere Senkung der Gebühren gefährde die Existenz und Investitionskraft der Mobilfunkanbieter. Im Übrigen seien die Tarife nicht überhöht.

Moderation

Zeigt den Ablauf des Gesetzgebungsverfahrens auf. Beruft Sitzungen ein. Protokolliert Ergebnisse. Setzt Zeitlimits. Am Schluss: Rückblick auf die Vorgehensweise.

10.2 Chancen und Probleme der europäischen Integration

10.2.1 Wie groß soll das europäische Haus werden?

M 1 Der Stand der Erweiterungsdebatte

*Globus-Grafik 3216; * Beitrittsverhandlungen mit Kroatien sind abgeschlossen, Aufnahme für Juli 2013 geplant; ** Beitrittsverhandlungen laufen; *** Beitrittskandidaten noch ohne Verhandlungen*

Als weitere potenzielle Kandidatenländer gelten Albanien, Bosnien und Herzegowina, Serbien und Kosovo.

M 2 Erweiterung – wozu?

Im Verlaufe der vergangenen 50 Jahre hat die Europäische Union ihre innere Integration kontinuierlich vertieft und gleichzeitig neue Mitglieder aufgenommen. Meistens liefen diese beiden Prozesse parallel zueinander. Dadurch ist die heutige EU, die 27 Mitgliedstaaten und eine Bevölkerung von knapp 500 Millionen Menschen zählt, sicherer, wohlhabender und einflussreicher geworden als die ursprüngliche Europäische Wirtschaftsgemeinschaft mit ihren sechs Mitgliedern und einer Bevölkerung von weniger als 200 Millionen Menschen. Eine wachsende Mitgliedschaft war von Anfang an ein Wesenselement der europäischen Integration. Die Debatte über die Erweiterung ist so alt wie die EU selbst. Bei jeder Aufnahme eines neuen Mitglieds verändert sich die EU. Das Nachdenken darüber, was aus uns werden könnte, zwingt uns dazu, auch darüber nachzudenken, was wir heute sind und was wir morgen sein wollen. Die Aufnahme von Ländern Mittel- und Osteuropas und des Mittelmeerraums in den Jahren 2004 und 2007 hat sich für die EU als großer Erfolg erwiesen, auch wenn sie von manchen zum Sündenbock für allerlei soziale und wirtschaftliche Probleme in der EU gemacht wird. Die letzte Erweiterungsrunde hat den Raum des Friedens, der Stabilität und der Demokratie in Europa ausgedehnt und durch die Vergrößerung von Märkten, die Schaffung neuer Geschäftsmöglichkeiten und die Integration schnell wachsender Volkswirtschaften in den Binnenmarkt die europäische Wirtschaft gestärkt. Die EU ist heute die größte Wirtschaftszone der Welt. Der größere Binnenmarkt und die neuen wirtschaftlichen Chancen haben den Wohlstand und die Wettbewerbsfähigkeit der Europäer gesteigert.

Olli Rehn, in: Die Erweiterung verstehen, Europäische Gemeinschaften, 2007, S. 1

M 3 Wer kann Mitglied werden?

Der Vertrag von Lissabon legt die Grundsätze für die Aufnahme neuer Mitgliedstaaten fest. In Art. 6 Abs. 1 heißt es: „Die Union beruht auf den Grundsätzen der Freiheit, der Demokratie, der Achtung der Menschenrechte und Grundfreiheiten sowie der Rechtsstaatlichkeit; diese Grundsätze sind allen Mitgliedstaaten gemeinsam." Jeder europäische Staat, der diese Grundsätze achtet, kann beantragen, Mitglied der Union zu werden. Im Jahr 1993 hat der Europäische Rat auf seiner Tagung in Kopenhagen außerdem Beitrittskriterien festgelegt, die 1995 vom Europäischen Rat in Madrid bestätigt wurden (Kopenhagener Kriterien):

- Politische Kriterien: stabile Institutionen, die die Rechtsstaatlichkeit, die Menschenrechte und die Achtung und den Schutz von Minderheiten garantieren.
- Wirtschaftliche Kriterien: eine funktionsfähige Marktwirtschaft und die Fähigkeit, dem Wettbewerb und den Marktkräften in der EU standzuhalten.

- Fähigkeit zur Erfüllung der Verpflichtungen aus der EU-Mitgliedschaft und zur Übernahme der Ziele der politischen Union sowie der Wirtschafts- und Währungsunion.
- Übernahme des gesamten europäischen Rechtsbestands und dessen wirksame Anwendung mittels geeigneter Verwaltungs- und Justizstrukturen.

M 4 Was denken die europäischen Bürger?

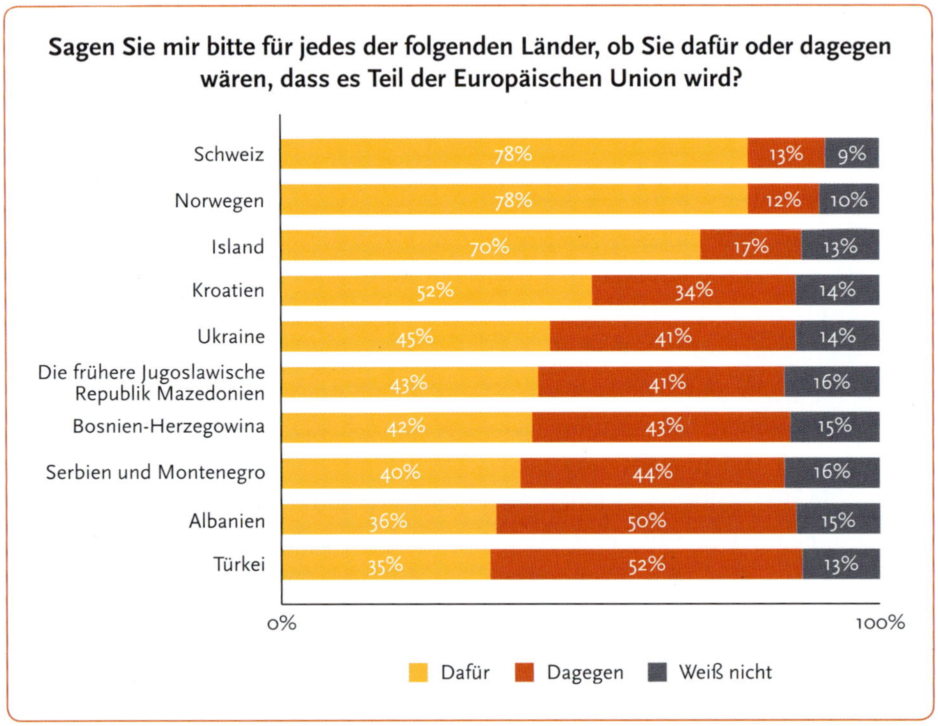

Eurobarometer 63, Juli 2005, S. 29

Aufgaben

1. Fasse die Begründungen für die stetige Erweiterung der EU zusammen (M 1, M 2).
2. Vergleicht die Einstellungen der Bürger zur Mitgliedschaft und diskutiert Erklärungen für die unterschiedlichen Einstellungen.
3. Diskutiert, wie groß das europäische Haus werden soll. Hat die EU bereits eine kritische Größe erreicht oder kann sie noch viele weitere Staaten aufnehmen?
4. Wo endet eurer Meinung Europa? Deutschland, Frankreich und Polen gehören zweifelsohne zu Europa. Wie steht es aber um Großbritannien, Island, die Türkei, Zypern, Malta, Marokko, Israel, Russland und Georgien? Diskutiert in Gruppen und vergleicht eure Ergebnisse in der Klasse.

10.2.2 Soll die Türkei Mitglied der EU werden?

M 5 Der EU-Beitrittskandidat in der Karikatur

Karikatur: Veenenbos

Daten und Fakten der Türkei

Fläche: 780.580 qkm
Einwohner: 74,7 Mio (Stand 2012)
Staatsform: Republik
Regierungsform: Parlamentarische Demokratie
Währung: türkische Lira
Amtssprache: türkisch
Religion: 99% Muslime
Volksgruppen: 80% Türken, 20% Kurden
BIP: 734 Mrd. Dollar (Stand 2010)
Export: Textilien, Nahrungsmittel, Metallwaren
Import: Maschinen, Chemikalien, Kraftstoffe

M 6 Folgen eines EU-Beitritts der Türkei für die EU

Derzeit findet eine intensive Debatte darüber statt, ob die EU einen Türkei-Beitritt verkraften kann oder ob dieser nicht zu ihrer Überlastung führt. [...] In dieser Debatte sind verschiedene Aspekte zu unterscheiden. Da ist zum ersten der institutionelle Aspekt, der gleichwohl über Macht- und Einflussverteilung in der künftigen EU entscheidet. Bei Beitritt in nicht weniger als zehn Jahren wird die Türkei mutmaßlich der bevölkerungsreichste EU-Mitgliedstaat sein. Nach den neuen Regeln des Verfassungsvertrags, der bis dahin wohl in seinen wichtigsten Aspekten umgesetzt sein wird, kommen Mehrheitsentscheide dann zustande, wenn 55 % der EU-Staaten, die 65 % der EU-Bevölkerung repräsentieren, zustimmen. Der Türkei käme somit die gewichtigste Rolle im EU-Entscheidungsprozess zu; sowohl im Ministerrat als auch im Europäischen Parlament besäße sie das größte Gewicht. Das entspricht den demokratischen Regeln. Türkei-Skeptiker werfen hier aber die Frage auf, ob die tradierten Politikziele und -inhalte der EU auch mit der neuen „Zentralmacht Europas", nämlich der Türkei, weiter verfolgt werden können. Bei diesem zweiten Aspekt der Debatte geht es nicht nur um das Problem, ob die Türkei in absehbarer Zeit fähig und willens ist, die Kopenhagener Beitrittskriterien in Bezug auf Rechtstaatlichkeit und Menschenrechtsschutz vollumfänglich zu erfüllen.

Gisela Müller-Brandeck-Bocquet, Überlastet ein Türkei-Beitritt die EU?, in: http://www.bpb.de, 17.07.2006

M 7 Die Türkei braucht eine klare Beitrittsperspektive

Blick auf den Bosporus. Die Meerenge verbindet Europa mit Kleinasien. An beiden Ufern der Meerenge erstreckt sich die Stadt Istanbul.

Sie braucht die Perspektive als wichtigen gesellschaftlichen Orientierungspunkt. Und sie braucht die Perspektive als Anreiz, um die erforderlichen umfangreichen Reformen weiter voranzutreiben und Demokratie und Menschenrechte mit aller Kraft weiterzuentwickeln. [...]

Dabei ist klar: Vor dem Beitritt muss die Türkei die Kopenhagener Kriterien zur Gänze erfüllen. Die Konflikte mit Zypern und Griechenland müssen gelöst sein. [...]

Durch das Assoziierungsabkommen von 1963 ist das Land ohnehin sehr stark an die EU angegliedert. Die wirtschaftlichen Beziehungen der Türkei mit Europa, insbesondere mit Deutschland, sind intensiv. Bereits seit 1995 haben wir eine Zollunion. [...] Mit dem weiteren Erfolg der Beitrittsverhandlungen steht die EU als Wertegemeinschaft auf dem Prüfstand. Es geht um die Entwicklung zu europäischen Standards der Demokratie und Rechtsstaatlichkeit in einem Land, das mit Europa bereits seit Jahrzehnten, nicht zuletzt wirtschaftlich, eng verflochten ist. Dies ist eine große Chance für die Türkei und für Europa, die historisch nicht verpasst werden darf. Ich bin überzeugt: Die Stabilisierung im Südkaukasus, die Lösung des Konflikts im Nahen Osten, Energiesicherheit und die Bekämpfung des Terrorismus sind Aufgaben, die mit der Türkei leichter zu bewerkstelligen sind als ohne sie.

Mit einem Beitritt der Türkei verbindet sich für mich eine weitere große Chance: Unter dem Dach des europäischen Wertesystems kann sich ein fruchtbares Miteinander der Kulturen entfalten, das nach der gemeinsamen, reichen, auch konfliktreichen Geschichte durch Verständnis und Wertschätzung geprägt ist. Die Erweiterung Europas muss dabei Hand in Hand gehen mit einer Vertiefung der europäischen Identität, die immer auch die Vielfalt Europas mitbegreifen muss. [...] In einem multikulturellen Europa hat jedoch auch der Islam einen festen Platz. Europa ist keine Glaubens-, sondern eine Wertegemeinschaft.

Ulla Schmidt, The European, 04.02.2010

M 8 Die Nase voll von Europa

Die Türkei ist zu einer beeindruckenden Regionalmacht herangereift (...). Von den kaukasischen und zentralasiatischen Republiken über die arabische Halbinsel bis nach Nordafrika und auf den Balkan lassen sich die Spuren ihrer neuen Außenpolitik verfolgen.

Nur eine Adresse fehlt zunehmend, wenn Ankara den Globus dreht: Brüssel. Schon überschlagen sich die Spekulationen über die Motive Ankaras, und westliche Partner der Türkei fragen irritiert: Ist die Türkei dem

Westen verlorengegangen? Oder gar: Sind es die Türken selbst, die vom Westen und seinen Institutionen, der Nato und der Europäischen Union, die Nase voll haben?

Das European Council on Foreign Relations, ein unabhängiger außenpolitischer Thinktank, und drei Partnerorganisationen stellten gerade in einer umfangreichen Studie fest: Die Türkei ist jetzt ein Akteur, ein Wirtschaftspol und vielleicht ein aufstrebender regionaler Hegemon. Einen amerikanischen Beobachter zitiert die Studie mit den Worten: „Die Türkei will nicht nach Osten oder Westen, sie will nach oben."

(...) Die Zustimmungsraten für einen EU-Beitritt sinken in der Türkei. Erdogan stichelte erst bei seinem jüngsten Besuch neben Kanzlerin Angela Merkel stehend, dass die EU doch den Beitrittsprozess ehrlicherweise beenden sollte. Umgekehrt bremsen vor allem die Franzosen die Beitrittsverhandlungen bei jeder sich bietenden Gelegenheit. Probleme gibt es unzählige, nur keiner macht sich mehr die Mühe, sie zu lösen. So beobachten beide Seiten einander misstrauisch, manchmal vielleicht in der Hoffnung, dass der andere doch als erster die mühselige Annäherung für beendet erklären möge. Die EU musste lernen, dass sich türkischer Nationalismus und türkischer Stolz schwer mit einem Grundgedanken der Union vertragen, nämlich: sich der Gemeinschaft zu fügen und Souveränität abzugeben. Die Türkei wiederum genießt ihre neue Stärke. Oder, wie ein hoher Berater von Premierminister Tayyip Erdogan unlängst sagte: „Europa - vielleicht ist das Thema für uns zu klein geworden. Irgendwie ist die Türkei über Europa hinausgewachsen."

Stefan Kornelius, Türkei und der Westen - die Nase voll von Europa, in: Süddeutsche Zeitung, 11.06.2011, S. 4

Galt es lange Zeit, dass die Türkei in die EU dränge, kommt es mittlerweile zu einem Umdenken in der Türkei.

Aufgaben

1. Interpretiere die Karikatur in M 5 mithilfe der umseitigen Methode .
2. Gehört die Türkei in die EU? Stimmt zunächst in der Klasse darüber ab und haltet das Ergebnis schriftlich fest.
3. Diejenigen, die gleicher Meinung sind, bilden eine Gruppe. Diese setzt sich mit der gegenteiligen Auffassung auseinander (M 5 – M 8). Stellt die Argumente anschließend übersichtlich auf einem Plakat dar.
4. Stimmt abschließend erneut über die Ausgangsfrage ab. Hat sich das Meinungsbild verändert?

\+ Sammelt Vorteile und Risiken einer EU-Mitgliedschaft der Türkei aus der Sicht eines Iraners. Beachtet auch die Tatsache, dass die Türkei bereits NATO-Mitglied ist.

Methode

Karikaturen interpretieren

Karika-Tour

Eine Karikatur stellt zeichnerisch ein aktuelles Thema aus Politik, Gesellschaft oder Wirtschaft dar. Der Karikaturist interpretiert in überspitzter Weise einen Sachverhalt, sodass versteckt seine Sicht des Problems deutlich wird.

In den abgebildeten Karikaturen erfährst du etwas zur Frage, wie groß das europäische Haus werden soll und welche Probleme mit der Erweiterung verbunden sein können.

Vorgehen bei der Karika-Tour

Hängt die Karikaturen an den Wandseiten eures Klassenzimmers aus.
In kleinen Gruppen betrachtet ihr nun die einzelnen Darstellungen: Wie sieht der Karikaturist das Thema? Auf welches Problem macht er aufmerksam? Dies könnten Fragen sein, auf die ihr eine Antwort finden sollt.
Nach 2 – 3 Minuten wechseln die Gruppen auf ein Signal des Lehrers im Uhrzeigersinn zur nächsten Karikatur. Diese wird unter der gleichen Fragestellung betrachtet. Wenn der Rundgang mit der Kurzbesprechung der übrigen Karikaturen abgeschlossen ist, werden die Bilder abgehängt. Der Lehrer lässt nun jede Gruppe verdeckt eine Karikatur ziehen. Mithilfe eines Frage-Leitfadens bespricht nun jede Gruppe ausführlich „ihre“ Karikatur.

Leitfragen

1. Was stellt der Zeichner oder die Zeichnerin dar?
   → Aussage oder Thema der Karikatur
2. Wie und mit welchen Mitteln (Figuren, Objekte, Symbole) wird das Thema dargestellt?
   → Zeichnerische Elemente
3. Ist aus der Karikatur eine bestimmte Einstellung, Position oder Deutung des Zeichners oder der Zeichnerin erkennbar?
   → Tendenz der Karikatur
4. Wie beurteilt ihr die Aussage?
   → Eigene Position
5. Welche Fragen ergeben sich für euch aus der Karikatur?
   → Weitere Fragen

Ergebnisse

Einigt euch in der Klasse auf jeweils eine Kernaussage für jede Karikatur.

Karikatur: Gerhard Mester, Baaske Cartoons

Karikatur: Thomas Plaßmann, Baaske Cartoons

Karikatur: Gerhard Mester, Baaske Cartoons

Was wir wissen

Die Erweiterung der EU
M 1 – M 2

Die Europaische Einigung strahlte von Beginn an eine große Anziehung auf die Staaten Europas aus, sodass ausgehend von den sechs Gründerstaaten heute schon 27 Staaten im europäischen Haus ihren Platz gefunden haben.

Beitrittsvoraussetzungen
M 3

Die Staats- und Regierungschefs der EU haben 1993 in Kopenhagen festgelegt, welche Bedingungen ein Land erfüllen muss, um Mitglied werden zu können. Nach diesen „Kopenhagener Kriterien" muss das zukünftige EU-Land die Menschenrechte achten, eine stabile Demokratie sein, in der z. B. freie und geheime Wahlen stattfinden. Auch eine funktionierende und konkurrenzfähige Marktwirtschaft müssen die Staaten nachweisen. Schließlich muss das Land in der Lage und willens sein, das bisher geschaffene Gemeinschaftsrecht zu übernehmen und die eigenen Gesetze daraufhin anzupassen.

EU Beitrittsverhandlungen der Türkei
M 5 – M 8

Nach der großen „Osterweiterung" in den Jahren 2004 und 2007 war die Stimmung in vielen Staaten und Institutionen der EU von Zurückhaltung gegenüber einer schnellen Erweiterung geprägt: Die Gemeinschaft müsse sich in dieser Ausprägung erst finden und festigen. Vor allem über den Beitritt der Türkei wird immer wieder intensiv diskutiert. Kritiker eines Beitritts der Türkei argumentieren, sie würde nicht die kulturellen Wertvorstellungen der christlich geprägten EU teilen. Zudem müssten erhebliche finanzielle Maßnahmen der EU getroffen werden, um die türkische Wirtschaft und besonders Landwirtschaft auf europäisches Niveau zu bringen. Nicht zuletzt verweisen Skeptiker auf die rund 75 Millionen Einwohner des Landes, welche die Türkei zu einem der größten Mitgliedsländer der EU machen würden. Die Befürworter eines türkischen EU-Beitritts unterstreichen dagegen, dass Europa durch die kulturelle und ethnische Vielfalt der Türkei nur profitieren könne, zumal in der EU schon jetzt viele Muslime lebten. Sie betonen ihre geostrategische Rolle als Vermittlerin im Nahen Osten und im Südkaukasus. Zwischen der EU und der Türkei besteht bereits eine „privilegierte Partnerschaft", wodurch die Türkei z. B. die Vorteile der Zollunion genießt. Während die Frage, ob und wann die Türkei der EU beitreten kann, noch offen ist, ist ein baldiger Beitritt Islands und Kroatiens wahrscheinlicher.

Auseinandersetzung mit Szenarien zur Zukunft Europas – Quo vadis Europa?

Erläuterungen zu den einzelnen Szenarien:

Titanic: Das Titanic-Szenario beschreibt eine wesentliche Gefährdung bis hin zur Auflösung der europäischen Integration. Die Europäische Union ist nach diesem Szenario nicht fähig, den inneren und äußeren Herausforderungen gerecht zu werden. Innerhalb der Union nehmen die Interessenunterschiede und die Leistungsunterschiede der Mitgliedstaaten insbesondere durch die Erweiterungen immer weiter zu. Die Verteilungskämpfe werden schärfer und die Wertvorstellungen der einzelnen Mitgliedstaaten scheinen unüberbrückbar. Die bestehenden Strukturen und Institutionen der EU erweisen sich als ungeeignet für die große Zahl von Mitgliedstaaten. Das Modell der EU ist gescheitert.

Kerneuropa: Dieses Szenario basiert auf der Annahme, dass die Mitgliedstaaten sich nicht mehr auf neue gemeinsame Ziele hinsichtlich der zukünftigen Entwicklung der Europäischen Union einigen können. Der Gedanke einer großen, föderativen politischen Union aller Mitgliedstaaten geht verloren. In einigen Staaten nehmen Nation und Region in ihrer identitätsstiftenden Bedeutung wieder zu. Diese blockieren aufgrund ihres Mitspracherechts in den europäischen Institutionen eine weitergehende Integration. Schließlich entschließt sich eine überzeugte Gruppe von Mitgliedstaaten zur Zusammenarbeit außerhalb der Strukturen der Europäischen Union.

Methode Monnet: Dieses Szenario schreibt das Muster des Einigungsprozesses der vergangenen Jahre fort. Nach dem Scheitern der Verfassung erweist sich die ständige Suche nach einem kleinsten gemeinsamen Nenner als das beherrschende Prinzip des Integrationsprozesses, der flickenhaft und unvollständig bleibt. Trotz ihrer institutionellen Schwächen und den unterschiedlichen Interessen der Mitgliedstaaten zerfällt die Union nicht. Die bisherigen Erfolge (Frieden, Binnenmarkt, Schengen-Region) halten die Union so zusammen, dass immer wieder Kompromisse und kleine Fortschritte möglich sind.

Offener Gravitationsraum: Wesentliches Merkmal dieses Szenarios ist eine Gruppe von Mitgliedstaaten, die sich dem Ziel einer kontinuierlichen Integrationsvertiefung verpflichtet hat. Die ganzheitlichen Reformbemühungen scheitern an den unterschiedlichen Interessen der Mitgliedstaaten. Dennoch hält eine Mehrheit der Mitgliedstaaten am grundsätzlichen Ziel der Fortentwicklung der EU in Richtung einer politischen Union fest. Sie wählt mit Duldung der anderen Mitgliedstaaten den Weg weiter vertiefter Kooperation, jedoch wird den anderen Mitgliedstaaten die Möglichkeit der Teilnahme an der vertieften Zusammenarbeit zu einem späteren Zeitpunkt gegeben.

Supermacht Europa: Die Staaten sind bereit, der EU immer weiterreichende Kompetenzen in zentralen Politikbereichen zu übertragen (Innen-, Außen-, Verteidigungs-, Wirtschafts- und Sozialpolitik), weil sie davon ausgehen, dass sich die Nationalstaaten nur über den Zusammenschluss in der EU im internationalen Wettbewerb behaupten können. Wirtschaftliche Leistungsfähigkeit, Rechtsstaatlichkeit, ein Wertesystem mit großer internationaler Ausstrahlungs- und Anziehungskraft und erweiterte militärische Fähigkeiten verschaffen der EU eine beachtliche Handlungsbasis. Auf der Grundlage eines sich immer stärker ausprägenden „Wir-Gefühls“ entwickelt sich die EU in Richtung eines europäischen Bundesstaates mit eigener Staatsqualität.

Nach: Franco Algieri u. a., Centrum für angewandte Politikforschung, München

Aufgabe

Bildet Gruppen. Lest die Szenarien zur Zukunft der Europäischen Union aufmerksam. Einigt euch dann in der Gruppe auf

– ein Szenario, das ihr für wünschenswert für die zukünftige Entwicklung der EU haltet;
– ein Szenario, das ihr für wahrscheinlich für die zukünftige Entwicklung der EU haltet.

Begründet eure Entscheidungen ausführlich.

10.3 Die Wirtschafts- und Währungsunion – ein großer Integrationsschritt?

10.3.1 Der Euro

M 1 Die Euroländer

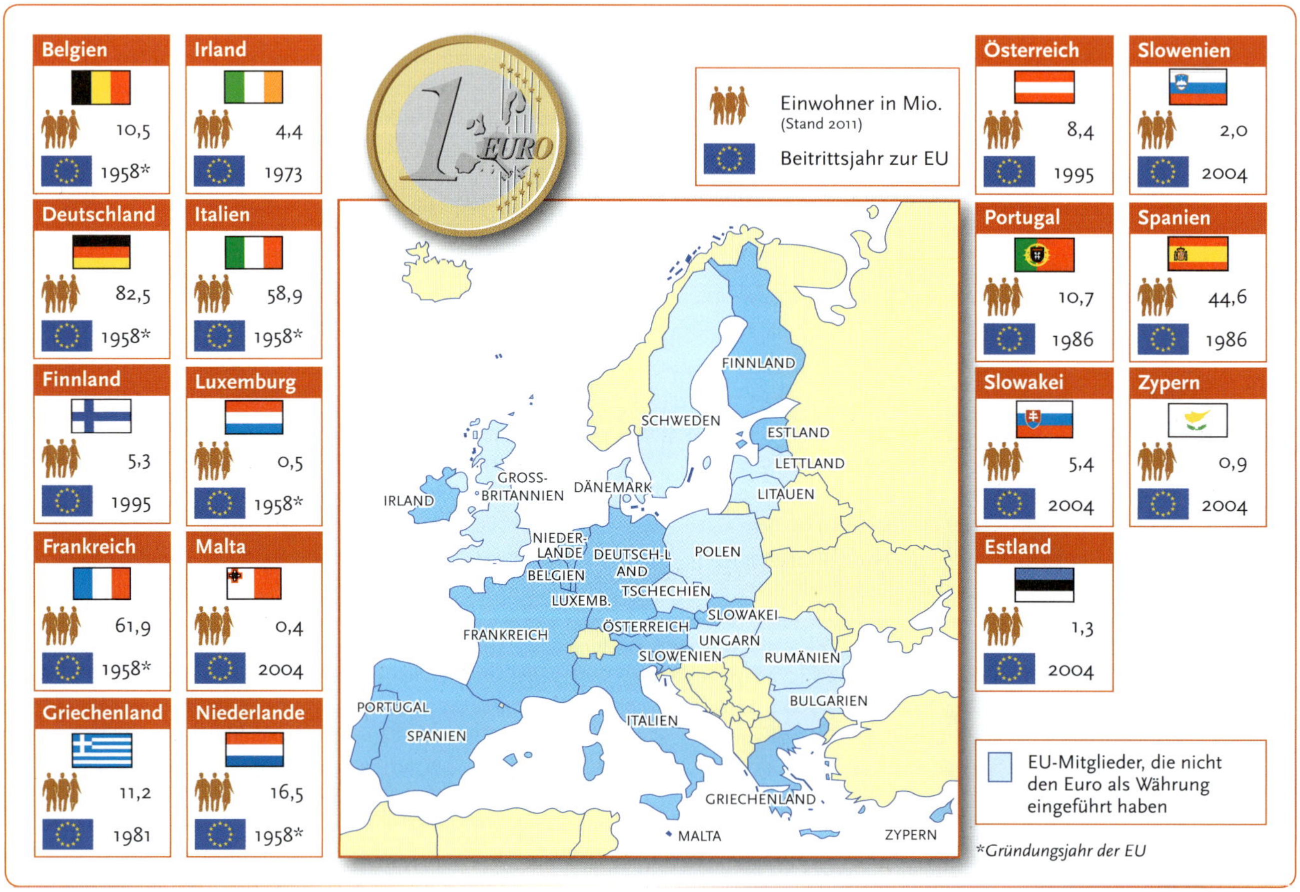

Globus-Grafik 3538

M 2 Der Euro – unsere gemeinsame Währung

Der Euro ist eine der wichtigsten Währungen der Welt. Unsere Gemeinschaftswährung hat einige Vorteile. Unternehmen haben es leichter, Waren im Ausland zu kaufen oder zu verkaufen. Und wenn man in Portugal im Supermarkt steht, weiß man sofort, ob das Eis am Stiel teurer ist als zu Hause oder nicht. Auch entfallen die Umtauschgebühren für andere Währungen.

Die Einführung der gemeinsamen Währung war für die Europäische Union ein gewaltiger Schritt, der Euro sollte zu einem Symbol der europäischen Integration werden und so ein gemeinsames europäisches Wir-Gefühl (Identität) stiften.

Alle Mitgliedstaaten der EU – mit Ausnahme von Großbritannien und Dänemark – haben sich verpflichtet, die gemeinsame Währung einzuführen. Um wirtschaftliche Risiken zu vermeiden hat der Vertrag von Maastricht für die Aufnahme von Ländern in die EWWU feste Kriterien definiert, die sogenannten Konvergenzkriterien.

Konvergenz bezeichnet dabei die allmähliche Annäherung der Teilnehmerländer in wichtigen wirtschaftlichen Grunddaten (Staatsverschuldung, Inflation, Zinsen). Dies ist notwendig, da Spannungen zwischen Ländern entstehen können, wenn sie sich wirtschaftlich unterschiedlich entwickeln. Um dies zu verhindern, wurde außerdem der Stabilitäts- und Wachstumspakt (kurz: Euro-Stabilitätspakt) im Vertrag von Amsterdam 1997 verankert. Der Stabilitäts- und Wachstumspakt fordert von den Euroländern in wirtschaftlich normalen Zeiten einen annähernd ausgeglichenen Staatshaushalt, damit in wirtschaftlich ungünstigen Zeiten Spielraum besteht, durch eine Erhöhung der Staatsausgaben die Wirtschaft zu stabilisieren (Neuverschuldung maximal drei Prozent des Bruttoinlandsprodukts, Schuldenstand maximal 60 Prozent des Bruttoinlandsprodukts). Bei Verstößen gegen diese Regeln drohen dem Mitgliedsland Geldstrafen.

In der Folge der Finanzmarktkrise 2009/2010 wurde deutlich, dass einige Staaten, vor allem Griechenland, sehr hohe Staatsverschuldungen entstehen ließen. Dies führte zu einem starken Wertverlust des Euro gegenüber anderen Währungen und brachte die gesamte Währungsunion ins Wanken.

Der Euro in Nicht-EU-Staaten
Der Euro ist auch gesetzliches Zahlungsmittel in einigen Staaten, die nicht der Währungsunion angehören, den Euro aber einseitig übernommen haben: Andorra, San Marino, Vatikanstaat, Kosovo und Montenegro.

Euro-Ausstiegsoption
Großbritannien und Dänemark erhielten bei dem EU-Gipfel 1995 in Madrid eine Ausstiegsklausel, um nicht den Euro einführen zu müssen.

M 3 Kontrovers diskutiert: der Euro

Befürworter	Gegner
→ Der Euro fördert die Vertiefung der europäischen Integration durch die Vergemeinschaftung der Geldpolitik und den daraus erwachsenden weiteren Koordinierungsbedarf in anderen Politikfeldern wie Arbeitsmarkt-, Sozialpolitik etc. → Der Euro schafft ein Gegengewicht zur weltweiten Dominanz des US-Dollars und der amerikanischen Wirtschaft. → Der Euro ist ein Symbol der europäischen Integration und fördert eine gemeinsame europäische Identität. Er ist ein entscheidender Schritt hin zu einer politischen Union. → Der Euro fördert den Wettbewerb. Dies führt zu sinkenden Preisen für die Verbraucher. → Durch die gemeinsame Währung entfallen Umtauschkosten und Währungsrisiken.	→ Eine gemeinsame Währungspolitik funktioniert nur dann, wenn auch eine gemeinsame Wirtschaftspolitik vorhanden ist. → Das wirtschaftliche Gefälle der Mitgliedstaaten führt dazu, dass die ärmeren Staaten durch die wohlhabenden gestützt werden müssen. → Durch die Übertragung der Geldpolitik auf die Europäische Zentralbank gibt es keine nationale Kontrolle über die Geldpolitik mehr, obwohl dies angesichts unterschiedlicher wirtschaftlicher Entwicklungen in den Euro-Ländern notwendig wäre. → Durch den einheitlichen Zinssatz der EZB gelten z. B. auch in Staaten niedrige Zinssätze, die aufgrund ihrer wirtschaftlichen Entwicklung eigentlich hohe Zinssätze bräuchten. So werden falsche Anreize gesetzt und wirtschaftliche Risiken verstärkt.

Währungsunion
Eine Währungsunion ist ein Zusammenschluss von Staaten mit unterschiedlichen Währungen zu einem einheitlichen Währungsraum. Im Gegensatz zu einer Währungsreform bleibt bei der Währungsunion der Wert des Geldes erhalten. Die beteiligten Währungen werden lediglich nach einem bestimmten Austauschverhältnis in die neue Währung umgerechnet.

M 4 Die Europäische Zentralbank – Hüterin des Euro

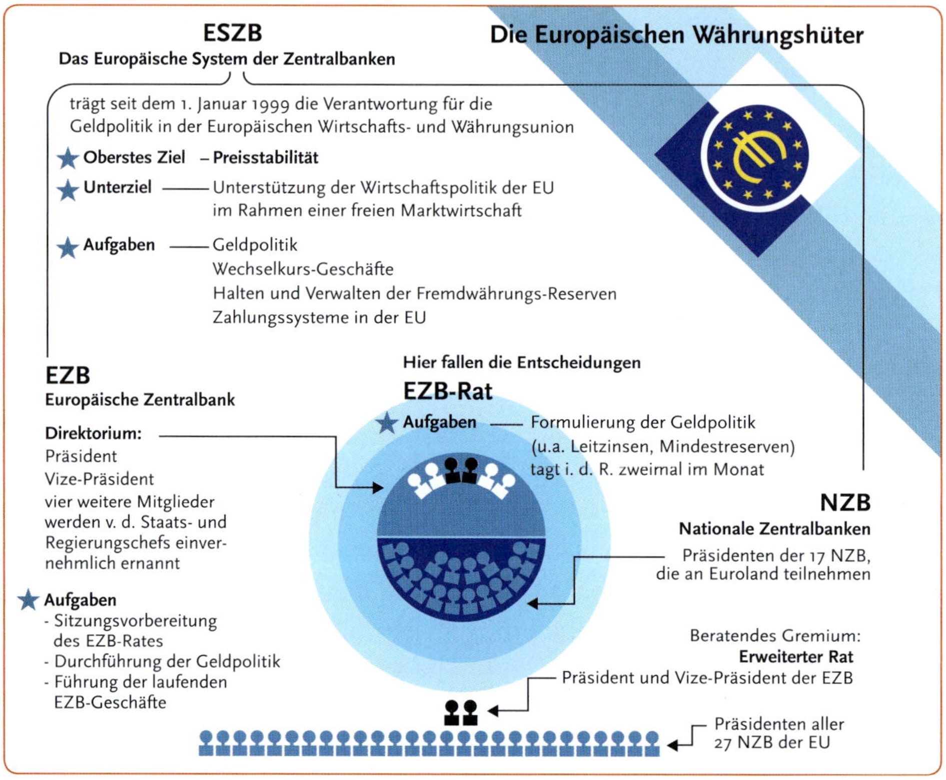

Globus-Grafik 3480

M 5 Kraftprotz oder Schwächling? Die Entwicklung des Eurokurses

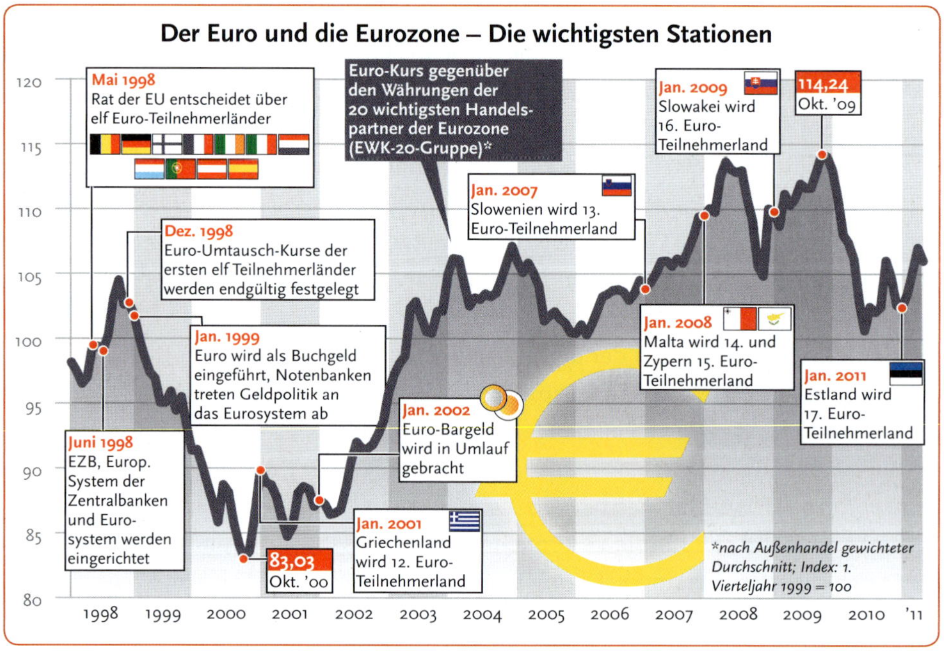

Globus-Grafik 4358; Quelle: Deutsche Bundesbank

M 6 Welche Auswirkungen haben schwankende Kurse?

Eine Währung ist, vereinfacht ausgedrückt, das Geld, welches in einem Währungsraum als Zahlungsmittel gilt. Es gibt heute über 160 Währungen auf der Welt. Wenn man von einer harten Währung spricht, meint man, dass diese Währung ihre Kaufkraft im Währungsgebiet erhält (Binnenwert der Währung), also über Jahre hinweg die Preise für die Güter nicht oder nur leicht steigen. Es herrscht dann eine geringe Inflation. Eine im Binnenwert harte Währung ist im Allgemeinen auch im Austauschverhältnis (Wechselkurs) zu anderen Währungen stark. Bekommt man z. B. für einen Euro 2 US-Dollar statt bisher 1,50 USD, dann ist der Euro stärker geworden, er ist aufgewertet worden. Dies führt z. B. dazu, dass Reisen in die USA für Deutsche billiger werden, die Reisen von US-Bürgern ins Euroland hingegen sich verteuern. Komplizierter sind die Auswirkungen auf den Handel. Ein starker Euro führt zu einer Verteuerung der deutschen Exporte in die USA. Warum ist das so? Der amerikanische Importeur bezahlt die deutschen Waren in USD. Der deutsche Exporteur möchte seine Gewinne aus dem Verkauf seines Exportgutes anschließend in Euro umtauschen. Bei einem starken Euro und schwachen USD bekommt er im Devisentausch weniger Euro. Das verringert seine Gewinne. Dies kann den Exporteur dazu bewegen, die Preise für seine Produkte zu erhöhen, was einen Rückgang des Absatzes zur Folge haben kann. Die positive Seite des starken Euro ist, dass die Einfuhren nach Deutschland aus dem Dollarraum sich verbilligen. Öl und Gas, für Deutschland wichtige Einfuhrgüter, werden in Dollar bezahlt. Bei einem starken Euro verringern sich die Kosten.

Wechselkurse
Wechselkurse geben das Austauschverhältnis zweier Währungen an. Feste Wechselkurse werden von den Regierungen vereinbart und sollen mittelfristig Schwankungen der Kurse verhindern. Bei freien Wechselkursen bildet sich der Kurs jeden Tag neu aufgrund von Devisenangebot und Devisennachfrage auf den Devisenmärkten.

Aufgaben

1. Erläutere, welche Voraussetzungen erfüllt sein müssen, damit ein Land an der Währungsunion teilnehmen kann (M 1).
2. Ordnet die Argumente in der Debatte um den Euro (M 3) nach ihrer Wichtigkeit, und einigt euch in der Klasse (in der Arbeitsgruppe) auf eine Reihenfolge.
3. Beurteile die Entwicklung des Euro-Kurses (M 5). Kann man von einer Erfolgsgeschichte des Euro sprechen?
4. M 6 beschreibt eine harte Währung. Formuliere den Text neu für eine weiche Währung. Beginne ab Zeile 5: „Wenn man von einer weichen Währung spricht …“

10.3.2 Herausforderungen für den Euro

M 7 Euro-Konvergenzkriterien 1998 und 2010

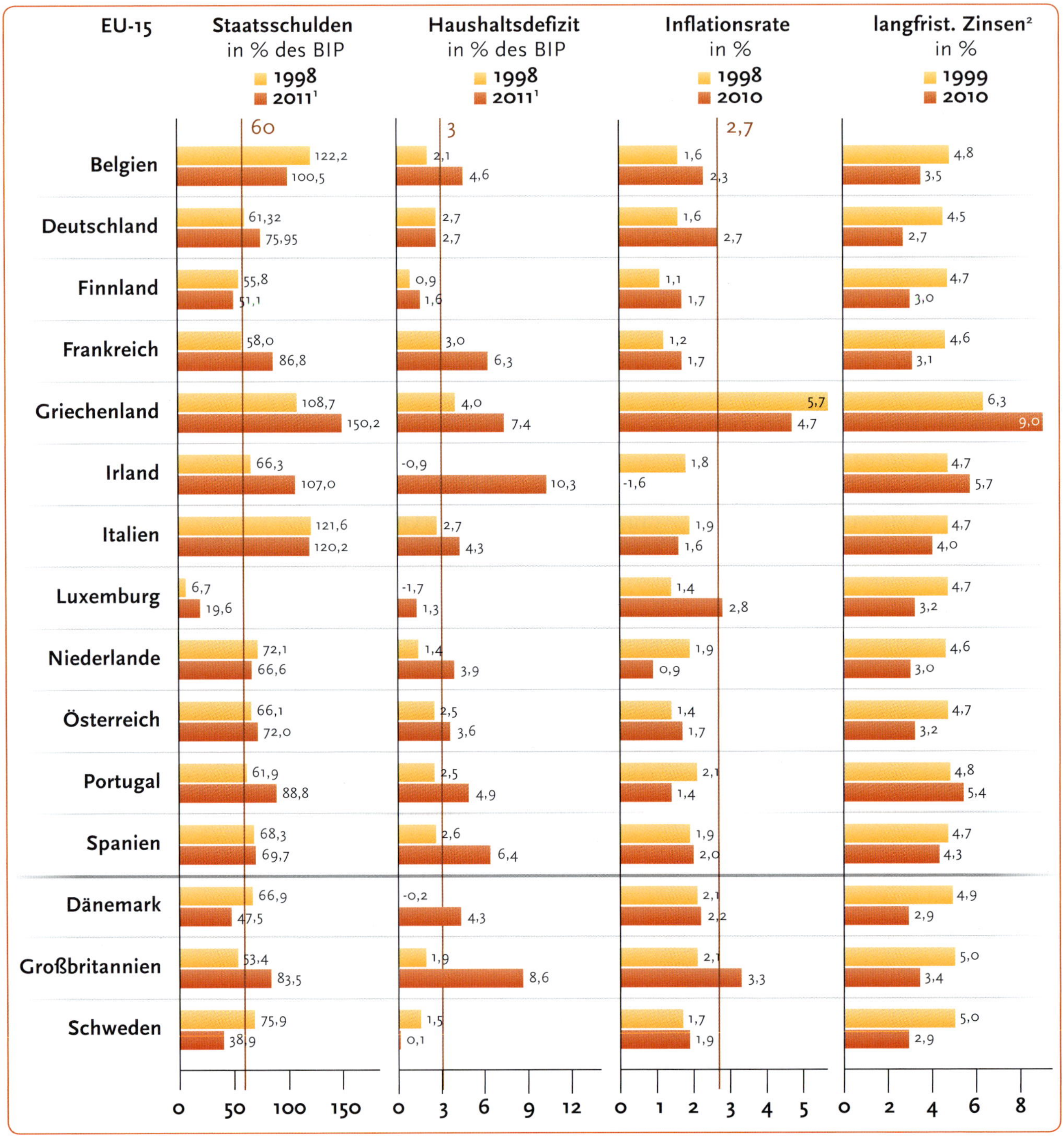

Dargestellt sind die Werte der Konvergenzkriterien in den Jahren 1998/99 und 2010/11 sowie die Schwellenwerte, deren Einhaltung die Vorbedingung zur Einführung des Euro waren bzw. weiterhin sind. (Ausnahmen waren 1998 notwendig und zugelassen.)

Zahlen: EU-Kommission/Eurostat

[1] *Stand: 26.04.2011;* [2] *Der langfristige Zinssatz darf höchstens zwei Prozentpunkte höher als in den preisstabilsten EU-Staaten liegen.*

M 8 Wie ist die Euro-Krise eigentlich entstanden?

Einige Euro-Länder haben in den vergangen Jahren extrem hohe Schuldenberge angehäuft. Griechenland, Italien und Irland etwa gehören zu den zehn am höchsten verschuldeten Staaten der Welt. Ihre Verbindlichkeiten sind höher als ihre jährliche Wirtschaftsleistung. Die Gründe für die prekäre Lage sind vielfältig. Einige Staaten - allen voran Griechenland - haben den Euro-Beitritt genutzt, um günstige Darlehen aufzunehmen. Mussten sie früher mit ihren eigenen Währungen hohe Zinsen zahlen, ermöglichte ihnen die Zugehörigkeit zur Währungsunion eine attraktive Finanzierung. Das ging jedoch nur gut, solange der Schuldenstand nicht übermäßig stieg. Genau das passierte allerdings als infolge der Finanzkrise 2008 und der anschließenden Rezession. Die steigenden Schulden allein hätten die Euro-Zone wohl noch nicht ins Wanken gebracht. Schließlich haben Länder wie die USA oder Japan höhere Verbindlichkeiten als der Durchschnitt der Euro-Länder. Anders als diese Staaten können die Euro-Mitglieder ihr Geld aber nicht abwerten - also im Vergleich zu anderen Währungen verbilligen -, um ihre Schulden zu reduzieren und ihre Waren billiger ins Ausland zu verkaufen. Deshalb ist es in einer Währungsunion extrem wichtig, dass alle Teilnehmer eine möglichst einheitliche Wirtschafts- und Finanzpolitik betreiben. Diesen Aspekt haben die Gründungsväter des Euro zu wenig berücksichtigt. Sie haben zwar Schuldenobergrenzen im sogenannten Stabilitätspakt vereinbart. Richtig ernst hat die aber kaum jemand genommen.

Stefan Kaiser und Sven Böll, Vorhang auf für den nächsten Rettungsakt, in: http://www.spiegel.de, 20.07.2011

Die Eurokrise ist im Wesentlichen durch zwei Ursachen hervorgerufen worden: durch hohe Schulden der Euro-Mitgliedsländer sowie die fehlerhafte Konstruktion der Währungsunion.

M 9 Was passiert, wenn ein Euro-Mitgliedsstaat fast pleite ist?

Die finanzielle Lage Portugals ist dramatisch. Ratingagenturen hatten [aufgrund schwacher Wirtschaftsdaten sowie im Parlament abgelehnter Sparpakete, Anm. d. R.] mehrfach die Kreditwürdigkeit Portugals gesenkt. Dementsprechend steigen die Zinsen, die Lissabon am Kapitalmarkt für neue Schulden zahlen muss, rapide. [...] Die Lage zusätzlich belasten könnte die Zinserhöhung der Europäischen Zentralbank (EZB). [...] Höhere Zinsen können den Preisauftrieb bremsen, sie verteuern aber auch Kredite. [...] Eurostaaten mit schweren Finanznöten können seit dem vergangenen Jahr unter einen milliardenschweren Rettungsschirm schlüpfen und damit eine Pleite verhindern. Kernstück des Kriseninstrumentariums ist der Rettungsfonds EFSF in Luxemburg. Er gibt in einem Notfall an den Finanzmärkten Anleihen heraus und reicht das erlöste Geld an den klammen Staat weiter.

dpa, EU-Sorgenkind Portugal bittet um Milliardenhilfen, in: Frankfurter Rundschau, 07.04.2011

Staatsbankrott
Ein Staatsbankrott (auch Staatsinsolvenz) liegt dann vor, wenn ein Staat fällige Forderungen (Gehälter, Zinsen, Schuldentilgung, etc.) nicht mehr bedienen kann bzw. wenn die Staatsregierung erklärt, fällige Forderungen nur noch teilweise erfüllen zu können.

M 10 Der Europäische Rettungsfonds

Karikatur: Klaus Stuttmann

Ab Sommer 2013 gibt es einen **dauerhaften Krisenfonds**. Die Beschlüsse im Detail:

- Der Europäische Stabilitätsmechanismus (ESM) soll maximal 500 Milliarden Euro verleihen können. Dafür statten ihn die Euro-Länder mit 700 Milliarden Euro aus. Um die Top-Noten der Ratingagenturen zu bekommen, wird der ESM neben Garantien in Höhe von 620 Milliarden Euro als zusätzliche Sicherheit auch mit einem Grundkapital von 80 Milliarden Euro ausgestattet. Damit fließt für die Euro-Rettung erstmals richtiges Geld des deutschen Steuerzahlers. Für die bisherigen Rettungsaktionen waren nur Garantien fällig – also Zahlungen im Fall eines Ausfalls. Allerdings sind die deutschen Milliarden mit der Überweisung an den ESM nicht futsch. Denn die Bundesrepublik erwirbt als Gegenleistung Anteile am Fonds.
- Deutschland muss rund 168 Milliarden Euro an Bürgschaften und fast 22 Milliarden an Grundkapital beisteuern. Die Bundesregierung setzte durch, dass das Grundkapital nicht wie ursprünglich geplant bereits 2013 in vollem Umfang fällig wird. Nun müssen zwischen 2013 und 2017 jeweils 16 Milliarden Euro eingezahlt werden. Deutschland muss also fünf Jahre lang jeweils rund 4,3 Milliarden Euro an den Fonds überweisen. [...]
- Notleidende Staaten sollen aus dem ESM nur dann Kredite erhalten, wenn die „Finanzstabilität des Euro-Raums als Ganzes" gefährdet ist und wenn die betroffenen Länder sich auf eine Haushaltssanierung und wirtschaftliche Reformen einlassen.

Fazit: Der Krisenfonds soll nur die Ultima Ratio sein und behält das bereits beim temporären Krisenfonds etablierte Prinzip „Fördern und Fordern" bei. Das ist durchaus ein Erfolg. Allzu plumper Missbrauch wird so verhindert.

Sven Böll, Euro-Retter schmieden neue Wirtschaftsordnung, in: http://www.spiegel.de, 25.03.2011

M 11 Abkehr vom Euro – eine Alternative?

Der Wirtschaftswissenschaftler Gerhard Illing im Interview mit tagesschau.de:

Illing: Auf Dauer muss man sich entscheiden: Wollen wir am Euro festhalten oder ihn auseinanderbrechen lassen? Wenn wir den Euro aufgeben wollten, hätte das fatale Konsequenzen. Wenn wir aber am Euro festhalten wollen, brauchen wir eine andere Regierungsstruktur in Europa. Das wäre dann eine richtige politische Union, wie es in den USA der Fall ist. Wir haben bisher eine gemeinsame Währung, aber keine einheitliche, zentrale und demokratisch legitimierte Instanz in Europa, die die Regeln für alle verbindlich vorgibt.

tagesschau.de: Das Scheitern des Euro war bis vor Kurzem noch ein Tabuthema. Jetzt erscheint es als eine Alternative zur immer größeren Rechnung für den Rettungsschirm. Was geschieht, wenn der Euro auseinanderbricht?

Illing: Ein Szenario ist, dass Deutschland den Euroraum verlässt und die D-Mark wieder einführt. Das wäre für Deutschland extrem kostspielig. Es wäre aber nicht nur wirtschaftlich, sondern auch politisch fatal. Es würde eine extreme Instabilität in Europa auslösen. [...]

tagesschau.de: Die EU müsste sich politisch reformieren, um die Spekulationen zu stoppen, sagen Sie. Auf welche Bereiche sollten sich die Reformen beziehen?

Illing: Zuvorderst geht es um das Bankenwesen. Es ist bisher so, dass die Gewinne von den Banken und ihren Aktionären eingestrichen werden, die Risiken aber am Ende von der Allgemeinheit getragen werden müssen. Der Finanzsektor muss an den Risiken beteiligt werden.

Das Interview führte Christian Radler, in: http://www.tagesschau.de, 07.12.2010

Aufgaben

1. a) Analysiere die Grafik M 7 hinsichtlich der Entwicklung der Konvergenzkriterien seit 1998. Konzentriere dich dabei auf die großen EU-Mitglieder sowie die in Zahlungsschwierigkeiten geratenen Länder.
   b) Überprüfe dabei, ob die Euro-Staaten die Ziele des Stabilitäts-und Wirtschaftspaktes einhalten.
2. Erläutere die Gründe für die Krise des Euro und gib an, welche Auswirkungen diese auf die beteiligten Staaten haben (M 7 – M 10).
3. Welche Maßnahmen wurden bisher beschlossen, um die Staatsschuldenkrise im Euro Raum zu bekämpfen? Informiere dich über den Erfolg, bzw. Misserfolg der beschlossenen Maßnahmen (M 10).
4. Erschließt mögliche Konsequenzen, die sich aus einem Austritt Deutschlands aus der Währungsunion ergeben würden (M 11).

Was wir wissen

Der Euro
M 9 – M 14

Die im Maastrichter Vertrag festgelegte Wirtschafts- und Währungsunion ist neben der Erweiterung der EU das wohl bisher ehrgeizigste Ziel europäischer Politik. Sie schmiedet die nationalen Volkswirtschaften noch enger zusammen. Die Befürworter und Verteidiger der gemeinsamen Währung sehen in ihr die „Krönung" des europäischen Binnenmarkts und einen entscheidenden Schritt zur Vertiefung europäischer Integration hin zu einer politischen Union. Darüber hinaus dient die gemeinsame Währung dem Wohlstand und bildet ein Gegengewicht zur Dominanz des US-Dollars.
Die Kritiker halten die Einführung für verfrüht, weil weder die wirtschaftlich-soziale noch die politische Integration weit genug vorangeschritten ist. Voraussetzung für die Teilnahme an der Währungsunion ist die Erfüllung der Konvergenzkriterien. Um auf Dauer eine nachhaltige wirtschaftliche Konvergenz innerhalb der EU zu erreichen, wurde 1997 zudem der Stabilitätspakt beschlossen. Er fordert von den Mitgliedstaaten eine solide Wirtschafts- und Finanzpolitik. Auch hierfür wurden bestimmte Kriterien festgelegt, die sich an den Konvergenzkriterien orientieren.

Die EZB
M 12

Die für den Euro verantwortliche Notenbank ist die Europäische Zentralbank (EZB) mit Sitz in Frankfurt am Main. Ihr oberstes Entscheidungsgremium ist der EZB-Rat, dem die sechs Mitglieder des EZB-Direktoriums sowie die 17 Gouverneure der nationalen Notenbanken angehören. Die EZB ist unabhängig und keinen politischen Weisungen unterworfen. Sie ist für die Geldpolitik im Euroraum zuständig. Ziel der Geldpolitik der EZB ist die Sicherung der Geldwertstabilität nach innen (in der Praxis wird darunter verstanden, dass die jährliche Teuerungsrate der Verbraucherpreise mittelfristig 2 Prozent nicht übersteigen soll) und nach außen (angemessene Wechselkurse, vor allem gegenüber dem US-Dollar).

Die Euro-Krise und der Europäische Stabilitätsmechanismus
M 7 – M 10

Vor allem als Folge der Finanz- und Wirtschaftskrise (2007-2010), aber auch wegen mangelnder Haushaltsdisziplin, waren seit 2010 eine ganze Reihe von Euro-Staaten in Zahlungsnöte geraten: Die Zinsen, die sie am Markt zahlen müssen, um sich Geld leihen zu können, stiegen immer mehr an. Um die gemeinsame Währung zu sichern, unterstützten die anderen EU-Staaten die in Schwierigkeiten geratenen Länder.
Der Europäische Stabilisierungsmechanismus (ESM) soll in die EU-Verträge integriert werden und besagt, dass den Euro-Mitgliedstaaten, die übermäßig verschuldet sind, finanzieller Beistand gewährt werden kann.
Bevor ein Mitgliedstaat den Mechanismus nutzen kann, muss ein Antrag eingereicht werden. Der Rat entscheidet darüber, ob die Kredite bzw. Darlehen gewährt werden. Dies geschieht u. a. auf der Basis eines wirtschaftlichen und finanziellen Sanierungsprogramms.

Mal unter uns – ein Zwiegespräch zwischen zwei ungleichen Währungen

DM: Dein Ruf ist nicht der beste. Du solltest mehr auf deine Stabilität achten. In meinen mehr als 50 Jahren habe ich stets ...

EURO: Mit Verlaub, an Stabilität kann ich es mit dir locker aufnehmen, meine Inflationsraten sind niedriger als deine damals. Und als ich eingeführt wurde, stand ich bei 1,18 Dollar. Heute sind es 1,32 Dollar. Ich bin härter, als du jemals warst.

DM: Die Spekulanten nehmen dich immer wieder aufs Korn. So etwas hat es zu meiner Zeit nicht gegeben.

EURO: Du warst ja auch nur eine einfache Landeswährung. Ich hingegen bin international und – ich scheue mich nicht, es zu sagen – ein europäisches Friedensprojekt.

DM: Schöner Frieden, mit Demos, brennenden Barrikaden und immer neuen Krisengipfeln. Ich habe nie einen Rettungsschirm von 750 Milliarden gebraucht, um sicherzustellen, dass ich nicht aufweiche.

EURO: Würdest du bitte zur Kenntnis nehmen, dass unter diesem Schirm Griechenland und Irland stehen und nicht ich. Die beiden haben unsolide gewirtschaftet, das stimmt. Aber das kann man mir nicht anlasten.

DM: Dem deutschen Steuerzahler war bei deiner Einführung hoch und heilig versprochen worden, er werde nie für die Schulden anderer Länder haften müssen.

EURO: Zugegeben. Aber ich glaube, so wie nun die Lage ist, kann dieses Versprechen einfach nicht gehalten werden. Es wäre auch für die Deutschen nicht gut.

DM: Die wissen ja wohl selbst am besten, was gut für sie ist. Die meisten wollen mich zurückhaben. Heimlich rechnen sie im Kopf immer noch mit mir, und viele hüten ein paar Scheine von mir als Glücksbringer. Das nenne ich Nachruhm! Die Leute hatten mit mir gute Jahre.

Rüdiger Jungbluth, in: www.zeit.de, 31.12.2010

Aufgaben

1. Befürwortest du die Rückkehr zur DM? Begründe deine Meinung.
2. Erstellt in der Klasse ein Meinungsbild zur Abschaffung des Euro und ermittelt die Konsequenzen eines solchen Schrittes.

Konfliktkarte 2011

Länder, in denen 2011 Krieg herrschte:
Afghanistan, Ägypten, Elfenbeinküste, Irak, Jemen, Libyen, Mexiko, Myanmar, Nigeria, Pakistan, Somalia, Sudan, Südsudan, Syrien, Türkei

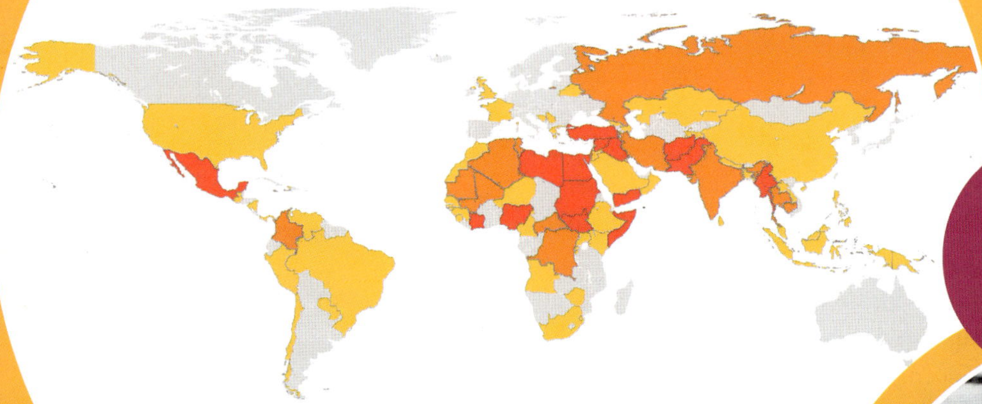

- Kein Gewaltkonflikt
- Krise
- Ernste Krise
- Krieg

Die von mehr als einem Konflikt betroffenen Länder sind entsprechend der höchsten Intensität eingefärbt.

Nach: HIK, Konfliktbarometer 2011

11

Internationale Beziehungen

Die zahlreichen Kriege und Konflikte auf der Welt zeigen, dass bis heute Frieden und Sicherheit alles andere als selbstverständlich sind. Umweltzerstörung und Klimaveränderungen, Kriege und Konflikte, Hunger und Armut bedrohen die Menschen weltweit. Durch die Globalisierung, die man auch als Entgrenzung der Welt bezeichnet, wirken sich Krisen irgendwo auf der Welt auf die gesamte Weltgemeinschaft aus.

Kompetenzen

Am Ende dieses Kapitels solltest du Folgendes können:

- ausgewählte Gefährdungen von Frieden und Sicherheit kennen und beurteilen
- verschiedene Institutionen und Akteure internationaler Politik kennen sowie deren Möglichkeiten zur Konfliktlösung in der internationalen Politik einschätzen
- einen Konflikt mit geeigneten Methoden untersuchen
- Maßnahmen der Friedenssicherung beurteilen

Was weißt du schon?

- Ergänze folgenden Satz in Einzelarbeit:
  - Frieden bedeutet für mich ...
- Mit euren Ergebnissen könnt ihr (Partnerarbeit oder Gruppenarbeit) einen „Friedensbaum" gestalten, der im Laufe der Unterrichtsreihe ergänzt oder verändert wird. Dazu sammelt ihr auf separaten Zetteln die Merkmale und Voraussetzungen für Frieden und heftet die Zettel in Baumform auf ein Plakat: Was bildet den „Stamm", was die „Äste", was sind die „Blätter" oder „Früchte"?

11.1 Bedrohungen für den Weltfrieden

11.1.1 Terrorismus – der neue Krieg?

M 1 Anschlag auf die globale Sicherheit

Anschlag mit Verkehrsflugzeugen auf das World Trade Center in New York am 11.09.2001. Fast 3.000 Menschen verloren dabei ihr Leben. Die Terrororganisation al-Qaida übernahm die Verantwortung dafür.

Osama bin Laden – viele Jahre suchten die USA nach dem Terroristen – am 1. Mai 2011 wurde er in Pakistan von US-Streitkräften getötet.

M 2 Verantwortlich für die Anschläge vom 11. September – al-Qaida

Ihr Name („Die Basis") geht auf ein Verzeichnis von muslimischen Kämpfern zurück, das Osama bin Laden 1988 in Afghanistan anlegte, nach dem Krieg der Mudschahedin gegen die Sowjets. Seit 1984 waren über Osama bin Ladens Rekrutierungsbüros etwa 20.000 Muslime aus aller Welt in die Ausbildungslager am Hindukusch gezogen. Bis zum Jahr 2001 erstreckte sich bin Ladens Netzwerk, laut einer Zählung des US-Außenministeriums, über etwa 55 Staaten. Unabhängige, sogenannte „non-aligned Mudschahedin" oder „Schläfer", stehen im Bedarfsfall Gewehr bei Fuß. Ihre gemeinsame Ideologie ist es, die Welt von den Ungläubigen zu befreien. Im Namen des Dschihad („heiliger Krieg") kann jeder kämpfen, der die Ziele der Bewegung teilt. Was als Adressenverzeichnis afghanischer Kämpfer begann, ist heute also eine Bewegung von Fanatikern, die mal mehr, mal weniger autonom von der al-Qaida-Gründerriege operieren. Seit 2006 konzentriert sich al-Qaida in erster Linie auf den Kampf in Afghanistan und Pakistan. In der arabischen Welt gelten heute (2009) vor allem Algerien und der Jemen als wichtige Einsatzgebiete der Organisation. Über die „Befreiung" der arabischen und islamischen Welt hinaus, zielt al-Qaida darauf ab, all diejenigen Territorien zu erobern, in denen zwar Muslime leben, die gegenwärtig jedoch von Nichtmuslimen beherrscht werden. Hierzu gehören neben Israel vor allem Tschetschenien, Ost-Timor, die südlichen Philippinen, Südthailand, Nordnigeria und einige weitere Länder. Bin Laden und Zawahiri haben keine Grenzen der Expansion benannt. Al-Qaida geht es um den Rückzug der USA nicht nur aus der arabischen und islamischen Welt, sondern aus der Weltpolitik insgesamt. Es ist anzunehmen, dass sie auch nach Erreichen ihrer unmittelbaren Ziele den Kampf gegen den Westen fortzusetzen plant. Die erstaunliche Regenerationsfähigkeit der al-Qaida lässt vermuten, dass sie noch auf Jahre hinaus eine Bedrohung für die muslimische Welt, Europa und die USA bleiben wird.

Nach: Jochen Bittner, Die Zeit, 29/2005 und Guido Steinberg, Al-Qaida, 06.05.2009, www.bpb.de

Tipp
Die Bundeszentrale für politische Bildung (BpB) hat in Kooperation mit der Internetplattform politik-digital eine umfangreiche, täglich aktualisierte Linkliste zu den Terroranschlägen des 11. September 2001 eingerichtet, welche reichhaltige Informationen zu den Hintergründen, Ereignissen und Folgen der Anschläge liefert:
www.bpb.de/wissen/EMH9Q8,0,Linkliste_zum_11_9_2001.html

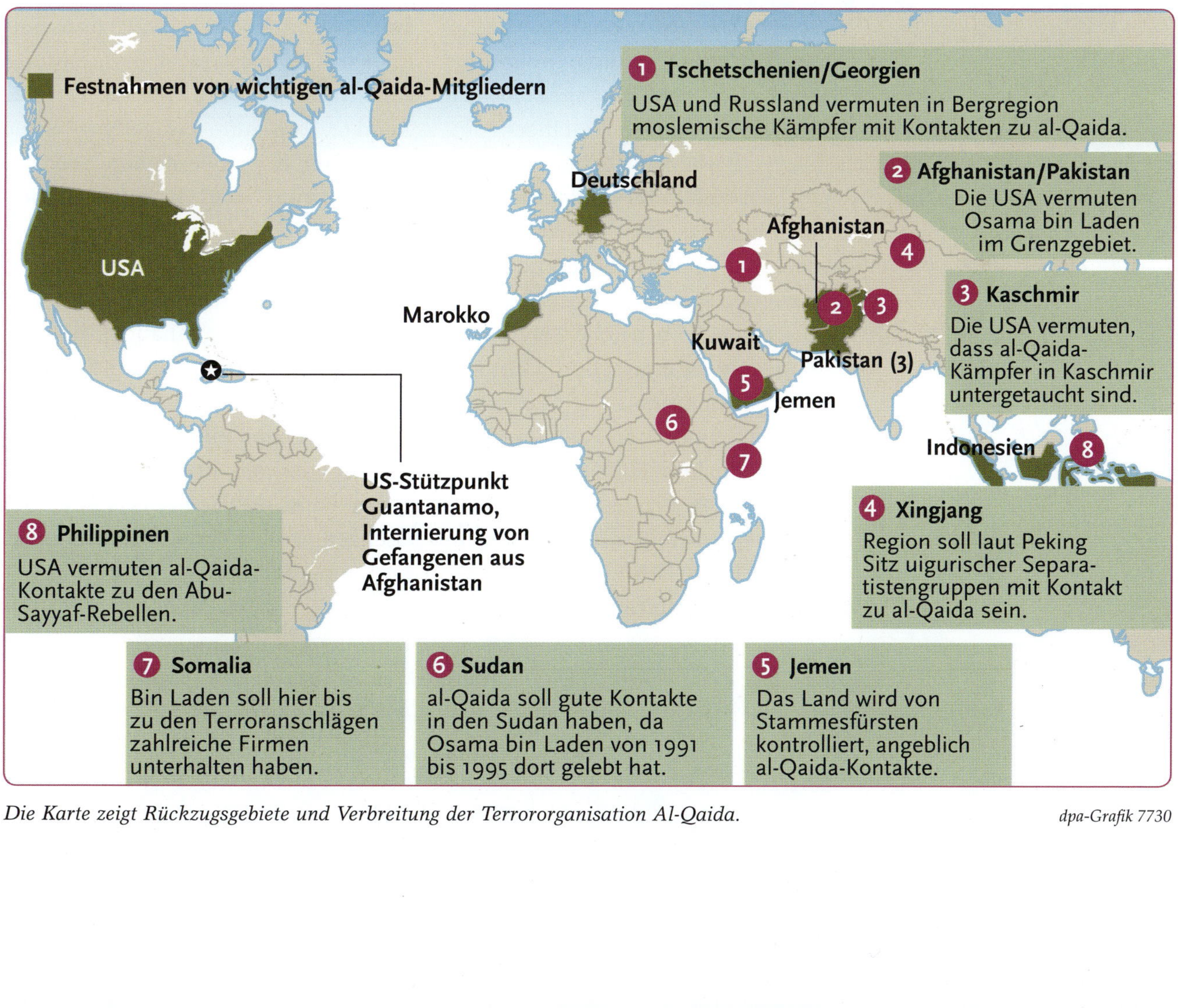

Die Karte zeigt Rückzugsgebiete und Verbreitung der Terrororganisation Al-Qaida. *dpa-Grafik 7730*

M 3 Der Wandel des Kriegsbildes

Krieg bedeutet, Interessenkonflikte zwischen Staaten (zwischenstaatlicher Krieg), zwischen Bevölkerungsgruppen (Bürgerkrieg) oder zwischen Staaten und einzelnen Bevölkerungsgruppen (asymmetrischer Krieg) mit Waffengewalt auszutragen. Meist geht es dabei um Macht und Einfluss, häufig auch um unterschiedliche Ideologien oder Religionen.

Im September 2007 gelingt es der deutschen Polizei, einen islamistischen Terroranschlag durch deutsche Konvertiten zu verhindern.

Auch wenn das Kriegsgeschehen auf der Welt sehr unübersichtlich ist, so lassen sich doch einige Entwicklungen herauslesen. So wurden in den vergangenen 15 Jahren nur noch sehr wenige zwischenstaatliche Kriege ausgetragen, bei denen sich zwei Staaten mit militärischen Großverbänden bekämpfen. Die Auseinandersetzung zwischen Russland und Georgien im Jahr 2008 war bezeichnenderweise der erste zwischenstaatliche Krieg nach der US-Intervention im Irak 2003. Einige Beobachter sprechen deshalb auch vom „Aussterben" des klassischen zwischenstaatlichen Kriegs.

Die überwiegende Anzahl von Kriegen sind heute jedoch innerstaatliche oder asymmetrische Kriege. Lokale Warlords, Rebellen- und Guerillagruppen, „Befreiungsarmeen" und internationale Terrornetzwerke tragen organisierte militärische Gewalt in die Mitte der Gesellschaften hinein, von der aus sie die staatliche Ordnung oder eine Besatzungsmacht bekämpfen. Ein fruchtbares Umfeld finden diese Organisationen in schwachen Staaten, die Recht und Ordnung nicht oder nicht mehr durchsetzen können, weil zum Beispiel das nötige Geld zur Bezahlung von Polizisten und Richtern fehlt. Gebiete, die nur mangelhaft unter staatlicher Kontrolle stehen, werden als Rückzugs- und Ruheräume, als Orte für Trainings- und Ausbildungscamps genutzt. Auch lassen sich in solchen Staaten leichter illegale Geschäfte vom Drogenhandel bis zur Geldwäsche betreiben, um die eigene Anhängerschaft zu finanzieren.

Die Staatengemeinschaft steht vor der schwierigen Frage, wie sie mit dieser Form des Krieges, bei der die Grenzen zur Kriminalität fließend sind, umgehen soll.

M 4 Terrorismus und Innenpolitik: Maßnahmen zur Terrorabwehr

Auf innenpolitischer Ebene sind wegen der erhöhten Terrorgefahr weltweit zahlreiche Sicherheitsmaßnahmen getroffen worden.

Biometrischer Pass: Er enthält das biometriefähige Passfoto sowie den Fingerabdruck und soll die Sicherheit des Dokuments gegen Fälschung und Missbrauch gewährleisten.

Weitergabe von Fluggastdaten: Daten von Fluggästen, die in die USA reisen, werden nach verdächtigen Mustern überprüft, um Terroristen noch vor der Einreise zu entdecken.

Videoaufzeichnung: Überwachungskameras werden als vorbeugende Sicherheitsmaßnahme verstärkt an öffentlichen Plätzen eingesetzt.

Online-Durchsuchung: Staatlicher Zugriff auf fremde Kommunikationsnetze, manchmal mit anschließender Überwachung, um Hinweise auf kriminelle Verbindungen oder Inhalte zu erhalten.

Vorratsdatenspeicherung: Es wird gespeichert, wer mit wem in den letzten sechs Monaten per Telefon, Handy oder E-Mail in Verbindung gestanden oder das Internet genutzt hat. Die Daten werden ohne Verdachtsmoment für sechs Monate gespeichert.

Karikatur: Thomas Plaßmann, Baaske Cartoons

Aufgaben

1. Führe eine Umfrage an deiner Schule, in deinem Familien- und Verwandtenkreis oder in deiner Heimatgemeinde durch, und ermittle, welche Bedrohungen und Gefahren von den Befragten als aktuell größtes „Risiko für die internationale Staatengemeinschaft" eingeschätzt werden. Entwirf vorab einen sinnvollen Fragebogen (offene oder gelenkte Fragen, Differenzierung nach Altersgruppen und Geschlecht, etc.) Werte anschließend die Umfrage aus, und suche geeignete Möglichkeiten zur Präsentation der Ergebnisse (M 1 – M 4).
2. Informiere dich über den Terroranschlag vom 11.09.2001 in New York (Geschehnisse, Hintergründe, Folgen) und erstelle eine knappe Chronik weiterer schwerer Terroranschläge der letzten Jahre (M 2, Internetrecherche).
3. Erkläre, wie sich das Kriegsbild in den letzten Jahrzehnten geändert hat (M 3).
4. Erläutere, warum der Terrorismus für Demokratien gefährlich ist (M 4). Tipp: Der Verfassungsschutzbericht des Bundesamtes für Verfassungsschutz gibt Hinweise zur aktuellen Bedrohung der Bundesrepublik Deutschland durch Terroristen.
5. Lade einen Experten der Polizei oder des Verfassungsschutzes für eine Befragung zu sicherheitspolitischen Themen ein. (Terrorismus, Islamismus, Online-Durchsuchung etc., siehe Methode S. 103).

11.1.2 Darf der Staat seine Bürger heimlich überwachen?

M 5 Bundesregierung hält an Online-Durchsuchung fest

Karikatur: Klaus Stuttmann

M 6 Terrorabwehr und Privatsphäre

Szenario 1:
Anfang September 2007 gelingt es dem Bundeskriminalamt im Sauerland drei Tatverdächtige festzunehmen, die dabei waren, Sprengstoff zusammenzubauen. Die Verdächtigen, die Mitglieder der radikal-islamistischen terroristischen Vereinigung Islamische Dschihad-Union sind, hatten zwölf Fässer mit 730 kg Wasserstoffperoxid angeschafft und wollten damit Sprengstoff mit der Wirkung von 550 kg TNT herstellen, genug, um ein Parkhaus in die Luft zu sprengen. In der Zeit davor hatten rund 500 Polizeibeamte rund um die Uhr den E-Mail- und Telefonverkehr zwischen den Tatverdächtigen überwacht und deren Wohnungen und Autos verwanzt.

Szenario 2:
Anfang September 2007 überwacht das Bundeskriminalamt im Sauerland drei junge Männer muslimischen Glaubens, die verdächtigt werden, Mitglieder der radikal-islamistischen terroristischen Vereinigung „Islamische Dschihad-Union" zu sein. Es wird vermutet, dass sie mit Hilfe von Sprengstoff einen terroristischen Anschlag in Deutschland planen. Bei der Überwachung wird rund um die Uhr der E-Mail- und Telefonverkehr überwacht und deren Wohnungen und Autos verwanzt. Dabei hören die Polizeibeamten heimlich auch private Gespräche mit und lesen private E-Mails. Ein konkreter Tatvorwurf kann den Verdächtigen aber nie gemacht werden.

M 7 Was beinhaltet die Online-Durchsuchung?

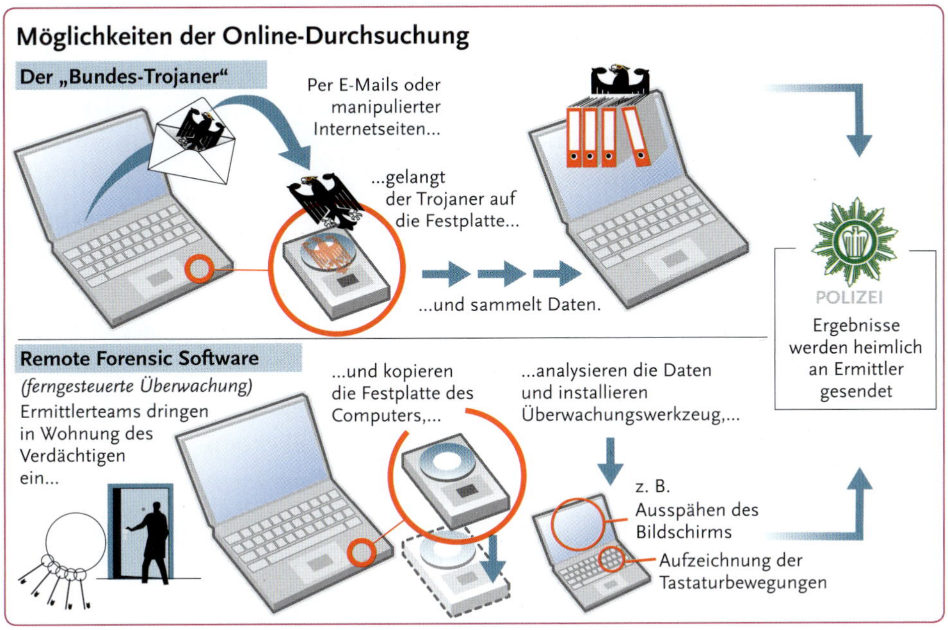

dpa-Grafik: 15483

M 8 Kontrovers diskutiert: Online-Durchsuchung – geht sie zu weit?

a) Ja!

Ohne Zweifel sind heimliche Online-Durchsuchungen von Computern ein tiefer Eingriff in die Privatsphäre, der wohl noch weiter reicht als die akustische Wohnüberwachung. Ein solcher Grundrechtseingriff kann allenfalls gerechtfertigt sein, wenn er zwingend notwendig und erfolgversprechend ist. In den letzten Jahren konnten aber mehrere terroristische Anschläge erfreulicherweise auch ohne heimliche Online-Durchsuchungen verhindert werden. Zudem lehrt die Erfahrung, dass gerade Personen mit hoher krimineller Energie sich durch technische Vorkehrungen gegen solche Maßnahmen schützen werden oder die Online-Durchsuchung ihrer PCs umgehen, indem sie einfach über Internetcafés kommunizieren. Auch die Befürworter von Online-Durchsuchungen räumen ein, dass auf Computer von außen „fremde“ Inhalte aufgespielt werden können. Daher ist die beweismäßige Verwertbarkeit in Strafverfahren ohnehin eingeschränkt.

Das Bundesverfassungsgericht in Karlsruhe hat in seiner Entscheidung vom 27. Februar 2008 wegen der hohen Bedeutung des Kernbereichs privater Lebensgestaltung das neue Grundrecht auf die Gewährung der Vertraulichkeit und Integrität informationstechnischer Systeme entwickelt und dieses „Computergrundrecht“ mit dem Schutz der Menschenwürde begründet.

Max Stadler, Pro und Kontra: Geht die gesetzlich festgelegte Online-Durchsuchung zu weit?, in: http://www.braunschweiger-zeitung.de, 06.10.2008

Online-Durchsuchung
Das heimliche Anzapfen von Computern von Verdächtigen wird dann erlaubt, wenn die Unversehrtheit einer Person oder der Bestand des Staates gefährdet sind. Grundsätzlich ordnet ein Richter die Durchsuchung an, wenn der Präsident des BKA sie beantragt hat. Bei „Gefahr im Verzuge“ trifft der BKA-Präsident die Entscheidung, die aber innerhalb von drei Tagen richterlich abgesegnet werden muss. Die Online-Durchsuchung ist bis 2020 befristet. Generell ausgenommen von der Überwachung sind Geistliche, Abgeordnete sowie Strafverteidiger von Beschuldigten, die von der Überwachung betroffen sind. Bei Berufen – wie etwa Journalisten – ist eine Überwachung hingegen grundsätzlich zulässig.

b) Nein!

Die aktuellen Terror-Warnungen und Festnahmen zeigen eindringlich: Unser Land steht unmittelbar im Zielspektrum islamistischer Terrorzellen, die mit hoher krimineller Energie ihre Anschläge vorbereiten und möglichst viele Unschuldige töten wollen. Mehr denn je ist ein wehrhafter Rechtsstaat gefragt, um unsere Bürger gezielt schützen zu können. Deshalb soll das Bundeskriminalamt spezielle Befugnisse für eine verbesserte Terrorabwehr erhalten, darunter die Online-Durchsuchung von Computern terrorverdächtiger Personen. Wir wissen, dass Terroristen die moderne Informations- und Kommunikationstechnologie systematisch nutzen, um ihre Gewalttaten vorzubereiten, abzustimmen und zu tarnen. Für solche Extremisten darf es keine geschützten Kommunikationsräume geben. [...] Dabei beschränkt sich die Online-Durchsuchung schon wegen des technischen Aufwandes nur auf wenige, aber dafür entscheidende Fälle.

Klar ist, dass wir eine ausgewogene Balance von Sicherheit und Freiheit im Auge behalten müssen. Dafür hat das Bundesverfassungsgericht den Rahmen abgesteckt. Demnach ist eine Online-Durchsuchung durch die Sicherheitsbehörden nur als letzter Weg in herausragenden Gefahrensituationen möglich. Jede Anordnung zu einer Online-Durchsuchung muss zudem an einen Richtervorbehalt geknüpft werden. Die geplante Novelle des Bundeskriminalamt-Gesetzes hält sich klar an diese Vorgaben.

Uwe Schünemann, ebd.

Aufgaben

1. Entscheide dich für einen der beiden folgenden Standpunkte. Führt dazu eine Abstimmung innerhalb der Klasse durch und notiert das Ergebnis:
   a) Dem Staat geht das Privatleben der Menschen nichts an. Er darf seine Bürger nicht heimlich verwanzen, abhören und überwachen.
   b) Der Staat darf seine Bürger heimlich verwanzen, abhören und überwachen, wenn dadurch möglicherweise ein Verbrechen frühzeitig erkannt und verhindert werden kann. (M 5, M 6)
2. Führt mithilfe der nebenstehenden Methode eine Eishockey-Debatte zu der Frage durch, ob der Staat im Sinne der Terrorabwehr seine Bürger heimlich überwachen darf. Teilt euch dazu in Pro- und Kontra-Gruppen auf und bearbeitet die Materialien M 7 und M 8.
3. Formuliere im Anschluss an die Debatte deinen persönlichen Standpunkt zur Streitfrage. Schreibe dazu alle Pro- und Kontra-Argumente auf, die dich überzeugt haben. Markiere jeweils die zwei stärksten Argumente und triff dann deine Entscheidung.
4. Führt die Abstimmung erneut durch (siehe Aufgabe 1). Vergleicht die beiden Abstimmungsergebnisse. Die Schüler, die aufgrund der Debatte ihre Meinung geändert haben, begründen dies.

Methode

Eine Eishockey-Debatte durchführen

Politische Probleme betreffen oftmals die gesamte Bevölkerung eines Landes. Da dabei sehr viele verschiedene Interessen und Gruppen in der Gesellschaft betroffen sind, kann es meist keine Lösung geben, die für alle gleich gut ist. Deshalb sind Konflikte unausweichlich und Lösungen immer umstritten. Der Streit um die richtige Lösung politischer Konflikte gehört somit zum Kern der Politik. Die öffentliche Debatte, die in den Medien, in den Parteien und Parlamenten, aber auch in den Familien und in der Schule geführt wird, ist eine wichtige Vorstufe zur Entscheidungsfindung. Wer sich in dieser Debatte durchsetzen kann, der kann großen Einfluss auf die politische Entscheidung nehmen.

Eine Möglichkeit, eine geordnete Debatte zu führen, ist die **„Eishockey-Debatte"**. Sie erlaubt es, eine Diskussion zu führen, ohne dass ein Einzelner dabei im Mittelpunkt steht, da sich die Diskussionsmannschaften gegenüberstehen. Kein Spieler kann ein gesamtes Eishockeyspiel absolvieren, denn das Tempo des Spiels ist viel zu hoch. Deshalb wechseln sich die Spieler immer ab und sobald sie sich wieder stark fühlen, können sie wieder auf das Eis.

Je mehr Leute mitstreiten, desto mehr Argumente und Ideen gibt es. In der „Eishockey-Debatte" diskutieren immer nur vier Schülerinnen und Schüler miteinander: zwei aus der Pro- und zwei aus der Kontra-Gruppe. Das gesamte Team steht aber jederzeit bereit, in die Diskussion einzugreifen. Hat ein Mitglied aus dem Diskussionsteam eine gute Idee oder ein schlagkräftiges Argument, dann wird er „eingewechselt": Der bisherige Diskutant geht zurück ins Publikum und der andere nimmt auf einem der Diskussionsstühle Platz – nun geht die Debatte weiter. Die Debatte ist zu Ende, wenn keine neuen Argumente genannt werden bzw. wenn sich niemand mehr einwechseln lassen will.

Eishockey-Debatte

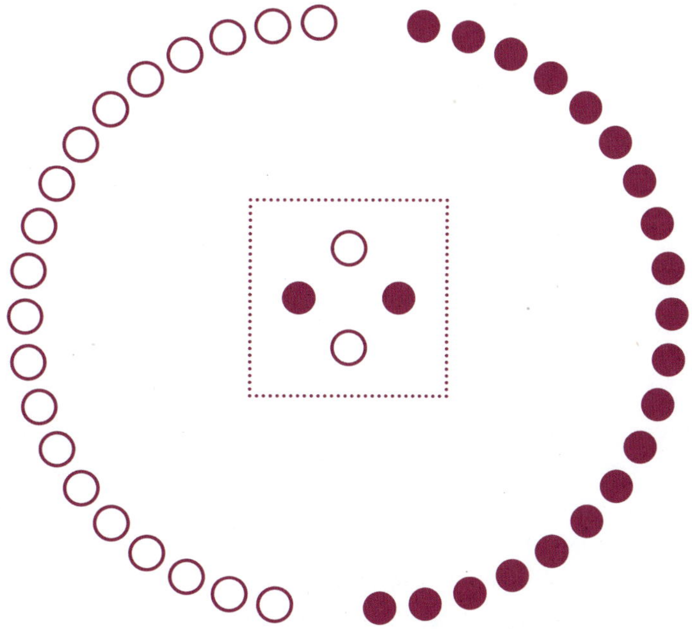

Was wir wissen

Frieden – keine Selbstverständlichkeit

Frieden im engeren Sinne bedeutet die Abwesenheit von Krieg und Gewalt. Im weiteren Sinne ist Frieden ein Zustand, in dem Menschen unter Anerkennung und Wahrung der Menschenrechte frei von Unterdrückung zusammenleben können und Konflikte gewaltfrei gelöst werden. Doch nicht überall leben die Menschen friedlich zusammen.

Terrorismus
M 21, M 2

Seit den verheerenden terroristischen Anschlägen in den USA am 11. September 2001 gilt der internationale Terrorismus als eine der größten sicherheitspolitischen Herausforderungen der Gegenwart. Terroristen wollen durch geplante Gewaltanwendung (auch und gerade gegen Zivilisten) Angst und Schrecken erzeugen, um so politische oder religiöse Ziele zu erreichen. Ein Beispiel für ein global agierendes terroristisches Netzwerk ist al-Qaida. Der islamisch-fundamentalistische Terrorismus kann als Abwehrbewegung gegenüber der Ausbreitung westlicher demokratischer Werte und Lebensweisen verstanden werden.

Wandel des Kriegsbildes
M 3

Klassische Kriege sind eine Form des Konfliktaustrags zwischen Staaten, in denen die Konfliktparteien organisiert und systematisch, unter Einsatz der Armee und umfangreicher militärischer Mittel, Gewalt gegeneinander anwenden. Diese Kriege, die noch Anfang des vergangenen Jahrhunderts unvorstellbares Leid über die Menschheit brachten, sind heute jedoch die Ausnahme. Gewaltsame Konflikte werden heute dagegen häufig als „neue" oder „asymmetrische" Kriege" bezeichnet. Die neuen Kriege tragen die Merkmale von Bürgerkriegen, denn meist kämpfen private Gruppen (Warlords, lokale Stammesfürsten, Guerillabewegungen oder Terrorgruppen) gegen andere Gruppen oder staatliche Einrichtungen. Schauplätze dieser Kriege sind schwache Staaten, denen es schwer fällt, die öffentliche Ordnung zu garantieren. Oft wird die Zivilbevölkerung bewusst in die Kampfhandlungen mit einbezogen. Aber auch die freiheitlichen und hoch technisierten Gesellschaften sind Ziele von terroristischen Attentaten, da sie aufgrund ihrer Offenheit leichter verwundbar sind. Innenpolitisch haben die betroffenen Staaten (so auch Deutschland) deshalb verstärkte Anstrengungen zur Terrorabwehr unternommen, die eine Einschränkung von Freiheitsrechten zur Folge haben.

Terrorismus als Herausforderung für die Demokratie
M 5 – M 8

Der internationale Terrorismus gilt seit den verheerenden Anschlägen in den USA am 11.09.2001 als eine der größten sicherheitspolitischen Herausforderungen der Gegenwart. Insbesondere der westlichen Welt wurde bewusst, wie verwundbar offene, liberale und hoch technisierte Gesellschaften gegenüber terroristischen Attentaten sind. Für die Demokratie bedeutet dies, die Balance zwischen Freiheit und deren Einschränkung zugunsten von Sicherheit zu bewahren.

Fiktives Interview mit einem al-Qaida-Terroristen:

Stelle dir vor, du hättest Gelegenheit, ein Interview mit einem Topterroristen der al-Qaida zu führen. Du und dein Tischnachbar teilt die Rollen des Interviewers und des Interviewten untereinander auf. Für das Interview habt ihr 15 Minuten Zeit. Bereitet euch gut vor.

Der folgende Leitfaden kann euch dabei helfen:

- Auf welche Fragen möchtest du eine Antwort haben? Mit anderen Worten: Worum geht es?
- Beim Schreiben der Fragen solltest du bereits wissen, welche Antworten du vom Interviewpartner erwartest: Was soll mir mein Interviewpartner sagen? Welche Information brauche ich von ihm? Wie lange dauert die Antwort ungefähr?
- Fragen müssen öffnen. Sie sollten dem Gegenüber die Möglichkeit geben zu reden. Auf die Frage: „Haben Sie sich darüber geärgert?“, erhalten wir ein trockenes „Ja“, und das lässt sich nicht zitieren. Besser: „Wie haben Sie diesen Vorwurf empfunden?“ oder: „Weshalb haben Sie sich darüber geärgert?“
- Die wichtigsten Fragen sind die W-Fragen: Wer, Wo, Was, Wann, Wie, Warum, Woher? Wichtig ist eine offene Fragehaltung.
- Unproblematische Fragen zuerst: Grundsätzlich braucht man eine Einleitungsfrage, die es dem Gegenüber ermöglicht, sich auf die Interviewsituation einzustellen und den persönlichen Redefluss zu finden. Erst dann kann man auf die wichtigen Themen eingehen.

Aufgabe

Führt das Interview durch und wertet die Antworten aus. Beachtet dabei, ob die Fragen zielführend waren und die Antworten realistisch sind.

11.2 Außen- und Sicherheitspolitik am Beispiel von Afghanistan

11.2.1 Wie soll dem Terrorismus begegnet werden?

M 1 George W. Bush: „Unser Krieg gegen den Terrorismus beginnt mit der al-Qaida"

Nach den Terroranschlägen vom 11. September 2001 stimmt der amerikanische Präsident George W. Bush (2001 – 2009) am 20. September 2001 in einer Rede vor dem Kongress in Washington das amerikanische Volk und die Welt auf einen langen Kampf gegen den Terrorismus ein.

„Am 11. September haben Feinde der Freiheit eine kriegerische Handlung gegen unser Land begangen. [...] Die von uns gesammelten Beweise weisen alle auf eine Reihe lose verbundener Terroristenorganisationen hin, die als Al-Qaida bekannt sind. [...] Diese Gruppe und ihr Anführer – eine Person namens Osama bin Laden – werden mit vielen anderen Organisationen in verschiedenen Ländern in Verbindung gebracht [...] Es gibt Tausende dieser Terroristen in mehr als 60 Ländern. Sie werden in ihren eigenen Ländern und Nachbarschaften rekrutiert und in Lager wie beispielsweise in Afghanistan gebracht, wo sie in der Taktik des Terrors ausgebildet werden. [...] Unser Krieg gegen den Terrorismus beginnt mit der al-Qaida, aber er wird dort nicht enden. [...] Die Amerikaner fragen: Wie werden wir diesen Krieg führen und gewinnen? Wir werden alle uns zur Verfügung stehenden Mittel einsetzen – alle Mittel der Diplomatie, alle nachrichtendienstlichen Mittel, alle polizeilichen Instrumente, alle Möglichkeiten der finanziellen Einflussnahme und alle erforderlichen Waffen des Krieges, um das Netzwerk des weltweiten Terrors zu zerschlagen und zu besiegen. [...] Dies ist nicht nur ein Kampf Amerikas. Und es geht hier nicht nur um die Freiheit Amerikas. Dies ist der Kampf der gesamten Welt. Dies ist der Kampf der gesamten Zivilisation. Es ist der Kampf aller, die an Fortschritt und Pluralismus, Toleranz und Freiheit glauben."

Amerikanische Botschaft (Berlin), amerika dienst (USINFO-B-DE), 21.09.2001

M 2 Die Antwort der USA: Operation Enduring Freedom

Die Operation Enduring Freedom (OEF, englisch für „Operation andauernde Freiheit") ist die erste und bisher einzige militärische Großoperation im Rahmen des von den Vereinigten Staaten ausgerufenen Krieges gegen den Terrorismus. Sie begann am 7. Oktober 2001 mit dem Krieg gegen die Taliban in Afghanistan. Militärischer Hauptakteur der Operation Enduring Freedom sind die Streitkräfte der Vereinigten Staaten, jedoch nehmen viele Streitkräfte von Verbündeten der USA an ihr teil. Die erste Kriegsphase endete mit dem Fall der Hauptstadt Kabul und der Provinzhauptstädte Kandahar und Kunduz im November und Dezember 2001. Die Operation Enduring Freedom wird außer in Afghanistan in drei weiteren Regionen durchgeführt: am Horn von Afrika, auf den Philippinen und in Afrika innerhalb und südlich der Sahara. Deutschland beteiligte sich militärisch mit Einheiten der Marine an dem Einsatz im Indischen Ozean. Die Beteiligung der Bundeswehr mit Spezialkräften an Teiloperationen in Afghanistan wurde beendet. Als Rechtsgrundlage wird von den USA die Resolution 1368 des Sicherheitsrats der Vereinten Nationen vom 12. September 2001 in Anspruch genommen. Diese Resolution verurteilte die Ereignisse vom 11. September 2001 als Bedrohung für den internationalen Frieden und die internationale Sicherheit und bekräftigte das Recht auf individuelle und kollektive Selbstverteidigung.

Resolution des Sicherheitsrates
Eine Resolution des Sicherheitsrates der Vereinten Nationen ist völkerrechtlich bindend. Eine Resolution wird einstimmig vom Sicherheitsrat verabschiedet und enthält konkrete Forderungen an betreffende Staaten bzw. Konfliktparteien sowie die Androhung von Maßnahmen bei Nichteinhaltung.

M 3 ISAF – Stabilisierung und Wiederaufbau in Afghanistan

Erst Ende 2001 konnten die Kräfte der sogenannten „Nordallianz", unterstützt von den Vereinigten Staaten von Amerika und Großbritannien im Rahmen der Operation Enduring Freedom, das Taliban-Regime in Kabul stürzen. Die größten ethnischen Gruppen in Afghanistan einigten sich im Dezember 2001 während einer Konferenz auf dem Petersberg bei Bonn auf eine Übergangsregelung bis zum Aufbau dauerhafter stabiler Regierungsinstitutionen in Afghanistan. Das Petersberger Abkommen wurde Grundlage für die Resolution 1623 des Sicherheitsrats der Vereinten Nationen, der noch im Dezember 2001 die Aufstellung der International Security Assistance Force (ISAF) beschloss. Diese Mission steht unter Führung der NATO und auch die Bundeswehr beteiligt sich seit 2002 an diesem Einsatz. Ziel der ISAF ist die Unterstützung der afghanischen Regierung sowie die Herstellung und Wahrung der inneren Sicherheit in Afghanistan. Außerdem soll der Wiederaufbau des Landes und funktionierender demokratischer Regierungs- und Verwaltungsstrukturen (z.B. Polizei, Gerichte) begleitet werden. Die Resolution des Sicherheitsrates erlaubt dabei „friedenserzwingende Maßnahmen", also Maßnahmen zur Wiederherstellung des Friedens in Konfliktgebieten unter Anwendung militärischer Mittel. Ca. 90.000 Soldaten aus zahlreichen Ländern beteiligen sich an der Mission. Nach anfänglichen Erfolgen beim Wiederaufbau und der Befriedung zumindest von Teilen des Landes hat sich die Sicherheitslage in Afghanistan bis zum Jahr 2010 wieder deutlich verschlechtert, sodass immer mehr Beobachter von einem Krieg in Afghanistan sprechen, an dem auch deutsche Soldaten beteiligt sind.

Aufgaben

1. Die Operation Enduring Freedom war eine unmittelbare Reaktion auf die Anschläge vom 11. September 2001. Arbeite aus M 1 heraus, wie der amerikanische Präsident George W. Bush den Kampf gegen den Terrorismus begründet und mit welchen Mitteln er geführt werden soll.
2. Nenne die unterschiedlichen Ziele der Missionen „Enduring Freedom" und „ISAF" (M 2, M 3).
3. Bildet Gruppen und erstellt zusammen ein Porträt über Afghanistan. Mögliche Aspekte: Geschichte, Bevölkerung, Wirtschaft, Geografie und Politik.

M 4 ISAF-Soldaten am Hindukusch

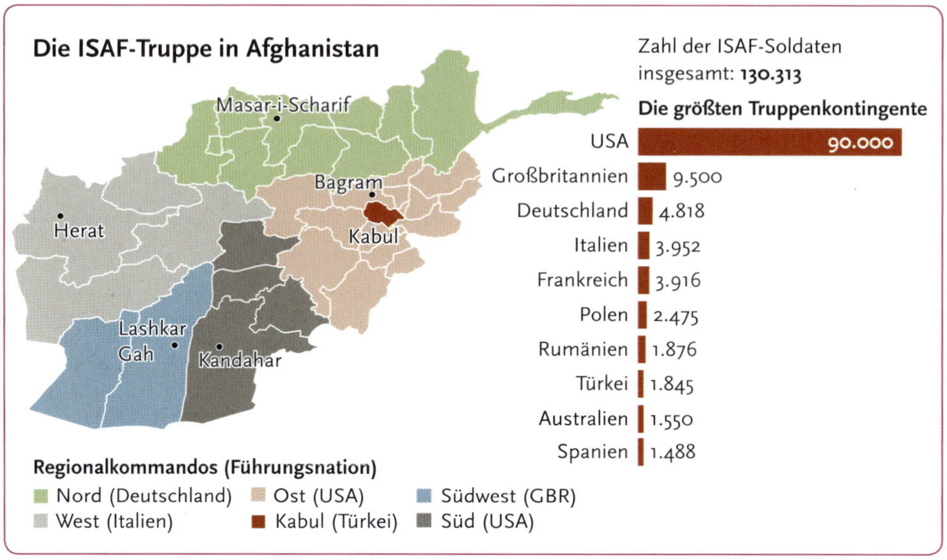

dpa-Grafik 15367; Quelle: ISAF, Stand: Dezember 2011

M 5 Zehn Jahre später ...

Der amerikanische Präsident Barack Obama verkündet im Jahr 2011 den Abzug der amerikanischen Soldaten aus Afghanistan

Der US-Präsident will sein Land im Inneren stärken und dazu die Ausgaben für den Krieg kürzen. [...] Nach fast zehn Jahren Krieg in Afghanistan leiten die USA ihren Abzug aus dem Land ein. Bis Ende des Sommers 2012 sollen 33.000 Soldaten in die Heimat zurückkehren. Dies entspricht einem Drittel der derzeit am Hindukusch stationierten US-Kräfte. „Das ist der Anfang, aber nicht das Ende unserer Bemühungen, diesen Krieg schrittweise zu beenden", sagte Obama in einer Fernsehansprache. „Amerika, es ist Zeit, dass wir uns auf unseren Staatsaufbau zu Hause konzentrieren", rief er seinen Zuhörern zu. Die USA hatten es sich ursprünglich zum Ziel gesetzt, Afghanistan beim Aufbau eines Rechtsstaates zu helfen und damit Kriegsherren und Aufständischen wie den Taliban den Nährboden zu entziehen. Obama signalisierte zudem an mehreren Stellen seiner Rede einen militärstrategischen Kurswechsel: Nach den Anschlägen am 11. September 2001 seien Zahl und Umfang der Militäreinsätze deutlich gestiegen, die einen Wiederaufbau geschwächter Staaten zum Ziel gehabt hätten. „Die Flut des Krieges zieht sich nun aber zurück", sagte er [...] Die USA zögerten nicht mit einseitigen Schlägen gegen Extremisten, die Amerikaner ins Visier genommen hätten, sagte er. Die USA hatten vor kurzem in Pakistan Al-Qaida-Chef Osama bin Laden getötet, ohne zuvor die Regierung in Islamabad zu informieren. Nach Obamas Worten sollen noch in diesem Jahr 10.000 Soldaten aus Afghanistan abgezogen werden. Starttermin ist der 1. Juli 2011. An dem Tag beginnt die von der Nato angekündigte Übergabe der Sicherheitsverantwortung an einheimische Kräfte. Deutschland will zum Jahresende erstmals Bundeswehr-Soldaten aus dem Land abziehen [...]

Erstmals haben die USA kürzlich bestätigt, Verhandlungen mit den Taliban für eine Befriedung Afghanistans zu führen. Die Bundesregierung wollte Berichte nicht bestätigen, wonach diese Gespräche auch in Deutschland stattfanden. [...] Hochrangige Vertreter von Verteidigungsministerium und Militär haben davor gewarnt, durch einen überstürzten Abzug die Fortschritte am Hindukusch zu gefährden. Andererseits steht Obama unter Druck, mit einem harten Sparprogramm die Staatsschulden der USA unter Kontrolle zu bringen. Der Einsatz in Afghanistan kostet jährlich mehr als 110 Milliarden Dollar.

Zeitonline, dpa, Reuters, Obama will 33.000 Soldaten abziehen, in: http://www.zeit.de, Abruf am 15.02.2012

M 6 Was denken die Afghanen über die Abzugspläne?

Im Zeitraum vom 25. bis zum 30. September 2011 wurden von der Konrad-Adenauer- Stiftung und dem National Centre for Policy Research (NCPR) der Universität Kabul insgesamt 5.000 Personen in fünf Provinzen Afghanistans [...] zu insgesamt 23 Fragen interviewt, die mit Ja oder Nein beantwortet werden konnten. [...]

Nach Angaben der Vereinten Nationen hat sich die Sicherheitslage in Afghanistan im Vergleich zum Vorjahr erheblich verschlechtert. Bis Ende August 2011 sind monatlich im Schnitt 2108 Vorfälle registriert worden, das ist ein Plus von 39 Prozent. Insofern ist es nicht überraschend, dass bei der Umfrage lediglich 22% der Befragten angaben, mit der Sicherheitslage in Afghanistan zufrieden zu sein. [...] Die Antwort auf die Frage, ob es nach dem Abzug der ISAF möglicherweise einen Bürgerkrieg geben könnte, beantworteten rund 60% der Befragten mit Ja. Demgegenüber sehen 40% diese Gefahr nicht als relevant an. Das Umfrageergebnis zeigt, dass in Afghanistan anscheinend immer stärker Angst statt Hoffnung die Devise zu sein scheint. Hauptursachen für die zunehmende Besorgnis sind Trends wie die ethnische Polarisierung, die zunehmende Konfliktintensität sowie der historische Reflex, der nicht wenige vermuten lässt, dass sich nach 2014 ähnliche Szenarien abspielen könnten wie 1989 als die Sowjet-Armee aus Afghanistan abgezogen wurde.

Dr. Babak Khalatbari, 10 Jahre Afghanistan – Einsatz mit widersprüchlichen Ergebnissen?, in: http://www.kas.de/afghanistan/de, Abruf am 15.02.2012

Aufgaben

1. Ermittle anhand von M 5 die Strategieänderung der USA hinsichtlich deren ISAF-Beteiligung. Welche Gründe werden genannt (M 5)?
2. Diskutiere die Folgen eines Abzugs für Afghanistan (M 6).

11.2.2 Die Bundeswehr am Hindukusch – Sicherheit für Deutschland?

M 7 Momentaufnahme aus Afghanistan

M 8 Gefangen im Grauen der Nacht

Am 4. September forderte die Bundeswehr amerikanische Flugzeuge auf, einen festgefahrenen Tanklaster nahe Kunduz zu bombardieren. Dabei starben 100 afghanische Zivilisten, zahlreiche andere wurden teils schwer verletzt. Der Bauer Nur Jan war einer der Verwundeten.

Er wäre lieber tot, sagt Nur Jan, 28. Besser gar nicht mehr, als so weiterleben zu müssen. Der Mann mit den eingefallenen Wangen sieht an sich herab. Von seinem rechten Arm ist unterhalb des Ellenbogens nur ein Stummel übrig, er kann ihn kaum bewegen. Nur Jan wäre fast gestorben. Am 4. September, gut anderthalb Stunden nach Mitternacht. Mit einem Plastikkanister in der Hand rannte der Bauer aus dem Dorf Omar Khel zum Kunduz-Fluss.

Nachbarn hatten Nur Jan aus dem Haus gerufen, kurz nach dem traditionellen Mitternachtsessen im Fastenmonat Ramadan. Auf einer Sandbank hatten sich in Kies und Schlamm zwei Tanklaster festgefahren. Um die hundert Menschen waren schon dort, teilweise waren sie eine Stunde zum Fluss gelaufen. Sie füllten sich Benzin ab. Als Nur Jan ankam, fielen die Bomben.

Der Bauer Nur Jan ist eines der Opfer des Bombardements. Auch wenn er den Angriff überlebt hat, werden ihn die Erlebnisse jener Septembernacht wohl immer verfolgen. [...]

Noch hofft Nur Jan zwar, dass die Bundeswehr ihn nach Deutschland fliegt und die Schulter wenigstens richten lässt. Falls das nicht passiert, dann will Nur Jan nicht weiterleben. „Dann will ich lieber als Selbstmordattentäter sterben."

Matthias Gebauer, Der Spiegel, 03.09.2010

M 9 Der Alltag der Soldaten

Seit 2002 sind mehr als 40 Bundeswehrsoldaten im Einsatz in Afghanistan ums Leben gekommen. Das Wiedererstarken der Taliban auch im Norden des Landes verhindert den weiteren Wiederaufbau des Landes. Ein Soldat berichtet von seinem Einsatz:

Als ich im März nach Kunduz kam, habe ich mir geschworen, alle meine Männer wieder nach Hause zu bringen. Das Versprechen konnte ich nicht halten. Am Karfreitag gerieten wir in Isa Khel, das ist ein kleines Dorf in der Taliban-Hochburg Chahar Darreh, in einen Hinterhalt. Es ging alles sehr schnell. Innerhalb von Sekunden wurden wir von mehreren Seiten angegriffen, drei meiner Kameraden fielen, es war der schwerste Tag meines Lebens. [...] Der Gegner nutzt unsere Schwäche, dass wir gut sichtbar sind, gnadenlos aus. Am Anfang wollten wir noch etwas erreichen, dem Gegner vielleicht ein Stück des Raumes wegnehmen. Doch nach dem Tod meiner Männer fragen wir uns manchmal, ob es das noch wert ist. Warum unser Leben riskieren, wenn die Taliban doch gleich wiederkommen, sobald wir weg sind? Wir kämpfen um unser Leben und um unseren Auftrag, wenn es den überhaupt noch gibt. Am Ende kämpfen wir hier in Kunduz vor allem ums eigene Überleben. Dafür, dass nicht weitere meiner Männer sterben, dass ich wenigstens den Rest meiner Truppe nach Hause bringen kann. Wir haben gelernt zu töten und tun dies auch. Wer auf uns schießt, den erschießen wir. Doch so einfach ist es oft nicht. Jeder von uns kennt den Auftrag, wir sollen die Zivilbevölkerung so gut wie es geht schützen, schließlich kämpfen wir ja für sie. Doch wie macht man das, wenn man beschossen wird? Wie soll ich meinen Männern erklären, dass sie mit dem Schießen warten sollen, bis wir in Lebensgefahr sind?

Fallschirmjägerbataillon 373, Der Spiegel, 19.04.2010

M 10 Der Auftrag der Bundeswehr

Wie die Bundeswehr eingesetzt werden darf, ist im Grundgesetz der Bundesrepublik Deutschland festgehalten. Es besagt, dass die Bundeswehr in erster Linie zur Verteidigung des Landes eingesetzt werden soll, sich aber auch an bewaffneten Auslandseinsätzen beteiligen darf. Als Voraussetzung für den Einsatz im Ausland gilt ein Beschluss eines „Systems gegenseitiger Sicherheit" (UNO) oder eines Verteidigungsbündnisses (NATO, EU) und die Zustimmung des Bundestags. Im Innern darf die Bundeswehr nur zur Amtshilfe bei Naturkatastrophen eingesetzt werden oder wenn der Bestand der Bundesrepublik Deutschland z. B. durch Aufständische gefährdet wird und die Polizei die Lage nicht mehr kontrollieren kann.

Das Bundesverteidigungsministerium hat die allgemeinen Aufgaben der Bundeswehr so beschrieben:

Die Bundeswehr in Afghanistan

Bundeswehr-Kontingent
Zahl der Soldaten

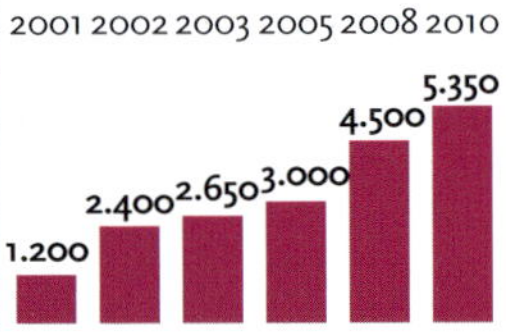

Chronologie

22.12.2001 Zustimmung des Bundestags zum ISAF-Einsatz

20.12.2002 Verdoppelung des Kontingents und Einsatzverlängerung

27.08.2003 Aufstockung um 250 zusätzliche Soldaten

28.09.2005 Einsatzausweitung auch auf andere Gebiete neben Kabul und dem Norden

16.10.2008 Weitere Truppenaufstockung und Einsatzverlängerung

04.09.2009 Bundeswehr ordnet Luftangriff auf Tanklastzüge an

12.10.2009 Trauerfeier für den 36. getöteten deutschen Soldaten

09.02.2010 Bundeskabinett beschließt Kontingenterweiterung um 850 Soldaten auf 5.350

dpa-Grafik: 12113

- die außenpolitische Handlungsfähigkeit zu sichern,
- einen Beitrag zur Stabilität im europäischen und globalen Rahmen zu leisten,
- die nationale Sicherheit und Verteidigung zu gewährleisten,
- zur Verteidigung der Verbündeten beizutragen und
- die multinationale Zusammenarbeit und Integration zu fördern.

Als konkrete Aufgaben bedeutet dies für die Bundeswehr:

- Internationale Konfliktverhütung und Krisenbewältigung, einschließlich des Kampfes gegen den internationalen Terrorismus,
- Unterstützung von Bündnispartnern,
- Schutz Deutschlands und seiner Bürgerinnen und Bürger,
- Rettung und Evakuierung,
- Partnerschaft und Kooperation,
- Hilfeleistungen (Amtshilfe, Naturkatastrophen, besonders schwere Unglücksfälle).

M 11 Erfolge der Entwicklungs- und Aufbauarbeit in Afghanistan

Entwicklungspolitisch sind in Afghanistan aus Sicht der Bundesregierung große Erfolge erzielt worden. Einige Beispiele:

Bildung:
Fast sieben Millionen Mädchen und Jungen wurden eingeschult. Mehr als 100.000 Lehrer wurden eingestellt – viele befinden sich noch in der Ausbildung. 200.000 Schüler lernen in neu gebauten Schulen. Die Provinzen Nordafghanistans – dem Schwerpunktgebiet der deutschen Entwicklungszusammenarbeit – weisen die höchsten Einschulungsraten im Land auf.

Gesundheit:
Die Kindersterblichkeit ist deutlich gesunken. Jedes Jahr überleben zusätzlich 100.000 Kinder mehr.

Trinkwasserversorgung:
900.000 Menschen wurde – zum Teil zum ersten Mal überhaupt – Zugang zu Strom und sicherem Trinkwasser ermöglicht.

Wirtschaft:
Afghanistan beeindruckt durch zweistellige Raten wirtschaftlichen Wachstums; der grenzüberschreitende Handel nimmt kontinuierlich zu. 60.000 Mikrokredite wurden mit Förderung durch die deutsche Entwicklungszusammenarbeit an kleine und mittlere Unternehmen vergeben.

Verkehrsinfrastruktur:
Insbesondere im ländlichen Raum haben 1,3 Millionen Menschen durch den Bau von Infrastruktur Einkommens- und Beschäftigungsmöglichkeiten gefunden.

Einer aktuellen Umfrage zufolge glauben 70 Prozent der Afghanen, dass sich ihr Land in die richtige Richtung bewegt.

http://www.bmz.de/de, 10.10.2010

M 12 Kontrovers diskutiert: Soll die Bundeswehr in Afghanistan bleiben?

Nach vielen Jahren Krieg in Afghanistan werden die Zweifel am Erfolg größer.

Pro: Dem Land beim Wiederaufbau helfen

Und es ist ja auch richtig – nach acht Jahren fällt die Bilanz äußerst mager aus: Korruption durchzieht das Land wie eh und je. Die radikalen Islamisten bedrohen Afghanen wie Alliierte, kriminelle Machenschaften ziehen sich bis hinauf in die oberen Regierungsämter. Und die Demokratie funktioniert, zumindest nach westlichem Verständnis, mehr schlecht als recht. Doch rechtfertigen diese Umstände einen schnellen Rückzug vom Hindukusch? – frei nach dem Motto: Wir haben es probiert, aber es hat nicht funktioniert. Die Antwort muss Nein lauten, denn Aufgeben wäre feige und verantwortungslos. Die Alliierten haben ihren Einmarsch 2001 auf zwei Versprechen gegründet. Eines war an sich selbst gerichtet: das Taliban-Regime zu verjagen und damit dem Terror, der mit deren Hilfe möglich wurde, den Boden zu entziehen. Das andere ging an die internationale Gemeinschaft, vor allem aber an Afghanistan: dem Land beim Wiederaufbau zu helfen, um ihm eine Perspektive jenseits von Armut und Gotteskriegern zu ermöglichen.

Nils Kruse, Stern, 22.09.2009

Kontra: Mehr als genug tote Soldaten

Trotz ihres ehrlichen Engagements ist es der Bundeswehr weder gelungen, die Brutstätten des Terrors zu vernichten, noch schafften es die Soldaten, das Land mit Waffengewalt zu befrieden. Im Gegenteil: Experten schätzen die Zahl der Terror-Camps allein im afghanisch-pakistanischen Grenzgebiet auf bis zu 1500. Dutzende Provinzen sind für ausländische Truppen zu „no go-areas" geworden, in denen die Taliban völlig ungeniert und ungehindert herrschen. Und mehr als 60 Prozent der Afghanen lehnten den Einsatz der ausländischen Truppen in ihrem Land ab. Die Ablehnung hat sich in den vergangenen zwei Jahren sogar noch verstärkt. Warum also sollten deutsche Soldaten in Afghanistan bleiben? Um wirtschaftliche Strukturen zu fördern, von denen bislang hauptsächlich die radikal-islamistischen Warlords oder irgendwelche kriminellen Provinzfürsten profitieren? Um die politische Macht eines eitlen und korrupten Präsidenten zu erhalten, der frei ist von jeglicher demokratischer Zukunftsvision und eigener Handlungsfähigkeit? Oder um sich für die sinnlose „Wir ziehen das jetzt durch"-Strategie mancher Bundespolitiker von den Taliban bei immer neuen Anschlägen abknallen zu lassen? 35 tote Soldaten, die der Afghanistan-Einsatz bislang forderte, sollten mehr als genug sein.

Manuela Pfohl, Stern, 22.09.2009

Aufgaben

1. Eine afghanische Schulklasse befragt dich, warum die Bundeswehr in ihrem Land ist. Entwirf einen Kurzvortrag, in dem du diese Frage beantwortest (M 7 – M 11).
2. Führt eine Diskussion (Podiumsdiskussion, amerikanische Debatte) zur Frage durch, ob die Bundeswehr in Afghanistan bleiben oder abziehen sollte (M 12).

11.2.3 Afghanistan – ein Land mit Zukunft?

M 13 Afghanistan – der Vielvölkerstaat

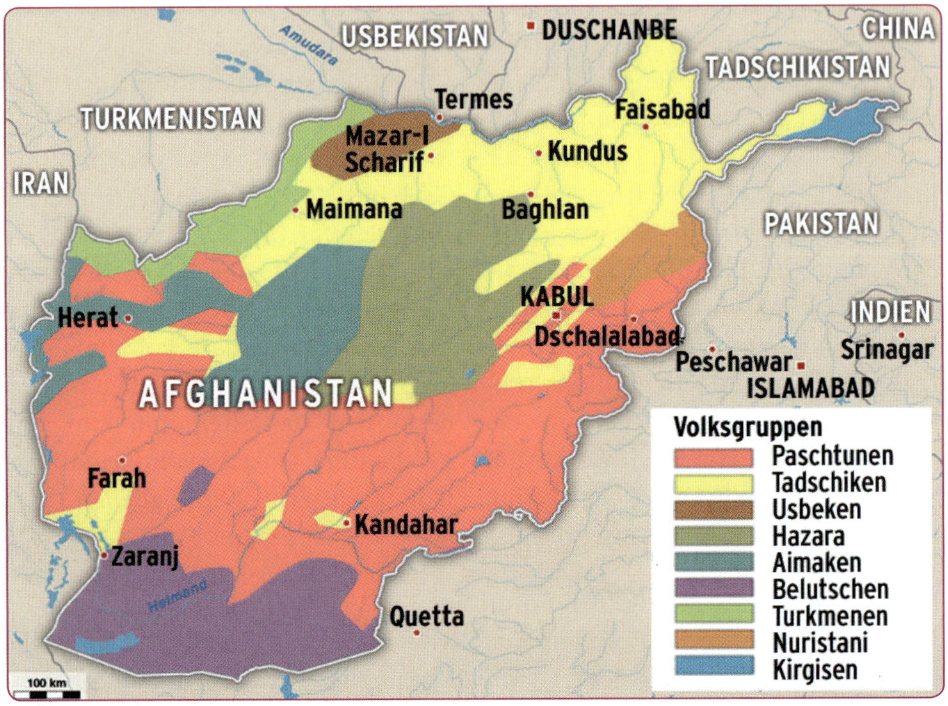

Afghanistan wird als Vielvölkerstaat bezeichnet. Die Karte verdeutlicht, wie viele verschiedene Ethnien es in Afghanistan gibt.

Zersplittertes Afghanistan
Die Taliban haben 1996 die Macht in Kabul übernommen und wirkten eigenen Darstellungen zufolge der Zersplitterung Afghanistans entgegen. Nach dem Beginn der internationalen Intervention im Herbst 2001 zersplitterte das Land in eine Vielzahl schwer überschaubarer Herrschaftsgebiete, die wiederum von unzähligen Kommandeuren, Drogenclans, Stämmen und religiösen Würdenträgern regiert wurden. Bis in die Gegenwart hinein, gelingt es der Regierung unter Präsident Hamid Karzai nicht, jenseits von Kabul und einiger Provinzstädte eine staatliche Kontrolle auszuüben. Präsident Karzai scheint daher Spöttern zufolge lediglich der „Bürgermeister" von Kabul zu sein.

M 14 Die Machtverhältnisse in Afghanistan

Afghanistan ist geprägt von seinen unterschiedlichen Gemeinschaften: Clans, Stämme, religiöse und ethnische Gruppen. Lokale Herrschaftsstrukturen verhinderten lange Zeit die Entstehung eines einheitlichen afghanischen Staates. Und auch heute sind sie eine Hürde für den Aufbau staatlicher Strukturen. Die militärische Intervention der von den USA geführten Coalition against Terrorism im Herbst 2001 sollte nicht nur das Taliban-Regime hinwegfegen und die Horte des Terrorismus beseitigen, sondern gleichzeitig die Befriedung und den Wiederaufbau Afghanistans einleiten. Sechs Jahre später scheint Afghanistan von dieser Zielsetzung weit entfernt. Nicht nur erleben die Taliban ein Revival und kontrollieren bereits ganze Distrikte in Südafghanistan, sondern auch andernorts stellen die lokalen Gegebenheiten eine enorme Herausforderung für den Wiederaufbau und eine Modernisierung Afghanistans dar. So dominieren gegenwärtig lokale Macht- und Gewaltstrukturen das Land, die Analytiker gern als „Kriegsfürstentum" umschreiben [...]. Kaum gibt es eine staatliche Präsenz in Form von Polizisten oder Beamten in den ländlichen

Distrikten, in denen das Gros der afghanischen Bevölkerung lebt. So entziehen sich bis heute die ländlichen Regionen der staatlichen Kontrolle. Jedoch sind die lokalen Macht- und Gewaltstrukturen recht facettenreich und reichen von gelegentlichen Selbstverteidigungsfronten und Ordnungstrupps auf Dorf- oder Stammesebene bis hin zu hoch professionellen Milizen, Privatarmeen, Gangs, kriminellen Banden und militanten Oppositionsgruppen; Letztere werden in der Regel unter dem Begriff „Taliban" zusammengefasst.

Conrad Schetter, Lokale Macht- und Gewaltstrukturen in Afghanistan, Aus Politik und Zeitgeschichte (APuZ), 39/2007

M 15 Ein bisschen Frieden

Licht! Als ich das letzte Mal in Kabul war, gab es täglich drei Stunden Strom, und den auch nur tagsüber. Fünf Jahre Wiederaufbau waren damals bereits vergangen, prächtige Geberkonferenzen hatte es gegeben und Hilfszusagen in einem Umfang, dass rechnerisch kein Afghane mehr unter der Armutsgrenze hätte leben müssen. Heute liegt Afghanistan im Human Development Index noch immer auf Rang 172 von 182 erfassten Staaten, und doch könnte der Fortschritt greifbarer nicht sein, den es für eine Millionenstadt bedeutet, durchgehend mit Strom versorgt zu werden. Auch scheint der Staat in Gestalt der Soldaten und Polizisten, die an jeder Ecke stehen, ein Mindestmaß an Ordnung zu gewährleisten. Die Kriminalität sei praktisch nicht mehr existent, sagen die Kabuler, was übersetzt bedeutet, dass man sich nachts in den eigenen vier Wänden nicht mehr mit der Bewachung der Fenster und Türen abwechseln muss. [...] Die westliche Militärmacht ist aus den Straßen verschwunden, keine rasenden Panzerkolonnen mehr, die den Staub aufwirbeln, an den Checkpoints nunmehr afghanische Sicherheitskräfte, die anders als die Nato-Soldaten in ihren Schutzanzügen nicht wie Astronauten aussehen. Statt Springerstiefeln trägt der afghanische Rekrut auch schon mal Turnschuhe. Die Kabuler, mit denen ich ins Gespräch komme, sind froh, dass der Eindruck der Besatzung schwindet, und fürchten zugleich, was geschehen könnte, wenn die ausländischen Soldaten das Land 2014 real verließen, betonen dabei auffällig oft den Konjunktiv.

Navid Kermani, Ein bisschen Frieden, in: http:www.zeit.de, 09.01.2012

Human Development Index

Der Human Development Index (HDI) ist ein Wohlstandsindikator, der von den Vereinten Nationen genutzt wird, um den Entwicklungsstand eines Staates messen zu können. Der HDI besteht aus mehreren Teil-Indizes und berücksichtigt somit so viele Aspekte der menschlichen Entwicklung wie möglich. Dazu gehören z. B. die Lebenserwartung bei der Geburt, erfolgte Schulbildung in Jahren, das Bruttoinlandsprodukt (BDI) pro Person, etc. Deutschland erreichte im Jahr 2011 einen HDI-Wert von 0,905 und rangiert damit an neunter Stelle weltweit. Afghanistan kam hingegen auf einen HDI-Wert von 0,398 und belegte damit den 172. Platz in der Welt.

Aufgaben

1. Beschreibe das Alltagsleben in Afghanistan (M 13 – M 15).
2. Diskutiert Ursachen für die unterschiedlichen Darstellungen.
3. Beurteilt, inwieweit die Verhältnisse eine friedliche Konfliktregelung beeinflussen.

M 16 Wer sind die Taliban?

Bewaffneter Taliban-Krieger in Afghanistan

Paschtunen
Die Paschtunen sind ein ostiranisch-sprachiges Volk, das vor allem aus sunnitischen Muslimen besteht. Weltweit gibt es ca. 40 Millionen Paschtunen, die hauptsächlich in Pakistan beheimatet sind.

Die Bewegung der Taliban [...] entstand in den frühen 1990er Jahren als Organisation aus Pakistan zurückgekehrter paschtunisch-afghanischer Flüchtlinge und Veteranen des Krieges gegen die Sowjetunion. Ihre pakistanische Mutterorganisation war die Gemeinschaft der Gelehrten des Islam (Jam'iyat-i 'Ulama'-i Islam, JUI). [...] Nach der sowjetischen Invasion Afghanistans 1979 flüchteten sich viele Afghanen in die Gebiete jenseits der pakistanischen Grenze. Die Schulen der JUI nahmen vor allem paschtunische Flüchtlinge auf und wurden nach dem sowjetischen Truppenabzug 1989 zur Kaderschmiede für die Taliban.
In Afghanistan selbst brach schon kurz nach dem Abzug der Sowjets ein Bürgerkrieg zwischen rivalisierenden Gruppierungen aus. Pakistan hatte diese Organisationen unterstützt, um Einfluss auf die künftige Politik des Nachbarlandes nehmen zu können. Idealerweise sollte in Kabul eine pro-pakistanische Regierung an die Macht kommen. Als der Ausbruch des Bürgerkrieges verdeutlichte, dass diese Gruppen kein geeigneter Partner waren, benötigte die pakistanische Armee einen neuen Verbündeten. Zu diesem Zweck rekrutierte ihr militärischer Geheimdienst ISI (Inter-Services Intelligence) paschtunische Flüchtlinge aus den Schulen der JUI und baute eine schlagkräftige Miliz auf. So wurden die Taliban zu einem Instrument pakistanischer Außenpolitik.
In einem beispiellosen Siegeszug eroberten die Taliban Afghanistan. [...] Die verfeindeten Mujahedin in Kabul schlossen sich unter dem Druck der Taliban zusammen. Trotzdem konnten sie Kabul nicht halten und zogen sich 1996 in den Norden zurück. Unter der Führung von Ahmed Shah Masud (1953-2001) hielten sie sich als „Nordallianz" bis zur amerikanisch-britischen Invasion 2001.

Guido Steinberg, Taliban, in: http://www.bpb.de/themen/AWNDMN,1,0,Taliban.html, 20.09.2011

M 17 Einfluss der Taliban

In den von ihnen beherrschten Gebieten setzten die Taliban unerbittlich ihre Verhaltensvorschriften durch. Männer mussten Bärte tragen, Musik und Fernsehen waren ebenso wie die meisten Sportarten verboten. Eine nach saudi-arabischem Vorbild eingerichtete Religionspolizei überwachte die Einhaltung dieser Gebote und Verbote. Bei Zuwiderhandlung drohten, je nach Schwere des Delikts, Prügelstrafen, Auspeitschung oder Gefängnis. Die schlimmsten Einschränkungen trafen jedoch die Frauen, die weitgehend aus der Öffentlichkeit verbannt wurden. Die Taliban schlossen alle Mädchenschulen und verboten Frauen zu arbeiten. Nach der Einnahme Kabuls riefen die Taliban im September 1996 das „Islamische Emirat Afghanistan" aus [...] [Das Emirat gestattete, Anm.d.R.] neben zentralasiastischen und pakistanischen auch arabischen

Jihadisten […], ihre Hauptquartiere und Trainingslager auf afghanischem Territorium aufzuschlagen. Eine dieser Gruppen war die al-Qaida Osama Bin Ladens. Nur die staatliche Unterstützung durch die Taliban ermöglichte es al-Qaida, zu der internationalen Terrororganisation zu werden, die am 11. September 2001 sogar im Herzen der USA zuschlug.

Die Taliban waren auf die amerikanische Gegenreaktion nicht vorbereitet. Innerhalb weniger Wochen gelang es den USA mithilfe der Nordallianz, den Taliban-Staat zu zerschlagen und die verbliebenen Angehörigen der Organisation zur Flucht zu zwingen.[…] Ab 2005/2006 gingen die Taliban immer häufiger zu komplexeren militärischen Aktionen über, an denen sich größere Formationen beteiligten. Gleichzeitig verfeinerten sie ihre Taktik, legten Sprengfallen am Straßenrand, mit denen sie Militärfahrzeuge angriffen und verübten Selbstmordattentate, die sich häufig auch gegen die afghanischen Sicherheitskräfte und gegen Zivilisten richteten. […] Mit dem Frühjahr 2006 gerieten die im Süden und Südosten des Landes – den Hauptsiedlungsgebieten der Paschtunen – stationierten Amerikaner, Briten, Kanadier und Niederländer unter enormen Druck. Die Selbstmordattentate verfünffachten sich gegenüber 2005. […] Die ursprünglich angestrebte Stabilisierung Afghanistans rückte in weite Ferne […] Die Beziehungen zwischen den Taliban und al-Qaida waren Ende 2001 schlecht. Viele Taliban warfen Bin Laden und seinen Anhängern vor, durch die Attentate des 11. September die amerikanische Invasion Afghanistans provoziert zu haben. Trotzdem kam es zu keinem offenen Bruch und in den folgenden Jahren näherten sich die beiden Organisationen – im Kampf gegen den gemeinsamen Feind – einander wieder an. Dennoch hat al-Qaida beim Kampf in Afghanistan lediglich unterstützende Funktion, indem sie terroristisches Know-how an die Aufständischen weitergibt und möglicherweise Selbstmordattentäter ausbildet und zur Verfügung stellt. Die militärische Bedeutung ihrer Kämpfer ist sehr gering.

ebd.

Aufgaben

1. Stellt die Akteure des Konflikts, deren Beziehung zueinander und die jeweiligen Interessen schematisch dar (M 16, M 17).
2. Diskutiert die Bedeutung dieser Akteure für eine friedliche Regelung des Afghanistankonflikts.

Methode

Analyse eines internationalen Konflikts

Afghanistan – der Konflikt

Nach Jahren des Bürgerkriegs ergriffen im Jahr 1996 die radikal-islamischen Taliban die Macht in Afghanistan. Das Land sollte zu einem Gottesstaat werden: Musik, Sport, Bilder und Fernseher wurden verboten. Die meisten Schulen und Universitäten wurden geschlossen. Frauen konnten sich fortan nur in Ganzkörperverschleierung und männlicher Begleitung auf die Straße wagen. Dem internationalen Terrorismus boten die Taliban einen Unterschlupf: Die Anschläge vom 11. September wurden in Afghanistan geplant. Als Reaktion griffen im Oktober 2001 die USA und Großbritannien das Land an und stürzten gemeinsam mit der Nordallianz das Taliban-Regime. Die Vereinigten Staaten und ihre Verbündeten verfolgten dabei das Ziel, die seit 1996 herrschende Taliban-Regierung zu stürzen und die Terrororganisation al-Qaida zu bekämpfen, die für die Terroranschläge am 11. September 2001 verantwortlich gemacht wurde. Dazu gingen sie in Afghanistan ein Bündnis mit der Anti-Taliban-Allianz der Vereinigten Front ein, deren Truppen am 7. Oktober 2001 mit US-Luftunterstützung die Stellungen der Taliban angriffen. Diese Phase des Krieges endete mit der Eroberung der Hauptstadt Kabul und der Provinzhauptstädte Kandahar und Kunduz im November und Dezember 2001 durch die Vereinigte Front. Es folgte die Einsetzung einer Interimsregierung unter Präsident Hamid Karzai auf der parallel stattfindenden ersten Petersberger Afghanistan-Konferenz. Zum Schutz dieser Regierung und zur Unterstützung des Wiederaufbaus wurde durch den UN-Sicherheitsrat im Dezember 2001 eine von NATO-Staaten und mehreren Partnerländern gestellte Internationale Sicherheitsunterstützungstruppe (International Security Assistance Force, ISAF) mandatiert. Die afghanische Zentralregierung ist seit 2003 zunehmend Angriffen durch häufig als Neo-Taliban bezeichnete Guerillagruppen ausgesetzt. Um deren Vormarsch zu bremsen, wurde das Engagement von ISAF schrittweise erheblich ausgeweitet. Mehr als 40 Länder beteiligen sich seitdem am Wiederaufbau Afghanistans: Staatliche Strukturen sollen geschaffen, Schulen, Straßen und Krankenhäuser gebaut werden. Deutschland hat versprochen, vor allem beim Aufbau der afghanischen Polizei und Armee zu helfen. Doch immer wieder erschüttern Anschläge der Taliban das Land. Mit ihrer Terrorstrategie des „Mordens und Zerstörens" wollen sie die afghanische Bevölkerung einschüchtern, im Westen Zweifel am Sinn der Afghanistan-Mission schüren und die Macht im Land zurückerobern.

Die Schwäche der staatlichen Institutionen Afghanistans stellt nach wie vor das Hauptproblem im Hinblick auf die Anstrengungen dar, Sicherheit und Stabilität zu schaffen. Die Zentralregierung ist in weiten Teilen des Landes auf die Kooperation der dortigen Machthaber angewiesen, die oft keine formale Position innehaben und deren Einfluss auf Milizen und andere Netzwerke zurückgeht.

Die Drogenökonomie spielt besonders im Süden und in den Grenzregionen eine unvermindert große Rolle. Hinzu kommen die Machtkämpfe zwischen lokalen Stammesführern und Warlords. Aufständische, meist Taliban, sorgen insbesondere im Süden und Südosten des Landes für Unruhe, sind aber immer stärker auch in anderen Landesteilen aktiv.

Tipp: Eine ausführliche Sammlung von Internetlinks zum Konflikt in Afghanistan findet sich unter: *www.politische-bildung.de/afghanistan_sicherheitspolitik.html*

Wie analysiert man einen internationalen Konflikt?

In jedem Konflikt lassen sich drei Aspekte ausmachen:

- ein Widerspruch, d. h. eine Unvereinbarkeit von Zielen, Interessen bzw. Bedürfnissen,
- ein den Konflikt anzeigendes und allzu oft verschärfendes Verhalten (z. B. Konkurrenz, Aggressivität, Hass, Gewalt) der Konfliktparteien sowie
- eine auf den Konflikt bezogene und diesen – bewusst oder unbewusst – rechtfertigende Einstellung/Haltung. Diese ist eng verbunden mit den Wahrnehmungen und Annahmen der Konfliktparteien in Bezug auf ihre eigene Stellung im Konflikt und die Bewertung der anderen Parteien (z. B. Feindbilder).

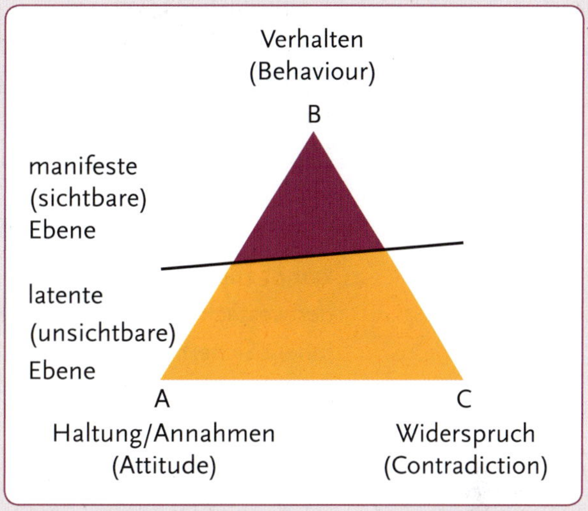

Konfliktdreieck nach Johan Galtung

Die drei Komponenten können im sogenannten Konfliktdreieck anschaulich dargestellt werden. Dieses weit verbreitete Werkzeug der Konfliktanalyse wurde von Johan Galtung entwickelt, einem der Mitbegründer der Friedens- und Konfliktforschung. Das Dreieck verdeutlicht den unauflöslichen Zusammenhang zwischen den drei Komponenten jedes Konflikts. Es wird erkennbar, dass ein „objektiver“ Widerspruch allein nicht ausreicht, um einen Konflikt zu begründen. Mindestens eine Partei muss sich auch dieses Widerspruchs, konkret der Unvereinbarkeit ihrer Bedürfnisse, subjektiv bewusst sein und in ihrem Verhalten und ihrer Haltung auf eine Veränderung der für sie unbefriedigenden Situation dringen. Das Modell zeigt, dass eine erfolgreiche Konfliktbearbeitung an allen drei Ecken ansetzen muss.

Leitfragen zur Untersuchung eines Konflikts:

1. **Worin besteht der Gegenstand des Konflikts (Widerspruch) und worum wird gestritten?**
   - Vorgeschichte des Konflikts?
   - Wer sind die Akteure?
   - Welche Interessen und Ziele verfolgen sie?
2. **Welche Haltungen haben die Konfliktparteien?**
   - Wie begründen (legitimieren) die Konfliktparteien ihre Ziele (Tradition, Religion, Recht ...)?
   - Welche Einstellung haben die Akteure zu den verschiedenen Mitteln der Konfliktlösung?
3. **Wie verhalten sich die Konfliktparteien?**
   - Welche Standpunkte werden formuliert und mit welchen Mitteln werden diese durchgesetzt (Propaganda, Einschüchterung, militärische Mittel)?
   - Wie reagieren die Konfliktparteien auf unterschiedliche Mittel der Konfliktlösung?
4. **Welche Folgen ergeben sich für die Wahl einer geeigneten Konfliktlösung?**
   - Wie kann dem Konflikt begegnet werden?
   - Wie kann eine dauerhafte Konfliktlösung aussehen?
   - Welche Maßnahmen sind zu ergreifen?
5. **Welche Folgen hat dies für mein eigenes politisches Handeln?**
   - Was kann ich tun?

Was wir wissen

Krieg gegen den Terrorismus seit 2001
M 1, M 2

Der von der Bush-Regierung 2001 erklärte „Krieg gegen den Terror" mit den Angriffszielen Afghanistan und Irak sollte die Führungsebene, Hintermänner und Rückzugsgebiete von Al-Qaida treffen. Die Maßnahmen der USA haben jedoch bislang nicht zu einer Einschränkung bzw. Beendigung islamistischer Terroranschläge geführt. Eher das Gegenteil ist der Fall. Auch die ideologische Offensive des Demokratieexports hat nicht das gewünschte positive Ergebnis, sondern vielmehr eine Verschlechterung der westlich-muslimischen Beziehungen gebracht, da viele Staaten den USA vorwerfen, den Antiterrorkampf zum Ausbau der eigenen Machtposition zu nutzen. In vielen Staaten der westlichen Welt wurden Maßnahmen zur Terrorbekämpfung und für die innere Sicherheit ergriffen, die eine Einschränkung von Freiheits- und Persönlichkeitsrechten sowie einer Ausweitung der Rechte von Ermittlungsbehörden zur Folge hatten.

ISAF-Einsatz
M 3

Nach dem Sturz der Taliban wurde die internationale Schutztruppe ISAF (engl. International Security Assistance Force) unter dem Kommando der NATO mit einer Sicherheits- und Aufbaumission in Afghanistan betraut. Das Mandat für den Einsatz deutscher Soldaten erfolgte im Dezember 2001. Ziel des ISAF-Einsatzes ist in erster Linie die Unterstützung einer legal gewählten Zentralregierung beim Aufbau demokratischer Strukturen und die Schaffung von Sicherheit für die Zivilbevölkerung sowie die beteiligten Truppen und Hilfsorganisationen. 2009 waren 42 Nationen nicht nur aus NATO-Mitgliedstaaten an der Aktion beteiligt.

Abzugsstrategien
M 6

Zehn Jahre nach Beginn des ISAF-Einsatzes kündigt der amerikanische Präsident Barak Obama den Abzug der amerikanischen Soldaten aus Afghanistan an. Andere Staaten, darunter Deutschland, folgen seinen Abzugsstrategien und rufen ihre Soldaten sukzessive heim. Ab 2014 sollen die Afghanen sich selbst überlassen werden. Die afghanische Bevölkerung befürchtet allerdings den Ausbruch eines Bürgerkrieges und ein Erstarken der Taliban.

Bundeswehr in Afghanistan
M 7, M 9, M 12

Im Rahmen des ISAF-Mandats engagiert sich Deutschland in Afghanistan mit ca. 4800 Bundeswehrsoldaten (Stand Dezember 2011), ein paar Hundert Polizeikräften sowie zahlreichen Entwicklungshelfern. Neben vielfältigen humanitären Projekten (z. B. Einrichtung von Schulen, Bau von Brunnenanlagen etc.) leistet Deutschland Hilfe bei Aufbau und Ausbildung der Polizei und bemüht sich – mit Hilfe der Bundeswehr – um Sicherheit und Stabilität v. a. in der Region um Kundus. Der Einsatz der Bundeswehr in Afghanistan ist innerhalb der deutschen Bevölkerung umstritten, zumal die Soldatinnen und Soldaten immer wieder in Kampfhandlungen verwickelt werden bzw. gezielten Terroranschlägen ausgesetzt sind. Der 2011 zurück getretene Verteidigungsminister Karl Theodor zu Guttenberg, sprach von „kriegsähnlichen Zuständen" in Afghanistan.

Afghanistan – ein funktionierender Staat?

Afghanische Kinder in einer Schule in Herat, die von UNICEF eingerichtet wurde (September 2010).

Ein Polizist zerstört ein Mohnfeld in einer Provinz im nördlichen Afghanistan (April 2006).

Strenge Sicherheitskontrollen vor einem Wahllokal in Kabul bei den Präsidentenwahlen im August 2009.

Bei einem Autobombenattentat in der Nähe von Kabul sind ein Provinzgouverneur und drei seiner Bodyguards ums Leben gekommen (September 2008).

Rund 1.600 afghanische Stammesführer treffen sich auf der Friedens-Dschirga in Kabul (Juni 2010).

Aufgaben

1. Beschreibt die Bilder zur Situation in Afghanistan.
2. Arbeitet darauf aufbauend gesellschaftliche und politische Problemlagen in Afghanistan heraus und diskutiert die Eingangsfrage, ob Afghanistan in der Lage sein wird, ohne Hilfe einen funktionierenden Staat aufzubauen.

11.3 Deutschland als Mitglied internationaler Organisationen

11.3.1 Die NATO – ein Verteidigungsbündnis im Wandel

M 1 Die NATO-Staaten

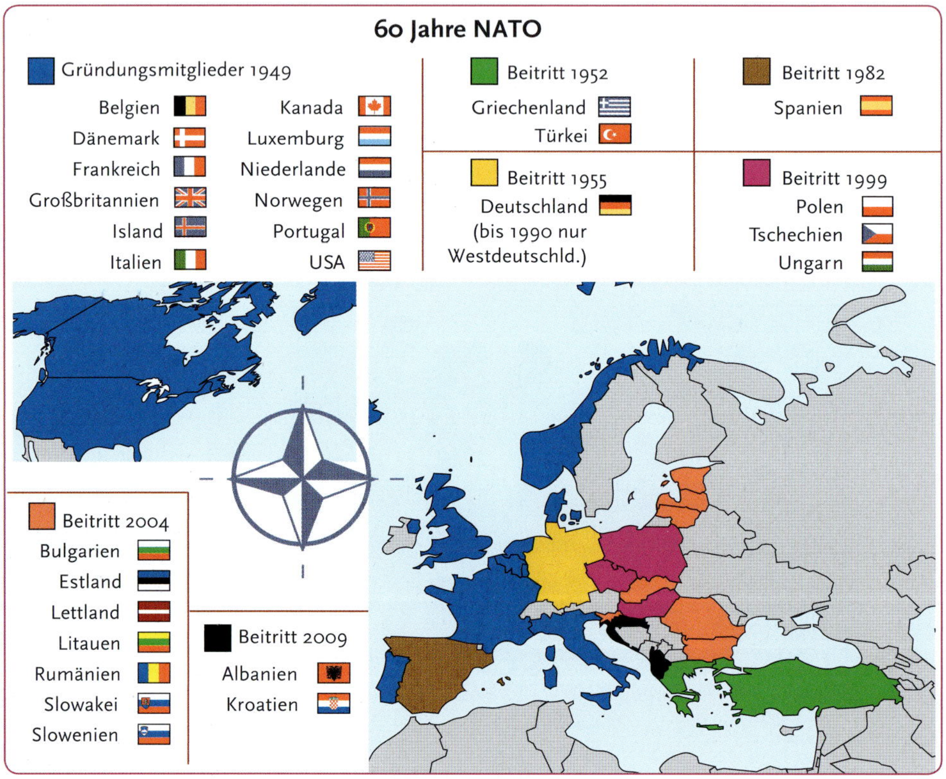

Globus Grafik 2727

M 2 Aus dem NATO-Vertrag

Beistandsklausel: Art. 5

Die Parteien vereinbaren, dass ein bewaffneter Angriff gegen eine oder mehrere von ihnen in Europa oder Nordamerika als ein Angriff gegen sie alle angesehen werden wird; sie vereinbaren daher, dass im Falle eines solchen bewaffneten Angriffs jede von ihnen in Ausübung des in Artikel 51 der Satzung der Vereinten Nationen anerkannten Rechts der individuellen oder kollektiven Selbstverteidigung der Partei oder den Parteien, die angegriffen werden, Beistand leistet, indem jede von ihnen unverzüglich für sich und im Zusammenwirken mit den anderen Parteien die Maßnahmen, einschließlich der Anwendung von Waffengewalt, trifft, die sie für erforderlich erachtet, um die Sicherheit des nordatlantischen Gebiets wiederherzustellen und zu erhalten.

A. Randelzhofer (Hg.), Völkerrechtliche Verträge, Berlin 2007

M 3 Die Entstehung der NATO

Am 4. April 1949 unterzeichneten in Washington zehn westeuropäische Staaten sowie die USA und Kanada den Nordatlantikvertrag und gründeten damit die NATO (North Atlantic Treaty Organization). Der Kalte Krieg zwischen den von der Sowjetunion dominierten kommunistischen Staaten Osteuropas und dem nichtkommunistischen Westen war bereits voll entbrannt. Sieben weitere Staaten, unter ihnen die Bundesrepublik Deutschland, traten in den Folgejahren dem Bündnis bei.

Zu Zeiten des Kalten Krieges galt die NATO bei den Staaten des Warschauer Pakts, die bereits wenige Jahre nach seinem Ende ihr Interesse an einer Mitgliedschaft bekundeten, als aggressives Bündnis. Ziemlich genau 40 Jahre lang war es die Hauptaufgabe der NATO, einen potenziellen Gegner durch die eigene militärische Stärke abzuschrecken. Etwaige Angriffsabsichten sollten angesichts der Vergeltungsmöglichkeiten der Nordatlantischen Allianz von vornherein entmutigt werden. Als Voraussetzung für einen Erfolg dieser Politik galt, dass die Mitglieder der NATO weitaus höher gerüstet waren, als das etwa heute der Fall ist.

Informationen zur politischen Bildung Nr. 274, Internationale Beziehungen II, Bonn 1/2002, S. 18 ff.

Kalter Krieg
So wird der Konflikt zwischen den Westmächten unter Führung der USA und dem Ostblock unter Führung der Sowjetunion bezeichnet, den diese von 1945 bis in die 1980er Jahre mit allen Mitteln unterhalb der Schwelle eines offenen Krieges austrugen.

Warschauer Pakt
Militärbündnis der damaligen „Ostblock“-Staaten unter Führung der Sowjetunion (14.5.1955 – 1.7.1999)

M 4 Die NATO – ein Bündnis im Wandel

Mit dem Ende des Kalten Krieges stellte sich die Frage, wie die NATO mit ehemaligen, nun unabhängigen Staaten des Warschauer Paktes umgehen sollte. Diese strebten nun eine Mitgliedschaft in der NATO an, um Sicherheit vor dem aus ihrer Sicht (über)mächtigen Russland zu erhalten. Die NATO vergrößerte ihr Bündnisgebiet nach und nach immer weiter nach Osten und versuchte dabei, das Verhältnis zu Russland nicht zu stark zu belasten.

Gleichzeitig brach vor den Toren Westeuropas ein Krieg im ehemaligen Jugoslawien (1991 - 1999) aus. Die NATO entschloss sich erstmals zum Eingreifen auch außerhalb ihres eigenen Bündnisgebietes. Von den Vereinten Nationen wurde das Eingreifen legitimiert. So erfolgte der erste Kampfeinsatz in der Geschichte der NATO im August 1995 in Bosnien-Herzegowina.

Schon einige Jahre später stellte sich eine neue Herausforderung: Wie sollte die NATO den Völkermord im Kosovo verhindern, wenn kein Mandat der Vereinten Nationen - Russland hatte in diesem Fall ein Veto im UN-Sicherheitsrat eingelegt - die NATO zum Eingreifen er-

Bundeswehrbeteiligung an NATO-Missionen	
30.06.1995 – 19.06.1996	Ex-Jugoslawien SHARP GUARD (WEU/NATO-Operation)
20.12.1996 – 19.06.1998	Bosnien-Herzegowina JOINT GUARD/ SFOR
24.03.1999 – 10.06.1999	Ex-Jugoslawien ALLIED FORCE
13.04.1999 – 10.06.1999	Albanien und Mazedonien ALLIED HARBOUR
10.06.1999 – heute	Kosovo JOINT GUARDIAN/ KFOR
12.06.1999 – 24.08.1999	Adria ALLIED HARVEST
27.09.2001 – 15.12.2002	Mazedonien AMBER FOX
12.10.2001 – 16.05.2002	Nordamerika EAGLE ASSIST (AWACS)
26.10.2001 – heute	Mittelmeer ACTIVE ENDEAVOUR
01.01.2002 – heute	Afghanistan ISAF
16.12.2002 – 31.03.2003 (Übergabe an EU)	Mazedonien ALLIED HARMONY

Bundesministerium der Verteidigung (www.bmvg.de)

mächtigte? Angesichts der sich abzeichnenden humanitären Katastrophe entschloss sich das Bündnis 1999, nunmehr auch ohne Mandat der Vereinten Nationen, Mord und Vertreibungen mit militärischen Mitteln zu verhindern.
Spätestens nach dem Eingreifen im Kosovo zeigte sich, dass die NATO neben der Verteidigung des Bündnisgebietes ihre Aufgabe nun darin sah, in ganz Europa für Sicherheit und Stabilität zu sorgen, in Ausnahmefällen auch dann, wenn kein Mandat der Vereinten Nationen den Einsatz legitimierte. Die Anschläge vom 11. September 2001 auf die USA ließen auch diese Strategie als veraltet erscheinen. Zum ersten Mal in der Geschichte der NATO wurde der Bündnisfall festgestellt und die NATO engagiert sich seitdem auch im fernen Afghanistan. Insgesamt hat sich die NATO damit zu einer globalen Sicherheitsorganisation gewandelt, die ihre Ziele folgendermaßen definiert: „Der wesentliche und fortdauernde Zweck der NATO [...] besteht darin, die Freiheit und Sicherheit aller ihrer Mitglieder mit politischen und militärischen Mitteln zu erreichen [...]. Die Verwirklichung dieses Ziels kann durch Krisen und Konflikte, die die Sicherheit des euro-atlantischen Raums berühren, gefährdet werden."
(Strategisches Konzept von 1999)

M 5 Die neue NATO-Strategie

Die NATO-Staaten haben in der portugiesischen Hauptstadt Lissabon im November 2010 eine neue Bündnisstrategie für das kommende Jahrzehnt beschlossen. Zentrale Punkte der neuen Strategie sind:

Neuartige Bedrohungen:
Die NATO reagiert mit der neuen Strategie auf „neuartige Bedrohungen" wie Angriffe von Terroristen, von Hackern aus dem Internet (sogenannte Cyber-Attacken) oder Mittelstreckenraketen.
Kollektive Verteidigung:
Grundprinzip bleibt die „kollektive Verteidigung" nach Artikel 5 des Nordatlantik-Vertrags von 1949. Ein bewaffneter Angriff auf einen oder mehrere Mitgliedstaaten ist danach ein Angriff auf alle. Diesen Bündnisfall hat die NATO nur einmal nach den Terrorangriffen auf die USA vom 11. September 2001 ausgerufen.
Ziel der atomaren Abrüstung:
Auf deutsches Drängen verankerte die NATO erstmals das Ziel der atomaren Abrüstung in ihrer Strategie. Dazu heißt es: „Wir sind entschlossen, eine sicherere Welt für alle anzustreben und die Bedingungen für eine Welt ohne Atomwaffen zu schaffen."
Festhalten am Prinzip der Abschreckung:
Atommächte wie Frankreich und die USA setzten durch, dass das Prinzip der Abschreckung ein zentrales Element der Strategie bleibt: „Solange Atomwaffen existieren, wird die NATO eine nukleare Allianz bleiben", heißt es in dem Text.
Neue Raketenabwehr:
Ein neuer NATO-Raketenschirm soll weite Teile Europas schützen. Dazu heißt es: „Wir entwickeln unsere Fä-

higkeit, unsere Bevölkerung und unser Territorium gegen einen Angriff mit ballistischen Raketen zu schützen." Der Iran wird auf Druck der Türkei nicht ausdrücklich als Bedrohung genannt.

Annäherung an Russland:
Die Allianz betont, die NATO stelle „keinerlei Bedrohung für Russland dar". Dies hatte Moskau angesichts der Osterweiterung des Bündnisses so empfunden. Kooperieren will das Bündnis beim Raketenschirm: „Wir suchen aktiv eine Zusammenarbeit mit Russland und anderen euro-atlantischen Partnern im Bereich der Raketenabwehr", heißt es in dem Text.

Krisenbewältigung:
Bei internationalen Krisen will die Allianz auch künftig eine Rolle spielen, allerdings will sie die Lehren aus dem blutigen Einsatz in Afghanistan ziehen. „Die NATO wird sich engagieren, wenn es möglich und nötig ist, um eine Krise zu verhindern oder zu bewältigen", heißt es in dem Text, ohne den bisher größten NATO-Einsatz ausdrücklich zu nennen.

AFP, www.n-tv.de, 30.10.2010

M 6 Nach Gaddafis Tod – NATO-Einsatz in Libyen

Im Nato-Hauptquartier hat der Tod von Muammar Gaddafi für Aufatmen gesorgt. Nato-Generalsekretär Anders Fogh Rasmussen wertete den Libyen-Einsatz als historischen Erfolg. Nach dem Tod von Gaddafi will die Nato den Libyen-Einsatz nun am 31. Oktober beenden. Mit weit mehr als tausend Angriffen auf Stellungen und Waffenlager von Gaddafis Streitkräften hatte die Militärallianz den Sieg der Rebellen gegen das zermürbte Regime überhaupt erst ermöglicht [...].Deutschland hatte sich bei der Abstimmung über die UN-Resolution im Sicherheitsrat enthalten und eine Beteiligung am Militäreinsatz seither abgelehnt - genau wie Russland und China. Daraufhin sah sich die Bundesregierung international und seitens der Opposition massiver Kritik ausgesetzt. Nach Angaben der Nato ging die größte militärische Beteiligung an einer solchen Operation erstmals von europäischen Mitgliedern und Kanada aus - und nicht von den USA [...] Laut Frankreichs Außenminister Alain Juppé war es zwar nicht das Ziel der Operation, Gaddafi zu töten, sondern ihn zum Machtverzicht zu zwingen.

gxs/dapd, Nach Gaddafis Tod- Nato will Libyen-Einsatz am 31. Oktober beenden, in: http://www.focus.de, 21.10.2011

Erst zum zweiten Mal in der 66-jährigen Geschichte der Vereinten Nationen hat der Sicherheitsrat in New York den Einsatz nahezu uneingeschränkter militärischer Zwangsmittel gegen ein Mitgliedsland autorisiert. Mit seiner Resolution 1973 verhängte der Rat in der Nacht zum Freitag eine Flugverbotszone über Libyen „zum Schutz der Zivilbevölkerung" vor weiteren Angriffen der Luftstreitkräfte des Gaddafi-Regimes.
Du bist Berater eines Bundestagsabgeordneten: Er gibt dir den Auftrag, ihm eine Expertise zu erstellen, ob der NATO-Einsatz in Libyen mit den Zielen der Vereinten Nationen in Einklang zu bringen ist.
(→ M 7 – M 9)

Aufgaben

1. Beschreibe, wie und warum sich die NATO im Lauf der Geschichte verändert hat (M 1 – M 4).
2. Erkläre die Funktionsweise der NATO als Verteidigungsbündnis (M 2).
3. Überprüfe, inwieweit der Libyen-Einsatz der NATO mit der Strategie von 2010 übereinstimmt (M 5, M 6).
4. Recherchiere den Verlauf und das Ergebnis des Aufstandes in Libyen?

11.3.2 Die Vereinten Nationen – Garant für den Weltfrieden?

M 7 Was sind die Vereinten Nationen?

Das UN-Hauptquartier in New York.

Nach dem Zweiten Weltkrieg wurde 1945 die „United Nations Organization" (auf Deutsch „Vereinte Nationen", abgekürzt UNO oder VN) mit Sitz in New York gegründet. Man wollte verhindern, dass sich solche Weltkriege wiederholen. Heute sind fast alle Staaten der Erde in der UNO. Wenn es Probleme zwischen Staaten gibt, versucht die UNO zu vermitteln und damit einen Krieg zu verhindern. Die Ziele der UNO sind: die Erhaltung des Weltfriedens und die internationale Sicherheit, die freundschaftliche Zusammenarbeit der Mitglieder sowie der Schutz der Menschenrechte.

Der Sicherheitsrat trägt die Hauptverantwortung, wenn es darum geht, dass Streitigkeiten zwischen Ländern beigelegt werden sollen. Im Sicherheitsrat sind immer die USA, Russland, China, Frankreich und England vertreten.
Sie sind ständige Mitglieder. Andere Länder gehören nur zeitweise zum Sicherheitsrat. Die ständigen Mitglieder des Sicherheitsrates können ein Veto gegen Resolutionen einlegen, die von der Mehrheit der Mitgliedstaaten gefasst wurden. Damit wird dann dieser Beschluss aufgehoben.

Nach: Gerd Schneider/Christine Toyka-Seid, Politik-Lexikon für Kinder, Bonn 2006, S. 281

M 8 Der Sicherheitsrat der Vereinten Nationen

UN-Charta
Die Charta der Vereinten Nationen aus dem Jahr 1945 (Kapitel I, Artikel 2) verbietet Gewalt. Es gelten nur zwei Ausnahmen: das Recht zur Selbstverteidigung im Fall eines bewaffneten Angriffs und der Einsatz von Waffengewalt, der vom UN-Sicherheitsrat durch eine sogenannte Resolution legitimiert wird. Eine UN-Resolution kommt jedoch nur zu Stande, wenn die fünf ständigen Mitglieder des UN-Sicherheitsrats (USA, Russland, China, Großbritannien und Frankreich) zustimmen.

M 9 Mögliche Maßnahmen der UNO

→ **Friedensschaffende Maßnahmen**
Diplomatische Maßnahmen zur friedlichen Lösung eines Konflikts. Neben der Bereitstellung guter Dienste, Vermittlung und Schlichtung können sie auch diplomatische Isolationsmaßnahmen und Sanktionen umfassen.

→ **Friedenserzwingende Maßnahmen**
Maßnahmen zur Wiederherstellung des Friedens in Konfliktgebieten unter Einsatz militärischer Mittel. Die Zustimmung der Konfliktparteien ist nicht erforderlich.

→ **Friedenserhaltende Maßnahmen**
Aktivitäten zur Eindämmung, Entschärfung und/oder Beendigung von Feindseligkeiten zwischen Staaten oder in Staaten durch Intervention einer neutralen dritten Partei unter internationaler Organisation und Leitung. Militärische Streitkräfte und zivile Organisationen können die politische Streitbeilegung ergänzen und für die Wiederherstellung und Wahrung des Friedens sorgen. Friedenserhaltende Maßnahmen beinhalten die Stationierung einer Friedenstruppe im Krisengebiet. Die Zustimmung der Konfliktparteien ist erforderlich.

→ **Friedenskonsolidierende Maßnahmen**
Maßnahmen zur Bestimmung und Förderung von Strukturen, die geeignet sind, den Frieden zu festigen und zu konsolidieren, um das Wiederaufleben eines Konflikts zu verhindern. Diese können sowohl militärisches als auch ziviles Eingreifen erfordern.

Eine klare Grenzziehung zwischen den einzelnen „Typen" von Maßnahmen ist häufig schwierig. Friedenserhaltung setzt in vielen Fällen zunächst einmal die Schaffung von Frieden voraus, zugleich können vorausgehende oder begleitende „friedenserzwingende Maßnahmen" unerlässlich sein.

Arbeitsgemeinschaft Jugend und Bildung e. V. (Hg.), Frieden und Sicherheit, Wiesbaden 2003, S. 24

M 10 Die Blauhelmsoldaten – Markenzeichen der UNO

Die bekannten „Blauhelmsoldaten" der VN übernehmen in der Regel Aufgaben der Friedenserhaltung (Peace-Keeping). Dies bedeutet im Gegensatz zur Friedenserzwingung, dass die Soldaten den nach Beendigung eines Konflikts in einer Krisenregion oft brüchigen Frieden sichern sollen. Für das klassische Peace-Keeping gelten folgende Leitsätze:

- Die Entsendung erfolgt nur im Konsens mit den Konfliktparteien. Die Konfliktparteien müssen den Konflikt beenden wollen und sich einig über die Rolle der Blauhelmsoldaten sein (z. B. Sicherung der Grenze, Bildung einer Pufferzone zwischen den Konfliktparteien, Polizeiaufgaben, Beobachtung von Wahlen).
- Die Verantwortung für den Einsatz liegt bei den Vereinten Nationen, genauer beim VN-Generalsekretär, der die politische und operative Verantwortung trägt.
- Für die Blauhelmsoldaten gilt, dass sie strikt unparteiisch sein müssen, weshalb sich Länder, die in der Region eigene Interessen verfolgen, an den Missionen nicht beteiligen sollten.
- Die Blauhelmsoldaten dürfen nur leichte Waffen zur Selbstverteidigung tragen, um keiner Partei einen Vorwand zu bieten, die Soldaten in die Kampfhandlungen miteinzubeziehen.

Weitere VN-Missionen
Neben den reinen VN-Missionen aus M 10 gibt es noch viele Missionen, die zwar von den VN legitimiert sind (also ein VN-Mandat haben), aber von einzelnen Staaten (z. B. den USA), Bündnissen oder regionalen Organisationen wie der NATO oder der EU durchgeführt werden.

M 11 Blauhelme – im Einsatz weltweit

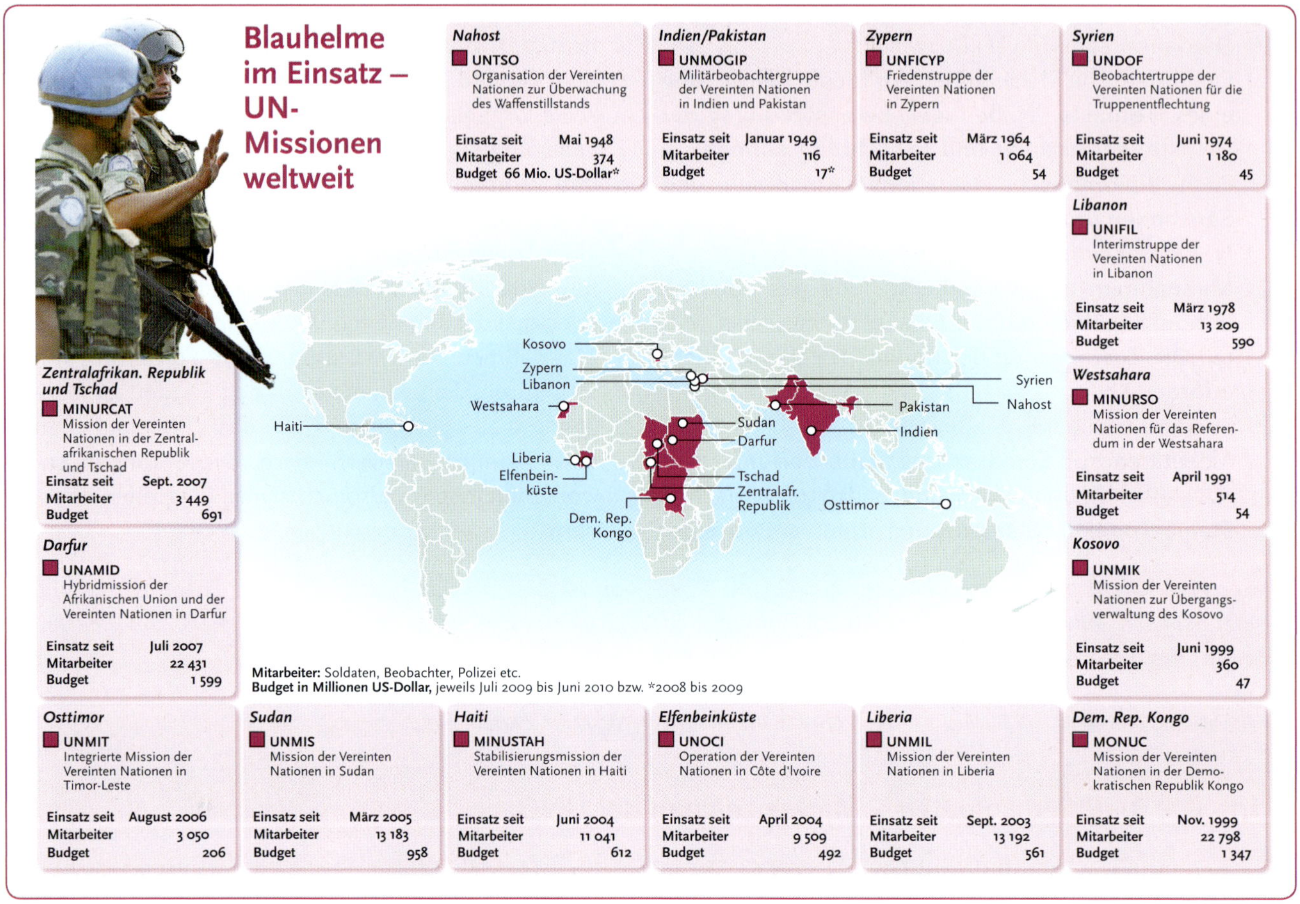

Globus-Grafik 3151;
Quelle: UN;
Stand: August 2009

M 12 Die Rolle der UNO bei der Bekämpfung des Terrorismus

Unmittelbar nach den Anschlägen des 11. September verabschiedete der UN-Sicherheitsrat Resolution 1373. Sie verlangt von jedem Land, die Finanzanlagen von Terroristen und ihren Unterstützern einzufrieren, ihnen die Durchreise oder einen sicheren Zufluchtsort zu verweigern, terroristische Rekrutierungsmaßnahmen und Waffenlieferungen zu verhindern und mit anderen Ländern bei der gemeinsamen Nutzung von Informationen sowie bei der Strafverfolgung zusammenzuarbeiten.

Um die staatliche Einhaltung dieser neuen Anti-Terror-Mandate zu überwachen, wurde mit der Resolution 1373 das „Counter-Terrorism-Committee" (CTC) ins Leben gerufen, das der ehemalige Generalsekretär Kofi Annan als „das Zentrum der globalen Anstrengungen zur Bekämpfung des Terrorismus" bezeichnete. Die vorrangige Aufgabe des CTC ist die Stärkung der Anti-Terror-Kapazitäten der UN-Mitgliedstaaten. [...] Es versucht ebenfalls, die Anti-Terror-Anstrengungen einer großen Zahl internationaler, regionaler und subregionaler Organisationen innerhalb des UN-

Systems und darüber hinaus zu koordinieren. Das CTC hat seitens der UN-Mitgliedstaaten eine große Unterstützung erfahren, aber es steht trotzdem vor erheblichen Problemem: Es ist ausschließlich auf Berichte der Mitgliedstaaten angewiesen und verfügt über keine unabhängigen Mittel, um zu entscheiden, ob Länder die Anti-Terror-Mandate tatsächlich umsetzen. Außerdem wurde es in seinen Anstrengungen, die Aktivitäten internationaler, regionaler und subregionaler Organisationen zu koordinieren, mehrfach behindert. Im April 2004 wurde mit der Resolution 1540 das UN-Anti-Terror-Programm weiter gestärkt. Die neue Resolution verbietet Staaten jegliche Form von Unterstützung für nicht-staatliche Akteure, die versuchen, nukleare, chemische oder biologische Waffen zu erlangen.

Nach: David Cortrigh, Wissenschaft & Frieden 4/2005, übersetzt von Brigitte Keinath

M 13 Probleme der Friedenssicherung durch die Vereinten Nationen

Die ursprüngliche und durchaus erfolgreiche Ausrichtung der VN auf die Verhinderung zwischenstaatlicher Kriege hat sich mit dem Wandel des Kriegsbildes in Richtung innerstaatlicher Auseinandersetzungen radikal verändert. Gemäß Kapitel VII der Charta stünde den VN ein hinreichendes Instrumentarium an Maßnahmen bei Bedrohung oder Bruch des Friedens zur Verfügung, in der Praxis wurde aber von diesen Bestimmungen bisher kaum Gebrauch gemacht. Da den Vereinten Nationen keine eigenen Truppen zur Verfügung stehen, dürfte eine zu beobachtende Praxis die Relevanz der VN im Bereich der Friedenssicherung nachhaltig bestimmen: die Tendenz, dass sich insbesondere die leistungsfähigen Industriestaaten verstärkt Friedensmissionen mandatieren lassen (oder auch nicht), um sie dann in eigener Vernatwortung durchzuführen. Dies führt zu einer Konzentration ihrer Kräfte auf Länder und Regionen, die für die betroffenen Staaten von unmittelbarem Interesse oder von Bedeutung sind. Den VN droht dabei nur noch eine Restkompetenz für vergessene Konflikte zuzufallen, für die sie dann – wie z. B. in Afrika zu beobachten – von den Industriestaaten zudem nur zögerlich unterstützt werden.

Johannes Varwick, Aus Politik und Zeitgeschichte, B 43/2004

Thesen zur Rolle der UNO

Die Vereinten Nationen können auf viele erfolgreiche Blauhelm-Einsätze zurückblicken.

Wenn es den Weltsicherheitsrat nicht gäbe, müsste man ihn erfinden. Nur so kommen doch alle an einen Tisch.

Streng militärische Aufgaben überfordern die Vereinten Nationen.

Die Stärke der Vereinten Nationen ist der zivile Aufbau.

Der Sicherheitsrat kann keine Kriege verhindern.

Der Sicherheitsrat kann Waffenstillstand erzwingen und Verhandlungen in Gang setzen.

Der Weltsicherheitsrat blockiert sich doch oft durch das Vetorecht, das jedem der fünf ständigen Mitglieder zusteht.

Aufgaben

1. Beschreibe Aufbau und Ziele der Vereinten Nationen (M 8 – M 10).
2. Erläutere, unter welchen Bedingungen die Blauhelmsoldaten der UNO eingesetzt werden können (M 12, M 13).
3. Arbeitet in Gruppen. Einigt euch auf eine der in der Randspalte gestellten Thesen und schreibt auf, warum ihr sie für zutreffend / nicht zutreffend haltet. Diskutiert anschließend Stärken und Schwächen der UNO (M 8 – M 13).

Was wir wissen

Gründung und Aufgabenbau der NATO
M 3

Angesichts der Expansion des sowjetischen Machtbereichs in Mittel- und Osteuropa gründeten 1949 zehn europäische Staaten gemeinsam mit den USA und Kanada ein Bündnis zur gemeinsamen Verteidigung, die NATO (North Atlantic Treaty Organization). Deutschland trat dem Nordatlantikpakt 1955 bei. Inzwischen gehören ihm 28 Staaten (2010) an – darunter auch viele ehemalige Mitglieder des früheren östlichen Militärbündnisses, des 1991 aufgelösten Warschauer Paktes. Die Mitgliedstaaten haben sich verpflichtet, bei einem bewaffneten Angriff dem jeweiligen betroffenen NATO-Partner Beistand zu leisten. Dabei kann es sich sowohl um militärische als auch um zivile Unterstützung handeln. Außerdem kann die NATO auch im Auftrag der Vereinten Nationen tätig werden.

Neue NATO-Strategie unter veränderten Vorzeichen
M 4 – M 6

Nach der Auflösung des Warschauer Paktes, fehlte der NATO der unmittelbare Gegner und das ursprüngliche Ziel der Verteidigung verlor an Bedeutung. Allerdings entstanden andere Gefahren für den Frieden und die Sicherheit, wie z. B. der internationale Terrorismus oder die Bedrohung durch menschenverachtende, diktatorische Regime. Diese neuen Herausforderungen führten zu einer Neuorientierung und einer veränderten strategischen Ausrichtung des Bündnisses.

- Die NATO kann heute im Falle von Bürgerkriegen oder im Falle schwerwiegender Menschenrechtsverletzungen eingreifen, auch wenn dabei kein Mitgliedstaat unmittelbar bedroht ist (out of defense).
- Darüber hinaus ist ihr Einsatz nicht mehr nur auf das NATO-Gebiet beschränkt ist, sondern sie kann im Auftrag der Vereinten Nationen weltweit agieren (out of area).

Die Vereinten Nationen
M 7 – M 13

Die Vereinten Nationen wurden am 24.10.1945 von 51 Staaten als globale Friedensorganisation gegründet. Heute sind fast alle Länder der Welt Mitglied der VN. Zu ihren Zielen gehört insbesondere die Wahrung des Weltfriedens und der internationalen Sicherheit durch ein allgemeines Gewaltverbot. Der Sicherheitsrat ist das wichtigste Organ der VN. Allein seine Beschlüsse (Resolutionen) sind für alle Staaten bindend. Der Sicherheitsrat besteht aus fünf ständigen Mitgliedern (USA, Großbritannien, Frankreich, China und Russland) und zehn nichtständigen Mitgliedern. Jedes ständige Mitglied ist mit einem Vetorecht ausgestattet, kann also Entscheidungen des Sicherheitsrates blockieren.
In der Generalversammlung haben alle Mitgliedstaaten eine Stimme. Die Generalversammlung kann jedoch nur Empfehlungen verabschieden, die völkerrechtlich nicht verbindlich sind.

Konfliktfälle und ihre Regelung

Ihr seid Regierungsberater und sollt entscheiden, welche Maßnahmen zur Konfliktlösung in den folgenden Fällen ergriffen werden sollen. Es kann sich dabei auch um eine Abfolge von Maßnahmen handeln. Entscheidet gegebenenfalls auch, welche internationale Organisation zur Durchführung der Maßnahmen betraut werden soll. Begründet eure Entscheidung ausführlich. Beachtet dabei auch mögliche Konsequenzen eurer Entscheidung.

Fall 1

Die ethnische Mehrheit eines Landes terrorisiert die Minderheiten, mehr als 100.000 Menschen wurden grausam getötet oder gezwungen, in die Nachbarländer zu fliehen. Wirtschaftssanktionen und diplomatische Bemühungen wurden von den Machthabern ignoriert.

Fall 2

Ein Land mit einem autoritären Regime wird verdächtigt, Atomwaffen zu produzieren. Es weigert sich immer wieder, internationale Inspektionen zuzulassen.

Fall 3

Nach einem verheerenden Bürgerkrieg haben sich die Bürgerkriegsparteien einigen können und einen Friedensvertrag geschlossen, doch ist der Friede noch brüchig. Immer wieder kommt es zu Verletzungen des Waffenstillstandes durch einzelne Gruppen.

Fall 4

Ein Land beherbergt Terroristen, die wiederholt internationale Attentate mit großen Opferzahlen ausgeführt haben. Es weigert sich, die Terroristen auszuliefern.

Fall 5

Das Militär eines Landes marschiert in einem Nachbarland ein und besetzt staatliche Einrichtungen. Die Rohstoffvorkommen werden ausgebeutet und die Bevölkerung schikaniert.

Kleines Politiklexikon

Abgeordnete
Die gewählten Mitglieder eines Parlaments.

Agenda 21
Handlungsprogramm für eine nachhaltige Wirtschaftsweise der Staaten, verabschiedet im Jahr 1992 in Rio de Janeiro. Die Lokale Agenda 21 soll das Programm auf lokaler Ebene (Städte und Gemeinden) verwirklichen.

Arbeit
Der Begriff umschreibt in erster Linie Erwerbsarbeit. Diese sichert die Lebensgrundlage der Arbeitnehmerinnen und Arbeitnehmer und ihrer Familien. Wurde sie in früheren Zeiten vor allem als Mühsal und Plage empfunden, so ist die Arbeit heute ein wichtiger Bestandteil der Identität, denn in der Arbeit kann der Mensch seine Fähigkeiten unter Beweis stellen. Arbeit verleiht dem Leben einen Sinn.

Arbeitslosengeld
Unterstützungsleistung für arbeitslose Arbeitssuchende. Zu unterscheiden ist zwischen Versicherungsleistungen aus der Arbeitslosenversicherung (das ist in Deutschland das Arbeitslosengeld I, das in der Regel für ein Jahr gezahlt wird) und aus Steuergeldern finanzierten Mindestsicherungssystemen (dazu gehört das Arbeitslosengeld II, Hartz IV).

Armut
Von absoluter Armut spricht man, wenn einer Person weniger als 1,25 US-Dollar (ca. 1 Euro) pro Tag zur Verfügung steht. Von relativer Armut spricht man, wenn das Einkommen weniger als 50 % des Durchschnittseinkommens in einem Land (Staat) beträgt.

Bedürfnis
Wunsch, einen Mangel zu beseitigen. So liegt dem Bedürfnis zu trinken Durst als Mangelempfinden zu Grunde.

Beruf
Tätigkeit, die ein Mensch in der Regel gegen Entgelt erbringt bzw. für die er ausgebildet, erzogen oder berufen ist. Im Allgemeinen dient die Ausübung eines Berufes der Sicherung des Lebensunterhaltes.

Binnenmarkt
Ein Wirtschaftsraum, in dem einheitliche Bedingungen für den Verkehr von Waren, Dienstleistungen und Kapital herrschen. Bürger können ihren Wohn- und Arbeitsort frei wählen. Der Binnenmarkt in der EU wurde zum 1. Januar 1993 verwirklicht.

Bruttoinlandsprodukt (BIP)
Messgröße, mit der die wirtschaftliche Leistungskraft eines Landes dargestellt wird. Das BIP umfasst den Geldwert aller in einem Jahr innerhalb der Landesgrenzen produzierten Waren und Dienstleistungen (von Inländern und Ausländern). Um das BIP pro Kopf zu erhalten, teilt man das BIP eines Landes durch die Zahl der Einwohner.

Bürgerinitiative
Lockerer, zeitlich befristeter Zusammenschluss von Bürgerinnen und Bürgern, die wegen eines bestimmten Anliegens Einfluss auf die Politik nehmen möchten.

Bürgerliches Gesetzbuch (BGB)
In ihm stehen die wichtigsten rechtlichen Regelungen, die das Zusammenleben der Bürger betreffen, z. B. zu den Rechten und Pflichten beim Kaufvertrag.

Bund (Bundesstaat)
Der Zusammenschluss mehrerer Staaten zu einem Gesamtstaat, zum Beispiel die Bundesrepublik Deutschland mit allen Bundesländern.

Bundeskanzler
Der Chef der Bundesregierung. Er bestimmt die Richtlinien der Politik und trägt die Verantwortung dafür.

Bundespräsident
Das Staatsoberhaupt der Bundesrepublik. Er repräsentiert Deutschland nach außen. Außerdem gehören zu seinen Aufgaben die Ernennung und Entlassung der höchsten Staatsbeamten und die Unterzeichnung der vom Bundestag verabschiedeten Gesetze.

Bundesrat
Der Bundesrat ist ein Teil der Legislative. Über ihn wirken die Länder an der Gesetzgebung des Bundes mit. Der Bundesrat muss bei Gesetzen, die Länderinteressen berühren oder die Verfassung ändern, zustimmen, damit diese in Kraft treten können. Bei anderen Gesetzen kann er Einspruch erheben, der aber vom Bundestag überstimmt werden kann.

Bundestag
Name des deutschen Parlaments, s. dort!

Bundesverfassungsgericht
Höchstes deutsches Gericht mit Sitz in Karlsruhe. Das Bundesverfassungsgericht wacht darüber, dass Parlamente, Regierungen und Gerichte in Deutschland das Grundgesetz einhalten. Jeder Bürger kann eine Verfassungsbeschwerde beim Bundesverfassungsgericht einreichen.

Demografischer Wandel
So werden die Veränderungen in der Bevölkerungszusammensetzung hinsichtlich ihrer Größe und Struktur (z. B. Alterszusammensetzung) bezeichnet.

Demokratie
Das Wort stammt aus dem Griechischen und bedeutet Herrschaft des Volkes. Die Beteiligung aller Bürgerinnen und Bürger an allen Abstimmungen kann nur in sehr kleinen Staatsgesellschaften verwirklicht werden (direkte Demokratie). Wo dies nicht möglich ist, wählt das Volk Vertreter (Repräsentanten), die für das Volk handeln (repräsentative Demokratie).

Dienstleistungsgesellschaft
Eine Gesellschaft, in der der größte Teil der Bevölkerung nicht mehr im landwirtschaftlichen und industriellen, sondern im tertiären Sektor arbeitet.

Einkommen
Allgemein meint man damit das Arbeitseinkommen für Erwerbstätigkeit (Lohn, Gehalt, Gewinn). Darüber hinaus gibt es auch Einkommen als Entgelt für die Bodennutzung (Miete, Pacht) oder als Entgelt für die Nutzung von Kapital (Sparzinsen, Kreditzinsen). Einkommen, die der Staat ohne Gegenleistung bezahlt, nennt man Transfereinkommen.

Erziehung
Erziehung nennt man alles, was dazu beiträgt, die Persönlichkeit eines Menschen zu bilden und zu fördern.

Europäische Union
Die Gemeinschaft von heute (2009) 27 europäischen Staaten wurde 1957 als Wirtschaftsbündnis gegründet. Neben der gemeinsamen Politik in allen wirtschaftlichen Bereichen wurde im Vertrag von Maastricht (1992) auch eine Zusammenarbeit in der Außen- und Sicherheitspolitik sowie der Justiz- und Innenpolitik beschlossen.

EU-Organe
Zu den wichtigsten Organen der Europäischen Union – vergleichbar mit den Verfassungsorganen in der Bundesrepublik Deutschland – gehören der Ministerrat, die Europäische Kommission, das Europäische Parlament, der Europäische Gerichtshof und der Europäische Rechnungshof. Der Europäische Rat hat eine große Bedeutung für die Entwicklung der Europäischen Union.

Europäische Zentralbank (EZB)
Die EZB wurde am 1.6.1998 gegründet und bildet zusammen mit den nationalen Notenbanken das Europäische System der Zentralbanken. Die EZB ist von politischen Weisungen unabhängig und seit der Einführung des Euro am 1.1.1999 für die Geldpolitik im Euro-Raum zuständig. Ihre Hauptaufgabe ist es, die Preisstabilität zu garantieren. Darüber hinaus unterstützt sie auch die allgemeine Wirtschaftspolitik.

Exekutive
Die ausführende Gewalt, d.h. Regierung und Verwaltung.

Familie
Gemeinschaft, die in modernen Industriestaaten in der Regel aus den Eltern und ihren unmündigen Kindern besteht (Klein- oder Kernfamilie). Im weiteren Sinne gehört zur Familie auch die Verwandtschaft. Immer mehr Familien sind sogenannte Patchwork-Familien. Der Begriff Patchwork kommt aus der Textilgestaltung und bedeutet Flickenteppich: Im Zusammenleben heißt das, dass Menschen aus unterschiedlichen Ursprungsfamilien zu einer neuen Familie zusammenfinden.

Föderalismus
Gliederung eines Staates in Gliedstaaten (in der Bundesrepublik Deutschland die Bundesländer) mit eigener Verfassung, Regierung und Parlament. Bezeichnet auch das Bestreben, die Rechte der Gliedstaaten zu wahren.

Fraktion
Vereinigung im Parlament, die aus den Abgeordneten einer Partei besteht. Auch Mitglieder verschiedener Parteien, die gleichgerichtete politische Ziele verfolgen, können sich zu einer Fraktion zusammenschließen.

Fünf-Prozent-Klausel
Vorschrift, dass alle Parteien bei einer Wahl mindestens fünf Prozent der gültigen Zweitstimmen erhalten müssen, um ins Parlament zu kommen, bzw. um an der Sitzverteilung teilnehmen zu können.

Geld
Geld ist ein allgemein anerkanntes und gültiges Zahlungsmittel, mit dem man Waren oder Dienstleistungen erwerben kann. Geld ist Tauschmittel, Wertaufbewahrungsmittel, Wertübertragungsmittel und Recheneinheit.

Geldpolitik
Ziel der Geldpolitik ist die Stabilität des Geldwertes (also eine niedrige Inflationsrate). Daneben soll die Geldpolitik auch die allgemeine Wirtschaftspolitik unterstützen. Die Geldpolitik ist Sache der Europäischen Zentralbank.

Gemeinde
Die Gemeinden (Kommunen) bilden das unterste politische Gemeinwesen in der Bundesrepublik Deutschland. Gemeinden besitzen das Recht der Selbstverwaltung (Art. 28 GG) und regeln im Rahmen der Gesetze alle Angelegenheiten der örtlichen Gemeinschaft in eigener Verantwortung.

Gemeinwohl
Unter Gemeinwohl versteht man das Wohlergehen einer gesellschaftlichen Gruppe (z.B. eines Staates, einer Religionsgemeinschaft, einer Schule, einer Klasse). Das Gemeinwohl zu steigern, ist ein Ziel politischer Entscheidungen. Dazu müssen einzelne oder persönliche Interessen manchmal aufgegeben oder durch einen Kompromiss ausgeglichen werden.

Generationenvertrag
Bezeichnung für das Grundprinzip der gesetzlichen Rentenversicherung, nach dem der heute arbeitende Teil der Gesellschaft für die Rentenzahlungen an den nicht mehr arbeitenden Teil aufkommt.

Gerechtigkeit
Einstellung, Prinzip, Zustand, bei dem jede Person das erhält, was ihr zusteht. Wie dieser Zustand zu erreichen ist, ist umstritten. So unterscheidet man Chancengerechtigkeit, Leistungsgerechtigkeit, Bedarfsgerechtigkeit und Teilhabegerechtigkeit.

Geschäftsfähigkeit
Die Fähigkeit, gültige Rechtsgeschäfte abzuschließen. Die beschränkte Geschäftsfähigkeit beginnt mit der Vollendung des 7. und endet mit der Vollendung des 18. Lebensjahres. Mit Vollendung des 18. Lebensjahres erhält man die volle Geschäftsfähigkeit.

Gesellschaft
Eine Gesellschaft bezeichnet einen relativ dauerhaften Verbund von Gemeinschaften/Gruppen, die innerhalb einer politischen und wirtschaftlichen Ordnung leben und gemeinsame Normen und Werte teilen.

Gesetz
Ein Gesetz ist eine verbindliche Vorschrift, die das Ziel hat, das Zusammenleben der Menschen zu regeln. Es muss in einem dafür vorgesehenen Verfahren rechtmäßig zu Stande kommen. Gesetze werden von den Parlamenten (Bundestag, Landtag, Gemeindevertretung) beschlossen.

Gewaltenteilung
Verteilung der drei Gewalten Gesetzgebung (Legislative), Verwaltung (Exekutive) und Gerichtsbarkeit (Judikative) auf verschiedene, voneinander unabhängige Staatsorgane. In der Regel sind dies Parlament, Regierung und Verwaltung und eine unabhängige Richterschaft. In der Bundesrepublik Deutschland ist die klassische Gewaltenteilung teilweise durchbrochen (Gewaltenverschränkung).

Gewerkschaft
Freiwilliger Zusammenschluss von Arbeitnehmern, um gemeinsame wirtschaftliche, soziale und berufliche Interessen besser durchsetzen zu können.

Globalisierung
Die wachsende Verflechtung der Weltwirtschaft, ermöglicht u.a. durch die Ausweitung der Kommunikationsmedien und enger Verkehrsverbindungen. Die G. bewirkt auch in einigen Bereichen eine Vereinheitlichung der Lebensstile.

Grundgesetz
Die Verfassung der Bundesrepublik; sie regelt den Aufbau, die Aufgaben und das Zusammenspiel der Staatsorgane. Im Grundgesetz werden auch die Grundrechte garantiert.

Grundrechte
In der Verfassung garantierte Rechte, die für jeden Einzelnen gewährleistet werden, wie zum Beispiel die Meinungsfreiheit, die Versammlungsfreiheit und die Menschenwürde.

Gruppe/soziale Gruppe
Ein „sozialer Verband" von mindestens drei Menschen, die durch ein bestimmtes „Wir-Gefühl" miteinander verbunden sind. Dabei gibt es Gruppen, in die man hineingeboren wird (Familie) oder die man sich nicht aussuchen kann (z. B. Schulklasse). Diese Gruppen nennt man Zwangsgruppen. Und es gibt Gruppen, für die man sich freiwillig aufgrund von Freundschaften oder gemeinsamen Interessen (z. B. Sport, Politik, Religion) entscheidet.

Güter
Güter sind ganz allgemein Mittel (z.B. Waren, Dienstleistungen, Rechte), mit denen Bedürfnisse befriedigt werden können. Sie haben einen Preis und sind in der Regel nicht unbegrenzt verfügbar. Nur wenige Güter auf der Erde (z. B. Luft, Sand in der Wüste) sind freie Güter, d. h. unbegrenzt vorhanden.

Haushaltsplan
Die genaue Aufstellung der geplanten Einnahmen und Ausgaben für einen bestimmten Zeitraum (meist das kommende Jahr). Die Einnahmen werden nach den Quellen unterschieden, die Ausgaben nach dem Zweck der Verwendung.

Inflation
Prozess anhaltender Preisniveausteigerungen bzw. anhaltender Geldentwertung.

Integration
Im allgemeinen Sprachgebrauch versteht man darunter die Eingliederung oder Einbindung eines (fremden) Einzelnen oder einer Minderheit in eine größere Gruppe.

Judikative
Die rechtsprechende Gewalt; sämtliche Gerichte der Bundesrepublik Deutschland.

Jugendstrafrecht
Das Jugendstrafrecht ist ein besonderes Strafrecht für Jugendliche, das im Jugendgerichtsgesetz (JGG) geregelt ist. Es findet Anwendung auf Jugendliche zwischen 14 und 18 Jahren. Auf Heranwachsende zwischen 18 und 21 Jahren kann es angewendet werden. Kinder unter 14 Jahre sind strafunmündig. Während Erwachsene mit Haft- oder Geldstrafen bestraft werden, sieht das JGG einen breiten Katalog von Strafmöglichkeiten vor, der Strafzweck der Erziehung steht im Vordergrund.

Kabinett
Der Kanzler, die Minister und politischen Beamten (Staatssekretäre).

Kaufvertrag
Wird beim Kauf zwischen Verkäufer und Käufer geschlossen. Er besteht in dem Austausch von Sachen gegen Geld. Der Verkäufer muss dem Käufer das Eigentum verschaffen und dieser den vereinbarten Kaufpreis zahlen und den Gegenstand abnehmen.

Klimawandel
Mit dem Begriff Klimawandel bezeichnen wir heute meist die von natürlichen Schwankungen unabhängige Erderwärmung. Sie hat schwerwiegende Folgen für Menschen, Tiere und Pflanzen: Teile der Erde werden zu Wüsten, die Gefahr von Hurrikanen und Sturmfluten steigt, Tierarten werden aussterben.

Koalition
Zusammenschluss zweier oder mehrerer Parteien, die gemeinsam eine Regierung bilden und Gesetzentwürfe ausarbeiten.

Konstruktives Misstrauensvotum
Der Bundestag kann den Bundeskanzler nur durch die Wahl eines neuen Kanzlers (konstruktiv!) zum Rücktritt zwingen.

Kredit
Ein Gläubiger überlässt einem Schuldner Geld unter der Voraussetzung der Rückzahlung.

Legislative
Die gesetzgebende Gewalt; sie wird in der Bundesrepublik Deutschland von Bundestag und Bundesrat ausgeübt (auf Landesebene von den Länderparlamenten).

Mandat
Auftrag; der Wähler beauftragt durch die Wahl einen Politiker, seine Interessen zu vertreten.

Markt
Der reale oder virtuelle Ort, an dem Angebot und Nachfrage nach Gütern und Leistungen aufeinandertreffen und Preise gebildet werden (z. B. Automarkt, Börse). Das Grundprinzip des Marktes ist der Tausch.

Marktwirtschaft
In der Marktwirtschaft steuern Angebot und Nachfrage, Wettbewerb und freie Preisbildung den Wirtschaftsprozess. Das Privateigentum an den Produktionsmitteln wird garantiert.

Massenmedien
Sammelbezeichnung für Presse, Rundfunk, Fernsehen und Internet. Allgemein Kommunikationsmittel, mit denen Informationen durch Schrift, Ton oder Bild einseitig an ein sehr breites Publikum übermittelt werden können.

Mediendemokratie
Form der Demokratie, in der die Artikulation und Diskussion von politischen Problemen in erster Linie von den Medien angestoßen und vermittelt wird.

Mehrheitswahlrecht
Danach ist gewählt, wer in seinem Wahlkreis die Mehrheit der Stimmen erhalten hat, die Minderheiten werden nicht berücksichtigt. Relative Mehrheit: Gewählt ist, wer die meisten Stimmen hat. Absolute Mehrheit: Gewählt ist, wer mehr als die Hälfte der Stimmen erzielt. Qualifizierte Mehrheit: Eine vereinbarte Mehrheit, z. B. 2/3 der Stimmen, muss erreicht werden.

Menschenrechte
Das sind die persönlichen Rechte, die jedem Menschen von Geburt an zustehen, z. B. das Recht auf Meinungsfreiheit.

Migration
Im Laufe der Geschichte haben sich immer wieder kleinere oder größere Gruppen von Menschen oder ganze Völker auf Wanderungen begeben. Dies hatte ganz unterschiedliche Gründe: So wurden die Menschen aus religiösen oder politischen Motiven verfolgt, andere waren arm und sahen für sich und ihre Kinder keine Zukunft mehr in ihrer Heimat. Alle diese Wanderungen (lat. migrare = wandern) nennt man Migration.

Monopol
Unter einem Monopol versteht man eine Marktform, in der ein Unternehmen als alleiniger Anbieter auftritt oder einen so großen Marktanteil besitzt, dass er allein die Preise kontrollieren kann und damit über eine besondere Marktmacht gegenüber den Nachfragern bzw. Konsumenten verfügt.

Nachhaltigkeit
Der Begriff bedeutet, dass man nicht mehr von einem Rohstoff (der Natur) verbrauchen soll, als nachwachsen kann. In Bezug auf die Umwelt heißt das, dass man den Ausgangszustand für die folgenden Generationen bewahren soll und die Umwelt nicht durch Abgase und Müll irreparabel schädigen darf.

NATO
(engl. North Atlantic Treaty Organization, Nordatlantikpakt)
Das Verteidigungsbündnis zwischen den USA, Kanada und den westeuropäischen Staaten wurde am 4.4.1949 gegründet. Die Mitglieder verpflichten sich im Falle eines Angriffs auf einen Mitgliedstaat zum gegenseitigen Beistand. Wichtigstes Gründungsmotiv war die Abwehr der Expansionsabsichten des Kommunismus, insbesondere die Verteidigung gegenüber der Sowjetunion und seinen Verbündeten. Heute hat die NATO zum Ziel, Frieden und Freiheit weltweit zu verteidigen, z. B. auch im Auftrag der Vereinten Nationen.

Ökologie
So bezeichnet man die Wissenschaft von den Wechselbeziehungen zwischen den Lebewesen und ihrer Umwelt.

Ökonomisches Prinzip
Das ökonomische Prinzip besagt, dass die vorhandenen Mittel (Geld, Zeit) optimal eingesetzt werden sollen, um ein bestimmtes Ergebnis zu erreichen. Bei vorgegebenen Mitteln soll ein möglichst hoher Ertrag erzielt werden (Maximalprinzip). Bei einem vorgegebenen Ertrag sollen möglichst geringe Mittel eingesetzt werden (Minimalprinzip).

Opposition
Alle Personen und Gruppen, die der Regierung im Parlament gegenüberstehen und sie kritisieren.

Parlament
Die Versammlung der vom Volk gewählten Abgeordneten. Das Parlament regt Gesetze an, bewilligt sie und kontrolliert die Regierung. In einer parlamentarischen Demokratie nimmt vor allem die Opposition die Kontrollfunktion wahr, da die Mehrheit im Parlament die Regierung trägt.

Parteien
Politische Gruppen, die über einen längeren Zeitraum Einfluss auf die politische Willensbildung nehmen. Sie sind bereit, in Parlamenten und Regierungen Verantwortung zu übernehmen.

Preisbildung
Prozess, in dem sich in einer Marktwirtschaft auf den Märkten die Preise bilden. Preisbildung ist abhängig von Marktform und Anzahl der Anbieter und Nachfrager. Sie vermittelt zwischen Produktion und der Befriedigung bestehender Bedürfnisse.

Pressefreiheit
Garantie für die freie Berichterstattung und Veröffentlichung von Informationen und Meinungen. Sie ist im deutschen Grundgesetz festgeschrieben (Art. 5 GG) und gilt als Grundlage der Demokratie, da sich die Bürger nur mithilfe der Informationen an politischen Entscheidungen beteiligen können.

Rechtsfähigkeit
Mit der Geburt ist der Mensch Träger von Rechten und Pflichten.

Rechtsstaat
Ein Rechtsstaat ist ein Staat, in dem die öffentliche Gewalt an eine objektive Rechtsordnung gebunden ist. In einem Rechtsstaat ist die Macht des Staates begrenzt, um die Bürger vor gesetzloser Willkür zu schützen.

Rolle
Das menschliche Verhalten, das andere Menschen in bestimmten Situationen erwarten. Eng damit verbunden ist der Begriff des Rollenkonflikts, der dann eintritt, wenn an eine Person, die eine Rolle einnimmt, unterschiedliche und auch sich widersprechende Erwartungen gestellt werden.

Soziale Marktwirtschaft
Die Soziale Marktwirtschaft ist eine Wirtschaftsordnung, die den Grundsatz der Freiheit auf dem Markt mit dem des sozialen Ausgleichs verbindet.

Soziales Netzwerk
Der Begriff soziales Netzwerk bezeichnet ein Beziehungsgeflecht, das Menschen mit anderen Menschen verbindet. Menschen sind untereinander zum Beispiel durch Beziehungen in der Familie und Verwandtschaft sowie im Freundeskreis, aber auch mit der Nachbarschaft und in der Arbeitswelt vernetzt. Soziale Netzwerke werden zunehmend im Internet gebildet.

Sozialisation/Sozialisationsprozess
Der lebenslange Erziehungs- und Entwicklungsprozess eines Menschen aufgrund von Einflüssen aus seiner Umwelt. Durch die Sozialisation wird ein Individuum zu einem vollwertigen Teil der Gesellschaft.

Sozialstaat
Bezeichnung für einen Staat, der seinen Bürgern ein Existenzminimum sichert, wenn sie in Not geraten sind, und für einen gerechten Ausgleich zwischen Reichen und Bedürftigen sorgt. In Deutschland geschieht dies z. B. durch die Sozialversicherungspflicht und durch staatliche Unterstützung, wie Sozialhilfe, Kindergeld oder Ausbildungs- und Arbeitsförderung.

Sozialversicherungssystem
Bezeichnung für die Gesamtheit gesetzlicher Pflichtversicherungen in Deutschland (Arbeitslosen-, Renten-, Kranken-, Pflege- und Unfallversicherung). Die Sozialversicherung versichert den Einzelnen gegen Risiken für seine Existenz. Sie ist organisiert nach dem Solidarprinzip. Sozialversicherungspflichtig sind alle abhängig Beschäftigten. Die Versicherungsbeiträge teilen sich Arbeitgeber und Arbeitnehmer.

Staat
Mit dem Begriff bezeichnet man eine Vereinigung vieler Menschen (Staatsvolk) innerhalb eines durch Grenzen bestimmten geografischen Raumes (Staatsgebiet) unter einer unabhängigen (souveränen) Staatsgewalt, die von den Staatsorganen (Regierung, Parlamente, Gerichte, Polizei) ausgeübt wird.

Staatsangehörigkeit
Zugehörigkeit zu einem Staat. Als Staatsbürger besitzt man bestimmte Rechte und Pflichten in dem jeweiligen Land. So darf man wählen oder gewählt werden, muss aber auch Steuern bezahlen oder zum Beispiel Wehr- oder Zivildienst leisten.

Steuern
Steuern sind Zwangsabgaben, die der Staat von seinen Bürgern und Unternehmen ohne eine spezielle Gegenleistung erhebt. Sie sind die Haupteinnahmequelle des Staates.

Streitbare/wehrhafte Demokratie
Begriff für eine Demokratie, die Mittel bereithält, um gegen Feinde der Demokratie vorzugehen. So können in Deutschland zum Beispiel Parteien oder Vereine verboten werden, die sich gegen die freiheitliche demokratische Grundordnung wenden.

Strukturwandel
Veränderungen der wertmäßigen Beiträge der einzelnen Wirtschaftssektoren (Land- und Forstwirtschaft, verarbeitendes Gewerbe und Dienstleistungen) zur Wirtschaftsleistung eines Landes. Der Anteil des Dienstleistungsbereichs nimmt dabei in Deutschland ständig zu. Beschleunigt und verstärkt wird der Strukturwandel durch neue Technologien sowie den zunehmenden internationalen Wettbewerb.

Subsidiaritätsprinzip
Prinzip, nach dem ein Problem auf der Ebene gelöst werden soll, auf der es entsteht. „Was der Einzelne tun kann, sollen nicht andere für ihn tun." Erst wenn auf dieser Ebene keine Abhilfe möglich ist, soll die nächst höhere Ebene sich des Problems annehmen (Familie, Gemeinde, Land, Bund, EU).

Tarifvertragsparteien
Dazu zählen Gewerkschaften (vertreten die Arbeitnehmer) und Arbeitgeberverbände (vertreten die Arbeitgeber). Im Rahmen der Tarifautonomie handeln diese beiden Interessengruppen in eigener Verantwortung Tarifverträge aus, die Löhne, Arbeitszeiten und sonstige Arbeitsbedingungen regeln sollen. Der Staat darf sich nicht einmischen.

Taschengeldparagraf
Regelung des BGB, die besagt, dass Geschäfte von Minderjährigen dann wirksam sind, wenn diese mit Mitteln bezahlt werden (in der Regel Taschengeld), die ihm zur freien Verfügung von den gesetzlichen Vertretern (Eltern) überlassen worden sind.

Terrorismus
Planmäßige Gewaltanwendung von Einzeltätern oder Gruppen zur Verfolgung politischer oder religiöser Ziele. Der Terrorismus möchte durch gezielte Anschläge Angst, Schrecken und Unsicherheit unter der Bevölkerung verbreiten.

Transfereinkommen
Als Transfereinkommen bezeichnet man Einkommen, welches durch den Staat oder andere Institutionen bereitgestellt wird, ohne dass eine konkrete Gegenleistung erfolgt. (Beispiel: Sozialhilfe, Arbeitslosengeld II etc.)

Transnationale/multinationale Unternehmen
Konzerne, die über mehrere Nationen verteilt sind. Sie sind in mehreren Geschäftsbereichen (Handel, Vertrieb, Herstellung, Forschung und Entwicklung) außerhalb ihres Heimatlandes tätig und stützen sich finanziell auf Unternehmen in zwei oder mehr Ländern.

Unternehmen
Dauerhafte organisatorische Einheit zur Produktion bzw. zur Erbringung von Dienstleistungen, die mehrere Betriebe umfassen kann. Je nach Träger werden private, öffentliche oder gemeinwirtschaftliche Unternehmen unterschieden, je nach Rechtsform Einzel-, Personen- und Kapitalgesellschaften.

Verbände
Organisierte Gruppen, die auf die Politik Einfluss nehmen möchten, ohne politische Verantwortung zu übernehmen. Zur Verfolgung gemeinsamer Interessen werden Zusammenschlüsse gebildet, z. B. Berufsverbände.

Verbraucherpolitik
Alle Maßnahmen (Gesetze) des Staates zum Schutz der Verbraucher.

Vereinte Nationen
(engl. United Nations Organization) Nach dem Zweiten Weltkrieg gegründete kollektive Sicherheitsorganisation zur Wahrung des Weltfriedens und der Menschenrechte. Fast alle Staaten sind Mitglieder der UNO.

Verhältniswahlrecht
Jede Partei bekommt so viele Sitze im Parlament, wie sie prozentual Stimmen von den Wählern erhalten hat. Auch Minderheiten werden berücksichtigt.

Vermittlungsausschuss
Bundesrepublik Deutschland: Ausschuss, der tätig wird, wenn ein Gesetzesbeschluss des Bundestages auf Einwände des Bundesrates stößt. Bundestag und Bundesrat entsenden je die Hälfte der 32 Mitglieder. Aufgabe des Vermittlungsausschusses ist es, Kompromisse auszuarbeiten. Europäische Union: Ausschuss, der tätig wird, wenn nach der Zweiten Lesung eines Gesetzes keine Einigung zwischen Europäischem Parlament und Ministerrat erzielt werden kann. Der Vermittlungsausschuss setzt sich aus den Mitgliedern des Rates und ebenso vielen Vertretern des Europäischen Parlaments zusammen, Vertreter der EU-Kommission nehmen beratend teil.

Vier Freiheiten
Wirtschaftliche Freiheiten des europäischen Binnenmarktes: Freiheit des Warenverkehrs, Personenfreizügigkeit, Dienstleistungsfreiheit, freier Kapital- und Zahlungsverkehr.

Volkspartei
Partei, die aufgrund ihres Programms für Wähler und Mitglieder aller gesellschaftlichen Schichten unterschiedlicher Weltanschauungen offen ist.

Währungsunion
Zusammenschluss souveräner Staaten mit vorher unterschiedlichen, aber ähnlich starken Währungen zu einem einheitlichen Währungsgebiet. Im Gegensatz zu einer Währungsreform bleibt der Geldwert beim Übergang zu einer Währungsunion erhalten.

Wahlen
Verfahren der Berufung von Personen in bestimmte Ämter durch Stimmabgabe einer Wählerschaft. In Demokratien werden die wichtigsten Staatsämter durch Wahlen besetzt. Demokratische Wahlen müssen die Bedingungen allgemein, frei, gleich und geheim erfüllen. Das genaue Wahlverfahren (Verhältniswahl, Mehrheitswahl) ist meist in Wahlgesetzen geregelt.

Weltexportquote
Kennziffer der Globalisierung. Sie erfasst den Anteil der Exporte an der Weltwirtschaftsleistung.

Wirtschaftssektoren
Die Wirtschaftswissenschaften unterteilen die Produktionsbereiche einer Volkswirtschaft in drei Wirtschaftssektoren: Der primäre Sektor beinhaltet die Produktgewinnung der Land- und Forstwirtschaft sowie Fischerei. Im sekundären Sektor werden Produkte hergestellt oder verarbeitet (Industrie und Handwerk, Bergbau und Baugewerbe). Der tertiäre Sektor umfasst die Dienstleistungen, zum Beispiel Handel, Verkehr, Kultur, Bildung und Gesundheitswesen.

Werbung
Werbung wird zumeist (und hier) als Wirtschaftswerbung verstanden und ist dann die Bekanntmachung von Gütern oder Dienstleistungen mit der Absicht, beim Konsumenten eine Kaufhandlung auszulösen.

Zentralverwaltungswirtschaft/ Planwirtschaft
Bezeichnung für Wirtschaftssysteme (z. B. der DDR), deren Produktion durch zentrale Pläne (einer staatlichen Planungsbehörde) gelenkt wird. Es gibt kein Privateigentum an Produktionsmitteln.

Register

Bildnachweis

Einband:	fotolia.com/sinuswelle; DPA picture alliance (2): Wolfgang Kumm // Uli Deck; Technische Universität Chemnitz, Pressestelle; teamwork/Klaphake;
S. 8	iStockphoto (5): jhorrocks // Yuri Arcurs // Mark Papas // monkeybusinessimages //vgajic; Keystone Pressedienst/Jürgen Christ, Hamburg;
S. 10	Visum Foto GmbH, Manfred Witt, Hamburg (2);
S. 11	Visum Foto GmbH, Manfred Witt, Hamburg (2);
S. 12	dpa-infografik/Globus-infografik, Frankfurt;
S. 13	Superbild, München;
S. 18	Baaske Cartoons/Thomas Plaßmann, Müllheim;
S. 21	Matthias Luedecke, Berlin;
S. 23	http://www.klicksafe.de;
S. 24	iStockphoto (2): juanestey // kevinruss;
S. 26	Anne-Frank-Realschule, Düsseldorf;
S. 27	Keystone Pressedienst/Mai-Inken Knackfuss, Hamburg;
S. 30	iStockphoto (3): jessicaphoto // alvrez // CharlesKnox; DPA picture alliance/Schroewig_ML, Frank-furt; http://www.culturalart-culturaltheory.wordpress.com/2010/08/13/week-2-inventing-subjectivity - S. 178;
S. 34	Grafik: B. Rulf, Staatskanzlei Sachsen-Anhalt, Presse- und Informationsamt, Magdeburg; fotolia.com/Uwe Graf;
S. 36	DPA picture alliance/Frederic von Erichsen;
S. 40	Joël van Houdt, Den Haag
S. 42	Götz Wiedenroth, Flensburg;
S. 43	Kerstin Sellerberg, Universität Bielefeld;
S. 44	Klaudia Schultheis, Katholische Universtität Eichstätt-Ingolstadt;
S. 48	fotolia.com/ArTo;
S. 50	Bundesministerium des Innern, Berlin; iStockphoto (6): chrisjo // cosmonaut // Forrest Woodv// Freeze Frame // Mike Clarke // Ola Dusegard;
S. 53	fotolia.com/Oleg Dubas;
S. 55	Jörg Schröder, Aurich;
S. 58	fotolia.com/sinuswelle; Landtag von Sachsen-Anhalt, Werner Klapper, Magdeburg;
S. 61	Baaske Cartoons/Thomas Plaßmann; Müllheim;
S. 62	Bergmoser + Höller Verlag, Aachen;
S. 66/67	Ostkreuz – Agentur der Fotografen / Christian Pankratz, Berlin;
S. 69	iStockphoto/cstewart; DPA picture alliance/dpa-Report/Frank Kleefeldt;
S. 71	fotolia.com/Lisa F. Young;
S. 73	fotolia.com/Heino Pattschull;
S. 74/75	fotolia.com/Lisa F. Young (3);
S. 80/81	Bergmoser + Höller Verlag AG, Aachen;
S. 82	Bergmoser + Höller Verlag AG, Aachen;
S. 86	LOOK – Die Bildagentur der Fotografen GmbH/Bethel Fath, München;
S. 94	Hans Traxler, Frankfurt;
S. 96	Karl-Heinz Schoenfeld, Potsdam;
S. 99	www.augsburgwiki.de;
S. 100	iStockphoto_vm; fotolia.com (3): TheSupe87 // Tuan Huy Pham // Cello Armstrong;
S. 102	DPA picture alliance/dpa-ZB/Robert Schlesinger;
S. 104	DPA picture alliance/Thierry Lopez;
S. 109	"Schau hin!" - Projektbüro, Berlin;
S. 112	EDSTEININK.COM; Hogli, Berlin; Götz Wiedenroth, Flensburg;
S. 116	nach: Andreas Dietz 2002
S. 118	Bergmoser + Höller Verlag AG, Aachen;
S. 119	www.soziale-netzwerke-gegen-nazis.de;
S. 120	Hoi Polloi;
S. 126	Bergmoser + Höller Verlag AG, Aachen;
S. 128	CREO, Bamberg;
S. 130	DPA picture alliance (3): landov/Gary I. Rothstein // epa Dmitry Astakhov POOL // DB Michael Kappeler;
S. 131	DPA picture alliance/ZB-Fotoreport/Hubert Link;
S. 133	DPA picture alliance/Maurizio Gambarini;
S. 136	Deutscher Bundestag, Berlin; DPA picture alliance/dpa/EPA AFP;
S. 138	ddp-images/AP; Deutscher Bundestag, Berlin;
S. 140	Stadtverwaltung Lutherstadt-Eisleben;
S. 143	www.patriot.ch;
S. 144	Bergmoser + Höller Verlag AG, Aachen;
S. 149	Bergmoser + Höller Verlag AG, Aachen;
S. 150	DPA-infografik/Globus-infografik, Frankfurt;
S. 152	DPA-infografik/Globus-infografik, Frankfurt;
S. 153	www.cdu.de; www.spd.de; www.gruene.de; www.die-linke.de; www.fdp-bundespartei.de; www.piratenpartei.de;

S. 156 DPA picture alliance (4): Arno Burgi // Uli Deck // ZB /Tom Maelsa // epa Bildfunk/FFB // chromeorange/Reinhold Tscherwitschke;
S. 159 Bergmoser + Höller Verlag AG, Aachen;
S. 160 DPA picture alliance (2): Peer Grimm // Daniel Karmann; Bundesbildstelle des Presse- und Informationsamts der Bundesregierung. Bild-Nr.: B 145 Bild-00236273 Fotograf: Steffen Kugler; Photothek.net/Photoagentur GbR, Berlin;
S. 161 Bergmoser + Höller Verlag AG, Aachen;
S. 162 DPA picture alliance/Peer Grimm
S. 163 Bergmoser + Höller Verlag AG, Aachen;
S. 165 DPA picture alliance/Stefan Puchner;
S. 166 DPA picture alliance/Wolfgang Kumm; Anne Will/NDR, Hamburg;
S. 167 Bergmoser + Höller Verlag AG, Aachen;
S 171 Bergmoser + Höller Verlag AG, Aachen;
S. 172 DPA-infografik/Globus-infografik, Frankfurt;
S. 173 DPA picture alliance/Wolfgang Kumm
S. 174 DPA picture alliance (3): Wolfgang Kumm // chromeorange/Reinhold Tscherwitschke // Fotoreport/Roland Scheidemann; Ullstein-Bild, Berlin;
S. 178 DPA picture alliance/Maxppp;
S. 182 DPA picture alliance (2): ANP/Roos Koole // dpa-ZB/Patrick Pleul; iStockphoto (2): Markus Christian Schmiedeberg // Michael Luhrenberg;
S. 185 Markus Willer, Bamberg;
S. 186 Klaus Stuttmann, Berlin; Bergmoser + Höller Verlag AG, Aachen;
S. 188 fotolia.com/babimu;
S. 190 DPA picture alliance (2): epa-Bildfunk/Arne Dedert // Boris Roessler;
S. 192 Baaske Cartoons/Gerhard Mester, Müllheim;
S. 197 fotolia.com/kitch bain;
S. 200 DPA picture alliance, Frankfurt;
S. 202 Bergmoser + Höller Verlag AG, Aachen;
S. 209 www.bilder-CDU.de;
S. 210 DPA-infografik/Globus-infografik, Frankfurt;
S. 216 Aurel Cartoonstudio, Ludwigsburg;
S. 218 iStockphoto/Yuri Arcurs;
S. 220 Baaske Cartoons/Thomas Plaßmann, Müllheim;
S. 221 DPA-infografik/Globus-infografik, Frankfurt;
S. 225 DPA picture alliance /MCT/Landov/Rick Wood;
S. 226 Version 'Foto, Berlin;
S. 227 Der Spiegel, Hamburg;
S. 228 iStockphoto/mollokeith;
S. 234 DPA-infografik/Globus-infografik, Frankfurt;
S. 238 Wildner + Designer, Fürth; iStockphoto/monkeybusinessimages;
S. 240 Wieslaw Smetek, Seevetal;
S. 241 fotolia.com/Henner Damke;
S. 244 iStockphoto/stask;
S. 246 Eucom – European Communication, Brüssel; www.wikimedia.com;
S. 247 DIZ-Süddeutscher Verlag Bilderdienst/AP, München; Ullstein-Bild/CARO/Bastian; ddp images/AP/Michael Euler;
S. 248 DPA-infografik/Globus-infografik, Frankfurt;
S. 249 Bergmoser + Höller Verlag AG, Aachen;
S. 252 DPA-infografik/Globus-infografik, Frankfurt;
S. 257 Bildmaschine.de/A.M.Begsteiger;
S. 259 Baaske Cartoons (3): Gerhard Mester // Thomas Plaßmann // Gerhard Mester;
S. 262 DPA-infografik/Globus-infografik, Frankfurt;
S. 264 DPA-infografik/Globus-infografik, Frankfurt (2);
S. 267 fotolia.com/Vieraugen;
S. 268 Klaus Stuttmann, Berlin;
S. 271 fotolia.com/bufka; Euro Informationen, Berlin;
S. 272 ddp-images/AP, München; DPA picture alliance (2): EPA/Tannen Mauri // epa/afp/Jimin Lai; DIZ-Süddeutscher Verlag Bilderdienst/AP, München; Ullstein-Bild/phalant Fotoagentur;
S. 274 ddp-images/AP, Hamburg; World Press Photo, Amsterdam;
S. 275 DPA-infografik/Globus-infografik, Frankfurt;
S. 276 DPA picture alliance, Frankfurt;
S. 277 Baaske Cartoons/Thomas Plaßmann;
S. 278 Klaus Stuttmann, Berlin;
S. 278 DPA-infografik/Globus-infografik, Frankfurt;
S. 286 DPA-infografik/Globus-infografik, Frankfurt; DPA picture alliance/dpa/epa Michael Reynolds;
S. 288 DPA picture alliance/Isaf Handout;
S. 290 DPA-infografik/Globus-infografik, Frankfurt;
S. 291 Der Spiegel, Hamburg;
S. 292 www.bpb.de
S. 294 Vario images
S. 299 DPA picture alliance (5): EPA/Jalil Rezayee // Xinhua Landov // EPA/Hadi Tabrizi // EPA Syed Jan Sabowoon (2);
S. 300 DPA-infografik/Globus-infografik, Frankfurt;
S. 304 DPA picture alliance/DB/Thomas Burmeister; Bergmoser + Höller Verlag AG, Aachen;